조선왕비실록

조선왕비실록

초판 1쇄 발행 2007년 5월 11일   초판 18쇄 발행 2016년 5월 12일

지은이 신명호   펴낸이 연준혁

기획 설완식

출판4분사 편집장 김남철

펴낸곳 (주)위즈덤하우스   출판등록 2000년 5월 23일 제13-1071호
주소 경기도 고양시 일산동구 정발산로 43-20 센트럴프라자 6층
전화 031)936-4000   팩스 031)903-3891
전자우편 wisdom1@wisdomhouse.co.kr   홈페이지 www.wisdomhouse.co.kr

값 15,000원   ⓒ신명호, 2007   ISBN 978-89-958849-6-6 03900

이 도서의 국립중앙도서관 출판시도서목록(CIP)은 e-CIP 홈페이지(http://www.nl.go.kr/cip.php)에서
이용하실 수 있습니다.(CIP제어번호: CIP2007001434)

조선왕비실록

숨겨진. 절반의. 역사.

신명호 지음

WISDOM HOUSE 역사의아침

조선시대 왕비는 어떻게 살았을까?

　인간이란 존재는 너나 할 것 없이 권력과 부귀영화를 추구한다. 그렇지만 이 세상에서 권력과 부귀영화를 모두 누리는 행운아는 그리 많지 않다. 그래서 그런 행운아는 무수한 사람들의 관심과 흠모 또는 질투를 받곤 한다. 나 또한 그런 행운아들에게 크게 관심이 끌린다.

　조선시대의 여성 중에서 왕비는 최고의 권력과 부귀영화를 누린 존재였다. 왕비는 어떻게 그런 행운의 주인공이 될 수 있었을까? 또 그런 행운을 누린 왕비는 어떻게 살았을까? 이 책은 그런 호기심과 의문의 산물이다.

　조선시대의 왕비는 국왕의 정실부인이며, 궁중의 안방마님이었다. 조선시대의 국왕과 궁중이란 것이 어떤 존재였던가? 국왕은 당대의 절대 권력자였고, 궁중은 부귀영화가 넘쳐나던 곳이었다. 그런 만큼 왕비는 한평생을 권력과 부귀영화에 둘러싸여 호강에 겨워하며 살지 않았을까? 아니면 자신의 권력과 부귀영화를 지키기 위해 온갖 음모와 술수를 일삼지는 않았을까? 아마도 많은 사람들이 왕비에 대해 궁금해하고 관심을 갖는 부분은 왕비의 이런 삶이지 않을까 싶다.

조선시대 왕비의 삶은 두 가지, 즉 왕비로서의 삶과 왕비가 되기 이전의 삶으로 나뉜다. 그러므로 왕비의 삶을 온전히 그리고 깊이 있게 알기 위해서는 두 삶을 모두 살펴보아야 한다.

　왕비도 여느 여성들과 마찬가지로 왕비가 되기 이전에는 궁중 밖의 한 가문에서 누군가의 딸로 태어나 성장했다. 당연히 왕비의 어린 시절은 친정과 부모 그리고 형제들을 통해 살펴보아야 한다. 왕비의 어린 시절을 보다 자세히 알수록 왕비가 된 이후의 삶을 정확히 또 깊이 있게 이해할 수 있다.

　왕비가 된 이후의 삶도 단순히 왕과의 관계에서만 파악하는 것으로는 미흡하다. 왕비를 둘러싼 궁중의 수많은 여성들, 예컨대 대비, 후궁, 시누이, 궁녀 등등과의 관계까지도 함께 살펴보았을 때 보다 입체적이고 심도 있게 이해할 수 있다. 그러므로 이 책에서는 조선시대 왕비들의 삶을 일대기식으로 구성했다.

　이 책을 출간하며 아쉬운 점이 있다면, 조선시대 모든 왕비들을 전부 살펴보지 못했다는 사실이다. 핑계라면 책 한 권에 그 많은 분량을 모두 실을

수는 없었기 때문이다. 그래서 정치적·문화적으로 특출한 면모를 보여주었던 왕비 7명을 대표주자로 엄선해 살펴보았다. 나머지 왕비들은 간략하게나마 따로 부록에서 정리했다. 이 책이 조선시대 왕비들의 삶과 당시의 역사를 조금이라도 더 진실 되고 깊이 있게 보여줄 수 있기를 바랄 뿐이다.

부족하다면 부족한 대로 이만한 책이 나올 수 있었던 데에는 설완식 기획위원의 노고가 컸다. 집필 의뢰뿐만 아니라 집필 과정에서도 그가 많은 도움을 주었다. 아울러 예쁘고 깔끔하게 책을 편집해준 역사의아침의 편집부 여러분께도 감사의 마음을 전한다.

2007년 5월 신명호

005 머리글 조선시대 왕비는 어떻게 살았을까?

012 1. 개국의 일등공신, 그러나 죽어 버림받은_신덕왕후 강씨

014 정조와 다산, 신덕왕후의 진실을 찾아 나서다
021 몰락한 부원 세도가의 딸
027 이성계와 강씨의 정략결혼
034 남편과 가문의 운명을 건 10여 년 만의 개경 입성
039 개경의 명문거족들과 사돈을 맺다
043 "이성계가 모름지기 국왕이 될 것이다"
050 위화도 회군으로 인한 고된 피난길
057 떠나려는 이성계, 붙드는 강씨 부인
062 마침내 조선 건국의 대업을 이루다
071 권력의 뒤안길, 그 쓸쓸한 최후

076 2. 지극한 내조 끝에 얻은 것은 이름뿐_원경왕후 민씨

078 간신, 반역자의 가문으로 유명했던, 숨기고 싶은 외가
083 권력과 학문의 유착
087 10여 년 만에 얻은 복덩어리 둘째 딸
090 늦은 혼인과 궁핍한 신혼생활
095 내조에 힘입어 정치판에서 승승장구한 이방원
102 조선 건국 이후 흔들리는 이방원의 입지
110 정치 백수에서 최고 실세로 부상하다
114 1, 2차 왕자의 난 이후 마침내 왕좌에 앉다
119 배신과 악몽으로 점철된 왕비의 삶

126   3. 권력을 다 쥐고도 불심으로 불행을 막으려 했던_정희왕후 윤씨

128   권력형 부정축재자 윤번의 막내딸
133   언니의 혼처를 가로챈 11세의 당돌한 소녀
136   세종과 소헌왕후가 사랑한 둘째 며느리
141   유교 국가 조선, 그러나 불심에 기댄 왕실
147   역사를 바꾼 수양대군과 권람의 운명적인 인연
151   문종이 병약한 상황에서 불거진 수양대군의 즉위 예언
156   정치 기반이 약한 수양대군, 한명회, 권람이 결탁하다
160   거듭되는 반전 속에서 계유정란이 성공하기까지
167   행복 속에 찾아온 불행의 그림자
171   걱정과 두려움 속에 깊어가는 불심

174   4. 얼음미인의 얼음인생, 그리고 비참한 최후_인수대비 한씨

176   출중한 외모로 명나라와 조선에서 권력을 잡은 한확
181   엄격한 어머니를 빼닮은 막내딸
183   수양대군의 큰며느리, 마침내 왕세자빈의 자리에
188   행복 뒤에 찾아온 비극의 수렁
193   자녀들에게 한 가닥 희망을 걸고
196   시아버지 세조의 주도하에 이루어진 자녀들의 혼사
200   12년 만에 대비로 다시 입궐하다
207   윤씨 폐비 사건과 연산군 즉위, 이후의 불행한 말년

216 5. 환난과 복수로 점철된 한 맺힌 세월_인목왕후 김씨

218 궁중 비사 『계축일기』의 주인공
223 임진왜란 중에 불거진 선조와 광해군의 불화
227 51세의 왕에게 시집간 19세의 어린 왕비
231 어렵고도 고달픈 국모의 자리
235 선조의 죽음으로 시작된 대비전의 비극
241 광해군과 영창대군의 비극적 운명, 그리고 계축옥사
251 서궁 유폐와 죽음 같은 10년 세월
255 인조반정 이후 뒤바뀐 운명

260 6. 남편과 아들, 선택의 기로에서_혜경궁 홍씨

262 부인과 아들의 엇갈리는 증언들
265 용꿈을 꾸고 얻은 귀한 딸
269 노론이라는 가문 배경의 빛과 그림자
272 아버지 홍봉한과 영조의 첫 만남
275 혼례와 함께 독수공방으로 시작한 궁중생활
279 엄한 왕실 법도와 궁중 어른들의 사랑
285 갑작스러운 대리청정과 아들의 출생
290 영조와 사도세자의 불화
299 남편이냐 아들이냐, 힘겨운 선택의 기로에서
302 뒤주에 갇혀 죽어간 사도세자의 비참한 최후
306 단 하나의 희망, 아들 정조
312 한 송이 국화꽃을 피우기 위해

316   7. 종묘사직에 바친 목숨_명성황후 민씨

318   『매천야록』에 등장하는 편모슬하의 막내딸
321   한양에서의 생활과 양오빠 민승호
326   흥선대원군의 며느리가 되다
332   첫사랑에게 마음을 뺏긴 고종
336   아이를 잃는 잇단 불행, 그러나 남편의 사랑을 얻다
340   물러가는 흥선대원군, 드디어 열린 고종 시대
345   영영 화해할 수 없는 시아버지와 며느리의 불화
350   왕비의 후원으로 권력을 잡은 외척 세력들
356   군사 반란과 살아서도 죽은 왕비가 된 민씨
360   개화와 수구의 갈등, 마침내 폭발한 갑신정변
366   일본 낭인들에게 살해된 비참한 최후

372   조선 왕비 일람
391   참고문헌

조선 왕실 가계도

개국의 일등공신,
그러나 죽어 버림받은
신덕왕후 강씨

—

태조 왕비(?~1396)

방원은 이성계에게 통보하듯 말했다.

"아버님, 배신자 정몽주를 죽였습니다."

병석에 누워 있던 이성계는 깜짝 놀랐다. 그는 자기도 모르게 자리에서 벌떡 일어나 방원에게 소리쳤다.

"이놈! 우리 집안은 충효로 명성이 났는데, 네가 마음대로 대신을 죽였으니 나라 사람들이 뭐라 하겠느냐? 내가 시켰다고 할 것이 아니냐? 너에게 공부를 시킨 것은 충성하고 효도하라고 한 것인데, 네가 감히 이렇게 불효한 짓을 한단 말이냐? 차라리 약을 먹고 죽어버리고 싶은 심정이다. 이놈!"

방원은 지지 않고 받아쳤다.

"아버님, 정몽주가 우리 집안을 모함하는데, 왜 가만히 앉아서 망하기를 기다려야 한단 말입니까? 정몽주를 죽인 것은 곧 효도입니다."

"이, 이, 이놈이……."

화가 머리끝까지 치솟은 이성계는 말을 제대로 잇지 못했다. 옆에 있던 강씨 부인은 감히 말도 꺼내지 못했다. 그때 방원이 강씨 부인에게 따지듯이 말했다.

"어머니께서는 왜 변명해주지 않으십니까?"

그제야 강씨 부인이 노기를 띠고 말했다.

"공께서는 항상 대장군으로 자부하시더니, 왜 이렇게 놀라고 두려워하십니까?"

그 말 한마디에 이성계는 움찔 수그러들었다.

정조와 다산, 신덕왕후의
진실을 찾아 나서다

　　정조 21년(1797) 윤6월 2일, 다산 정약용은 곡산
부사에 임명되었다. 다산이 지은 자찬묘지명自撰墓誌銘에 따르면, 정조가
직접 임명장에 다산의 이름을 쓰고 "한번 올려서 쓰고 싶었는데, 의논들이
귀찮도록 많으니 무엇 때문인지 모르겠다. 근심하고 슬퍼하는 모습을 거

두어라. 한두 해 더 늦더라도 괜찮을 것이다"라며 임명했다고 한다. 이것은 정조 19년에 주문모 신부가 체포된 후 다산을 천주교도로 비난하는 여론이 떠들썩하게 일어나자 잠시 피해 있으라는 정조의 배려였다.

2년 가까이 곡산부사로 재임하던 다산은 정조 23년 4월 24일 병조참지에 발탁되었다. 그사이 다산에 대한 비난 여론이 다소 잠잠해지자 정조는 "한번 올려서 쓰고 싶었다"던 언급대로 그를 부른 것이었다.

곡산부사로 재임하는 동안 다산은 많은 일을 했다. 평소에 구상했던 대민정책을 시행하고, 현장에 맞는 혁신정책을 내놓았다.

그러나 무엇보다 신덕왕후 강씨에 대해 자세히 조사한 점이 가장 눈에 띈다. 다산은 "신덕왕후 강씨의 고향집 터가 용연龍淵 위, 용봉龍峯 아래에 있는데 돌기둥이 우뚝 서 있다"는 곡산 사람들의 말을 듣고 직접 답사까지 하고, 노인들에게서 구전설화를 모으기도 했다.

다산은 조사한 내용을 정조에게도 알려야겠다고 마음먹었던 모양이다. 다산은 상경하여 정조를 만난 자리에서 곡산 출신으로 알려진 신덕왕후 강씨를 언급했다. 정조도 관심이 있었던지 자세히 보고하라 명했는데, 이때 다산이 보고한 내용이 『여유당전서』에 실려 있다.

곡산부에서 동쪽으로 5리쯤 되는 곳에 당저塘底라는 곳이 있는데, 궁허宮墟라고도 합니다. 그곳에는 돌기둥 한 쌍이 마주하고 있습니다(그중에 하나는 이미 넘어졌고, 지금은 단지 하나만 서 있습니다). 노인들은 그곳이 신덕왕후 강씨의 본궁本宮이라고 말하였습니다. 뒤에는 용봉이 있고, 앞으로는 용연이 있는데─작은 시냇물이 흐르다가 움푹 들어가서 연못이 되는데 그 깊이를 헤아릴 수 없습니다─지리가 범상치 않습니다. 노인들은 말하기를, "태조 대왕이 영흥에서 개경으로 왕래하다가 이 시냇가에 이르렀을 때 목이 몹시 말랐습니다. 그때 신덕왕후 강씨가 마침 시냇가에서 빨래를 하고 있었습니다. 태조가 물을 청하자 왕후는 바가지에 물을 떠서 버들잎을 띄워 드렸습니다. 태조가

화를 내자 왕후는, 급히 물을 마시다 체할까 염려되어 그리하였노라 대답하였습니다. 태조가 그 말을 기특하게 여기고 드디어 예를 갖추어 부인으로 맞았습니다"라고 하였습니다.

또 곡산에서 북쪽으로 80리쯤 되는 곳에 있는 가람산峴嵐山의 남쪽 산꼭대기에 몇 리에 걸쳐 치도馳道(천자나 귀인이 나들이하는 길)가 뻗쳐 있는데, 주민들은 '치마곡馳馬谷'이라고 부릅니다. 그 북쪽에는 '태조성太祖城'이 있는데, 노인들의 말에 따르면 태조가 일찍이 이 산에서 말을 달리며 말 타기와 활쏘기를 익혔다고 합니다.

『여유당전서』, 문집, 계餘

다산은 보고서 말미에 "함흥, 영흥에서 개경으로 가려면 곡산이 실로 직통길이요 지름길이라, 대개 고원 쪽에서 서쪽으로 양덕을 거치고 남쪽으로 곡산을 거치면 매우 가까우니, 노인들의 말이 근거가 없지 않습니다"라고 밝혀 신뢰할 만하다는 의견을 피력했다. 정조도 그리 생각했는지 후임 곡산부사에게 좀더 구체적으로 조사하라 명했다.

다산과 정조는 왜 신덕왕후 강씨의 고향집 터에 관심을 가졌을까? 그것은 2년 전에 태조 이성계의 함흥 고향집 터에 기념비를 세웠으므로, 후속 조치로 신덕왕후 강씨의 고향집 터에도 기념비를 세우고 싶어서였다. 그래야 일의 아귀가 맞았다.

후임 곡산부사는 그 지역의 노인들, 특히 강씨 주민들과 함께 현장을 조사해 보고서를 제출했다. 『정조실록』에 실린 보고서에 따르면, 동네 이름은 '운중방 임계리'이고, 집터는 '산기슭 동쪽'에 있으며, 형국은 '5~6일 갈이 정도에, 산을 등지고 시내를 굽어보고' 있는데, 돌기둥은 '길이가 20척, 앞뒤 너비 3척 5촌, 좌우 너비 3척'이고, 연못은 '깊이 5~6장, 둘레 200~300보'였다. 또한 '돌기둥에서부터 연못까지는 284보', '산자락에서 시냇물까지는 233보'였다. 지금의 도량형으로 환산하면 대략 높이 6미터

⊙ 성후사제구기. 정조 어필

에 해당하고 가로·세로 길이가 각 1미터쯤 되는 거대한 돌기둥의 정체를 노인들은 '문門'이라 하였다. 노인들은 '옛날에는 돌기둥이 두 곳에 짝으로 있었으며' 각각 '표문標門과 외문外門'이라 불렀다고 했다.

　곡산부사는 보고서 말미에, 사람들의 증언이 "그럴듯하기는 합니다만, 고을에 보관되어 있는 기록에는 상고할 만한 사적이 없습니다. 강씨의 족보에도 참으로 증거가 될 만한 글은 없습니다"라고 개인적인 의견을 덧붙였다. 같은 내용을 가지고 다산은 믿을 만하다고 한 반면 후임 부사는 확신할 수 없다고 했다. 믿을 만한 기록이 없다는 이유에서였다. 다산은 기록보다는 유물과 증언을 중히 여겼고, 후임 부사는 기록을 우선시했던 것이다.

　정조는 돌기둥의 길이가 20척이나 되는 이유가 '분명히 혼인한 후에 집을 확장해서 지을 때 세운 것이므로', 비록 기록에는 없더라도 '옛 집터라고 믿을 만하다'고 말했다. 그만큼 정조가 다산을 신뢰했다. 다산이 지은 「신덕기적비첩발神德紀蹟碑帖跋」에 따르면, 정조는 이 문제에 대해 다산에게 '자주 자문했고' 다산은 '그중 한두 가지를 말씀드렸다'고 한다. 분명 다산은 기록이 없다고 해도 유물과 증언으로 볼 때 그곳이 신덕왕후의 고향집 터가 확실하다고 말했을 것이다.

정조는 친필로 '성후사제구기聖后私第舊基'라고 써서 내어주며 이것을 비석에 새겨 돌기둥 옆에 세우도록 했다. '신덕왕후 강씨의 고향집 터'라는 의미인데, 정조가 친필로 그렇게 썼다는 것은 왕이 공인한다는 의미였다. 기념비가 세워짐으로써 그곳이 공식적으로 신덕왕후 강씨의 고향집 터가 되었다. 이렇게 보면 신덕왕후 강씨의 고향집 터를 발굴해낸 사람은 다산이었다고 할 수 있다.

하지만 그곳이 정말 신덕왕후 강씨의 고향집 터인지는 지금까지도 분명하게 밝혀지지 않았다. 이유는 역시 확실한 증거 기록이 없기 때문이다.

생각해보면 이것은 참으로 희한한 현상이다. 신덕왕후 강씨는 조선의 건국시조 태조 이성계의 왕비로서, 사실상 조선의 제1대 왕비였다. 당연히 신덕왕후에 대한 기록은 물론 기념물도 넘치도록 많아야 정상이다. 그럼에도 지금까지 신덕왕후의 고향집 터를 확증할 만한 역사기록 한 줄 발견되지 않고 있다. 조선시대에 의도적 혹은 조직적으로 신덕왕후와 관련한 기록과 기념물을 없애지 않고서는 불가능한 일이다. 대체 누가, 왜 그랬단 말인가?

태종과 태종의 권력을 두려워한 사람들에게서 혐의를 찾을 수밖에 없다. 왕자의 난을 일으키고 즉위한 태종은 신덕왕후를 태조의 첩으로 간주하고, 신덕왕후를 왕비로 인정하는 모든 기록과 기념물들을 왜곡하고 없애버렸다. 신덕왕후의 신주神主를 종묘에 모시지도 않았고, 심지어는 한양에 있던 신덕왕후의 능을 파서 도성 밖으로 옮겼다.

태종의 권력을 두려워한 사람들은 신덕왕후를 왕비로 기억하려 하지 않았다. 아니, 기억 자체를 거부했다. 신덕왕후는 친인척들의 족보에서도, 양반들의 문집에서도 잊혀졌다. 그의 친정집 터도, 능도 모두 잊혀졌다.

그렇게 200년쯤 지난 선조 때의 일이다. 하루는 강순일이라는 자가 선조가 탄 수레 앞으로 뛰어들어 억울함을 하소연했다. 강순일은 스스로를 신덕왕후 강씨의 친정아버지인 강윤성의 후손이라고 소개하며, 자신은 윤성의 무덤을 돌보고 있는데 억울하게 군역이 부과되었으니 취소해달라고 호소했다.

이 일은 이후 신덕왕후 강씨가 태조 이성계의 왕비인가 아닌가를 가리는 논쟁으로 이어졌다. 나아가 국가에서 신덕왕후 강씨의 능에 제사를 지내야 하는가, 종묘에 왕후의 신주를 모셔야 하는가의 문제로까지 확대되었다. 신덕왕후 강씨가 명실상부한 왕비라면 당연히 종묘에 신주를 모셔야 하고, 능에서 제사도 지내야 했기 때문이다. 그때부터 사람들은 신덕왕후 강씨를 기억해내고 재평가하기 시작했다.

하지만 결코 간단한 일이 아니었다. 신덕왕후 강씨와 태종이 상충되었기 때문이다. 왕비였던 신덕왕후 강씨를 첩으로 간주한 사람은 다름 아닌 태종이었다. 이제 와서 신덕왕후를 왕비라고 재평가하면 마찬가지로 태종도 재평가되어야 했다. 결국 타협책으로 능에서만 신덕왕후의 제사를 지내고 종묘에는 모시지 않기로 했다.

그런데 능에서 제사를 지내는 것도 쉽지가 않았다. 무덤을 찾을 수 없었던 것이다. 한양 주변에 무덤이 있을 것이라 예상하고 아차산 안팎을 두루 뒤졌지만 찾지 못했다. 태종 이래 200여 년 동안 진행된 신덕왕후에 대한 기록 왜곡과 기념물 인멸 작업이 얼마나 철저했는지 확인할 수 있는 대목이다.

천우신조라 할까, 신덕왕후의 무덤은 변계량이 지은 제문 몇 구절을 근거로 발견되었다. 변계량의 문집인 『춘정집』에 실려 있는 「정릉고천제문貞陵告遷祭文」에 나오는 '자복택이청오혜玆卜宅以靑烏兮 득어성지동북우得於城之東北隅'라는 구절이 그것이다. '정릉고천제문'은 '정릉을 옮기게 된 사연을 고하는 제문'이란 뜻이다. 원래 신덕왕후의 무덤은 도성 안 황화방皇華坊(오늘날 덕수궁 부근)에 있었는데 태종 대에 이장할 때 변계량이 제문을 지었다.

제문의 '자복택이청오혜'란 '풍수지리설로 묏자리를 점쳐서'라는 뜻이고 '득어성지동북우'란 '도성의 동북 모퉁이에서 명당을 얻었다'는 의미이다. 즉, 황화방의 정릉을 도성의 동북 모퉁이로 옮긴다는 말이다. 이 구절을 근거로 도성의 동북 모퉁이에 있는 산 아래 마을을 뒤져 정릉을 찾아낼 수 있었다. 오늘날 서울시 성북구 정릉동에 있는 정릉이 바로 그것이다.

이로써 신덕왕후 강씨는 태종 이래 실로 200여 년 만에 사람들에게 다시 기억되었고, 이후 한식 때마다 제사도 올려졌다. 신덕왕후는 비로소 공식적인 왕비로 기억되었다.

그러나 선조 때는 여기까지가 끝이었다. 더 이상 신덕왕후를 재평가하는 것은 태종에 대한 불충으로 간주했다.

그리고 다시 100여 년이 지나 현종이 즉위한 뒤에야 신덕왕후는 공식적으로 종묘에 모셔지면서 명실상부한 왕비로 대접받게 되었다. 태종 대에 신덕왕후를 첩으로 간주해 종묘에 모시지 않은 것은 태종의 불찰이 아니라 당시 신하들이 잘못 보좌한 것으로 정리되었다. 신덕왕후 강씨와 관련한 역사 바로 잡기와 역사 화해는 이렇게 300여 년이 지나고서야 이루어진 것이다.

그렇지만 현종 이후에도 신덕왕후와 관련한 유물 찾기는 시도되지 않았다. 종묘에 모신 것으로 할 도리를 다했다고 생각했던 것이다. 그리고 100여 년이 더 지나 다산 정약용과 정조에 의해 신덕왕후의 고향집 터가 새롭게 발굴, 공인되었다. 이처럼 신덕왕후와 관련한 역사 기록과 유물은 몇백 년을 주기로 하나씩 정정, 발굴되었다.

그리고 다시 200여 년이 흘렀다. 그사이 한반도에는 조선 왕조가 멸망하고 민주국가가 세워졌다. 더 이상 신덕왕후를 왕비로 인정하느냐 마느냐 또는 종묘에 모시느냐 마느냐의 논쟁은 중요하지 않다. 이제는 당시의 역사적 진실이 무엇인지, 나아가 그것이 오늘날 우리에게 무슨 의미가 있는지를 밝혀야 한다. 그런 의미에서 신덕왕후 강씨의 삶을 하나하나 찾아서 확인하고 그 의미를 찬찬히 음미하는 작업이 첫걸음이 될 것이다.

몰락한 부원 세도가의 딸

신덕왕후 강씨를 이해하기 위해 가정환경, 곧 어릴 적의 성장과정을 살펴보는 것은 매우 중요하다. 왕비의 개성과 성격들을 보다 정확하고 쉽게 이해할 수 있는 매우 중요한 내용이기 때문이다.

하지만 유감스럽게도 신덕왕후 강씨가 언제, 어디서 태어났는지 또 언제, 어디서, 어떻게 태조 이성계와 혼인했는지 확인할 길이 없다. 앞서도 말했듯이 태종이 관련 기록들을 의도적으로 왜곡, 인멸했기 때문이다. 어쩔 수 없이 주변 상황 또는 간접 자료를 통해 유추해볼 수밖에 없다.

신덕왕후 강씨는 강서의 손녀이며, 강윤성의 딸로 알려져 있다. 본관은 황해도 곡산이다. 어머니 진주 강씨는 강은의 딸이다.

강서는 『고려사』에 딱 두 차례 등장한다. 충숙왕 세가世家와 윤석의 열전에서 나오는데, 내용은 동일하다. 충숙왕이 1332년 2월에 복위하면서 "충혜왕의 폐행嬖幸인 정승 윤석, 재상 손기와 김지경 그리고 상호군 배전, 오자순, 강서 등을 순군옥巡軍獄에 가두었다"는 기록이 그것이다. 『고려사절요』에도 같은 내용이 나온다. 여기서부터 왕비 강씨의 가정환경에 대해 유추해나가야 한다.

충혜왕은 가히 연산군에 비견될 정도로 황음무도했다. 아버지에게 사랑받지 못한 점, 여색을 탐한 점, 함부로 살인한 점, 그러다가 왕위에서 쫓겨나 비참하게 죽은 점 등은 판박이처럼 연산군과 비슷하다.

강서는 그런 충혜왕의 폐행이었다. 폐행이란 아첨하여 총애를 받는 사람이라는 뜻이다. 그는 다른 사람의 비위를 잘 맞추고 눈치도 빨랐으리라 짐작된다.

『곡산강씨 족보』에 따르면, 강서는 아들 여섯을 두었다. 첫째 윤귀 밑으로 윤성, 윤충, 윤의, 윤휘, 윤부가 그들이었다. 이중 윤성이 신덕왕후 강씨의 아버지다.

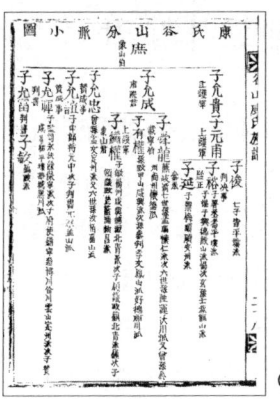

⊙ 곡산강씨 족보

　강서의 여섯 아들 중에서 『고려사』에 이름이 등장하는 인물은 윤성, 윤충, 윤휘다. 특히 윤충이 가장 많이 등장하는데, 그 역시 아버지처럼 충혜왕의 폐행이었다. 그것도 악명 높은 폐행이었다.

　충혜왕은 군소배 또는 악소배들을 거느리고 돌아다니며 황음무도한 짓을 저질렀다고 한다. 군소배나 악소배는 요샛말로 건달패 또는 깡패라고 할 수 있다. 충혜왕이 데리고 다니던 악소배 중 한 명이 바로 윤충이었다.

　『고려사』에 기록된 윤충의 첫 이미지는 대단히 시사하는 바가 크다. 1339년 5월, 충혜왕이 환관 유성의 집에 갔다. 유성의 아내가 아름답다는 말을 듣고 그를 유혹하기 위해서였다. 그때 충혜왕은 윤충을 데려갔다. 그런 만큼 충혜왕이 황음무도한 짓을 일삼은 현장에는 거의 윤충이 함께 있었으리라 짐작된다. 그만큼 충혜왕이 그를 신뢰했다는 뜻이다.

　강윤충과 함께 유성의 집에 갔을 때 충혜왕은 25세였다. 충혜왕은 10대 때부터 국제적으로 악명 높은 건달이었다. 충혜왕은 즉위하기 전 몇 년 동안 북경에서 보냈는데, 그때 세계 각국의 건달들과 어울리며 악명을 떨쳤다. 그런 충혜왕이 신임할 정도였으니 윤충 역시 왕 못지않은 건달이었으리라.

　충혜왕이 황음무도한 건달 행각을 계속하자 왕을 축출하자는 시도까지

일어났다. 이른바 '조적의 난'이 그것이다. 1339년 8월, 당시 정승이던 조적은 "불량배들을 모두 쫓아내겠다"고 공언하며 군사 1천여 명을 동원해 쿠데타를 일으켰다. 그러자 충혜왕은 평소 데리고 다니던 악소배들을 거느리고 '몸소 말을 타고 나와 사격'을 하는 등 눈부시게 활약했다. 그때 윤충도 왕과 함께 말을 달리며 활을 쏘았다. 결국 쿠데타는 진압되었다. 충혜왕과 악소배들의 다년간에 걸친 건달 경험이 엉뚱한 곳에서 빛을 발한 셈이었다. 어쨌든 윤충은 그때의 공을 인정받아 1등 공신에 책봉되었다. 이후 충혜왕은 윤충을 더욱 신임하고 총애했다.

그런데 윤충은 대단한 미남자였던 것 같다.『고려사』에 이런 기록이 나온다.

언젠가 강윤충이 재상 조석견을 방문하여 담소를 나누었다. 그때 조석견의 처 장씨가 강윤충을 엿보고는 미남이라 여겼다. 조석견이 죽자 장씨는 여종을 시켜 강윤충을 초청하였지만 그는 응하지 않았다. 그러나 여종이 세 번이나 찾아오자 강윤충은 그때서야 가서 장씨와 간통하였다. 후에 더러운 소문이 있으므로 강윤충은 장씨를 버렸다.

『고려사』, 열전, 제신諸臣, 구영검

윤충은 조석견의 처 장씨가 첫눈에 반할 정도로 미남자였다는 것이다. 또한 세 번이나 청을 받은 후에야 응했던 것으로 보면 나름대로 콧대도 높았으리라 짐작된다. 한편 자신을 사모하는 여자의 간절한 초청을 끝내 뿌리치지 못한 점으로 미루어 어쩌면 마음 약한 남자는 아니었을까도 싶다.

종합해볼 때 윤충은 좋은 의미에서는 잘 놀고 잘생겼을 뿐만 아니라 눈치도 빠르고 비위도 잘 맞추는, 그러면서 나름대로 자존심도 있는 건달이었으리라 짐작된다.

윤충은 부인이 셋이나 있었으며, 무수한 여자들과 간통을 벌였다고 한다. 특이하게도 조석견의 처 장씨의 경우에서처럼 주로 여성들이 먼저 그

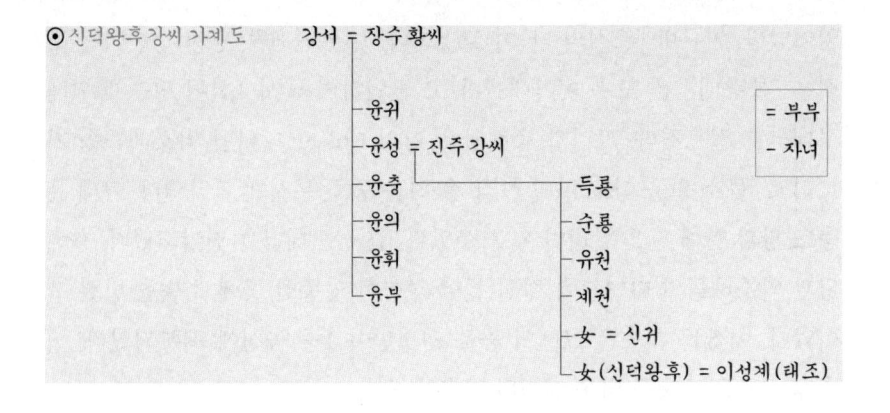

신덕왕후 강씨 가계도

강서 = 장수 황씨

윤귀
윤성 = 진주 강씨
윤충
윤의
윤휘
윤부

득룡
순룡
유천
계천
女 = 신귀
女(신덕왕후) = 이성계(태조)

= 부부
- 자녀

를 유혹했다. 그만큼 윤충은 여자들에게 인기가 높았다.

심지어 왕비조차도 그에게 매혹되었을 정도다. 충혜왕의 왕비였던 역련 진반亦憐眞班(덕녕공주)이 그 주인공이다. 원나라 출신의 역련진반 공주는 충혜왕이 죽은 후 대비가 되어 충목왕, 충정왕 2대에 걸쳐 실세로 군림했던 여성이다. 그 공주가 윤충에게 매혹되어 천하에 소문이 자자할 정도로 '부적절한 관계'를 맺고 말았다. 하지만 소문에 관계없이 공주는 윤충을 끝까지 사랑했다. 공주 덕분에 윤충은 충혜왕 대에는 물론 충목왕과 충정왕 대에도 궁중의 실세로 군림할 수 있었다.

이에 비해 윤휘는 공민왕 6년에 역모 혐의를 받아 형 윤성과 함께 체포되어 조사를 받았다는 내용이 『고려사』에 실려 있을 뿐이다. 당시 공민왕은 부원附元 세력들을 대대적으로 숙청했다. 윤성과 윤휘도 그때 부원 세력으로 간주되어 처벌되었던 것이다. 그렇지만 윤성과 윤휘는 부정부패나 권력 남용 등으로 지탄받지는 않았다. 과거 출신인 두 사람은 지식인을 자처했던 듯하다.

윤충의 경우에서 보듯, 신덕왕후 강씨의 친정 식구들은 인물이 좋았던 모양이다. 그것은 왕비 강씨의 언니에게서도 확인할 수 있다. 신귀辛貴라는

자에게 시집간 강씨의 언니는 훗날 개경을 떠들썩하게 뒤흔든 '성 스캔
들'의 주인공이기도 하다. 신귀가 귀양을 가서 집을 비운 사이 개경의 수많
은 고관대작들이 신덕왕후 강씨의 언니와 간통을 벌였던 것이다. 이 일로
인해 많은 사람들이 패가망신했다. 그만큼 신덕왕후 강씨의 언니가 미인
이었다는 의미이다.

이로 미루어 신덕왕후 강씨도 미모가 빼어났으리라 짐작된다. 또 할아
버지나 삼촌처럼 눈치도 빠르고 비위도 잘 맞추었을 테고, 뿐만 아니라 친
정아버지가 과거 출신인 점으로 미루어 학문적 자질도 풍부했으리라 생각
된다. 결국 신덕왕후 강씨는 지성과 미모를 겸비한 매력적인 여성이 아니
었을까 싶다.

『곡산강씨 족보』에 따르면, 왕비 강씨에게는 큰오빠 득룡을 비롯해 순
룡, 유권, 계권까지 오빠가 넷 있었고, 언니가 하나 있었으며, 형부는 앞서
언급한 신귀였다.

큰오빠 득룡은 과거 출신으로서, 충정왕 때에 삼사우사三司右使에까지
올랐는데, 이는 재상 급에 해당하는 고위직이었다. 이후 공민왕 3년(1354)
에는 평리評理(고려 말기에 도첨의사사·도첨의부·문하부에 둔 종2품 벼슬)를 지냈다.

둘째 오빠 순룡은 약간 복잡한 인물이었다. 그는 언제인지는 모르지만
원나라에 들어가 벼슬하면서 고려에 왕래했다. 공민왕 3년 6월에는 원나
라의 사신 자격으로 고려에 왔다. 한족 농민 반란군을 진압할 병력 지원을
요청하기 위해서였다. 그때 순룡의 직함은 숭문감 소감이라는 원나라 벼
슬이었다. 그의 몽고 이름은 백안첩목아伯顔帖木兒였는데, 원나라 황제가
그를 신임한 듯하다. 공민왕은 그에게 환심을 사기 위해 찬성사贊成事를 제
수하고 은성부원군銀城府院君에 책봉하기도 했다. 그 정도로 순룡의 영향력
이 대단했던 것이다.

순룡은 신덕왕후 강씨의 오빠들 가운데 유일하게 처가가 알려져 있다.
조선시대 최초의 족보로 유명한 『안동권씨 성화보』에 따르면, 순룡은 권

한공의 사위다. 권한공의 아들은 중달, 중화이고, 사위는 유명한 염제신, 이득수, 강순룡 등으로 모두 당대의 유력 인사였다. 이렇게 신덕왕후 강씨의 친정 가문은 당대 명문거족과 혼인으로 연결되어 있었다.

대단했던 혼맥은 신귀를 통해서도 확인할 수 있다. 신귀는 '신왕辛王'이라고 지탄받았을 정도로 세도가 당당했던 신예辛裔의 동생이다. 신예는 원나라에서 벼슬했고, 환관 고용보의 처남이기도 했다. 당시 고용보는 원나라 황실을 쥐고 흔들던 기황후의 대리인으로서, 원나라와 고려 두 나라에서 절대적인 영향력을 행사했던 인물이다. 그러므로 신예의 동생인 신귀도 고용보의 처남이었던 셈이다. 이로써 신덕왕후 강씨의 친정 가문은 충혜왕, 충목왕, 충정왕 때에는 고려 왕실, 원나라 황실과 직접 연결되는 대표적인 궁중 세력이며 부원 세력이었다고 하겠다. 신덕왕후 강씨의 친정 식구들이 승승장구할 수 있었던 데는 바로 이런 배경이 있었다.

가문이 승승장구하던 시절에는 강서는 물론 윤성도 당연히 개경에서 살았을 것이다. 공민왕이 득룡의 집에 갔다는 『고려사』의 기록을 통해 득룡도 개경에서 살았다고 짐작할 수 있다. 어쩌면 득룡은 아버지 윤성에게서 집을 물려받았을지도 모른다.

그렇다면 신덕왕후 강씨는 개경에서 태어났을까? 만약 개경에서 태어났다면 이성계를 만나고 혼인한 곳도 개경일까?

그런데 다산 정약용이 곡산에서 조사한 바로는, 신덕왕후 강씨는 개경이 아니라 곡산에서 이성계를 만났고 혼인도 했다. 이것은 그의 친정이 언젠가 개경에서 곡산으로 낙향했음을 의미한다. 또한 낙향했다는 것은 개경에서 중대한 위기를 맞아 고향으로 도피했다는 뜻도 된다.

승승장구하던 신덕왕후 강씨의 친정 가문이 위기에 빠진 것은 공민왕 때였다. 공민왕은 즉위 5년(1356)에 기철, 권겸, 노책 등 부원 세력의 거두들을 전격적으로 처단했다. 아울러 군사를 출동시켜 고려에 있던 원나라의 통치기구인 쌍성총관부를 회복했다. 원나라의 간섭이 시작된 지 100여 년

만에 고려가 반원 자주화의 기치를 치켜든 것이다.

반원 자주화 과정에서 반격과 숙청이 반복되었다. 이 와중에 부원 세력으로 분류된 신덕왕후 강씨의 친정 가문이 온전할 수 없었다. 공민왕 5년 6월에 윤충은 모반사건에 연루되어 동래현령으로 좌천되었다. 그리고 1년 후에는 윤성, 윤휘, 신귀까지 모반사건에 연루되어 체포, 수감되었다.

충혜왕, 충목왕, 충정왕 3대를 풍미했던 윤충은 공민왕 8년 12월에 사형당했다. 『곡산강씨 족보』에 따르면, 윤성은 공민왕 7년 12월에 피화被禍했다고 한다. 죽임을 당했다는 뜻일 것이다. 신귀는 곤장을 맞고 유배되었다. 이처럼 신덕왕후 강씨의 친정 가문은 공민왕 5년을 기점으로 급속히 몰락했다.

이성계와 강씨의 정략결혼

1897년 고종은 대한제국을 선포하고 황제에 즉위했다. 고종은 후속 조치로 태조 이성계를 비롯해 장조(사도세자), 정조, 순조, 익종(추존왕)을 황제에 추존하고, 각 왕비들을 황후에 추존했다. 이때 신덕왕후 강씨는 고황후高皇后에 추존되어 왕릉에 비석도 새로 세워졌다. 능의 비석에는 생년월일과 출생지를 새겨넣어야 했지만 신덕왕후 강씨의 정릉 비석에는 생년과 출생지가 생략되고, 단지 '6월 14일 출생'이라고만 새겨져 있다. 당시까지도 신덕왕후 강씨의 출생년도와 출생지가 확인되지 않았던 것이다. 지금도 달라진 것은 없다. 신덕왕후는 조선시대의 왕비 가운데 유일하게 출생년도와 출생지가 알려지지 않은 왕비다.

신덕왕후의 출생년도를 밝힌 자료 중에 '선원보감편찬위원회'에서 출간한 『선원보감』이 있다. 이 자료에 따르면 신덕왕후는 공민왕 5년 6월 14

일에 태어났다고 한다. 이것이 사실이라면 신덕왕후는 친정 가문이 몰락하기 시작하던 해에 태어났으며, 생후 1년째에 아버지가 역적으로 몰려 체포되었고, 2년째에 사형당한 셈이 된다. 이 내용의 사실 확인은 주변 상황으로 검증하는 수밖에 없다.

신덕왕후 강씨는 태조 이성계와 혼인해 딸 하나와 아들 둘을 낳았다. 훗날의 경순공주와 무안대군 방번, 의안대군 방석이 그들이다. 첫째가 경순공주인 것을 바탕으로 경순공주의 출생년도를 확인하면 신덕왕후의 혼인 시점및 출생년도를 어림으로나마 추정할 수 있다. 하지만 아쉽게도 경순공주의출생년도는 알 수가 없고, 대신 혼인한 해를 통해 추정해보는 수밖에 없다.

경순공주는 흥안군 이제李濟와 혼인했다. 그런데 흥안군은 1차 왕자의 난때 태종에게 살해되어 기록이 거의 남아 있지 않다. 태어난 해는 물론 혼인한 해도 확인되지 않는다. 다만 목은牧隱 이색이 우왕 13년(1387)에 지은 이자춘의 신도비명에 "대호군 이제에게 시집갔다"는 기록이 나오는 것으로미루어, 그때 이미 경순공주가 혼인했음을 확인할 수 있을 뿐이다.

만약 신덕왕후가 1356년에 태어났다면 1387년에는 32세가 된다. 그리고 10대 중반쯤, 예컨대 16~17세인 1371~1372년 봄쯤에 혼인해서 그해에 딸을 낳았다면 1387년에 그 딸은 16~17세가 된다. 그 딸이 1385~1387년에 혼인하는 것은 당시의 혼인 관행으로 충분히 가능한 일이다. 태조 이성계의 첫 번째 왕비인 신의왕후 한씨도 15세에 혼인했다. 그러나 이것은어디까지나 가능성일 뿐 확증은 아니다.

어쨌든 신덕왕후가 아버지가 체포되던 해인 1357년 이전에 태어난 것만은 확실하다. 그리고 강윤성이 체포되던 해 근처였으리라 짐작된다. 왜냐하면 신덕왕후는 이성계가 출세한 후 얻은 경처京妻이므로 한창 꽃다운나이에 혼인했을 것이기 때문이다. 그러므로 신덕왕후는 1354~1356년 사이에 태어났을 가능성이 가장 높다. 이렇게 보면 신덕왕후는 친정이 몰락하기 직전에 개경에서 태어났을 것이다. 분명 신덕왕후는 막내딸 겸 늦둥

⊙ 신덕왕후 강씨의 어보

이였으리라. 그래서 아버지가 체포되기 전까지 부모의 사랑을 독차지하며 자라지 않았을까?

신덕왕후는 개경에서 오래 살지는 못했을 것이다. 늦어도 5세가 되기 전에 개경을 떠났으리라 짐작된다. 아버지가 역적으로 몰려 사형당한 후 어머니와 언니가 모두 낙향해야 했기 때문이다. 이와 관련해 『고려사』에 이런 기록이 있다.

어사대御史臺에서 판밀직 신귀의 처 강씨를 간통한 황상과 양백안을 탄핵하였다. 그러자 경복흥이 말하기를 "강씨가 절개를 잃게 된 것은 그 남편이 유배지에 있어서 능히 단속하지 못하였기 때문입니다. 병신년(공민왕 5) 이후로 유배된 자가 참으로 많았습니다. 그들의 부인 가운데 독수공방을 원망하여 절개를 잃은 자가 많습니다. 청하건대 이들을 모두 고향으로 내려보내소서" 하였다. 왕이 그대로 따랐다.

『고려사』, 열전, 제신, 경복흥

공민왕 6년(1357)에 신귀는 장인 강윤성과 함께 역모사건에 연루되어 체

포되었다가 곤장을 맞고 귀양에 처해졌다. 당시 공민왕이 반원 자주화 정책을 추진하며 부원 세력들을 대거 숙청하자, 경복흥의 말대로 '독수공방'하는 부인들이 이를 원망하며 절개를 잃는 일이 비일비재했다. 신덕왕후의 언니도 그런 부인들 중 한 명이었던 것이다.

그런데 과연 당시의 부인들이 꼭 '바람나서' 절개를 잃었을까? 오히려 대부분은 귀양 간 남편을 석방시키기 위한 몸부림이 아니었을까? 왜냐하면 간통한 여자들이 '사형당한 사람들'이 아닌 '유배당한 사람들'의 부인들이었기 때문이다. 만약 '사형당한 사람들'의 부인들이 간통을 했다면 그야말로 '바람났다'고 하겠는데 그렇지 않으니 얘기는 달라진다.

예컨대 신귀의 부인 강씨는 황상, 양백안은 물론 김용과도 간통했다고 하는데, 이들은 모두 당대의 유력자였다. 당시 신귀의 부인 강씨는 절박한 상황에 처해 있었다. 공민왕 6년에 친정아버지와 남편이 역적으로 체포되어 공민왕 7년에 아버지는 사형되었다. 그러므로 남편 신귀의 목숨도 장담할 수 없었다. 그런 절박한 상황에서 강씨 부인은 미모를 무기로 당대의 유력자들에게 '육탄 로비'를 벌였던 것은 아닐까? 그 덕인지는 모르지만, 어쨌든 신귀는 죽지 않고 살아남았다. 그렇지만 시어머니가 며느리를 간통 혐의로 고소하는 바람에 사건이 크게 불거지고 말았다.

강씨 부인만이 아니었다. 남편의 목숨을 지키기 위해 수많은 부인들이 '육탄 로비'를 벌였을 테고, 그래서 개경은 '육탄 로비'와 '성 스캔들'로 온통 뒤숭숭했으리라.

그 부인들을 진정시키려면 남편들을 석방해야 하는데 그럴 수는 없었다. 그래서 경복흥은 차선책으로 '육탄 로비'를 벌인 부인들을 '귀향 조치' 시키자고 건의했다. 공민왕 8년쯤의 일이다.

아마도 강씨 부인은 시댁으로 가지 않고 친정으로 갔을 것이다. 시어머니에게 간통 혐의로 고소까지 당한 마당에 시댁으로 갈 수는 없었을 것이다. 게다가 홀로 남아 어린 딸을 키우는 친정어머니가 딱해서라도 친정으

로 갔을 것이다.

강씨 부인의 어머니나 외가 쪽에 대해서는 알려진 바가 전혀 없다. 어쨌든 그의 어머니는 '성 스캔들'로 개경을 떠들썩하게 했던 큰딸과 아직 어린 막내딸과 함께 곡산으로 내려갔을 것이다.

그러면 이처럼 상황이 위급할 때 잘나가던 큰오빠 득룡과 둘째 오빠 순룡은 무엇을 하고 있었을까? 안타깝게도 거기에 대한 기록은 전혀 없다. 단지 득룡은 관직에서 물러나 집에 칩거했고, 순룡은 원나라로 피신하지 않았을까 추정할 뿐이다.

곡산으로 낙향한 강씨는 어머니와 언니의 보살핌을 받으며 숨죽이고 살았을 것이다. 늘 역적의 처자식으로 몰려 죽을지도 모른다는 불안감에 시달렸을 것이다. 그렇지만 한편으로는 곡산에서 나름대로 평안했을 듯도 하다. 공민왕 10년(1361)을 기점으로 고려는 홍건적과 왜구의 침략으로 온 나라가 들끓었다. 바닷가에서는 왜구가, 내륙에서는 홍건적이 창궐했다. 특히 공민왕 10년 11월, 10만 대군으로 쳐들어온 홍건적이 개경까지 함락한 뒤로는 거의 전 국토가 유린당하는 판국이었다.

이 같은 난리가 곡산에는 밀어닥치지 않았다. 곡산은 바닷가와도 멀었고 홍건적의 침략로에서도 멀리 떨어져 있었다. 왜구와 홍건적의 침략으로 백성들이 울부짖을 때 곡산의 백성들은 "봉화도 모른 채 아침저녁으로 밥 지어 먹으며 봄가을 농사짓는 일 외에는 아무것도 몰랐다"고 했을 정도로 태평하게 살았다.

강씨는 10여 년을 곡산에서 살았을 것이다. 처녀티가 날 무렵부터는 대단한 미인이라는 소문도 났으리라. 강씨는 10대 후반쯤에 이성계를 만나 혼인했으리라 짐작되는데, 과연 두 사람은 어떻게 만났을까? 정말로 다산 정약용이 조사한 내용처럼 개울가에서 우연히 만났을까?

물론 그랬을 가능성은 충분히 있다. 왜냐하면 "함흥, 영흥에서 개경으로 가려면 곡산이 실로 직통길이다"라고 다산이 생각한 대로 곡산의 지리적

특성 때문이다. 함흥 쪽에서 개경으로 가는 직선로에 곡산이 있었다. 공민왕 10년 이후, 이성계는 홍건적과 왜적을 물리치기 위해 함흥과 개경을 수시로 왕래했으므로 곡산을 지나는 일이 많았을 것이다. 그런 만큼 곡산 개울가에서 우연히 강씨를 만났을 가능성은 다분하다.

하지만 가능성만큼이나 비현실적인 것도 사실이다. 아무리 이성계가 강씨에게 한눈에 반했다고 해도 어떻게 그 자리에서 혼인까지 가능하단 말인가? 이성계와 강씨는 스무 살 정도 나이차가 있는데, 10대 후반의 강씨가 나이 마흔쯤 되는 군인 아저씨에게 한눈에 반해 곧바로 집으로 데려갈 수 있었을까? 설혹 함께 갔다고 해도 그의 어머니가 아무것도 묻지 않고 엄연한 유부남을 사위로 맞았을까? 이리저리 생각해도 개울가에서 만나 바로 인연을 맺었다는 이야기는 비록 낭만적이기는 하지만 사실이라고 하기에는 석연치 않은 점이 많다.

사실은 두 집안 사이에 미리 약속이 있었을 것이다. 중간에서 누군가가 다리를 놓았을 테고, 두 집안은 이것저것 계산해서 혼인을 약속했을 것이다. 그렇다면 누가 다리를 놓았고, 무슨 이유에서 혼약이 가능했을까?

강씨가 16~17세였을 때는 공민왕 20~21년쯤이었다. 당시 개경에서는 또 한 번 대대적인 숙청이 이루어졌다. 이때 5년간 공민왕의 절대적인 신임을 받으며 정계를 주름잡았던 신돈이 갑자기 역적으로 몰려 숙청되었다.

불운하게도 그 여파가 강씨의 친정으로 번졌다. 형부 신귀 때문이었다. 신돈과 신귀는 집안 사람이었다. 이런 인연으로 신돈이 신귀를 중용했는데, 이것이 화근이었다. 신돈이 역적으로 몰리자 자연히 신귀도 역적으로 몰린 것이다. 신귀는 신돈과 함께 사형되었다.

강씨의 친정으로 보면 공민왕 5년 이후 15년 만에 또다시 크나큰 위기에 맞닥뜨린 셈이었다. 이번에는 집안에 닥친 위기를 넘기기 위해 그의 오빠들이 발 벗고 나섰을 것이다. 그때 오빠들이 찾은 방법이 당시 혜성처럼 등장한 장군 이성계와의 연계였으리라 짐작된다.

두 집안은 이미 인연이 있었다. 강씨의 사촌 오빠 강우가 이성계의 사촌 누이의 남편이었던 것이다. 이외에도 두 집안은 부원 세력이라는 공통점이 있었다. 이런 배경으로 두 집안 사이의 연계가 가능했을 것이다.

이성계의 집안은 공민왕 5년 이전만 해도 명실상부한 부원 세력이었다. 원나라 간섭기에 지금의 함흥·영흥 지역은 쌍성총관부가 들어섰던 원나라 영토였다. 이곳에 정착한 이성계의 집안이 부원 세력이 된 것은 어쩌면 당연한 일이었다.

그러던 이성계의 집안이 공민왕 5년을 기점으로 확 바뀌었다. 공민왕의 반원 자주화 정책이 계기가 되었다. 공민왕 5년 4월, 이성계의 아버지 이자춘은 개경으로 올라와 왕을 알현했다. 당시 이자춘은 정치적 입장을 반원反元으로 확실히 결정했던 듯하다. 한 달 후 공민왕이 군대를 출동시켜 쌍성총관부를 공격했을 때 이자춘이 내응했던 사실로 볼 때 그렇다. 과연 부원 세력이던 이자춘은 왜 반원으로 돌아섰을까?

짐작건대 원나라가 예전만 못 하다고 판단했기 때문일 것이다. 당시 원나라는 양자강 이남 지역에서 발발한 대규모 농민 반란을 진압하지 못해 고전하고 있었다. 순제 황제는 부패하고 무능했으며, 황실 내부는 권력투쟁으로 분열되어 있었다. 이자춘은 원나라가 처한 현실을 정확하게 읽고 있었을 것이다. 왜냐하면 그는 원나라에 직결되어 있던 친인척들을 통해 원나라 황실의 내부 사정을 훤히 꿰고 있었을 것이기 때문이다.

원나라에 더 이상 희망이 없다는 사실은 황실의 내막을 잘 아는 고려인이라면 누구나 공감하지 않았을까? 그들 중 일부는 분명 다른 곳에서 희망을 찾았을 것이다. 예컨대 강우, 강순룡 같은 사람들이 그렇다. 그들은 신흥 무장 이성계에게 희망을 걸었던 듯하다.

강우와 강순룡은 조선 건국 과정에서 이성계에게 적극 협력했다. 조선이 건국된 후 강우는 원종공신原從功臣에, 강순룡은 '특진보국숭록대부特進輔國崇祿大夫 재령백載寧伯'에 책봉되었다. 특히 강순룡은 태조 이성계가 친

필로 임명장을 써주었을 정도로 극진한 신임을 받았다.

이성계와 강우, 강순룡이 이렇게 밀접한 관계를 맺게 된 계기가 역시 강씨와의 혼인이 아니었을까? 다시 말해 강순룡과 강우가 두 집안의 중매인 역할을 맡았던 게 아닐까? 강씨 집안에는 강순룡이, 이성계의 집안에는 강우가 다리를 놓았으리라.

강우의 소개와 설득으로 이성계는 강씨와 혼인할 생각을 굳혔을 것이다. 젊고 예쁜 강씨의 매력도 거부하기 힘들었을 테지만, 못지않게 곡산의 지리적 이점도 고려했을 듯하다. 이성계는 자신의 근거지인 함흥과 수도 개경의 중간 기지로서 곡산이 필요하다고 판단했을 것이다. 야심만만한 이성계가 수도 개경에서 성공하기 위해서는 반드시 중간 기지가 필요했는데, 마침 곡산에 강씨가 있었다. 게다가 강씨의 친정은 비록 몰락했다고는 하지만 왕년의 세도가로서 저력이 있었다. 수도 개경으로 향하는 이성계에게는 곡산, 강씨, 또 곡산 강씨 문중까지 모두 안성맞춤이었다.

남편과 가문의 운명을 건 10여 년 만의 개경 입성

태조 5년(1396) 8월 13일에 신덕왕후 강씨가 세상을 떠난 직후 태조 이성계는 권근을 불러 말했다.

내가 잠저潛邸에 있을 때 개경과 지방에서 고생하였다. 그렇게 고생하면서 나라를 세우던 날까지 오직 신덕왕후의 내조가 극진하였다. 내가 왕위에 올라 만기萬機를 살필 때에도 또한 왕후의 도움이 컸다. 그런데 갑자기 세상을 떠나 더 이상 좋은 말을 들을 수 없게 되었으니, 마치 좋은 보좌를

잃은 듯하다. 나는 너무나 슬프다.

『동문선東文選』, 정릉원당 조계종본사흥천사기

태조는 신덕왕후의 내조 덕분에 나라를 세울 수 있었다고 고백한 것이나 다름없다. 실제로 신덕왕후의 내조가 없었다면 태조 이성계는 조선 건국을 완수하지 못했을지도 모른다.

과연 강씨의 최고 내조 비결은 무엇일까? 그것은 뭐니 뭐니 해도 몸과 마음을 다해 남편을 성심으로 사랑한 것일 테다. 강씨의 사랑으로 이성계는 안정된 가정생활을 누릴 수 있었다. 이성계가 무수한 전쟁터와 위험천만한 정치판에서 살아남아 마침내 조선을 건국할 수 있었던 배경에는 그의 능력과 천운도 중요했지만, 그 못지않게 가정이 안정되었기 때문이다. 사랑하는 부인과 자녀들을 둔 이성계는 늘 마음이 안정돼 있어 결과적으로 조선 건국에 성공할 수 있었다.

강씨와 이성계의 혼인은 사실 전형적인 정략결혼이었다. 나이차도 20세 정도나 되어 화목한 부부생활을 꾸리기가 어려울 수도 있었다. 그럼에도 강씨는 혼인 후 이성계를 진정으로 사랑했던 것 같다. 그것은 이성계가 비록 나이는 들었을망정 몸과 마음으로 진정 사랑할 만한 남자였기에 가능했으리라.

강씨가 16~17세 때 이성계를 처음 만났을 때 이성계는 36~37세쯤 되었다. 강씨가 보기에 이성계는 수염이 더부룩한 아저씨였으리라.

하지만 이성계는 매우 동안이었다고 한다. 『태조실록』에 따르면, 이성계가 48세였을 때 그의 활 솜씨를 처음 본 한충과 김인찬이 "잘도 쏩니다. 도령의 활 솜씨여"라며 감탄했다고 한다. 여기서 '도령'은 벼슬 이름이기도 하지만, 혼인하지 않은 젊은 총각을 의미하기도 한다. 이성계는 50세 가까운 나이에 '도령'이란 말을 듣고 쑥스러웠는지 "저는 이미 도령은 지났습니다"라고 실토했다. 그렇지만 기분이 좋아진 그는 활로 잡은 비둘기를 한충과 김인찬에게 선물했고, 이날의 인연으로 두 사람은 이성계의 충복이 되었

⊙태조 이성계의 어진 (초상화)

다. 이 일화는 이성계가 신덕왕후 강씨와 혼인하고도 10여 년이 지나서 있었던 일인데, 그때까지도 '도령' 소리를 들었을 정도로 그는 동안이었다.

이성계는 아마도 아버지 이자춘을 닮은 듯하다. 목은 이색은 공민왕 6년 (1357)에 이자춘을 처음 보고 나서 "얼굴은 광택처럼 붉었고, 수염은 아름다웠다"고 첫인상을 묘사했다. 그때 이자춘은 43세였는데, 그 나이에도 '얼굴은 광택처럼 붉었다'고 하니 피부가 팽팽하고 윤이 나면서 혈색이 좋았던 모양이다. 이색은 나이에 어울리지 않게 동안인 이자춘의 얼굴을 보고 깊은 인상을 받아 이런 기록을 남겼을 것이다.

이성계는 얼굴뿐만 아니라 몸도 나이보다 훨씬 젊고 건강했으리라 생각된다. 무장이었던 만큼 말도 잘 타고 활도 잘 쏘았다. 뿐만 아니라 힘도 장사였다. 이성계가 함흥에 있을 때, 큰 황소 두 마리가 싸우는 것을 보고 한 손에 한 마리씩 나누어 잡자 황소들이 꼼짝하지 못했다고 한다. 한 손으로 큰 황소 한 마리를 감당했을 정도로 장사였던 것이다. 이성계는 비록 나이는 들었지만 동안에다 몸도 탄탄했으리라. 때문에 강씨는 적어도 육체적으로는 남편과 그다지 나이차를 느끼지 못했을 것이다.

이성계는 힘만 센 무장이 아니라 지적 수준도 상당했다. 『태조실록』에

따르면, 그는 군중에 있을 때 늘 유학자의 강의를 듣고 『대학연의』를 숙독했다고 한다. 또한 포용력은 물론 순진한 의리도 있었다. 이렇듯 힘 좋고, 교양 있고, 그러면서 포용력까지 갖춘 이성계를 강씨가 어찌 몸과 마음으로 사랑하지 않을 수 있었겠는가?

강씨는 이성계와 혼인하고 몇 년간은 그대로 곡산에 머물렀을 것이다. 큰 아이가 어느 정도 자랄 때까지 처가살이를 했던 당시의 혼인 풍습으로 봐도 그렇고, 경처인 강씨의 입장에서 생각해도 그렇다. 그동안 이성계는 함흥과 개경을 오가는 길에 잠깐씩 강씨에게 들렀으리라.

이성계가 처음 개경에 간 것은 22세 때인 공민왕 5년이었다. 이자춘이 쌍성총관부를 수복한 후 공민왕이 그를 불러 노고를 위로했는데, 그때 아버지를 따라 상경했다. 공민왕은 이자춘에게 벼슬을 제수하는 한편 개경에 집도 한 채 하사했다. 그리고 아들 이성계와 함께 개경에 머물도록 했다. 명분이야 비록 숙위宿衛였지만, 실상은 이자춘이 반란을 일으키지 못하도록 사전에 막기 위해 아들과 함께 인질로 잡아두었을 것이다. 이처럼 이성계는 인질로 개경에 입성했지만 그럼에도 매우 활발하고 역동적으로 생활했다.

어느 해인가 단오절을 맞아 공민왕이 궁궐에서 격구 대회를 열었다. 그때 이성계는 신기에 가까운 기마술과 격구 실력을 자랑해 공민왕과 개경 시민들에게 강렬한 인상을 남겼다.

이성계가 27세 되던 해인 공민왕 10년 4월에 이자춘이 죽었다. 그 뒤 그는 아버지를 이어 동북면 지역, 즉 옛 쌍성총관부 지역을 통치하게 되었다. 결국 이성계는 5년간 개경에서 인질 생활을 한 셈이었다. 이후 그는 일이 있을 때마다 동북변의 병력을 거느리고 개경과 전쟁터를 오갔다.

이성계는 동북면의 군사들을 거느리고 홍건적과 왜구들을 무찌르면서 무장으로서의 명성을 쌓았다. 머지않아 그는 최영과 함께 고려 말을 대표하는 무장으로 성장했다. 그렇지만 개경에 변변한 기반이 없었던 탓에 늘 동북면 지역과 전쟁터 그리고 개경 사이를 끊임없이 오가야 했다.

강씨는 이런 남편을 불안하게 지켜보았을 것이다. 어찌 생각하면 강씨에게 이성계는 남편이라기보다는 나그네였을지도 모르겠다. 오다 가다 잠깐씩 들르는 발길이 언제 끊어질지 늘 불안했으리라. 또 확실히 뿌리를 내리지 못하고 계속 함흥과 개경을 오가는 남편의 처지도 안쓰러웠을 것이다.

물론 강씨도 안심할 수 있는 처지는 아니었다. 경처란 말 그대로 수도 개경에 있어야 했음에도 강씨는 곡산에 머물고 있었으니 경처라 하기도 어려웠다. 그렇다고 향처鄕妻는 더더욱 아니었다. 이성계의 고향에는 향처 한씨가 두 눈 시퍼렇게 뜨고 살아 있었다.

이런저런 사정을 고려한 뒤 강씨는 이성계를 설득해 개경으로 이사했을 것이다. 시점은 우왕이 즉위하던 해(1375)가 아닐까 싶다. 그 무렵 그들의 첫째 딸이 3~4세가 되었고, 무엇보다 강씨의 집안을 몰락시킨 공민왕이 사라졌기 때문이다. 그때 친정어머니도 함께 개경으로 와 큰아들 득룡의 집으로 갔으리라 짐작된다.

강씨는 개경에 있던 이성계의 집으로 갔을 것이다. 4~5세쯤 쫓기다시피 곡산으로 내려갔다가 강산도 변한다는 10여 년도 훨씬 넘어서야 개경으로 돌아왔으니, 강씨는 감회가 남달랐으리라. 곡산으로 내려갈 때에는 어머니의 손에 이끌려 갔을 텐데, 이제는 자신이 어머니가 되어 3~4세 된 딸을 데리고 개경으로 입성했으니 그 감회가 어떠했겠는가?

개경에 올라옴으로써 강씨는 명실상부한 경처가 되었다. 그리고 이때부터 본격적으로 남편을 내조하기 시작했다. 이성계가 개경에 뿌리를 굳건히 내릴 수 있도록 다방면으로 남편을 후원했다.

개경의 명문거족들과
사돈을 맺다

고려 왕조가 원나라에 주권을 간섭당한 지 100여 년 만에 자주와 개혁의 기치를 치켜세웠던 공민왕의 최후는 비참하고 허무했다. 공민왕은 말년을 무절제하게 살다가 신임하던 측근에게 암살당하고 말았다. 공민왕의 죽음은 자주와 개혁의 실패일 뿐만 아니라 사실상 고려의 종말이기도 했다.

공민왕에게 멸문의 화를 당했던 강씨는 공민왕의 최후를 접하고 많은 생각을 했을 것이다. 무엇보다 자신과 남편이 개경에서 살아남을 수 있는 방법을 고민했으리라.

공민왕의 표현을 빌리자면, 이성계는 '초야의 신진'이었다. 그는 초야의 신진답게 가문이 변변치 못했다. 그래서일까, 이성계는 필사적으로 '명성'을 쌓는 데 전념했다.

하지만 이성계가 생각한 명성이란 매우 위험천만한 것이었다. 그는 주로 전쟁터에서 명성을 쌓았다. 그런데 전쟁의 '승패는 병가지상사'라는 말처럼 전쟁터는 승리와 패배가 일상적으로 교차하는 곳이었다. 이성계는 단 한 번의 패배로 전사할 수도 있고, 그간 고생해서 쌓은 명성이 사라질 수도 있는, 한 치 앞을 짐작할 수 없는 위험한 운명에 자신을 던진 것이었다.

강씨가 개경으로 올라온 후에도 이성계는 끊임없이 전쟁터를 전전했다. 천운인지 이성계는 계속 승리했고 명성도 높아졌지만, 사실 내일을 장담할 수 없었다. 우왕 6년(1380)에는 전라도 남원 운봉까지 가서 왜구와 격전을 치렀다. 그때도 그는 승리했다. 개경 사람들은 이 승리를 '황산대첩'이라 부르며 이성계를 칭송했다. 목은 이색은 시를 지어 이성계를 치하했다.

적의 용장 죽이기를 썩은 나무 꺾듯이 하니

삼한의 좋은 기상 장군에게 달려 있네.
태양 같은 충성에 하늘의 안개가 걷히고
이 땅에 떨치는 위엄에 바다가 잔잔해지네.

강씨는 남편이 전쟁터에서 목숨 걸고 쌓아올린 명성을 지키고 싶었을 것이다. 초야의 신진인 남편이 허무하게 잊혀지는 일이 없도록 밤잠을 설쳐가며 답을 찾아 고민했을 것이다. 만의 하나 잘못되어 남편에게 불운이 닥친다면 자신도, 자식들도 무사하기 어려웠다. 고민 끝에 강씨는 개경의 명문가들과 연대하는 방법을 생각해냈을 것이다.

강씨는 곡산에서 자랐지만 한때 개경 세도가의 딸이었다. 그런 만큼 개경 사람들의 인심이나 권력자의 속성에 대해서는 이성계보다 훨씬 잘 알았을 것이다. 또 과거에 비할 바는 아니지만, 큰오빠 득룡과 둘째 오빠 순룡은 여전히 개경에 살면서 영향력을 행사하고 있었다. 이런저런 상황으로 볼 때 강씨는 정치판의 분위기나 인심의 동향을 소상히 또 정확히 읽을 줄 알았고, 나아가 개경에서 살아남는 처세술도 잘 알았을 것이다.

강씨가 개경으로 왔을 때 그녀에게는 3~4세 된 딸만 하나 있었다. 반면 이성계의 향처인 한씨에게는 아들이 여섯이나 있었다. 이성계는 이들 중 넷째 방간과 다섯째 방원을 개경으로 불러올렸다. 둘 다 10세 안팎으로 한창 공부할 나이였기 때문에 학업을 위해 불러올린 것이었다.

실록에 따르면 이성계가 "일찍이 가문에 유학을 업으로 삼은 사람이 없음을 불만스럽게 여겨 방원에게 스승을 찾아가 학문을 배우게 했다"고 한다. 자칫 방원만 불러올려서 공부시켰다고 생각할 수 있지만, 방간도 함께 불러올렸다고 보아야 할 것이다. 둘은 나이도 비슷하고, 형들과 달리 모두 개경 명문가의 사위가 되었다는 사실로도 이들이 개경에서 함께 공부했다고 판단할 수 있기 때문이다. 그럼에도 방간이 실록의 기록에서 빠진 이유는 그가 2차 왕자의 난 때 방원에게 패했기 때문이리라.

어쨌든 시골에서 올라온 두 아이를 돌보는 일은 당연히 강씨의 몫이었다. 아이들은 학업을 위해 상경했으므로 곧 집을 떠나 스승을 찾아갔지 싶다. 그렇지만 공부하는 틈틈이 집으로 찾아왔을 것이다.

두 아이 중에서 공부는 방원이 훨씬 잘했던 모양이다. 방원은 생김새는 아버지를 쏙 빼닮았지만 관심과 재능은 전혀 달랐다. 이성계는 전형적인 무장이었지만, 방원은 책 읽기를 좋아하고 생각하기를 즐기는 학자였다.

그에 비해 방간은 어중간했지 싶다. 공부에 전념하는 것도 아니고, 그렇다고 무예가 출중하지도 않았던 듯하다. 좋게 보면 양쪽을 겸비한 듯하지만, 아주 잘하지는 못하고 둘 다 어중간했던 모양이다. 훗날 방원은 과거시험에 합격하지만 방간은 그러지 못했다는 사실에서 그렇게 짐작된다. 주변 사람들도 방원을 더 높이 평가하고 기대했다.

그런 사정을 알아서였을까, 방원은 배움을 게을리 하지 않았다. 집에 돌아와서도 들어앉아 책을 읽었다. 실록에 따르면, 강씨는 "매양 방원의 글 읽는 소리를 듣고 탄식하며 말하기를, 어찌하여 내 아들이 아니란 말인가?"라고 했다고 한다.

그런데 이 기록을 자세히 들여다보면 강씨가 열심히 공부하는 방원에게 호감과 불안감을 함께 느꼈음을 알 수 있다. 강씨는 방원이 장차 크게 출세하리라 기대하면서도 동시에 그가 자신의 소생이 아니라는 사실을 인정하며 크게 실망했던 것이다.

방원에게 크게 기대하기는 이성계도 마찬가지였다. 그는 "내 뜻을 성취할 사람은 반드시 너다"라며 방원을 격려했다고 한다.

방원은 몇 년 후 과거에 합격했다. 실록에서는 그 같은 성취를 "비록 천성에서 출발하였지만, 실은 태조가 부지런히 학문을 권장하였기 때문"이라고 하여 이성계에게 공을 돌리고 있다. 하지만 냉정히 생각하면, 방원이 성취할 수 있었던 데에는 부인 강씨의 공이 더 컸다. 이성계는 자주 집을 비웠으므로 강씨가 혼자서 방원, 방간을 돌보아야 했다. 『태종실록』에 강

씨가 방원을 "기이하게 여기고 사랑하니, 방원도 효성을 다하였다"는 기록이 있는데, 이는 당시에 그가 방원에게 큰 기대를 걸고 성심으로 공부시켰던 상황을 보여주는 것이라 하겠다.

방원, 방간 형제가 개경에 온 지 몇 년 지나 혼기가 가까워오자 강씨는 혼처를 찾기 시작했다. 이성계는 전장을 누비느라 집을 비우는 날이 많았고, 또 아무래도 혼사 문제는 남자보다 여자가 적극적이게 마련이다. 강씨는 은밀히 개경의 명문거족에서 혼처를 물색했을 것이다.

명문거족은 명예와 권력, 전통을 모두 갖추고 있어야 했다. 때문에 몇 다리만 건너면 웬만한 가문과 다 연결될 수 있었다.

곡산 강씨도 왕년에는 개경의 세도가였다. 강씨는 친정어머니와 오빠들에게 마땅한 혼처를 알아봐달라고 부탁했을 것이다. 특히 외가인 진주 강씨 여성들 중에는 개경의 명문거족으로 시집간 안방마님이 제법 있었다. 마침내 우왕 8년(1382)에 방원은 개경의 명문거족인 여흥 민씨 가문의 처녀와 혼인했다. 방간도 방원보다 먼저 여흥 민씨 가문의 처녀와 혼인했다.

1380년을 전후한 시기는 강씨에게 득의의 시절이었다. 당시 그는 20대였고, 남편의 애정도 각별했다. 비록 위험하기는 했지만 이성계는 전쟁에서 계속 승리했으며, 벼슬도 올라갔다. 방원과 방간은 비록 자신이 낳은 아들은 아니었지만 "효성을 다했다"는 실록의 기록대로 강씨에게 아주 깍듯했다. 실록에 따르면 방원은 그를 '어머니'라 부르며 따랐다고 한다. 물론 방간도 그랬을 것이다.

강씨는 소망하던 대로 개경의 명문거족과 사돈을 맺었고, 우왕 7년에는 고대하던 자신의 아들 방번을 낳았다. 다음 해에는 둘째 아들 방석까지 생겼다.

방석이 태어나던 해에 방원이 진사 시험에 합격했다. 다음 해에는 과거에도 합격했다. 이성계는 눈물을 흘리며 감격했다. 방원이 제학으로 발령받고 인사차 들렀을 때 이성계는 임명장을 읽고 또 읽으며 기쁨을 만끽했다.

이때의 부인 강씨에 관한 기록은 전혀 없지만, 이런 경사에 강씨가 빠졌

을 리 없다. 분명 이성계나 방원은 강씨에게 진심으로 감사했을 것이다. 또한 축하 잔치도 강씨가 주선해서 마련했을 것이다.

연이은 경사 속에서 어느덧 강씨의 큰딸도 열 살을 넘겨 혼기가 다가왔다. 강씨는 명실상부한 개경의 최고 가문에서 첫 사위를 보고 싶었다.

"이성계가 모름지기 국왕이 될 것이다"

이성계는 지식인을 존경했다. 평생을 무장으로 살아서인지 고승이나 학자에게 '한말씀' 듣기를 좋아했다. 전쟁터에 나갈 때에도 학자를 부관으로 대동하곤 했는데, 특히 정몽주를 아꼈다. 우왕 6년 운봉 전투 때에도 이성계는 정몽주와 함께 갔다. 그는 기회가 닿는 대로 정몽주를 좋은 자리에 추천했다.

우왕 9년 가을, 이성계는 정도전을 만났다. 사실은 정도전이 제 발로 찾아왔다고 해야 옳다. 정도전은 이성계가 함흥에 머물고 있을 때 그를 찾아왔다. 당시 정도전은 과격론자로 소문이 자자했다. 당시에도 이성계는 정몽주와 함께 있었다.

정도전은 자신을 정몽주의 절친한 친구라고 소개했다. 이성계는 정몽주를 생각해 정도전을 환대해주었으리라. 정도전을 한번 만나본 후 이성계는 그가 너무나 마음에 들었다. 이후 이성계는 정도전 역시 정몽주와 마찬가지로 진심으로 존경하며 대우했다.

그러나 강씨는 생각이 달랐다. 정몽주와 정도전을 가까이 했다가는 남편의 앞날이 위험하다고 생각했다. 정도전이 과격분자라는 소문 때문만은 아니었다. 당시 실권을 쥐고 있던 이인임이 정몽주와 정도전을 미워한다

는 사실을 잘 알았기 때문이었다.

이인임은 공민왕이 암살된 후 우왕을 임금으로 세운 주역이었다. 당연히 우왕 대의 최고 실세였으며, 개경의 명문거족 출신이기도 했다.

이인임은 성주 이씨였다. 성주 이씨는 예전에 백년·천년·만년·억년·조년의 5형제가 과거에 급제해 '5자 등과' 가문으로 명성이 자자했다. 이인임은 이조년의 손자로, 형제가 여덟 명이나 되었다. 비록 이인임은 과거에 합격하지 못했지만 그의 형제 중 네 명이 과거에 합격했다. 방원을 과거에 합격시켜준 이인민이 이인임의 동생이었다. 이렇게 보면 이성계와 이인임은 벌써 인연을 맺은 셈이었다.

이인임은 우왕을 임금으로 세운 뒤 친원親元 정책을 추진했다. 그런데 정도전과 정몽주는 친명親明 정책을 주장했을 뿐만 아니라 이인임을 극단적으로 비판했다. 당연히 이인임은 그들을 싫어했다. 특히 인신공격성 비난까지 감행했던 정도전은 귀양까지 가야 했다. 이인임이 건재한 이상 정도전은 재기하기 어려웠다.

이성계는 이런 사정에도 불구하고 정도전과 가까이 지냈다. 뒷일을 생각하지 못했던 모양이다.

정도전과 계속 어울리다가는 이성계도 이인임의 눈 밖에 나 이유도 모른 채 도태될 수 있었다. 이런 면으로 볼 때 이성계는 아직 정치에 밝지 못했던 듯하다. 그는 권력자의 속성과 심리를 잘 몰랐던 것 같다. 강씨는 그런 남편이 불안하기도 하고, 정도전이 싫기도 했던 모양이다. 비록 훗날의 일이기는 하지만, 강씨는 정도전을 "죽여버리겠다"고 한 적도 있을 만큼 상당 기간 정도전을 미워했다. 정도전이 교활하게 순진한 남편을 이용하려는 것도 미웠지만, 무엇보다 강씨가 부원 가문의 딸이었으며 또 명문거족을 지향했던 만큼 친명과 반 권문세가를 부르짖는 그의 논리가 마음에 들지 않았던 것이다.

이성계는 전장에서는 명장이었을지 모르지만 정치판에서는 초보나 다

⊙이성계의 어도와 패월도(의식용)

름없었다. 전쟁이나 권력투쟁은 싸움이라는 면에서 같았지만 싸우는 방식
은 전혀 다르다. 그러므로 전쟁터에서의 명장이 반드시 정치판에서도 명
장이 된다고 보장할 수 없다.

이성계가 참전하는 전쟁터에서 적은 명확했다. 적을 죽여야 하는 이유
와 방법도 분명했다. 적은 활과 칼로 죽였다. 화살로 쏘아 죽이거나 칼로
베어 죽인 적은 분명 죽은 것이었다. 이기고 지는 것도 명확했다. 죽은 적
은 다시 일어나 덤비지 못했고, 패배한 적은 도망갔다.

그러나 정치판에서는 그렇지가 않았다. 우선 적과 친구를 구분하기가
어려웠다. 왜 싸워야 하는지, 왜 죽여야 하는지는 더 애매했다. 적을 죽이
는 무기도 활이나 칼이 아니라 말과 글이었다. 그 말과 글에 죽어나갔던 적
은 죽은 듯하다가도 다시 살아났다. 그래서 정치판에서는 승자와 패자를
판단하기 어려울 때가 많았다. 패자가 도망가는 것도 아니었다. 패자도 멀
쩡히 살아서 남아 있었다. 강씨는 이렇게 복잡 미묘한 정치판의 생리에 어
두운 남편을 지켜보는 것이 불안했을 것이다. 그리고 그 같은 불안은 곧 현
실로 나타났다.

이성계가 정도전을 가까이 하자 이인임은 그가 정치적 야심을 드러낸

것이라 간주했던 듯하다. 그것도 자기가 미워하는 정도전을 가까이 하는 것은 자신에 대한 선전포고라고 생각했던 것 같다. 이렇게 해서 활을 쏘고 칼을 휘두르며 전장을 누비던 이성계는 자의 반 타의 반 개경의 정치판 속으로 빨려들어갔다.

『태조실록』 총서의 우왕 11년(1385) 대목을 읽다 보면 느닷없이 "태조는 최영 장군과 우정이 아주 돈독하였다. 태조의 위엄과 덕망이 점차로 성하니, 사람들 중에는 태조를 우왕에게 무함誣陷하려는 자도 있었다. 최영 장군이 노하여 말하기를, '이공李公은 나라의 주춧돌인데, 만약 나라가 하루아침에 위급해지면 누구를 대신하게 하겠는가?' 하였다"는 기록이 나온다. 누군가가 이성계를 무함하려 했는데 최영이 막았다는 이야기다. 이 기록에서 궁금증을 자아내는 부분은 도대체 누가 무슨 이유로 이성계를 무함하려 했을까 하는 것인데, 정작 그 부분에 대해서는 아무런 언급이 없다. 그런데 『고려사』에 이런 기록이 나온다.

우왕이 최영의 손을 잡고 울며 작별하니 최영이 두 번 절하고 곽충보를 따라 나왔다. 이성계가 최영에게 말하기를 "이번 사태는 저의 본심이 아닙니다. 하지만 장군께서 대의를 거역하여 국가가 편안하지 못하고, 백성들은 고단하여 원망이 하늘에 사무쳤습니다. 그래서 부득이하게 이렇게 되었습니다. 부디 잘 가십시오" 하였다. 이성계와 최영은 서로 마주보며 울었다. 드디어 최영을 고양현에 유배하였다.

이인임이 일찍이 말하기를 "이성계가 모름지기 국왕이 될 것이다" 하였는데, 최영이 듣고 심히 노하니 이인임이 감히 더 이상 말하지 못하였다. 이에 이르러 최영이 탄식하며 말하기를 "이인임의 말이 정말로 옳았구나" 하였다.

『고려사』, 우왕 14년 6월 3일조

위의 기록은 이성계가 위화도에서 회군해 최영을 사로잡을 때의 장면이

다. 최영은 제멋대로 회군한 이성계를 역적으로 생각해 최후까지 저항했지만 결국에는 사로잡히고 말았다. 이 글만 보면 마치 최영이 이인임과 마찬가지로 '이성계가 모름지기 국왕이 될 것이다'는 사실에 승복했다는 의미로 읽힌다. 그러나 이것은 분명 『고려사』 편찬자가 의도적으로 왜곡한 내용이다.

최영의 입장에서 생각해보면, 이 말은 전혀 다른 의미를 지닌다. 이인임역시 전혀 다른 차원에서 그 말을 했다. 생각해보라. 사로잡힐 당시 최영은이성계에게 승복하기보다는 과거에 없애버릴 수 있었던 좋은 기회를 놓쳐버렸다는 통한이 더 컸을 것이다. 즉, 이인임이 "이성계가 모름지기 국왕이 될 것이다"고 말했을 때 마음만 먹었으면 충분히 죽일 수 있었다는 의미이다. 그래서 『태조실록』에도 당시 누군가가 무함하려 했다고 한 것이 아니겠는가?

이인임은 '이성계가 역모를 도모한다'는 의미에서 무함했을 것이다. '역모를 도모한다'는 말은 곧 '국왕이 되려 한다'는 말이었다. 조선시대에 편찬된 공식기록에서 태조 이성계를 '역적'으로 묘사할 수는 없었으리라. 그러므로 사실은 '역모' 또는 '역적'이었을 테지만 말을 바꿔서 '국왕' 또는 '천명' 등으로 윤색한 것이 아닐까?

우왕 11년에 이인임은 공식석상에서 "이성계가 역모를 도모한다"고 폭로했을 것이다. 당시 이인임은 시중, 즉 수상이면서 최고 실력자였다. 그러므로 그가 공식석상에서 그런 발언을 했을 때는 반드시 이성계를 죽이겠다고 결심을 굳힌 후였으리라. 누구라도 '역모' 혐의를 쓰고는 살아남을 수 없었기 때문이다. 그러므로 누군가가 강력히 제지하지 않았다면 이성계는 역적으로 몰려 죽을 운명이었다. 그때 최영이 나서서 이성계를 살렸다. 그렇게 살려준 이성계가 배신하고 군대를 회군해 자신을 사로잡기까지 했으니 최영이 느낀 통분이 어떠했겠는가? 최영은 분명 '그때 이인임을 막지 말고 이성계를 죽였어야 했다'고 후회하며 이를 갈았으리라.

그러면 당시 이인임은 왜 이성계를 죽이려 했을까? 『태조실록』은 이성

계의 "위엄과 덕망이 점차로 성하여" 그랬다고 전한다. 이는 일부 사실이 기도 하겠지만, 그것이 전부는 아니다.

우왕 11년이면 이성계가 정도전을 핵심 참모로 한창 신임하던 때다. 이 인임은 이성계가 자신에게 적대적인 정도전을 참모로 중용하는 것을 지켜 보며 그에게 정치적 야심이 있다고 판단했을 것이다. 그래서 이런저런 통로를 통해 이성계에게 경고도 하고 때로는 암시도 보냈을 것이다. 그럼에도 이성계가 요지부동이자 끝내 제거할 마음을 굳히지 않았을까? 이와 관련해 생각해보면 『태조실록』의 다음 기록은 의미심장하다.

태조가 아직 왕이 되기 전에 꿈을 꾸었는데, 신인神人이 하늘에서 내려와 금척金尺을 건네주면서 말하기를 "시중 경복흥은 청렴하기는 하지만 이미 늙었고, 도통사 최영은 강직하기는 하지만 조금 고지식하니, 이것을 가지고 나라를 바로잡을 사람은 공이 아니고 누구겠는가?" 하였다.

그후 어떤 사람이 문밖에 이르러 이상한 글을 바치며 말하기를 "이것은 지리산 바위 속에서 얻었습니다" 하였다. 그 글에는 "목자木子가 돼지를 타고 내려와서 다시 삼한의 강토를 바로잡을 것이다" 또 '비의非衣, 주초走肖, 삼전삼읍三奠三邑' 등의 말이 있었다. (중략)

정종이 왕이 되기 전에 시중 이인임을 만나기 위해 집으로 찾아갔는데, 정종이 떠나가자 이인임이 다른 사람에게 말하기를 "나라가 장차 반드시 이씨에게 돌아갈 것이다" 하였다.

『태조실록』, 권1, 1년 7월 병신조

위의 기록은 모두 이성계가 왕위에 오른다는 예언들이다. 예컨대 금척은 왕권을 상징하므로, 이것을 받는다는 것은 곧 왕이 된다는 뜻이다. "목자木子가 돼지를 타고 내려와서 다시 삼한의 강토를 바로잡을 것이다"는 돼지띠의 이李씨가 나라를 세운다는 뜻인데, 이성계가 바로 돼지띠였다.

'비의, 주초, 삼전삼읍'은 이성계를 도와 나라를 세울 사람들로서 '비의'는 배裵씨, '주초'는 조趙씨, '삼전삼읍'은 3정三鄭씨를 의미하며, 훗날의 배극렴, 조준, 정도전, 정총, 정희계가 그들로 지목되었다.

그런데 정종이 시중 이인임을 찾아갔을 때 이인임이 "나라가 장차 반드시 이씨에게 돌아갈 것이다"고 했다는 언급까지도 '개국 예언'으로 몰아넣은 것은 비약이 심하다. 정종은 이성계의 둘째 아들이다. 정종이 이인임을 찾아간 실제 이유는 아버지를 역적으로 몰아 죽이려는 이인임에게 '구명救命 청탁'을 하기 위해서였으리라. 하지만 전혀 효과를 보지 못했다. 이인임은 여전히 "이성계가 역모를 도모한다"고 공언하며 이성계를 죽이려 했다. 그러면 어째서 정종이 아버지의 구명 청탁을 하게 되었으며, 그럼에도 불구하고 이인임은 이성계를 반드시 죽이려 했을까?

이인임은 이성계가 직접 찾아와서 목숨을 구걸하기를 기다렸던 것은 아닐까? 반면 이성계는 죽으면 죽었지 구차하게 목숨을 구걸하면서까지 살고 싶지는 않다고 버틴 것은 아닐까? 상황이 그러했다면 역시 부인 강씨가 나설 수밖에 없었을 것이다.

강씨는 이성계에게 이인임을 찾아가라고 졸랐을지 모른다. 하지만 일면 우직한 남편이 요지부동하자 대신 둘째 아들을 보냈을 것이다. 기다리던 이성계는 오지 않고 정종이 대신 오자 이인임은 더 이상의 여지가 없다고 판단했으리라. 이때가 이성계의 최대 위기였다. 그럼에도 남편이 움직이지 않으니 강씨도 어쩔 도리가 없었다.

그때 생각지도 않았던 최영이 나섰던 것이다. 최영은 고려에 이성계만한 무장이 없다고 믿었다. 고려를 위해 이성계가 꼭 필요하다고 믿었던 만큼 최영은 이인임이 사사로운 감정으로 이성계를 제거하려 한다고 생각했으리라. 그래서 이인임이 이성계를 역적이라 폭로할 때 심하게 화를 내며 막았으리라.

강씨와 이성계는 이렇게 최대 위기를 넘겼다. 그런데 이후의 사태가 예

상 밖으로 전개되었다. 어찌 된 일인지 강씨의 큰사위가 이인임의 집안에서 들어온 것이다. 이것은 분명 강씨의 작품이지 싶다. 강씨는 왜 남편을 죽이려 한 이인임의 집안에서 큰사위를 얻었을까?

그것은 이인임이 당시 최고의 실세이며, 개경 최고의 명문거족이었기 때문이다. 가문으로만 본다면 그만한 혼처가 없었다. 이인임의 집안과 혼인을 맺는다면 오히려 전화위복이 될 수도 있지 않겠는가?

이인임 또한 닳고 닳은 사람이었다. 이성계를 죽이려다 실패한 이후 이인임은 이성계를 제거하려면 최영까지 함께 제거해야 한다는 사실을 충분히 깨달았을 것이다. 아무리 이인임이 실세라 해도 거기까지는 어려웠다. 그렇다면 계속 원수로 지내느니 차라리 손을 잡는 편이 낫다고 판단했을 수도 있다.

게다가 두 집안에는 인연이라면 인연도 있었다. 강씨의 형부인 신귀의 형 신예가 이인임의 매제였던 것이다. 곧 강씨의 친정 언니와 이인임의 여동생이 동서 간이었던 것이다. 아마도 강씨는 친정 언니를 통해 이인임의 집안에 혼인 의사를 떠보았으리라. 그리고 우왕 12년(1386) 가을이나 13년 봄쯤 혼인이 성사되었을 것이다.

강씨의 큰사위는 이름이 이제로서, 이인임의 동생 인립의 큰아들이었다. 이처럼 강씨는 여흥 민씨, 성주 이씨 가문과 연이어 혼인을 맺음으로써 이성계의 기반을 탄탄하게 다져놓았다.

위화도 회군으로 인한
고된 피난길

부자도, 권력자도 세월 앞에는 견디지 못한다.
천년 만년 갈 것 같은 권력자도 세월 앞에서는 스러지게 마련이다. 14년간

이나 최고 실세로 군림했던 이인임도 예외일 수 없었다.

우왕 13년으로 접어들면서 이인임은 부쩍 노쇠해졌다. 80세 가까운 나이를 속일 수는 없었는지 병석에 드러눕는 일이 잦아졌다. 차가운 가을바람까지 불기 시작하자 병은 뼛속 깊이까지 도졌다. 이인임은 십수 년간 주름잡았던 정치판에서 은퇴할 수밖에 없었다.

14년은 긴 세월이었다. 이인임이 은퇴하면서 그간 수면 아래 잠겨 있던 권력형 비리들이 이인임의 꼬리표를 달고 떠오르기 시작했다. 부정부패, 권력 남용, 정책 실패, 외교 실패 등등 그간의 잘못들이 모두 이인임의 책임으로 돌아왔다.

우왕 14년 정월에 이인임 일당인 임견미와 염흥방이 부정부패와 권력 남용의 죄목으로 체포되어 사형당했다. 수사는 걷잡을 수 없이 확대되었다. 최종 목표는 이인임이 분명했다.

우왕은 이인임의 빈자리를 최영으로 대체했다. 최영은 최고 실세가 되자 과거의 권력형 비리들을 샅샅이 파헤치고 단죄했다. 수천 명이 사형되고 재산을 몰수당했다. 은퇴했던 이인임은 노구를 이끌고 최영의 집으로 그를 찾아갔다. 그러나 최영은 이인임을 만나주지도 않고 문전박대해 내쫓았다. 결국 이인임은 변방으로 유배되어 그곳에서 일생을 마감해야 했다. 이인임의 아들 헌, 동생 인민, 조카사위 하륜 등도 유배되었다. 최영은 마치 전쟁을 치르듯 정치판을 물갈이했다.

이인임의 은퇴는 이성계에게 좋은 일이기도 하고 나쁜 일이기도 했다. 이성계가 기회를 잡을 수 있었기에 좋은 일이었다. 그는 좌시중에 오름으로써 시중 최영에 이어 권력 서열 2위가 되었다.

다른 한편으로는 입장이 난처해졌다. 이인임의 집안과 혼인을 맺은 만큼 최영이 무제한적으로 이인임의 친인척들을 과거 비리에 연루시킨다면 이성계도 빠져나가기 어려웠다. 이성계는 '과거의 잘못보다는 현재의 능력이 중요하다'는 논리로 주변 사람들을 보호하려 했다. 상황이 이런지라

이성계의 입장은 최영에 비해 난감할 수밖에 없었다. 또한 최영은 자신의 생명을 구해준 은인이기도 하여 마음에서 양보하기도 했을 것이다.

이렇듯 당시는 최영이 독주하는 상황이었다. 최영은 개인적으로 보면 청렴결백하고 강직한, 더러운 진흙탕 속에서 빛나는 진주 같은 인물이었다. 그러나 최고지도자로서 그의 청렴결백과 강직함은 또한 약점이기도 했다. 최영은 타협과 설득에 약했다. 타협 없이 비리를 척결하는 자세는 백성들에게 쾌감을 주었으나, 정작 자신과 우왕은 권력 세계에서 점점 고립되었다. 그럼에도 최영은 비리 척결을 멈추지 않았다.

타협과 설득에 약한 최영의 약점은 외교 문제에서 보다 적나라하게 드러났다. 우왕이 즉위한 후, 이인임은 처음에는 친원 정책을 추진했지만 상황에 따라 친원과 친명을 오가며 등거리 외교를 했다. 당연히 명나라는 이런 고려를 불신하며 고려가 명나라에 확실히 줄설 것을 강요했다. 그럼에도 고려가 계속 등거리 외교를 펴자 명나라는 군사적 협박과 외교적 봉쇄로 고려를 몰아붙였다. 감당할 수 없을 정도로 많은 말, 금, 은 등을 공물로 요구해 고려를 곤경에 빠뜨렸을 뿐만 아니라 고려 사신의 입국을 거절했다. 급기야 우왕 14년(1388) 2월에는 철령 이북을 내놓으라고 압박했다. 원래 원나라의 땅이었으니 명나라가 되찾겠다는 명분이었다.

명나라의 이런 조치들은 고려의 등거리 외교에 대한 불만의 표시라는 측면이 농후했다. 그런 만큼 타협과 설득으로 충분히 바뀔 가능성이 있었다. 실제로 고려는 명나라의 과도한 공물 요구가 있을 때마다 궁핍한 재정을 핑계로 응하지 않았고, 명나라도 묵과해왔다.

그런데 이 시점이 공교롭게도 최영이 고려의 최고 실세가 된 직후였다. 명나라가 철령 이북을 내놓으라고 요구하자 최영과 우왕은 격분했다. 마침내 그들은 타협과 설득 대신 명나라와의 전쟁을 선택했다. 반대가 거셌지만 그들은 요동 정벌을 공언했다.

우왕 14년 4월 18일, 군사들이 평양에서 요동을 향해 출동했다. 10만 대

군을 호언했지만 실제 병력은 5만에 그쳤다. 여름 무더위가 한창인 때였다. 이때 이성계는 우군도통사로서, 좌군도통사와 함께 요동 정벌군을 절반으로 나누어 현장에서 지휘하는 최고사령관이었다.

이성계가 요동을 향해 출동하는 동안, 부인 강씨는 개경을 떠나 포천의 철현 별장에서 어린 두 아들과 함께 불안에 떨고 있었다. 그곳에서 멀지 않은 재벽동 별장에는 이성계의 향처 한씨가 피신해 있었다.

우왕과 최영은 마지못해 요동으로 출동하는 장군들의 처자식을 인질로 잡아두고자 했다. 당시 강씨에게는 8세 된 방번과 7세 된 방석이 있었고, 한씨에게는 방번보다 조금 나이가 많은 딸이 2명 있었다. 이미 나이 50세를 넘긴 이성계에게 이 아이들은 너무나 소중한 보물이었다. 그는 요동 정벌 문제로 어수선한 틈을 타 미리 부인들과 아이들을 포천으로 대피시켰던 것이다.

요동 정벌군이 출동하던 때, 우왕과 최영은 이성계의 큰아들과 둘째 아들만 인질로 잡아두었을 뿐 굳이 강씨와 한씨까지 잡으려고 하지는 않았다. 두 아들로도 이성계를 충분히 조종할 수 있으리라 판단했던 듯하다. 하지만 훗날 드러났듯이, 이것은 결정적인 실수였다.

이성계는 위화도까지 갔다가 회군했다. 두 부인이 인질로 잡혀 있지 않았기 때문에 안전을 확신했을지도 모른다. 하지만 당시 두 부인은 위기에 처해 있었다. 이들을 방원이 구해냈다. 당시 상황이 『태조실록』에 묘사되어 있다.

처음에 신의왕후 한씨는 포천 재벽동의 농장에, 그리고 신덕왕후 강씨는 포천 철현의 농장에 머물러 있었다. 그때 태종(방원)이 전리정랑典理正郞으로 개경에 있다가 위화도 회군 소문을 듣고는 집으로 돌아가지 않고 곧바로 말을 달려 포천으로 갔다. 도착하여 보니 일을 주관하는 남자 종들은 이미 모두 흩어져 도망하고 없었다.

태종은 신의왕후와 신덕왕후를 모시고 동북면을 향해 출발하였다. 태종은 길을 가면서 신의왕후와 신덕왕후가 말을 타고 내릴 때는 친히 부축하

⊙ 태조 이성계의 어보(임금의 존호를 새긴 의식용 도장)

였고, 식사 때가 되면 불에 익힌 음식을 허리춤에 차고 있다가 직접 봉양하였다. 그때 신의왕후의 소생인 경신공주, 경선공주는 물론 신덕왕후의 소생인 방번과 방석이 모두 나이가 어렸는데 또한 따라갔다. 태종은 이 아이들이 말을 탈 때는 직접 안아서 태우고, 길이 험하고 물이 깊은 곳에서는 직접 말을 이끌기도 하였다. 가는 길이 매우 험하고 양식이 모자라 길가의 민가에서 밥을 얻어먹기도 하였다. 철원관鐵原關을 지나다가 관리들이 체포하려 한다는 소문을 듣고 밤을 이용하여 몰래 이동하였다. 남의 집에 들어가지도 못하고 들판에서 유숙하였다. 이천에 있는 한충의 집에 도착하자 태종은 가까운 마을의 장정 100여 명을 뽑아 호위하게 하고는 말하기를 "최영은 일을 환하게 아는 사람이 아니니 나를 뒤쫓지 않을 것이다. 만약 쫓아온다고 해도 나는 이제 두렵지 않다" 하였다.

일행은 7일간을 머물다가 개경에서 일이 안정되었다는 소식을 듣고 돌아왔다. 처음에 최영은 명령을 내려 요동 정벌에 나간 여러 장수들의 처자식들을 가두려 하였다. 그러나 조금 후에는 일이 급박하여 완전히 시행하지 못하였다.

『태조실록』, 총서

⊙ 어보를 넣은 내함과 외함

　이성계가 위화도에서 회군한 때는 5월 22일이었고, 이 소식이 성주에 머물던 우왕에게 보고된 것은 이틀이 지난 24일이었다. 그런데 『고려사』에 따르면 이날 우왕의 성주 행재소에 인질로 잡혀 있던 이성계의 큰아들과 둘째 아들이 말을 빼내어 도망갔는데도 한낮이 되도록 우왕이 그 사실을 알지 못했다고 한다. 달리 말하면 그날 한낮이 되어서야 우왕은 탈출 보고를 받았다는 뜻이다.

　이성계의 큰아들과 둘째 아들은 우왕이 회군 소식을 보고받기 전에 미리 알고 탈출했을 것이다. 기록에는 나오지 않지만 분명 회군 주역들은 인질로 잡혀 있는 가족들에게 소식을 보냈으리라. 이것이 성공했다는 것은 그만큼 인질 관리가 허술했으며, 또한 회군이 치밀했다는 뜻이다.

　이성계는 개경에 머물고 있던 방원에게도 소식을 보냈을 것이다. 인질로 성주에 잡혀 있던 큰아들과 둘째 아들이 24일 새벽이나 아침쯤에 회군 소식을 들었다면, 방원은 그보다 2~3일쯤 지나서 회군 소식을 들었으리라. 그 직후에 방원이 포천으로 달려갔으니, 강씨와 방원은 5월 말쯤에 만났을 것이다. 그때쯤에는 이미 회군 소문이 포천까지도 돌아 남자 종들은 다 도망했던 것이다. 강씨와 한씨 부인이 가야 할 곳은 분명했다. 이성계의

근거지인 동북면뿐이었다. 그곳이 가장 안전했기 때문이다.

하지만 포천에서 동북면까지는 먼 길이었다. 게다가 도망 행렬에는 방원 말고는 젊은 남자가 없었다. 온갖 궂은일은 방원이 혼자서 도맡아야 했지만 그는 싫은 내색 없이 기꺼이 해냈다.

이들 행렬은 천천히 움직일 수밖에 없었다. 노약자가 많을 뿐만 아니라 제대로 먹지도 못했고, 낮에는 숨고 밤에만 움직여야 했다. 그들이 곡산 못 미쳐 이천에 도착하기까지 5~6일쯤 걸리지 않았을까?

이천에는 왕년에 이성계를 보고 '도령'이라 불렀던 한충이 살고 있었다. 그때의 인연으로 한충은 이성계의 충복이 되어 강씨와도 잘 알았다. 그에게서 병사 100여 명 정도를 확보한 신덕왕후 강씨와 방원은 자신을 얻었을 것이다.

이성계가 개경을 함락하고 최영을 생포한 때는 6월 3일이었다. 그날을 전후로 이성계는 처자식들의 생사를 확인했을 텐데, 소재지를 파악해 이천으로 소식을 보냈을 때는 6월 10일 전후쯤이었을 것이다.

강씨는 곧바로 개경으로 돌아왔겠지만 한씨는 다시 고향으로 돌아가지 않았을까 싶다. 두 부인은 약 보름 정도를 함께하며 사선을 헤매고 다녔다. 이성계를 사이에 두고 각각 경처와 향처로 살면서 그렇게 가깝게 지내기는 분명 처음이었으리라. 그때 강씨는 30세쯤 되었고, 한씨는 52세였다. 함께 지내는 동안 강씨나 한씨 부인 모두 심정이 복잡 미묘했으리라.

강씨는 한씨 부인을 보면서 불쌍하고 부러운 느낌이 교차하지 않았을까? 30세밖에 되지 않은 그의 눈에는, 시골에서만 살아온 50세 넘은 한씨 부인이 마치 물기는 다 빠지고 질긴 줄기만 남은 잡초 같아 보였으리라. 게다가 이성계의 애정을 온통 자기가 독차지하고 살았으니 미안한 마음도 들었을 것이다. 그러면서도 방원처럼 잘나고 사려 깊은 아들을 둔 것을 부러워했으리라.

어쨌든 강씨가 개경으로 올라왔을 때에는 세상이 바뀌어 있었다. 이성

계가 세상의 중심에 서 있었던 것이다. 아울러 강씨도 세상의 중심에 서게 되었다.

떠나려는 이성계,
붙드는 강씨 부인

이성계는 전쟁터에서 잔뼈가 굵은 사람이었다. 그는 전쟁의 승패는 사기에 달려 있고, 사기는 사명감과 자신감에서 솟아난다고 믿었다. 그래서 부하들이 강적을 앞에 두고 두려움에 떨 때마다 신기에 가까운 활 솜씨로 승리에 대한 자신감을 불어넣어주곤 했다.

회군 이후 이성계는 명실 공히 정치판의 중심인물이 되었다. 그럴수록 고민은 깊어갔다. 정치판도 전쟁터와 다를 바 없는데, 정치판에서는 스스로 사명감과 자신감을 찾기가 힘들었기 때문이다.

이성계의 가치관으로 볼 때 회군은 감히 생각하기 어려운 놀라운 사건이었다. 충신을 자처했던 그는 절대 죽음을 두려워하여 전쟁터에서 등을 돌릴 사람이 아니었다. 그런 그가 왕명을 어기고 군대를 되돌린 것은 가치관이 크게 흔들렸다는 증거다. 누군가가 그의 가치관을 근본적으로 뒤흔들었다는 말이다.

그 사람은 분명 정도전이었을 것이다. 정도전은 이성계를 만날 때마다 무장으로서의 충성심이 아니라, 정치가로서의 사명감과 자신감을 불어넣었으리라. 확실히 정도전을 만난 이후 이성계는 왕과 정치에 대한 생각이 크게 달라졌다. 예전의 그는 왕명에 절대 복종하고 전쟁에서 승리하는 것이 최고의 충성이라 믿었다. 그것이 왕과 나라에 대한 최고의 사명이라 믿었다.

하지만 언젠가부터 이성계는 왕을 의심하기 시작했다. 지금의 왕이 진정

한 왕이 아니라고 생각한 것이다. 진정한 왕이 아니라면, 그 왕의 명령에 무조건 복종해야 하는가 하는 의심이 들었다. 또한 진정한 왕이라고 해도 왕명이 왕명답지 못할 때마저 무조건 복종해야 하는가 하는 회의도 들었다.

이성계는 요동 정벌에 반대했다. 명나라와의 전쟁으로 나라에 큰 재앙이 닥칠까 우려했기 때문이다. 하지만 왕명이기에 출동할 수밖에 없었다. 그랬던 그가 결국 왕명을 어기고 회군한 것이다. 어느 순간인지는 모르지만, 왕명답지 못한 명령에도 무조건 복종하는 것은 충성이 아니라는 확신이 섰으리라.

회군 이후 이성계는 왕과 나라에 대한 자신의 사명이 무엇인지 고민했다. 죽음이 두려워 회군했다고 손가락질하는 사람들, 군사 반란의 수괴라고 지탄하는 사람들이 있음을 뻔히 알았다. 그러나 무엇보다 이성계를 가장 괴롭힌 것은 왕과 나라에 대한 자신의 사명이 무언인지를 진실로 확신하지 못하는 것이었다. 명나라와의 전쟁을 강요하는 왕명이 왕명답지 못했다는 것까지는 확신했지만, 그래서 앞으로 무엇을 어떻게 해야 할지는 판단하지 못했던 것이다.

그것은 부인 강씨나 방원이 해결할 수 있는 문제가 아니었다. 부인 강씨는 오직 자식들과 집안에만 관심이 쏠려 있었다. 정치에 관한 한 이성계는 아들 방원을 신뢰했다. 방원은 정치판의 명장이 될 소질이 다분했다. 정치판을 정확히 읽어내고, 적과 친구를 예리하게 구별할 줄 알았다. 그럼에도 정치가의 사명, 바람직한 국가 운영 같은 거대담론을 감당하기에는 연륜과 경륜이 너무 짧았다. 그는 아직 20대였다.

이성계는 아쉬운 부분을 정도전에게서 채웠다. 정도전은 정치가의 사명, 바람직한 국가 운영 같은 거대담론을 쉽고 분명히 제시했다. 정치가의 사명이나 바람직한 국가 운영은 백성을 행복하게 하는 것이라고 말해주었다. 우왕은 진정한 왕도 아니고, 백성을 행복하게 하는 왕도 아니라고 했다. 정도전에 따르면 이성계의 사명은 간단명료했다. 진정한 왕을 세우고,

그 왕이 진정 나라와 백성을 행복하게 만들도록 보좌하는 것이었다. 그의 말대로라면 너무나 필요하고 보람된 일이었다.

이성계는 충실히 정도전의 말에 따랐다. 왕을 바꾸었고, 나라와 백성을 위한 제도 개혁을 시도했다. 자연히 이성계는 정도전과 그의 동료인 조준, 남은 등에게 점점 더 의지하게 되었다. 정치판에서 그의 영향력도 더욱 커져갔다.

일반적으로 정치적 영향력이 커지면 정적이 줄어들 것 같은데, 이성계 주변에는 거꾸로 정적들이 늘어났다. 어제의 친구가 갑자기 정적으로 변하기도 했다. 적은 적이되 정치판에서의 정적政敵과 전쟁터에서의 외적外敵은 전혀 달랐다. 싸움 방식도 달랐다.

정치판에서의 싸움은 끝을 알 수 없었다. 전쟁터에서 수많은 외적을 죽였던 이성계는 정치판에서도 무수한 정적들을 죽여야 했다. 그런데 그 정적들은 한때 왕이었거나 동료였거나 친구였던 사람들이었다. 정적들도 이성계의 목숨을 노렸다. 이성계는 이런 상황을 감당하기가 괴로웠다. 이성계는 정치판을 떠나 고향으로 돌아가고 싶었다.

공양왕 3년(1391)이 되면서 이성계는 왕과 정적들로부터 집중 견제를 받았다. 명나라에서도 압력을 가해왔다. 이성계에 대한 악선전이 명나라에까지 퍼진 것이었다. 그해 6월, 이성계는 사직 상소를 올리고 고향으로 돌아갈 결심을 굳혔다. 곧바로 하인들을 재촉해 행장을 꾸리게 했다. 방원에게도 사직을 권했다. 이때 이성계는 정치에 미숙한 점을 극명히 드러냈다.

정치에서 위기 때 물러나는 것은 자살 행위와 다름없다. 왕과 정적들이 목숨을 노리는 때 물러나는 것은 그냥 죽겠다는 것과 마찬가지 의미였다. 부인 강씨는 불안했으리라. 그는 기회가 닿는 대로 남편에게 떠나면 안 된다고 설득했을 것이다. 방원에게도 사직을 만류했을 것이다. 『고려사』에 따르면 강씨는 이성계의 귀향을 막기 위해 살인도 마다하지 않았다.

이때 공양왕은 이성계가 공도 높고 인심도 많이 얻은 것을 꺼렸다. 또 권

문세족은 사전私田 개혁을 원망하여 온갖 방법으로 무고하며 헐뜯었다. 이에 공양왕은 참언을 믿고 주야로 좌우와 더불어 몰래 제거하려 하였다. 이성계는 참설에 곤란하여 정도전, 남은, 조인옥 등에게 말하기를 "내가 그대들과 함께 왕실에 힘을 다하였으나 참언이 자주 일어나니 우리들이 용납되지 못할까 두렵다. 차라리 동북면 고향으로 돌아가서 피할까 한다" 하였다. 그리고는 집안사람들을 시켜 행장을 꾸리도록 재촉하여 장차 떠나려 하였다. (중략)

도진무 황희석이 가신家臣 김지경을 보내 강씨 부인에게 알리기를 "정도전, 남은 등이 장군을 설득하여 동북면으로 돌아가라 권합니다. 일이 장차 잘못될 것이니 이들을 없애야겠습니다" 하였다. 강씨 부인이 이 말을 믿고 방원에게 말하기를 "정도전과 남은을 모두 죽여야겠다" 하였다.

『고려사』, 열전, 제신, 정도전

결국 이성계는 부인 강씨와 측근들의 만류로 귀향하지 못했다.

공양왕 3년 7월 9일, 이성계는 오랜만에 입궐했다. 다음날 공양왕이 답례차 이성계를 만나기 위해 집으로 찾아왔다. 왕과 이성계는 밤늦게까지 술을 마시며 환담을 나누었다.

4일 후, 이성계는 왕의 초대를 받아 궁궐로 들어갔다. 이때 강씨와 방원도 함께 입궐했다. 그러나 여기에는 왕의 음모가 숨어 있었다. 『고려사』에 그날의 일이 기록되어 있다.

이성계가 부인 강씨와 함께 궁궐에 들어가 공양왕에게 잔치를 올렸다. 왕은 이성계에게 옷, 모자, 갓끈, 안마 등을 하사하였다. 이성계는 곧 옷을 입고 절하며 감사를 표하였다.

밤이 되자 유만수가 문을 잠갔는데, 방원이 몰래 이성계에게 알려 물러가기를 요청하였다. 이에 이성계는 열쇠 담당자를 시켜 대궐문을 열게 하

였다. 이성계가 집으로 돌아오는 길에 방원을 돌아보고 말하기를 "갓끈은 실로 진기한 물품이니 내 장차 너에게 전해주겠다" 하였다.

『고려사』, 공양왕 3년 7월 14일조

위의 기록이 강조하는 내용은, 이성계가 장차 갓끈을 방원에게 물려주겠다고 약속했다는 사실이다. 갓끈을 물려준다는 것은 사실 자리를 물려준다는 의미이다. 결국 『고려사』의 편찬자가 이 기록을 넣은 의도는 이성계가 태종의 즉위를 약속했다는 점을 알리기 위해서였다.

그런데 그날 실제로 궁궐에서 일어났던 사건은 공양왕이 이성계와 그의 처자식을 궁궐로 불러들여 일망타진하려 했던 음모다. 공양왕은 오랜만에 입궐한 이성계를 위로한다는 핑계로 집까지 찾아갔다. 그리고 며칠 뒤 궁궐로 초대했으니 이성계는 사양할 수 없었다. 그 자리에 강씨와 방원까지 함께 부른 것은 계획적이라는 의혹을 불러일으키기에 충분하다.

분명 공양왕은 이성계에게 잔뜩 술을 먹이고, 그 핑계로 대궐에서 자게 하여 한밤중에 일망타진할 계획을 세웠을 것이다. 『고려사』에서는 방원이 그 같은 음모를 눈치 챈 덕에 이성계가 무사히 탈출할 수 있었다고 말하는 것이다. 그래서 이성계가 방원에게 갓끈을 물려주겠다는 약속까지 했다는 것이다.

그런데 의심을 갖고 보면 이 부분도 무조건 믿기에는 뭔가 미심쩍다. 왕의 음모를 눈치 채고 탈출하려 했던 사람이 정말 방원이었을까? 혹시 부인 강씨는 아니었을까? 분위기가 수상하다는 방원의 말에 이성계도 위기 의식을 느꼈을 수는 있다. 하지만 왕에게 아무 말도 하지 않고 도망친다는 것은 비겁하고 무례하다고 생각했을 수도 있을뿐더러, 수치스럽게 여겨졌을 수도 있다. 그런 이성계를 설득해 도망치게 할 수 있는 사람은 방원보다는 부인이었을 가능성이 더 높다. 그런 만큼 강씨 아니면 강씨와 방원이 함께 이성계를 설득해 도망친 것은 아닐까? 기록이 없어 더 이상의 추정은 불가

능하지만 이런 의심이 드는 것은 어쩔 수 없다.

그 무렵 의미심장한 일이 있었다. 강씨가 큰며느리를 들였던 것이다. 인정상으로 본다면 강씨는 큰며느리를 심사숙고하여 골랐으리라 짐작된다. 그런데 묘하게도 그 결과가 공양왕 동생의 딸이었다.

당시 강씨의 큰아들 방번은 11세밖에 되지 않았다. 아무리 조혼풍습이 있었다고 해도 혼인하기에는 이른 나이였다. 반면 큰며느리는 15세로 혼인 적령기였다. 이것은 분명 어린 방번을 정략결혼에 이용한 것이었다. 그렇게 한 사람은 강씨였을 것이다. 그래서인지 방번의 혼인에 대해『고려사』나 실록에서는 철저히 침묵한다.

강씨는 전날 이인임과의 갈등을 혼인으로 풀었듯이 공양왕과의 갈등도 혼인으로 풀려는 속셈이었으리라. 결과는 기대 이상이었다. 강씨는 명실공히 최고의 가문인 왕실과 혼인을 맺게 되었으며, 그만큼 이성계도 입지가 단단해졌다. 아울러 자꾸 고향으로 떠나려던 이성계를 확실히 개경에 붙잡아두는 효과까지 얻었으리라. 이제 강씨와 이성계는 왕비와 국왕 말고는 더 이상 오를 곳이 없었다.

마침내 조선 건국의 대업을 이루다

『태종실록』에 이런 기록이 있다.

총제 강유신을 폐서인하여 먼 지방에 원하는 곳으로 유배하게 하였다. 처음에 강유신이 재종제 강택과 더불어 말하기를 "태조가 아직 왕이 되기 전에 나는 신덕왕후 강씨의 친척으로서 늘 드나들었다. 그때 보니 신덕왕후

강씨의 아들들과 전하(태종)는 늘 태조를 모셨지만, 다른 왕자들은 드나들지 못하였다. 지금은 옛날 보던 것과는 달라졌다" 하였다. 강택이 이 말을 태종에게 고하자 태종은 곧 의금부에 명령을 내려 그를 국문하고 유배시켰다.

『태종실록』, 권32, 16년 12월 병자조

강택은 강윤성의 손자이고, 강유신은 강윤휘의 손자로서 두 사람은 6촌 형제간이었다. 강유신이 무슨 마음에서 이런 말을 했는지 모르겠지만, 강택은 이 말을 태종에게 고발했다. 그런 말을 듣고도 가만히 있다가는 위험에 빠질까 두려웠기 때문이었으리라.

과연 태종은 강유신을 국문하고 귀양 보내버렸다. 신하들에게 이유도 일절 밝히지 않고 말이다. 양사兩司(사헌부와 사간원)에서 귀양 사유를 알려달라고 상소까지 올렸지만 태종은 끝까지 이유를 밝히지 않았다. 그렇다면 강유신의 말 속에 밝혀지면 곤란한 비밀이 있었던 것은 아닐까?

강유신의 말대로라면, 태조가 왕위에 오르기 전까지는 많은 아들들 중에서 오직 방번, 방석, 방원 셋만이 옆에서 아버지를 모실 수 있었다. 이 말 속에는 신덕왕후 강씨가 늘 태조의 옆에 있었다는 의미가 함축되어 있다. 태종의 심기가 불편해진 이유는 바로 이 사실을 새삼스레 환기시켰기 때문일 것이다. 왜 그럴까?

그것은 태조가 왕위에 오르기 전, 그러니까 장군이었을 때 거의 완벽히 강씨의 손아귀에 들어 있었음을 폭로하고 있기 때문이 아닐까 싶다. 좋게 생각하면 이성계는 '사랑의 포로'였다. 하지만 조선 건국 전후의 격변기 속에서도 이성계가 계속 '사랑의 포로'였다고 하면 그것은 또 다른 의미를 갖게 된다. 겉으로 드러난 조선 건국의 주체는 이성계지만, 내막을 알고 보면 배후는 부인 강씨였다는 의미를.

이성계의 많은 아들들 중에 오직 방번, 방석, 방원만이 아버지를 모실 수 있었다는 사실은, 달리 말하면 아들들도 마음대로 아버지를 만날 수 없었

⊙ 태조의 원비인 신의왕후 한씨의 제릉에 세운 신도비

다는 뜻이 된다. 그것은 부인 강씨 때문이었으리라. 강씨가 허락하는 아들만이 아버지를 모실 수 있었던 것이다.

　이처럼 이성계에게 접근할 수 있는 사람을 부인 강씨가 통제했다면, 외부의 정보는 어떻겠는가? 핵심 정보는 강씨 부인을 통해 전달되지 않았겠는가? 내용도 내용이지만, 정보의 가치도 강씨가 판단하지 않았겠는가? 그렇게 생각하면 이성계는 강씨를 통해 정국을 판단하고, 역시 강씨를 통해 대응 방안도 결정했다고 보아도 크게 틀리지 않으리라.

　개경의 정치판을 떠나 고향으로 돌아가고 싶어하던 이성계는 강씨 때문에 돌아가지 못했다. 그만큼 강씨의 영향력이 크기도 했지만, 사실은 이성계의 위상이 그만큼 높아진 것이었다. 이제 이성계는 더 이상 개인이 아니었다. 당시 정치판에서 최대 파벌의 수장이었다. 자의든 타의든 이성계의 일거수일투족에 정치 판세가 흔들렸다.

　역설적인 것은 이성계의 위상이 높아질수록 그가 마음대로 할 수 있는 여지는 점점 줄어들었다는 사실이다. 말 한마디도, 행동 하나도 부인 강씨

와 측근 참모들의 조언에 따라야 했다. 전쟁터에서는 마음껏 호령하던 장군이었지만, 정치판에서는 명색만 최대 파벌의 수장일 뿐 실상은 꼭두각시나 다름없었다. 그래서인지 이후로 병치레가 잦아졌다.

설상가상 공양왕 3년(1391) 9월 23일에 향처 한씨가 세상을 떠났다. 이성계는 크게 상심한 듯했다. 한씨는 아들 6명과 딸 2명을 낳아 혼자 기르다시피 하며 묵묵히 고향을 지켰다. 회한과 자책, 그리고 상을 치르는 분주함으로 이성계는 정치판에서 몸도 마음도 멀어졌다. 이때 방원마저 어머니 한씨의 3년상을 치르겠다며 사직하고 개경의 정치판을 떠났다.

강씨는 갑자기 혼자가 된 듯 불안했으리라. 곧 뭔가 큰일이 벌어지고야 말리라는 예감이 그녀를 휘감았을지도 모른다. 그런 불안을 부채질하듯, 이성계가 정치판에서 멀어진 사이 정적들이 틈을 놓치지 않고 하나둘 복귀했다. 위기감에 휩싸인 강씨는 그때부터 무당을 자주 찾은 모양이었다.

공양왕 4년 3월 말에 이성계가 명나라에 갔던 세자를 마중하기 위해 황주로 가게 되었을 때에도 강씨는 무당 방울이를 불렀다. 황주에 갔다가 혹시 변이라도 당하지 않을까 우려했기 때문이다. 그런데 부인 강씨는 점괘를 듣고 더욱 불안해졌다.

"이번 행차는 위험합니다. 마치 높은 사다리에 오르다가 발을 헛디뎌 땅에 떨어지는 것과 같습니다."

이상하게도 나쁜 점괘는 잘 맞는 모양이다. 과연 이성계는 해주에서 사냥을 하다가 말에서 떨어져 중상을 당했다. 그런데 집으로 돌아오지 못할 정도로 상태가 심각했다. 그러자 숨죽여 지내던 정적들이 벌 떼처럼 일어났다.

이때 핵심 정적은 다른 사람도 아닌 정몽주였다. 한때 이성계의 총애를 받았던 그가 불공대천의 정적으로 돌아섰던 것이다. 그는 이성계와 정도전이 밀어붙이는 변화와 개혁에 불안을 느꼈을 것이다. 정몽주는 그들의 변화와 개혁이 결국 고려 왕실을 무너뜨리고 말리라 생각했을 것이다. 정몽주는 고려 왕실을 지키겠다는 사명감으로 이성계의 정적이 되었던 것이다.

정몽주는 먼저 이성계의 수족을 잘랐다. 그는 왕을 움직여 4월 1일에 그들을 유배 보냈다. 정몽주의 사주를 받은 양사의 관리들은 정도전, 조준, 남은을 죽여야 한다고 요구했다. 그들의 최종 목표는 분명 이성계였다. 이성계의 운명은 풍전등화와 같았다.

강씨는 이렇듯 살벌한 상황을 개경에서 혼자 직면해야 했다. 이성계도 방원도 개경에 없었기 때문이다. 강씨는 방원에게 급보를 알렸다. 이때 방원은 한씨 부인의 3년상을 치르느라 여묘살이를 하고 있었다. 강씨는 큰사위 이제를 방원에게 보냈다. 급보를 접한 방원은 곧바로 아버지에게 달려갔다.

4월 2일 밤, 방원이 이성계와 함께 개경으로 돌아왔다. 방원은 예성강가의 벽란도에 반송장으로 누워 있던 이성계를 억지로 모시고 돌아왔다고 했다. 곧이어 한씨 부인의 둘째 아들 방과, 시동생 이화, 그리고 이제가 문안을 왔다.

방원은 정몽주에게 몹시 분개했다. 정몽주를 가리켜 은혜를 원수로 갚은 배신자라고 쏘아붙이며 그를 죽이겠다고 말했다. 실록에는 방원이 여막에서 이제와 나눈 얘기를 다음과 같이 전하고 있다.

방원이 속촌粟村의 무덤 옆에서 여막살이를 하고 있었는데, 이제가 차와 과일을 준비해 갔다. 방원이 이제에게 말하기를 "정몽주는 분명 우리 가문에 이롭지 못하다. 마땅히 정몽주를 먼저 없애야 한다" 하였다. 이제는 말하기를 "예, 지당한 말씀입니다" 하였다.

『태조실록』, 총서

위의 기록만 보면, 정몽주를 죽이겠다고 처음 발설한 이는 방원이다. 하지만 방원이 그런 말을 하게 된 것은 이제가 전한 소식을 들었기 때문이다. 이제는 강씨가 보내서 방원에게 갔던 것인데, 그렇다면 강씨가 전하는 소식을 듣고 방원이 격노해서 정몽주를 죽이겠다는 말을 내뱉었다고 보아야 한다.

기록에는 없지만, 정몽주를 죽이라고 명시 내지 암시한 사람은 강씨가 아니었을까? 강씨는 당시 개경의 급박한 상황을 누구보다 정확히 파악하고 있었다. 강씨는 그런 상황을 전하기 위해 큰사위 이제를 방원에게 보냈던 것인데, 이제는 소식을 전하면서 정몽주가 주동자라고 누차 강조했을 것이다. 그런 소식을 듣고 격분해 방원이 정몽주를 죽이겠다고 나선 것은 아닐까? 이제가 "지당한 말씀입니다"라고 맞장구친 것을 보면 그런 혐의를 지우기 힘들다.

전날 강씨가 방원에게 정도전과 남은을 죽이라고 언급했던 일을 고려할 때, 이번에도 그가 정몽주의 암살을 명시 내지 암시했다고 보는 것이 합리적일 것이다. 설사 강씨가 그렇게 하지 않았다고 해도, 이제가 돌아온 후에는 방원이 정몽주를 암살하려 한다는 사실을 전해들었을 것이다. 그리고 강씨는 이제와 마찬가지로 동의했을 것이다.

그런 상황에서 4월 4일 정몽주가 직접 이성계를 문병 왔다. 당시 둘은 정적 관계였지만 왕년의 인연으로 보아 당연히 문병할 만한 사이였다. 정몽주는 문병도 하고, 또 그 김에 이성계의 상태가 어느 정도인지, 무슨 일을 꾸미지는 않는지 직접 확인하고 싶었을 것이다. 이때 이성계는 "예전과 같이 대접하였다"고 역사 기록은 전한다. 이전처럼 환대했을 뿐만 아니라 정몽주에 대한 총애와 존경심도 그대로였던 듯하다.

그런데 문병을 마치고 돌아가던 정몽주를 방원이 주동하여 선죽교에서 살해해버렸다. 방원은 이 사실을 병석에 누워 있던 이성계에게 보고했다. 이성계는 노발대발했다. 그런 이성계를 진정시킨 사람은 부인 강씨였다. 당시의 상황을 『태조실록』은 이렇게 묘사하고 있다.

방원이 들어가서 정몽주를 죽였다고 보고하자, 이성계는 크게 노하여 병을 참고 일어나 말하기를 "우리 집안은 충효로 명성이 났는데, 네가 마음대로 대신을 죽였으니 나라 사람들이 뭐라 하겠느냐? 내가 시켰다고 할

것이 아니냐? 너에게 공부를 시킨 것은 충성하고 효도하라고 한 것인데, 네가 감히 이렇게 불효한 짓을 한단 말이냐? 차라리 약을 먹고 죽어버리고 싶은 심정이다" 하였다.

방원이 대답하기를 "정몽주가 우리 집안을 모함하는데, 왜 가만히 앉아서 망하기를 기다려야 한단 말입니까? 정몽주를 죽인 것은 곧 효도입니다" 하였다. 이성계가 노기등등하여 옆에 있던 부인 강씨가 감히 말도 꺼내지 못하였다. 방원이 말하기를 "어머니께서는 왜 변명해주지 않으십니까?" 하였다. 그제야 강씨 부인은 노기를 띠고 말하기를 "공께서는 항상 대장군으로 자부하시더니, 왜 이렇게 놀라고 두려워하십니까?" 하였다.

『태조실록』, 총서

위의 장면을 가만히 살펴보면 정몽주 암살에 분명 부인 강씨가 연관되었다는 확신이 든다. 방원이 "왜 변명해주지 않으십니까?"라고 따진 이유는 두 사람 사이에 이미 밀약이 있었다는 반증이 아니겠는가? 아마도 강씨와 방원은 서로 역할을 분담했으리라. 정몽주를 죽이는 일은 방원이 맡고, 이성계를 설득하는 일은 강씨가 맡기로. 밀약대로 방원은 정몽주를 죽였는데 강씨가 아무 말도 하지 않자 방원이 따졌을 것이다. 그럼에도 강씨가 잠자코 있었다면 아마도 방원은 위기를 면하기 위해 밀약을 폭로했을지도 모른다. 그래서 깜짝 놀란 강씨가 '노기를 띠고' 한마디 했을 것이다. 방원에게는 그렇게 화를 내던 이성계도 부인 강씨가 한마디 하자 더 이상 아무 말도 하지 않았다. 확실히 이성계는 '사랑의 포로'였던 모양이다.

강씨와 방원의 역할 분담은 이성계를 국왕으로 추대하는 과정에서도 나타난다. 예컨대『태조실록』의 다음 기록이 그렇다.

방원이 남은과 더불어 이성계를 왕으로 추대하기로 계책을 정하였다. 남은은 비밀스럽게 조준, 정도전, 조인옥, 조박 등 52명과 함께 이성계를 추대

하기로 결정하였지만 장군의 진노가 두려워 감히 알리지 못하였다. 이에 방원이 들어와 강씨 부인에게 고하여 전해달라고 하였다. 그러나 강씨 부인도 감히 전하지 못하였다. 방원이 나아가 남은 등에게 말하기를 "마땅히 즉위 의식을 갖추어 왕위에 오르도록 권고해야 할 것입니다" 하였다.

『태조실록』, 총서

이 기록만 보면, 이성계를 왕으로 추대한 주체는 방원이다. 방원은 남은, 정도전 등과 함께 아버지를 왕으로 추대하기로 합의했지만, 남은도 방원도 이성계가 격노할까 두려워 감히 알리지 못하고 강씨에게 대신 전해달라고 부탁했는데, 그마저도 감히 전하지 못했다는 것이다. 이에 방원은 아버지 몰래 즉위 의식을 준비하도록 지시했다는 것이다. 이 기록대로라면 방원의 각본에 의해 이성계는 국왕에 추대되었다고 하겠다.

반면 이 기록에 따르면, 강씨는 다 결정된 추대 사실을 단순히 이성계에게 전해달라는 부탁만 받았으며, 그나마도 실행에 옮기지 않음으로써 결국 이성계를 왕으로 추대하는 일에서 아무런 역할도 하지 않았다는 말이 된다. 과연 사실일까?

이성계를 왕으로 추대하는 문제는 회군 당시에 이미 남은이 조인옥 등과 은밀히 논의했다고 한다. 회군한 후 남은이 그 사실을 방원에게 알렸는데, 그때 방원은 "큰일을 가볍게 해서는 안 됩니다" 하면서 반대했다고 한다. 반대한 이유는, 시기도 시기지만 아직 아버지는 물론 강씨의 뜻이 어떤지 확인하지 못한 상황에서 섣불리 일을 벌이기가 어렵다고 생각했기 때문이리라.

틀림없이 방원은 어느 시점에서인가 이 문제를 강씨와 논의했으리라 짐작된다. 만약 전혀 의논하지 않았다면, 회군한 후 4년 동안 이성계와 강씨를 완벽히 따돌린 채 방원을 중심으로 추대 음모가 진행되었다는 결론인데, 과연 그런 일이 가능할까? 설혹 가능했다고 해도 막상 추대 문제가 현실화되었을 때, 강씨와 이성계가 흔쾌히 받아들였을까? 또 사전 논의가 없

었다면, 방원이 추대 확정 사실을 강씨에게 먼저 알렸을 리 없다. 아버지의 뜻도 어떤지 몰라 감히 말을 못하는데, 생모도 아닌 사람을 어찌 믿고 함부로 그런 사실을 알린단 말인가. 그러니 강씨와 방원 간에 사전 논의가 있었다고 봐야 앞뒤 정황이 맞지 않겠는가?

어쩌면 강씨가 이성계를 추대하기 위한 각본을 짰을지도 모른다. 그리고 강씨는 그때도 방원과 역할을 분담했을 것이다. 밖의 일은 방원이 맡고, 이성계는 자신이 맡는 것으로. 그래서 방원이 밖에서 일을 마치고 왔을 때, 강씨는 계획을 약간 수정하지 않았을까 싶다. 자신이 직접 알리기보다는 대소신료들과 백성들이 한마음 한뜻으로 이성계의 즉위를 소원하는 식으로. 그러므로 방원이 강씨를 만난 후 남은 등에게 전한 이야기는 방원의 생각이 아니라 오히려 강씨의 생각이었을 수도 있다.

공양왕 4년(1392) 7월 16일, 배극렴, 조준, 정도전을 필두로 대소신료들이 고려 왕의 옥새를 받들고 이성계의 집으로 몰려왔다. 그리고 다음날 이성계는 수창궁에서 왕위에 올랐고, 강씨는 왕비가 되었다. 당시 상황이 『태조실록』에 잘 묘사되어 있다.

7월 16일에 배극렴, 조준, 정도전, 김사형, 이제, 이화, 정희계, 이지란, 남은 (중략) 등 대소신료들과 한량, 기로 등이 옥새를 받들고 이성계의 집으로 가는데, 사람들이 골목에 꽉 차 있었다. 대사헌 민개(방원의 장인 민제의 동생)가 홀로 기뻐하지도 않으면서 머리를 숙이고 말을 하지 않자 남은이 쳐 죽이려 하였다. 방원이 말하기를 "의리상 죽일 수 없습니다" 하면서 힘껏 말렸다.

이날 마침 친인척 부인들이 이성계와 부인 강씨를 찾아와서 물에 만 밥을 막 대접하려던 참이었다. 부인들은 모두 놀라 두려워하며 북문을 따라 흩어져갔다. 이성계는 문을 닫고 사람들을 들이지 않았다. 해질 무렵, 배극렴 등은 문을 밀치고 곧바로 대청으로 들어와 옥새를 올려놓았다. 이성계는 두려워 어찌할 바를 몰라 하다가 이천우(이성계의 4촌 조카)에게 의지하여

침실 밖으로 나왔다. 그러자 대소신료들이 늘어서서 절하고 북을 치면서 만세를 불렀다. 배극렴 등이 이성계에게 이구동성으로 왕위에 오를 것을 요청하였다. (중략)

대소신료, 한량, 기로 등이 부축하여 호위하고 물러가지 않으면서 왕위에 오를 것을 권고함이 더욱 간절하였다. 마침내 17일이 되자 이성계는 마지못해 수창궁으로 거동하였다. 백관들이 궐문 서쪽에서 줄을 지어 영접하였다. 이성계는 말에서 내려 걸어서 전殿에 들어가 즉위하였는데, 옥좌를 피하고 기둥 안에 서서 여러 신하들의 축하인사를 받았다.

『태조실록』, 권1, 1년 7월 병신조

권력의 뒤안길, 그 쓸쓸한 최후

이성계의 즉위는 사실상 신덕왕후 강씨와 방원의 합작품이라 할 수 있다. 두 사람은 이성계를 왕으로 세우기까지는 목표와 이익이 일치했으므로 완벽히 협조했다. 하지만 차기까지 이해가 일치하지는 않았다. 신덕왕후 강씨는 자기가 낳은 아들을 세자로 세우고 싶어했고, 방원은 세자 자리는 당연히 자기 몫이라고 생각했다.

강씨는 누구보다 방원을 잘 알았다. 건국 과정에서 방원의 공로가 지대하다는 사실도 누구보다 잘 알았다. 그럼에도 신덕왕후 강씨는 자기가 낳은 아들을 세자로 세우기 위해 방원을 버렸다. 아니, 그냥 버린 것이 아니라 아예 정치적으로 매장시키려 했다. 그래야만 안심할 수 있었으리라. 강씨는 사사건건 방원의 성장을 가로막았을 뿐만 아니라 그를 도태시키려고까지 했다. 그것이 본격화된 것은 군사 지휘권 문제에서부터였다.

고려 말에 이성계가 당대의 무장으로 성장할 수 있었던 것은 함흥·영

홍·안변 출신의 병력이 있었기에 가능했다. 이 병력들은 사실상 이성계의 사병이었으며, 고려 말의 핵심 군사력이었다. 이성계는 왕위에 즉위하자마자 이 병력들을 의흥친군위義興親軍衛로 편제하고 궁궐과 도성 수비를 맡겼다. 그런 만큼 태조 이성계에게, 아니 신생국가 조선에게 의흥친군위는 생명줄과도 같았다.

이성계는 왕이 되고 나서부터는 의흥친군위를 직접 지휘할 수가 없었다. 그래서 절제사 3~4명을 두어 의흥친군위를 거느리게 하였다. 당연히 태조 이성계의 측근 중의 측근만이 절제사가 될 수 있었다.

이성계는 왕위에 오른 지 20일쯤 지난 8월 7일에 의흥친군위의 절제사를 발표했다. 영안군 방과, 무안군 방번, 흥안군 이제 셋이었다. 태조 이성계가 이들을 누구보다 신임한다는 의미였다.

여기에서 방원이 빠졌다는 사실이 눈에 띈다. 조선 건국 후 가장 중요한 군사 요직에 방원이 제외된 것이다. 반면 신덕왕후 강씨의 큰아들 방번과 큰사위 이제가 포함되었다. 이런 결과를 유도한 사람은 당연히 신덕왕후 강씨였다.

이성계가 무안군 방번을 의흥친군위의 절제사에 임명한 사실은 방번을 후계자로 내정했다는 의미였다. 물론 배후에는 강씨가 있었다. 하지만 방번에게는 크나큰 약점이 있었다. 고려 왕실의 사위였던 것이다. 고려를 뒤집어엎고 건국한 조선의 세자가 고려 왕실의 사위라면 뭔가 문제가 있어 보인다. 그럼에도 방번이 의흥친군위의 절제사에 임명되자 신료들은 적잖이 당황했다.

실록에 따르면 "처음에 공신 배극렴, 조준, 정도전이 세자를 세울 것을 요청하였다"고 하는데, 이들은 방번은 안 된다고 합의했던 모양이다. 그들은 "방번은 광망狂妄하고 경솔하여 볼품이 없다"고 했다는데, 사실은 고려 왕실의 사위인 방번은 안 된다는 표현이었으리라. 그들은 아마도 방원 또는 방과를 염두에 두고 면담을 요청했던 듯하다. 그런데 태조 이성계는 방

번을 세자로 삼겠다고 고집을 부렸다. 강압도 마다하지 않았다. 그와 관련
해서 실록에는 이런 증언이 있다.

무안군 방번은 신덕왕후 강씨의 소생인데, 태조가 몹시 사랑하였다. 태
조는 신덕왕후가 건국에 공이 있다고 평계하며 방번을 세자로 세우고자
하였다. 태조가 조준, 배극렴, 김사형, 정도전, 남은 등을 불러 의논하였는
데, 배극렴이 "적장자嫡長子를 세우는 것이 고금의 통의通義입니다" 하였
다. 태조가 불쾌해하면서 조준에게 묻기를 "경의 뜻은 어떠한가?" 하였다.
조준이 대답하기를 "평상시에는 적장자가 먼저이고, 비상시에는 공이 있
는 사람이 먼저입니다. 원컨대 세 번 생각하소서" 하였다. 신덕왕후 강씨
가 엿보아 알고는 통곡하였는데, 그 소리가 밖에까지 들렸다. 태조가 종이
와 붓을 가져다가 조준에게 주며 방번의 이름을 쓰라 하였다. 그러나 조준
은 엎드린 채 쓰려고 하지 않았다.

『태종실록』, 권9, 5년 7월 신묘조

태조 이성계가 신하들의 반대를 무릅쓰면서까지 방번을 세자로 삼으려
한 이유는 실록에 나타난 대로 왕비 강씨 때문이었다. 강씨는 정에 이끌려
아들만 보고 다른 사람들은 전혀 생각하지 않았다. 그런 강씨의 말에 따른
이성계도 인정에 끌리기는 마찬가지였던 셈이다.

결국에는 양자의 타협으로 강씨의 둘째 아들 방석이 세자에 책봉되었
다. 조선이 건국된 지 약 한 달쯤 지난 태조 1년(1392) 8월 20일이었다. 완벽
하지는 않지만 어쨌든 후계 구도는 강씨의 승리였다.

이후에도 신덕왕후 강씨는 계속해서 방원을 견제했다. 방원은 9월에 발
표된 개국공신 명단에도 들어가지 못했다. 개국공신 1등이 아니라 특등공
신이 되어도 억울할 마당에 아예 끼지도 못한 것이다.

왕비 강씨는 방원 대신 정도전을 측근으로 끌어들였다. 정도전은 강씨의

⊙ 신덕왕후 강씨의 묘인 정릉

후원으로 세자 방석의 사부가 되었으며, 또 의흥친군위의 총책임자가 되었
다. 실록에서는 "정도전과 남은 등은 권세를 마음대로 휘두르고자 어린 서
자庶子를 꼭 세자로 세우려 하였다"고 했지만, 사실은 방석이 세자로 결정
된 후 왕비 강씨에게로 돌아선 것이라 하겠다. 한때 방원을 사주해서 죽이
려고까지 했던 정도전을 측근으로 삼고 방원을 버린 강씨나, 그런 강씨의
측근이 된 정도전이나 냉혹한 정치판에 잘 어울리는 사람들이지 싶다.

　그러나 세상일이란 늘 사람 뜻대로만 되지는 않는 모양이다. 남편을 왕
으로 추대하고, 또 아들까지 세자로 만드는 등 불가능이란 없어 보이던 신
덕왕후 강씨도 죽음 앞에서는 어쩔 수 없었다. 태조 5년(1396) 8월 13일, 신
덕왕후 강씨는 겨우 마흔 무렵에 세상을 떠났다.

　저세상 사람이 된 왕비 강씨는 더 이상 이 세상 사람들의 운명에 간여할
수 없었다. 방원이 자신의 일생을 부정하는 것도, 또한 자신이 예정해놓았
던 세자 방석의 운명이 비극으로 치닫는 것도 막을 수 없었다. 죽은 왕비
강씨는 살아 있는 방원을 막을 수 없었던 것이다.

　태조 7년 8월 26일, 방원은 제1차 왕자의 난을 일으켜 세자 방석을 살해
했다. 먼 훗날 왕이 된 방원은 강씨에 관해 다음과 같이 심정을 토로했다.

태종이 좌우 신하들에게 묻기를 "계모란 무슨 뜻인가?" 하였다. 유정현이 대답하기를 "어머니가 돌아가신 후 들어와 어머니가 된 사람이 계모입니다" 하였다. 그러자 태종이 말하기를 "그렇다면 강씨는 나에게 계모인가?" 하였다. 유정현이 대답하기를 "그 당시 신의왕후께서 돌아가시지 않으셨으니 어찌 계모라 하겠습니까?" 하였다. 태종이 말하기를 "강씨는 나에게 조금도 은의恩義가 없다. 나는 어머니 집에서 자랐고, 혼인해서는 처가에서 살았다. 그러니 강씨가 어찌 나에게 은의가 있겠는가?" 하였다.

『태종실록』, 권32, 16년 8월 경진조

태종은 강씨에게 손톱만큼도 정이 남아 있지 않았던 모양이다. 하긴 그런 꼴을 당하고 남아 있을 정이 어디 있겠는가? 그는 정은커녕 배신감으로 이를 갈았으리라. 방원은 강씨를 계모가 아니라고 했다. 계모가 아니라면 아버지의 첩이라는 뜻이었다. 방원이 마음속에서 강씨를 첩이라 생각하며 이를 갈기 시작한 것은 세자 경쟁에서 패한 이후부터가 아닐까?

이방원은 제1차 왕자의 난을 일으켰을 때도 방석을 서자라고 했다. 결국 강씨는 첩이라는 의미였다. 그후 그는 왕위에 오르고 나서 강씨를 왕비로 표상하는 공식적인 기념물과 기록을 철저히 없앴다. 태종은 태조 이성계가 세상을 떠나자마자 도성 안에 있던 왕비 강씨의 무덤마저 옮겨버렸다. 그렇게 왕비 강씨는 사람들의 기억에서 차츰차츰 잊혀졌다. 그렇다고 해서 신덕왕후 강씨가 살아온 역사마저 없어지는 것은 아니었다.

지극한 내조 끝에
얻은 것은 이름뿐
원경왕후 민씨

—

태종 왕비(1365~1420)

원경왕후는 태종에게 달려가 태종의 옷자락을 부여잡고 울부짖었다.

"상감께서는 어찌하여 예전의 뜻을 잊으셨단 말입니까? 저와 상감이 함께 고생고생해서 국가를 차지하였는데, 어찌 이러실 수가 있단 말입니까?"

"……."

태종은 묵묵부답이었다. 냉정한 눈으로 원경왕후를 내려다보던 태종은 아무 일 없었다는 듯 밖으로 나갔다.

혼자 남은 원경왕후는 무너지듯 주저앉았다. 눈물이 쏟아졌다. 원경왕후는 그날 이후

날마다 울었다. 음식도 들지 않았다.

효과가 있었던지 태종은 가례색嘉禮色을 폐지했다. 그러나 그뿐이었다. 태종은 후궁 권
씨를 포기하지 않았다. 며칠 후 후궁 권씨가 별궁으로 들어왔다.

"이럴 수는 없는 일입니다. 사람이라면 이럴 수는 없는 일입니다."

원경왕후는 마음속으로 울부짖었다. 그러나 태종은 더 이상 옆에 없었다. 원경왕후의
마음에는 병이 생겼다.

간신, 반역자의 가문으로
유명했던, 숨기고 싶은 외가

        원경왕후 민씨는 조선의 제3대 왕 태종의 왕비
다. 본관은 여흥, 즉 지금의 여주이고, 아버지는 민제다. 어머니는 여산 송
씨이며, 외할아버지는 송선이다. 왕비 민씨가 여흥 출신이라는 사실과 아
버지가 민제라는 사실은 잘 알려져 있지만 이상하게도 어머니는 물론 외

가에 대해서는 알려진 바가 거의 없다.

민씨의 일생을 좀더 깊이 이해하기 위해서는 부모는 물론 친가와 외가를 모두 알 필요가 있다. 특히 조선시대와는 달리 부계와 모계가 모두 중요했던 고려 말의 상황에서는 더욱 그러하다. 고려시대에 외조부모의 역할은 지금보다 훨씬 크고 중요했다. 그러므로 왕비 민씨의 일생은 친정 부모뿐만 아니라 외할아버지와 외할머니까지 고려할 때 더욱 세밀히 그릴 수 있고, 더 정확히 이해할 수 있다. 그런데 어찌된 일인지 왕비 민씨의 외가에 대해서는 이상할 정도로 알려진 사실이 거의 없다. 왜일까?

한때 민씨의 외가는 친가보다 더 대단했던 가문이다. 원나라 간섭기에는 고려 왕실과 원나라 황실에 막강한 정치적 영향력을 행사했을 정도다.

민씨의 외할아버지 송선은 최씨 무신정권의 마지막 주자였던 임유무를 처단함으로써 무신정권을 끝장냈던 송송례의 증손자이자 종손이었다. 송송례 밑으로 아들이 염, 운, 선으로 이어졌던 것이다.

송송례가 무신정권을 정리하면서 삼별초의 대몽 항쟁이 종식되었고, 고려 왕실은 강화도에서 개경으로 환도했다. 이후 고려 왕이 원나라 황제의 사위가 됨으로써 고려는 부마국이 되었다. 그러므로 송송례는 무신정권을 처단한 1등공신인 동시에 고려를 원나라의 부마국으로 만든 1등공신이기도 했다.

이후 송송례의 자손들은 고려 왕실은 물론 원나라 황실과도 자연스럽게 밀착되었다. 예컨대 송송례의 손자 방영과 린, 그리고 손녀사위 왕유소는 고려의 제1호 부마왕인 충렬왕의 최측근이 되었다. 송방영, 송린, 왕유소는 훗날 충렬왕과 충선왕이 극심한 대결을 벌일 때 철저히 충렬왕을 편들었다. 충렬왕과 충선왕은 비록 부자지간이었지만 왕위를 놓고 한 치의 양보도 없이 암투를 벌였다.

송방영, 송린, 왕유소는 모두 송송례의 큰아들인 염과 직접적인 관계가 있었다. 염에게 방영은 아들이었고, 린은 조카였으며, 왕유소는 사위였다.

그런 면에서 이들 셋은 가히 형제라 할 만큼 가까웠다.

『고려사』에 따르면 송방영과 송린은 평소 충선왕을 미워했다고 한다. 명색이 신하임에도 감히 드러내놓고 왕을 미워했다는 것이다. 그만큼 이들의 세도와 자신감이 대단했다고 하겠다. 그래서 충선왕은 그들은 물론 그들과 친한 사람들까지도 미워했다고 한다.

당연히 송방영, 송린, 왕유소는 철저히 충렬왕의 입장에서 충선왕을 압박했다. 심지어 충선왕을 원나라 공주와 이혼시키고 스님으로 만들려는 음모를 꾸미기도 했다. 『고려사』에 그 사건의 전개가 잘 나와 있다.

그때 충선왕의 왕비 보탑실련 공주가 왕의 사랑을 잃고 원나라 수도 북경에서 별거한 채 지내고 있었다. 당시 충렬왕이 북경의 충선왕 저택에 와 있었다. 하루는 충렬왕이 옷을 갈아입고 나가다가 땅에 넘어졌는데 그만 이가 부러져 며칠간 제대로 먹지도 못하였다. 그러자 왕유소는 충렬왕에게 보탑실련 공주의 저택으로 옮길 것을 권하였다. 그리고 스스로 꾀를 내어 공주의 유모와 환관들에게 부탁하여 원나라 황후에게 충선왕을 참소하게 하였다.

또한 왕유소는 직접 원나라의 좌승상 아홀태阿忽台와 평장平章 팔도마신八都馬辛에게 참소하기를 "전왕前王(충선왕)은 평상시 자식 된 도리를 지키지 않고, 또 공주와도 화합하지 못하여 우리 왕(충렬왕)께서 미워하셨습니다. 그래서 지금 이곳에서 숙위하고 있는 서흥후瑞興侯 왕전王琠을 후계자로 삼으려 한 지 오래되었습니다. 전왕은 마땅히 허물을 뉘우치고 스스로 개과천선하여 자식으로서의 본분을 다해야 할 것입니다. 그런데 지난날 우리 왕께서 그의 저택에서 거처하시는데도 제대로 모시지를 않아 왕께서 이가 부러지는 일까지 있었습니다. 그러니 우리 왕께서 격노하지 않을 수 있겠습니까? 이전에 전왕이 스님 되기를 원하였지만 성관省官이 허락하지 않았는데, 이제 마땅히 머리를 깎고 스님이 되는 것을 허락하소서. 또한 보탑실

련 공주를 이혼시키고 서흥후 왕전에게 개가시킨다면 우리 왕의 뜻에 맞을 것입니다" 하였다.

『고려사』, 열전, 간신姦臣, 왕유소

서흥후 왕전은 아주 잘생긴 사람이었다고 한다. 송방영, 송린, 왕유소는 보탑실련 공주가 서흥후에게 호감을 갖도록 하기 위해 만남을 주선했다. 서흥후를 만나본 공주는 그를 아주 마음에 들어했다고 한다. 하지만 혼인은 성사되지 못했다. 충선왕이 방해 공작을 벌이기도 했지만, 서흥후는 충렬왕의 아들이 아니었으므로 후계자가 될 경우 곤란한 문제들이 생길 수 있었기 때문이다.

성공 여부를 떠나 위의 사건은 송방영, 송린, 왕유소가 충렬왕에게 얼마나 큰 신임을 받았는지, 또 얼마나 큰 권력을 행사했는지를 여실히 보여준다. 그들은 왕이 후계자를 바꾸도록 음모를 꾸밀 정도로 대단한 실세였다.

하지만 그 같은 권력은 충렬왕이 건재했을 때나 가능한 일이었다. 우여곡절 끝에 충선왕이 다시 복위하면서 송방영, 송린, 왕유소는 철퇴를 맞았다. 그들은 사형당했고, 부자형제父子兄弟들은 '노비'가 되는 참화를 당했다. 충선왕은 그들을 대역무도한 죄인으로 엄벌해 3대를 노비로 만들어버린 것이다.

이렇게 해서 송송례의 아들·손자·증손자 3대가 모두 노비가 되었다. 송송례 가문은 최고 권력을 자랑하던 가문에서 졸지에 노비 집안으로 추락하고 말았다. 왕비 민씨의 외할아버지인 송선도 그때 노비가 되었을 것이다.

세상일이 추락하기는 쉬워도 상승하기는 어려운 법이다. 극적인 반전이 없었다면 송송례 가문은 역사에서 영원히 사라졌을지도 모른다. 물론 송선이 왕비 민씨의 외할아버지가 되는 일도 없었으리라. 여흥 민씨 출신의 민제가 노비 송선의 사위가 된다는 것은 상상도 할 수 없는 일이었다.

극적으로 송송례의 가문에 반전이 일어났다. 그것은 원나라의 힘, 그리

고 여산 송씨 여성들의 빼어난 미모 덕분이었다.

송송례의 큰아들 염은 기홍영의 사위이며, 기관의 매부였다. 기홍영은 유명한 기황후의 증조할아버지였고, 기관은 할아버지였다.

기황후는 원나라에서 권력을 잡은 후 친정의 3대 조상을 왕으로 추증했다. 아버지 기자오는 물론 할아버지 기관, 증조할아버지 기홍영 모두 왕이 되었다. 충선왕이 노비로 만들어버렸던 송염은 하루 아침에 왕의 사위이자 매부가 되었다. 그런 그를 노비로 둘 수는 없었을 것이다. 정확한 시점은 알 수 없지만, 기황후가 실권을 잡은 후 송송례의 아들, 손자, 증손자 들은 신원 회복의 특전을 입었으리라 짐작된다. 그때 송선도 면천되었을 것이다.

송송례 가문으로 본다면 가히 천운이라 할 만했다. 그리고 천운은 '대단한 미녀'였던 송송례 가문의 딸들에 의해 더더욱 고조되었다.

『고려사』에 따르면 왕유소의 부인, 즉 송염의 딸이 '대단한 미녀'였다고 한다. 『고려사』에 이런 말이 실렸을 정도면 그녀는 당대 최고의 미인이었으리라. 충렬왕 대에 송방영과 왕유소가 한마음 한뜻이 될 수 있었던 배경에는 대단한 미녀가 있었기에 가능했다. 대단한 미녀를 연결고리로 송방영과 왕유소는 굳게 손을 잡고 한 시대를 풍미했던 것이다.

송선의 딸들도 '대단한 미인'이었던 모양이다. 송선의 둘째 딸은 원나라 황제의 후궁으로 들어가 총애를 받았는데, 그때도 '빼어난 미모'가 뒷받침되었으리라.

이렇게 보면 왕비 민씨의 외가는 철저한 부원 세력, 그것도 고려 말의 신진사대부들이 비판해 마지않았던 기황후의 인척이었다. 게다가 3대가 한순간에 노비로 추락했다가 천운으로 면천된 가문이었다. 당시 신진사대부들에게 이런 배경은 결코 자랑이 아니었다.

예컨대 송방영과 왕유소는 『고려사』 열전의 「간신」전에, 기황후의 오빠 기철은 「반역」전에 실려 있다. 신진사대부들이 송방영과 왕유소를 '간신'으로, 기철을 '반역자'로 평가했다는 의미이다. 신진사대부들이 보기에 왕

비 민씨의 외가는 '한때 노비였던 가문' '간신의 가문' 또는 '반역자의 가문'에 지나지 않았으리라. 그러니 여흥 민씨 가문에서는 물론 여흥 민씨의 사위였던 태종도 처가의 배경을 자랑스럽게 여겼을 리 없다.

『고려사』나 실록 같은 공식기록은 말할 것도 없고『여흥민씨 족보』, 민제의 묘비명 등에서도 송씨 가문에 대한 이야기는 거의 없다. 이들 기록에서는 어쩔 수 없이 왕비 민씨의 친정어머니를 밝혀야 할 경우에만 마지못해 '송선'의 딸이었다고만 기록할 뿐 나머지는 거의 밝히지 않았다. 심지어 송선의 부인이 누구였는지, 어느 가문 출신이었는지에 대해서도 전혀 언급하지 않았다. 분명 의도적으로 무시한 결과라고 볼 수밖에 없다. 그래서 민씨의 친정어머니와 외할아버지는 성씨와 이름 정도만 알려져 있으며, 외할머니는 아예 성조차도 알려져 있지 않다.

권력과 학문의 유착

왕비 민씨의 외가가 철저히 숨기고 싶은 대상이었다면 친가는 내세울 만한 가문이었다. 여흥 민씨는 고려 말에 부상한 신진사대부 가문 중에서도 대표적인 명문가였다. 이는 고려 왕실에서도 공인한 사실이었다.

충선왕은 복위하던 1308년 11월, 고려 왕실의 족내혼을 금하면서 왕실과 혼인할 수 있는 가문을 선정해 공포했다. 그 속에 여흥 민씨 가문이 있었다. 당시 충선왕이 족내혼을 금한 이유는 다음과 같았다.

충선왕이 다음과 같이 하교하였다. (중략) 앞서 1274년에 원나라 세조 황제가 아독인阿禿因을 보내 전달한 명령서를 받았고, 또 1290년에는 내가

⊙ 원경왕후 민씨 가계도

민변
│
제 ╪ 여산 송씨
├ 女 = 조박
├ 女 = 이방원(태종)
├ 무구
├ 무질
├ 무휼
├ 무회
└ 女 = 노한

= 부부
- 자녀

직접 세조 황제의 명령을 받았다. 그 명령에 "동성불혼은 천하의 상식이
다. 너희 나라는 문자도 알고 공자의 도를 행하기도 하니 동성불혼해야 한
다" 하였다. 그때 이수구가 유청신에게 전달하고, 정가신에게도 통역하여
전달하였지만, 우리나라에서는 그대로 지내며 갑자기 바꾸지 못하였다.

하지만 지금부터는 종친이 동성 사이에 혼인하면 '황제의 명령을 어겼
을 때의 형률'로 처벌할 것이다. 왕실에서는 여러 대를 내려오면서 재상을
지낸 집안의 딸들을 취하여 부인으로 삼을 것이며, 재상의 아들들이 왕족
의 딸과 혼인하는 것도 허락한다. 만약 가세가 비천하거나 미약하면 꼭 그
렇게 할 필요는 없다.

『고려사』, 세가, 충선왕 복위년 11월조

건국 이래로 고려 왕실은 신라 왕실과 마찬가지로 왕실의 족내혼을 통
해 왕권을 지켜왔으며, 그 결과 제1왕비는 원칙적으로 왕씨 여성이 차지했
다. 이로써 왕실의 특권을 다른 가문과 나누지 않고 독점하는 효과를 얻었
다. 신라시대의 골품제가 족내혼으로 유지되었으며, 고려 왕실의 특권도
족내혼으로 보호되었던 것이다.

그런데 고려 왕이 원나라의 부마가 되자 왕실의 족내혼은 큰 걸림돌이 되었다. 원나라 공주가 제1왕비가 될 수 없었기 때문이다. 이에 원나라 세조 황제는 고려 왕실에 족내혼을 폐지하라 요구했다. 이처럼 동성불혼은 고려 왕에게 시집오는 원나라 공주들을 위해 시행되었다.

그런데 족내혼이 폐지되면서 고려 왕실은 제1왕비뿐만 아니라 수많은 사위, 며느리도 왕실 밖에서 들여야 했다. 하지만 아무 가문에서나 들일 수는 없었으므로 충선왕은 왕실과 통혼할 수 있는 가문을 선정해 공포했던 것이다. 그때 열다섯 가문이 선정되었다. 그 가문들은 충선왕의 표현을 빌리자면 '누대의 공신이요, 재상의 우두머리'였다. 한마디로 당대 최고의 명문거족이라는 뜻이었다. 경주 김씨·언양 김씨·정안定安(풍천) 임씨·경원 이씨·안산 김씨·철원 최씨·해주 최씨·공암 허씨·평강 채씨·청주 이씨·당성 홍씨·황려黃驪(여흥) 민씨·횡천 조씨·파평 윤씨·평양 조씨가 그들이었다.

여기에는 고려 건국 이래로 공신과 태후를 배출한 가문, 무신정권 때 무장으로 성장한 가문, 무신정권 성립 후 과거를 통해 성장한 가문, 원나라 간섭기에 새로 성장한 가문 등이 뒤섞여 있었다. 예컨대 고려 건국 이래로 공신과 태후를 배출한 가문이 '누대의 공신' 가문인데, 여기에는 경주 김씨·정안 임씨·경원 이씨·안산 김씨·철원 최씨·해주 최씨·공암 허씨·청주 이씨·파평 윤씨가 해당했다. 그 외의 가문들은 이른바 '재상의 우두머리'였다.

특히 무신정권 성립 후 과거를 통해 성장한 가문들은 신진사대부를 대표했다. 그 가문들이 당성 홍씨·여흥 민씨·횡천 조씨였다. 이처럼 여흥 민씨는 자타가 공인하는 고려 후기의 신진사대부 가문이었다. 그리고 과거를 통해 성장했다는 면에서 경쟁력과 도덕성을 모두 자랑할 만했다.

여흥 민씨 또는 황려 민씨라는 뜻은, 여흥이나 황려 즉, 오늘날의 여주에 민씨의 시조가 살았다는 의미이다. 한국의 본관 성씨에서 본관은 시조의 거주지 지명을 의미할 뿐 후손과는 아무런 상관이 없었다. 즉 여흥 민씨란, 시조 민칭도가 여흥에서 살았기에 붙여진 이름이다.

그런데 지명은 시대에 따라 수시로 변했으므로 본관 이름도 지명에 맞춰 변했다. 예컨대 고려 초기에 여주의 지명은 황려였지만, 고려 후기에는 여흥으로 바뀌었고, 조선시대가 되어서야 비로소 여주가 되었다. 그러므로 여흥·황려·여주는 모두 같은 곳이고, 여흥 민씨나 황려 민씨는 본관이 동일한 성씨인 것이다.

여흥 민씨는 고려 중엽의 인물로 알려진 시조 민칭도 이래 수많은 관료들을 배출했다. 특히 민칭도의 증손인 영모가 무신 집권기의 대표 문신으로 활약하면서 사대부 명가로 성장했다. 영모 이후에도 수많은 후손들이 과거에 합격함으로써 여흥 민씨는 신흥 사대부 명문으로 뿌리내렸다.

왕비 민씨의 아버지는 제, 할아버지는 변, 증조할아버지는 적이었다. 이들 역시 과거 출신이었다. 따라서 민씨의 친가는 3대가 내리 과거에 합격한 사대부 명문가였다. 그러면 사대부 명문가인 여흥 민씨와 대표적인 부원 세력, 그것도 기황후의 인척인 여산 송씨가 어떻게 혼인을 하게 되었을까?

당연하게도 서로의 필요 때문이었으리라. 사대부 명문 출신은 명예와 지식은 있었지만 돈과 권력이 부족했다. 반면 부원 세력은 돈과 권력은 있었지만 명예와 지식이 부족했다. 서로가 서로에게 아쉬웠다. 만약 서로가 협조한다면 명예와 지식, 돈과 권력이 결합해 상승효과를 낼 수 있었다.

사대부 명문 출신은 부원 세력을 도덕적으로 타락했으며 학문적으로 무식하다고 비판하고, 이에 맞서 부원 세력은 사대부 명문 출신을 세상 물정 모르는 백면서생이라고 평가절하하며 싸우기도 했지만, 실제로는 서로 손잡고 협력하는 일이 많았다. 그것은 일종의 '권학유착權學癒着', 즉 '권력과 학문의 유착'이라 할 수 있었다. 오늘날의 정경유착 이상으로 고려 및 조선시대에는 권학유착이 심했다.

고려 말에도 신진사대부 명문 출신과 부원 세력 간에는 정략적 유착이 다반사였다. 그래서 겉으로 드러나기는 사대부 명문이지만 내막을 들여다보면 부원 세력과 손잡은 사람도 많았고, 반대로 알려지기는 부원 세력이

지만 실상은 사대부 명문가와 연결된 인물도 많았다. 예컨대 공민왕 대에 부원 세력의 거두로 지목되어 처단된 기철, 권겸, 노책 중에서 권겸은 당대의 신진사대부로 이름 높던 권보의 아들인 동시에 이제현의 처남이었다. 여흥 민씨와 여산 송씨 사이의 혼인도 이런 맥락에서 가능하지 않았을까? 그런 의미에서 민제는 당시의 권학유착을 대표할 만한 인물이었다 하겠다.

10여 년 만에 얻은
복덩어리 둘째 딸

왕비 민씨의 친정 부모인 송씨 부인과 민제가 언제 혼인했는지는 정확히 알려져 있지 않다. 다만 당시의 혼인 관행으로 볼 때 송씨 부인은 15세 안팎, 민제는 10대 후반쯤이었으리라 짐작된다. 송씨 부인은 1342년에 태어났는데 민제보다 세 살 어렸다. 그러므로 송씨 부인이 15세, 민제가 18세에 혼인했다고 가정하면, 공민왕 5년(1356) 무렵이 된다.

그런데 공민왕 5년은 부원 세력을 대대적으로 숙청한 해였다. 그해 5월에 공민왕은 기황후의 친정 오빠 철을 비롯해 부원 세력의 거두들을 전격적으로 처단했다. 기황후의 인척이었던 송씨 부인의 친정도 그때의 숙청에서 자유롭지 못했을 것이다. 공민왕은 기황후의 친인척들을 샅샅이 찾아내어 숙청했는데, 기록에는 드러나지 않지만 그때 송씨 부인의 친정도 틀림없이 큰 화를 당했을 것이다.

송씨 부인과 민제는 공민왕 4년이나 5년 봄쯤 부원 세력 숙청 이전에 혼인했으리라 짐작된다. 송씨 부인은 혼인한 직후에 친정이 풍비박산되는 참화를 겪었을 것이다.

왕비 민씨는 공민왕 14년(1365) 7월 11일, 개경 철동에서 송씨 부인의 둘

째 딸로 태어났다. 이때 송씨 부인은 24세, 민제는 27세로 혼인한 지 10년
이나 11년째였다. 송씨 부인은 혼인한 직후 첫딸을 낳은 뒤로 10여 년 만
에 둘째 딸을 보았다.

송씨 부인이 근 10년 동안이나 아이를 가지지 못한 이유는 아마도 친정
때문이었을 듯하다. 갑작스럽게 친정이 참화를 당하자 송씨 부인은 크게
충격을 받았을 것이다. 그 충격으로 10여 년간 아이를 갖지 못했을 정도라
면 송씨 부인은 성격이 매우 예민했으리라 짐작된다. 다시 말해 분노나 충
격을 쉽게 삭이지 못하는 편이었을 것이다.

어렵게 태어난 왕비 민씨는 출생 과정 자체가 범상하지 않았을 듯하다.
친정의 참화 이후 오래도록 충격에 빠져 있던 송씨 부인은 둘째 딸을 임신
하고 매우 기뻐했을 것이다. 또한 민씨는 몹시 비범했던 모양이다.

변계량이 지은 『헌릉지』에 따르면 민씨는 "태어나면서부터 숙의총혜하
기가 예사롭지 않았다"고 한다. '숙淑'은 맑고 아름답다는 뜻이고, '의懿'는
순수하고 아름답다는 뜻이며, '총聰'은 총명하다는 뜻이고, '혜慧'는 지혜
롭다는 의미이다. 결국 민씨가 미모와 지성을 모두 겸비했다는 말인데, 예
쁘면서도 인상이 날카로웠던 듯하다. 혹자는 '숙의총혜'라는 표현을 죽은
사람에게 올리는 상투적인 미사여구 정도로 여길지도 모르겠다. 하지만
민씨의 인생이나 부모를 생각하면 실제로 '청순한 미모'와 '빼어난 지성'
을 두루 갖추었다고 생각된다.

민씨의 부모는 외모가 출중하고 총명한 사람들이었다. 송씨 부인의 작
은할머니는 『고려사』에 '대단한 미녀'라고 실릴 정도로 미모가 뛰어났으
며, 친동생은 원나라 황제의 후궁이 될 정도로 아름다웠다. 그러므로 송씨
부인도 틀림없이 '상당한 미인'이었으리라 짐작된다.

민제의 경우, 『고려사』에 따르면 증조할아버지 민종유는 "천자天資가 장
중하고 풍도風度가 아름다웠다"고 하며, 할아버지 민적은 "날 때부터 풍채
가 비범하였다"고 한다. 민제는 "어려서부터 총명이 뛰어나서 어떤 책이

든 한 번 보기만 하면 곧 기억했다"고 한다. 그가 19세에 과거에 합격한 데서도 이러한 사실을 확인할 수 있다.

변계량은 민제의 묘지명에서 송씨 부인에 대해 '관자근검寬慈勤儉 치가유법治家有法'이라고 평가했다. '관자'는 관대하면서 자애롭다는 의미이고, '근검'은 부지런하고 검소하다는 뜻이니, 송씨 부인은 남에게는 아낌없이 베풀고 스스로는 검소했던 모양이다. 아울러 "집안을 다스림에 법도가 있었다"고 했으니, 자녀를 교육하거나 사람들을 대할 때 나름대로 확고한 원칙이 있었다고 생각된다. 아마도 송씨 부인은 주관이 뚜렷할 뿐만 아니라, 마음에 드는 사람에게는 아주 잘하지만 반대로 아니다 싶은 사람에게는 아주 냉정한 편이었으리라 짐작된다.

성격 면에서 본다면 민제도 송씨 부인과 비슷했던 듯하다. 민제의 성격과 관련해서 묘지명에 이런 이야기가 전하고 있다.

민제는 타고난 품성이 따뜻하고 인자하며, 청렴하고 검소하였다. 경전과 역사에 마음을 두고 재산 늘리기를 일삼지 않았으며, 화려하거나 사치스러운 것을 즐기지 않았다. 또 이단을 배척하고 미신을 미워하였다. 심지어 종복들이 몽둥이를 들고 개를 풀어 중과 무당을 쫓는 모습과 약으로 사람과 동물을 구제하는 모습을 화가에게 벽에다가 그리게 하여 보기까지 하였다.

민제는 좋고 싫음이 분명한 성격이었다는 것이다. 그것도 속으로만 생각하고 그치는 것이 아니라 겉으로 드러내야 직성이 풀리는 외향적 성격이었던 것 같다. 민씨는 아버지의 성격을 빼닮았지 싶다. 비록 훗날의 일이지만, 민씨는 싫은 감정을 잘 다스리지 못하고 노골적으로 드러내 많은 어려움을 겪기도 했다.

송씨 부인과 민제는 오래 기다린 끝에 얻은 민씨를 애지중지하며 키웠을 것이다. 뿐만 아니라 민씨는 '청순한 미모'와 '빼어난 지성'까지 겸비하

고 성격까지 부모를 빼닮았으니 얼마나 사랑스러웠겠는가?

게다가 민씨가 태어난 이후 송씨 부인은 연이어 아들 넷과 딸 하나를 낳았다. 마치 복에 복이 연이어 굴러 들어오는 듯했다. 송씨 부인과 민제는 복덩어리 둘째 딸이 복을 몰고 왔다고 생각하지 않았을까? 민씨는 친정집에서 '복덩어리' 대접을 받으며 애지중지 자랐을 것이다.

개경에서 태어난 민씨는 혼인하기 전까지 계속 개경에서 자랐을 것이다. 왜냐하면 아버지 민제가 외직으로 발령받은 적이 없었기 때문이다. 민제는 49세 되던 우왕 13년(1387)에 춘천부사로 발령받기 전까지 30여 년을 개경에서만 벼슬했다. 민씨는 부모와 떨어져 지내는 일 없이 개경에서 무럭무럭 자랐으리라. 그런데 무슨 까닭에서인지 민씨는 늦도록 혼인하지 않았다. 당시 관행으로 본다면 15세 전후에 대부분 시집을 갔는데 민씨는 17세가 되어도 시집을 가지 않았다. 어느덧 민씨는 결혼 적령기를 넘어서고 있었다.

늦은 혼인과 궁핍한 신혼생활

민씨는 왜 늦도록 혼인하지 않았을까? 아마도 여러 가지 이유가 있었을 것이다. 부모의 사랑을 많이 받은 탓에 혼인하기 싫었는지도 모르고, 맘에 드는 남자가 없었는지도 모른다. 아니면 언니보다 더 좋은 혼처를 찾겠다는 욕심 때문이었을 수도 있다.

민씨의 언니는 조박에게 시집갔다. 조박은 재상 가문에 들어갈 정도로 명문인 평양 조씨였고, 과거에도 합격한 실력자였다. 민씨는 형부보다 더 잘난 남자에게 시집가겠다고 욕심을 부렸던 것은 아닐까? 어쨌든 17세가 넘도록 시집을 가지 않은 배경에는 민씨의 고집이 있었을 것이다. 그만큼 민씨는 소신과 주장, 성격이 강했다고 하겠다.

예나 지금이나 딸의 혼사가 늦어지면 속이 타는 사람은 부모다. 당사자야 더 좋은 신랑감이 나타나려니 기대하며 태평할 수도 있지만 부모의 입장은 다르다. 딸의 혼사가 늦어지면 늦어질수록 시집보내기 어려우리라는 생각에 안절부절못한다.

민씨의 부모도 마찬가지였을 것이다. 기록에는 나타나지 않지만 송씨 부인과 민제는 이곳저곳 혼처를 물색했으리라. 하지만 부모가 어렵게 물색해온 혼처가 민씨의 눈에 차지 않아 번번이 거부되기도 했을 것이다. 그렇게 세월이 흘러 민씨는 어느덧 18세가 되었다.

우왕 8년, 당시 민제는 몇 년째 성균관 사성을 맡고 있었다. 성균관은 당시 최고의 국립대학이었으며, 사성은 부총장에 해당했다. 성균관 입학생들은 당대 최고의 인재들이었다. 그 해에 이방원이 성균관에 입학했다. 이렇듯 이방원과 민제는 학생과 스승으로 처음 인연을 맺었다.

이방원은 민제를 '사부'라고 불렀다. 훗날 왕이 되어서도 이방원은 사사로운 자리에서는 민제를 '사부'라고 불렀다.

태종이 여흥부원군 민제의 집으로 행차하였는데, 왕비 민씨도 따라갔다. 여러 왕자들이 모두 따라가서 잔치를 베풀었다. 민제가 시 세 편을 지어서 바쳤다. 첫 번째 시는 '문정文定 초반'에 궁색하였던 집안 살림, 두 번째 시는 태종이 왕위에 올라 기쁘고 축하하는 심정을, 그리고 세 번째 시는 여흥 민씨 일문이 사사로이 왕의 은혜를 두텁게 받았음을 읊었다. 태종이 몹시 즐거워하며 서로 대하기를 왕위에 오르기 전처럼 하였다. 민제는 태종을 '선달先達'이라 부르고, 태종은 민제를 '사부'라 불렀다.

『태종실록』, 권12, 6년 12월 을미조

위에서 나타나는 '문정'이란 청혼 또는 혼인을 의미한다. 즉 문정 초반에 집안 살림이 궁색했다는 것은 이방원이 혼인한 초에 어렵게 살았다는

뜻이다. 물론 혼인 초란 이방원과 민씨가 신접살림을 차렸을 때다.

이방원은 16세에 성균관에 입학했다. 그는 민씨에 비해 두 살이 적었다. 그럼에도 두 사람은 혼인해서 어렵게나마 신접살림을 차렸다. 무엇이 둘의 혼인을 가능케 했을까?

당시 출신이나 가문으로 따진다면 이방원은 별로 내세울 것이 없는 변방의 시골, 그것도 변방 중의 변방인 함흥 출신이었다. 이방원은 함흥에서 나고 자랐으며 10세 무렵에 개경으로 올라왔다. 반면 민씨는 개경에서 태어나 성장한 '서울 아가씨'였다.

가문으로 따지면 격차는 더했다. 민씨는 당대의 명문인 여흥 민씨 가문의 딸이었다. 기라성 같은 조상들이 즐비했으며, 요소요소에 친인척들이 자리잡고 있었다. 반면 전주 이씨 가문의 이방원은 크게 내세울 만한 조상도, 요직에 있는 친인척도 없었다.

그렇지만 이방원은 유능한 청년이었다. 16세에 성균관에 입학할 정도로 실력자였으며, 장래가 촉망되는 젊은이였다. 게다가 가문은 별 볼일 없다고 해도 당대를 대표하는 무장 이성계의 아들이었다. 당시 이성계는 최영과 함께 고려의 병권을 손에 쥐고 있었다.

민제는 이방원의 이런 점들을 높이 평가하지 않았을까? 민제는 18세 된 둘째 딸에게 어울릴 만한 사윗감을 은밀히 물색했으리라. 그때 민제의 눈에 이방원이 띄었던 것이다. 민제는 이방원의 능력과 이성계의 후광으로 미약한 출신이나 가문 등의 배경을 충분히 극복할 수 있다고 판단했던 듯하다.

하지만 오로지 그것 때문에 혼인이 성사되었다고 하기는 어렵다. 민제가 마음에 들어해도 자기주장이 강한 둘째 딸이 이방원을 싫어하면 어쩔 수 없는 일이었다. 하지만 분명 민씨도 이방원의 가능성을 확인했을 것이다. 사실은 민제보다 더 꼼꼼하고 정확하게 이방원의 인물됨을 알아보지 않았을까?

어쩌면 민씨는 전부터 이방원에 대해 들었을지 모른다. 몇 년 전에 먼 일가친척이 이방원의 형 방간과 혼인하기도 했다. 게다가 민씨의 어머니 송

씨 부인과 이방원의 계모 강씨 부인은 통하는 면이 많았다. 두 부인은 공민왕이 부원 세력을 숙청할 때 친정이 화를 당하고, 이제는 남편을 내세워 재기하고자 몸부림쳤다. 또한 둘 다 외가가 진주 강씨로, 그리 멀지 않은 친족이었던 듯하다. 아마도 두 부인은 외가를 통해 간접적으로라도 연결되었으리라. 그런 관계 속에서 송씨 부인도 이방원의 사람 됨됨이나 가능성을 자세히 알게 되어 둘째 딸에게 적극 권했을 수도 있다.

어쨌든 민씨는 이런저런 상황과 조건들을 따져본 다음 확신이 서서 혼인을 결심했으리라. 혼인 당시 민씨는 18세, 이방원은 16세였다. 민씨는 이제 민씨 부인이 되었다.

민씨 부인은 혼인한 후에도 당시의 풍습대로 계속 친정에서 살았다. 민씨는 족히 몇 년은 친정에서 살았던 듯하다. 태종은 훗날 "내가 어렸을 때 민씨에게 자라서 은혜와 사랑을 많이 받았다"고 회고했는데, 혼인한 후 수년간 처가살이했던 기억 때문이다.

신혼 초에도 이방원은 주로 성균관에서 시간을 보내며 과거 공부에 몰두하고 집에는 드문드문 들렀으리라 짐작된다. 『연려실기술』에 따르면, 이방원은 같은 동네에 살던 길재와 대단히 친해서 성균관에서 함께 공부하고 토론도 했다고 한다.

이방원은 혼인한 이듬해인 우왕 9년(1383) 4월에 시행된 과거에서 합격했다. 당시 과거에서는 33명을 뽑았는데, 이방원은 10등을 했다. 장원은 김한로였으며, 고시관은 우현보와 이인민이었다.

이방원은 과거에 합격하고도 1~2년은 벼슬을 하지 못했던 듯하다. 너무 어렸기 때문이 아닐까 싶다.

이방원은 과거에 합격한 뒤로는 더 이상 성균관에 나가지 않았다. 발령을 기다리는 동안 그는 처가에서 느긋이 지냈으리라. 그때 장인 민제는 사위를 '선달'이라 부르며 대견하게 여겼다.

당시 선달은 과거 합격자를 일컫는 말이었다. 좀더 구체적으로 말하면,

과거에 합격하고 발령을 기다리는 사람을 뜻하는 매우 영광스런 말이었다. 민제는 이방원이 왕위에 오른 후에도 사사로운 자리에서는 선달이라고 불렀는데, 분명 익숙해졌기 때문이었을 것이다. 그리고 그만큼 이방원이 오랜 기간 동안 발령 대기 상태로 있었다는 뜻이다.

이방원이 처음 제수받은 관직이 무엇인지는 기록이 남아 있지 않아 알 수 없다. 훗날 조선의 제3대 왕이 된 만큼 그가 고려 왕조에서 벼슬을 한 것이 그리 영광스러운 이력은 아니었으리라. 그래서 조선시대의 역사 기록들은 필요한 경우가 아니면 고려시대의 관직 생활에 대해 거의 언급하지 않았다.

기록상 확인 가능한 이방원의 최초 벼슬은 우왕 14년(1388) 이성계가 위화도에서 회군할 당시 전리정랑이었다는 것이다. 하지만 이때는 그가 과거에 합격한 지 5년이나 지났고 나이도 22세였으므로, 전리전랑이 첫 벼슬은 아니었을 것이다. 그는 과거에 합격하고 1~2년 뒤에 전리정랑보다 훨씬 낮은 벼슬로 시작해 22세에 전리정랑에 올랐으리라.

전리정랑은 5품 벼슬이지만, 인사권을 장악한 요직 중의 요직이어서 출세가 보장된 자리였다. 그런 만큼 전리정랑 자리를 차지하기 위한 경쟁도 치열해서, 본인의 실력은 물론 가문의 배경도 뛰어나야 했다. 22세에 이미 전리정랑이 된 이방원의 앞길은 탄탄대로나 마찬가지였다. 그의 뒤에는 분명 처가의 후원이 있었으리라.

그동안 민씨는 친정에 살면서 남편을 뒷바라지했을 것이다. 비록 과거에는 합격했지만 발령받기 전까지 이방원은 백수나 다름없었다. 그래서 몇 년간 거의 전적으로 처가에 기대어 생활해야 했다. 훗날 민제가 '혼인 초의 궁색한 살림살이'를 시로 읊은 때가 바로 이 무렵이었다. 그럼에도 민씨나 이방원은 전혀 기죽지 않고 당당하게 처가살이를 했으리라 짐작된다.

조선왕비실록

내조에 힘입어 정치판에서
승승장구한 이방원

민씨는 혼인한 지 3년 만인 21세에 첫딸을 낳
았다. 그 무렵에는 이방원도 벼슬을 제수받아 출사했을 것이다.

이방원은 출세할 수 있는 조건을 두루 갖추고 있었다. 과거에 합격했고,
아버지 이성계는 당대의 유명한 장군이었으며, 처가는 개경의 명문거족이
었다. 게다가 그는 인간적인 매력도 넘쳤으리라 생각된다. 시골에서 10세 정
도까지 살다가 상경해 촌사람의 소탈함과 도시 사람의 세련됨을 두루 갖추
고 있었던 듯하다. 그것이 묘한 매력을 발산해 사람들을 끌어당겼을 것이다.

벼슬길에 나선 후 이방원은 주로 과거 동기생들과 어울렸다. 당시의 관
행이 그랬다. 사람들은 과거 동기생을 일컬어 같은 해에 합격한 사람이란
의미에서 '동년同年'이라 부르며 나이에 상관없이 절친하게 지냈다. 그들은
동년 모임을 만들어 결속을 다졌다. 장원 급제자가 모임의 회장을 맡았다.

동년은 자신들을 합격시켜준 고시관을 좌주라 부르고, 스스로를 문생이
라 하여 제자를 자처했다. 당시 좌주와 문생 사이에는 실제 사제지간 같은
결속력이 있었다. 좌주는 문생을 힘껏 끌어주고, 문생은 좌주에게 성심으
로 충성했다. 공민왕은 이들의 행태를 꼬집어 "유생들은 나약하고 겁이 많
다. 또한 문생이니 좌주니 동기니 하면서 무리를 지어 끼리끼리 어울린다"
고 비판하기도 했다. 그들의 결속력이 얼마나 강했을지 짐작이 간다.

이방원 역시 동년, 좌주들과 자주 만나면서 시국과 현실에 대한 안목을
키웠으리라. 그런데 그들은 대부분 주자학에 경도된 신진 지식인들이었
다. 굳이 따지자면 이방원의 장인 민제와 좌주 우현보, 이인민도 주자학에
경도된 신진 지식인이었다. 성균관은 그들의 거점이었다. 당시 성균관 사
람들은 유행처럼 주자학에 빠져들었다. 그들은 절망적인 현실을 개혁해야
하는 이유와 그 방법을 주자학에서 찾았다.

신진 지식인들은 비대해지고 부패한 불교, 신흥 명나라를 버리고 기울어가는 원나라에 매달리는 외교정책, 그리고 실질적으로 나라를 이끌어가는 보수적인 원로대신들을 거세게 비판했다. 이방원은 신진 지식인들과 만나 토론하면서 주자학에 경도되어 갔다.

벼슬을 시작한 후 이방원은 정치에 빠져 거의 집안일을 돌보지 않은 듯하다. 변계량이 지은 『헌릉지』에 따르면, 당시 이방원은 "소싯적부터 세상을 구제할 뜻이 있어 경전과 역사에 정신을 쏟고 가산을 거의 돌보지 않았다. 이에 왕비 민씨가 능히 집안일을 다스리며 음식 대접하기를 삼갔다"고 한다. 말이 좋아 세상을 구제할 뜻이지, 사실은 정치와 음모에 몰두하느라 집안일은 아예 안중에도 없었을 것이다. 당시 이방원은 20대 초반의 혈기 방장한 젊은이였고, 열정적으로 정치에 몰두했다.

이런 상황이었으니 어린 딸을 키우며 집안일을 꾸려나가는 것은 전적으로 민씨가 도맡아야 했으리라. 민씨는 남편 대신 집안일을 돌보고, 어쩌다 손님이 오면 잘 대접해서 보냈을 것이다. 이런 내조에 힘입어 이방원은 아무 걱정 없이 정치에 몰두할 수 있지 않았을까?

민씨는 큰딸이 3~4세쯤 되었을 때 친정에서 분가했을 듯하다. 당시의 관행이 그랬다. 그리고 개경의 중심부에 살림집을 차렸다. 훗날 그곳은 이방원이 왕위에 오른 후 경덕궁이 되었다.

이방원은 어려서부터 주변 사람들의 기대를 받으며 자랐다. 이성계는 일찍부터 가문을 일으킬 아들로 방원을 지목했다. 실록에 따르면 남은은 곧잘 사람들에게 "이 사람의 영기英氣(뛰어난 기운)는 하늘을 덮을 정도다"고 말했다고 한다.

왜 그런 말이 나왔는지는 모르겠지만, 이방원의 영기가 대단했던 것은 사실이리라. 이방원은 한눈에 보아도 매우 똑똑하고 예리했을 것이다. 또한 뒤에는 아버지 이성계와 장인 민제가 버티고 있었으니, 사람들이 그를 주목하고 기대하는 것은 당연했다.

특히 이성계는 이방원이 과거에 합격하자 매우 자랑스러워했다. 실록에 이런 일화가 전한다.

태종이 과거에 합격하자 태조는 대궐 뜰을 향해 절하고는 매우 감격하여 눈물까지 흘렸다. 후에 태종이 제학提學에 임명되자 태조는 너무너무 기뻐하며 사람을 시켜 임명장을 몇 번이나 읽게 하였다. 태조는 매번 손님들과 연회할 때마다 태종에게 연구聯句를 하게 하였다. 그리고 곧 말하기를 "내가 손님과 함께 즐긴 데는 네 힘이 크다" 하였다.

『태조실록』, 총서

고려시대의 제학은 예문춘추관의 정3품 벼슬로, 훌륭한 학자나 문장가로 인정받아야만 오를 수 있었다. 무장 이성계는 아들 방원이 과거에 합격한데다 훌륭한 학자로 인정받은 사실이 자랑스러워 손님들과 연회할 때마다 아들을 불러 자기 대신 시를 짓도록 했으리라.

연구는 서로 이어가면서 시를 짓는 것이다. 그러려면 시를 짓는 실력이 뛰어나야 한다. 당시 학자나 지식인들은 모였다 하면 음풍농월吟風弄月, 즉 시를 짓고 연구를 즐겼다. 모임에서 주목을 받고 두각을 나타내려면 무엇보다 시를 잘 지어야 했다.

이성계는 정치적, 사회적으로 지위가 올라가면서 문인 및 학자들과 자주 어울렸다. 그런 자리에서는 아무리 사양한다고 해도 시를 짓거나 연구를 해야 하는 경우가 있게 마련이다. 그때마다 이성계는 남모르는 열등감에 시달리지 않았을까?

그런 만큼 아들 방원이 제학이 되었을 때 얼마나 뿌듯했겠는가. 이성계는 손님을 불러놓고 제학이 된 아들을 소개하면서 즐겼던 것이다. 방원이 시를 잘 지으면 잘 지어서 즐거웠고, 그 시에 손님이 절절매면 더더욱 즐거워했을 것이다. 그러니 "내가 손님과 함께 즐긴 데는 네 힘이 크다"는 말이

절로 나왔으리라.

이성계가 마련한 모임에서 이방원은 단연 돋보였다. 이방원은 자연스럽게 이성계 휘하의 장군들 사이에서 유명인사가 되어 갔다. 의도적이었는지는 확인할 수 없지만, 결과적으로 이방원은 이성계를 통해 당대의 유력인사들과 교류를 맺을 수 있었다.

하륜도 이방원에게 주목했다. 민제의 절친한 친구인 그는 관상을 잘 보기로 유명했는데, 아마도 멀리서 이방원의 관상을 보았던 모양이다. 그는 직접 만나서 이방원의 관상을 다시 살피고 그릇을 시험하고 싶었던지, 민제에게 소개를 부탁했다고 한다. 실록에서는 이방원과 하륜의 첫 만남을 이렇게 묘사하고 있다.

하륜은 민제와 뜻을 함께하는 친구였다. 하륜은 본래 관상 보기를 좋아하였다. 하륜이 민제에게 말하기를 "내가 관상을 많이 보았지만 공의 둘째 사위와 같은 사람은 없었소, 내가 한번 만나고 싶으니 공이 그 뜻을 전해주오" 하였다. 민제가 이방원에게 "하륜이 그대를 보자고 한다" 하고 말하여 이방원이 만나보았다. 하륜이 드디어 마음을 기울여 이방원을 섬기었다.

『태종실록』, 총서

젊디젊은 이방원에게 하륜은 너무나도 도움이 되었다. 하륜은 이인미의 사위였다. 이인미는 당대 실력자였던 이인임의 바로 아래 동생이었다. 하륜은 이인임의 조카사위인 셈이었다. 하륜이 이인임의 조카사위가 되었을 때 전설 같은 이야기가 돌았다.

하륜은 19세 되던 해에 과거에 합격했다. 그때 고시관이 이인임의 큰형인 이인복이었다. 인복은 하륜을 한번 보고는 큰 그릇이라 여겨 사위로 삼고 싶었다. 그러나 적당한 딸이 없어 할 수 없이 동생 인미에게 이야기해 하륜을 사위로 삼게 했다고 한다.

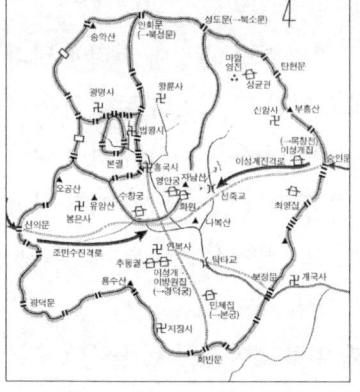

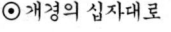
⊙ 개경의 십자대로

　그런 면에서 이방원과 하륜은 묘한 인연을 갖고 있었다. 이방원의 좌주인 이인민이 바로 하륜의 좌주인 이인복의 동생이었던 것이다. 두 사람이 좌주로 모시는 이인복과 이인민이 형제간이므로, 둘은 한 다리를 건너는 동문이라고도 할 수 있다. 이방원은 하륜을 통해 권력 실세들과 인맥을 맺을 수 있었다.

　이방원이 정치판에서 입지를 넓혀가는 동안 민씨는 딸을 키우며 집안일을 돌보았다. 집안일에는 친정이나 시댁에 다녀오는 일도 포함되었다. 친정은 남대문 쪽에, 시댁은 동대문 쪽에 있었다. 민씨의 살림집이 개경 중심부에 있었으므로 십자대로를 통해 친정이나 시댁에 다녀오곤 했다.

　고려시대의 개경은 북서쪽의 송악산(489m), 서쪽의 오공산(203m), 남쪽의 용수산(137m), 동쪽의 덕암봉(108m), 동북쪽의 부흥산(155m)을 연결하는 나성으로 둘러싸여 있었다. 그리고 개경의 중심에는 103미터의 남산이 버티고 있었다. 이처럼 개경의 지세는 송악산과 오공산이 있는 북서 방향이 높고, 반대로 용수산과 덕암봉이 있는 동남 방향이 낮았다. 자연히 송악산, 오공산, 용수산, 부흥산 등에서 흘러내리는 물은 남산 아래에서 합류해 동남쪽으로 흘러갔는데, 그 물줄기를 오천이라고 했다.

오천에는 개경에서 가장 유명한 '탁타교'라는 다리가 있었다. 탁타교는 만부교 혹은 야교라고도 했다. 탁타교는 고려의 태조 왕건이 다리에 낙타를 묶어 죽였다 하여 붙은 이름이었다. 태조 왕건 때 거란이 낙타 50마리를 선물했는데, 왕건은 거란을 발해를 멸망시킨 원수의 나라라 하여 낙타를 다리에 묶어 굶겨 죽였다. 원래 만부교라 불렸지만, 이 사건 이후 탁타교라 고쳐 불렀다. 개경 동남쪽의 나성문인 보정문에서 들어와 개경의 중심부로 가려면 이 탁타교를 건너야 했다.

개경의 대로 중 하나인 동남대로도 오천을 따라 뻗어 있었다. 송악산, 오공산, 용수산, 부흥산, 덕암봉, 남산 등에서 흘러내려온 물은 남산 아래 동남 방향에서 합류했다. 이 부근에서 개경의 십자대로가 교차했다. 이곳을 중심으로 동서남북 사방으로 대로가 뻗어나갔는데, 이 길이 십자대로였다. 이 길 외에 동남쪽으로 흐르는 물길, 즉 오천을 따라 놓인 큰길이 바로 동남대로였다.

개경의 동쪽 대로, 서쪽 대로, 남쪽 대로, 동남쪽 대로는 외성문을 지나 전국으로 연결되었다. 동쪽 대로는 동대문인 숭인문과 연결되었다. 숭인문 밖으로는 강원도, 함경도 쪽으로 통하는 길이 뻗어 있었다. 서쪽 대로를 따라 나가면 서대문인 선의문이 나왔다. 선의문 밖으로는 예성강의 벽란도, 전포 등으로 통하는 길이 있었다. 남쪽 대로는 남대문인 회빈문과 연결되었다. 회빈문 밖으로는 강화도, 경기도 쪽으로 통하는 길이 뻗어갔다. 동남쪽 대로를 따라가면 동남대문인 보정문이 나왔다. 보정문 밖으로 도라산 및 임진강 나루를 연결하는 길이 있었다.

개경의 도시 구조는 십자대로를 중심으로 구획되었다. 북쪽 대로와 서쪽 대로 사이에는 대궐과 관청이 밀집했다. 송악산 아래에 해당하는 이 지역에는 본궐을 비롯해 수창궁, 첨성대, 소격전 등이 있었다. 현재 만월대로 알려진 곳이 송악산 아래의 본궐 유적지였다. 반면 북쪽 대로와 동쪽 대로 사이, 동쪽 대로와 남쪽 대로 사이에는 고관대작들의 거주지가 있었다. 이 방원과 민씨의 살림집을 비롯해 민제와 이성계의 집이 그곳에 있었다.

민씨가 시댁에서 만나는 시어머니는 분명 이성계의 경처인 강씨였을 것이다. 개경의 시댁에서 안주인은 강씨였기 때문이다. 가만 생각하면 민씨와 강씨 사이가 그다지 좋지는 않았을 거라고 추측할 수 있다. 그럴 여지는 충분하다. 민씨와 강씨는 고부간이긴 했지만 나이차가 불과 9~10세 정도밖에 되지 않았고, 게다가 강씨는 이방원의 생모도 아니었다. 훗날 이방원은 강씨의 계략으로 세자 자리에 오르지 못하자 왕자의 난을 일으키기까지 했다. 이런 사실들을 고려하면 민씨가 군이 강씨에게 잘했을 것 같지 않다.

그럼에도 며느리 민씨는 시어머니 강씨를 성심껏 모셨다고 보아야 한다. 사실 이방원과 민씨의 혼사를 배후에서 성사시킨 사람이 바로 강씨였다. 그때 강씨는 이방원에게 큰 기대를 걸고 있었고, 이성계의 사랑도 독차지하고 있었다. 강씨야말로 명실 공히 시댁의 실세였다. 그러니 민씨가 어찌 강씨에게 소홀했겠는가.

『태조실록』에는 며느리 민씨와 시어머니 강씨의 관계를 직접적으로 보여주는 기록이 전혀 없다. 분명 의도적으로 생략했을 것이다. 왜냐하면 조선 창업의 주역을 이성계와 방원으로 만들어야 했기 때문이리라. 신진사대부들에게 조선 창업의 주역은 이성계와 방원, 그리고 자신들이어야 했다. 조선시대에 정치는 남자들의 영역이었다. 당연히 창업의 주역도 남자들이어야 했다.

만약 『태조실록』에서 며느리 민씨와 시어머니 강씨의 밀접한 관계를 폭로해버린다면 조선 창업에서 알려진 이성계의 활약상들이 재평가되어야 할 것이다. 이방원 역시 마찬가지다. 이성계와 방원을 주역으로 기록된 수많은 사건들에는 '반드시'라고 덧붙여야 할 정도로 강씨와 민씨가 배후에서 적극 개입해 있었다. 때문에 이성계와 방원을 명실상부한 조선 창업의 주인공으로 만들기 위해 강씨와 민씨의 활약상은 물론 두 사람의 관계도 직접적으로 기록할 수 없었으리라.

하지만 기록에 없다고 해서 민씨와 강씨의 관계가 약했다는 의미는 아닐 것이다. 오히려 대단히 밀접했다고 보는 것이 맞으리라. 예컨대 변계량

이 지은 『헌릉지』에 따르면, 민씨가 "도리를 극진히 하였다"고 했는데, 그 속에는 당연히 시부모에 대한 도리도 포함되어 있었을 것이다.

강씨는 방원이 혼인한 후에도 계속해서 그에게 큰 기대를 걸었다. 이성 계도 그를 총애했다. 이성계가 손님을 불러놓고 연회를 베풀 때 방원을 불러 연구하게 했다는 것은 방원이 늘 이성계에게 갔다는 의미이다. 기록에는 없지만 이때 민씨도 거의 함께 갔을 것이다.

사실 민씨는 특별한 일이 없어도 자주 시댁에 들렀을 것이다. 그리고 시어머니 강씨에게 며느리 된 도리를 극진히 했을 것이다. 지혜로운 민씨가 남편의 장래를 위해서는 시어머니와 원만하게 지내야 한다는 사실을 모를 리 있었겠는가? 그런 면에서 민씨가 위화도 회군 이후 더욱 며느리 된 도리를 다 잘했으리라 짐작하는 것은 크게 틀리지 않으리라.

조선 건국 이후
흔들리는 이방원의 입지

위화도 회군 이후 이성계는 정치판의 실세로 부상했다. 그와 동시에 나타나는 정적들에게 쉴새없이 시달려야 했다. 내부 정적들은 이성계가 고려 왕실을 무너뜨리지나 않을까 의심했고, 명나라의 정적들은 이성계가 반명파反明派의 거두라고 흑색선전했다.

위화도 회군 당시 방원은 22세였다. 이성계가 정치판의 실세로 부상하면서 방원도 정치판에 점점 깊숙이 빠져들었다. 젊은 방원은 아버지를 위해 목숨을 아끼지 않고 뛰어다녔다. 방원은 자타가 공인하는 이성계의 보물 중 보물이었다. 그로 인해 민씨도 큰 시련을 겪어야 했다. 그 시련은 명나라에서 밀어닥쳤다.

명나라는 공민왕의 죽음 이후 고려가 친원 정책으로 돌아서자 그 배후로 이성계를 의심했다. 우왕 대에 친원파 거두가 이인임이었다면, 창왕 대에는 이성계가 친원파의 거두라고 믿었다. 심지어 이성계를 이인임의 아들이라고까지 의심했다. 두 사람이 비록 인척 관계이기는 했지만 부자 관계는 아니었음에도 명나라에서 이렇게까지 의심한 까닭은 정적들이 퍼뜨린 흑색선전 때문이었다.

『고려사』에 "공민왕이 승하한 이후 명 황제는 매번 고려의 집정 대신을 불러 입조入朝하라 하였으나 모두 두려워 가지 못하였다"는 기록이 있는데, 위화도 회군 이후 명나라에서 부른 고려의 집정 대신은 사실상 이성계였다. 그러나 이성계는 자신을 이인임의 아들로 의심하는 명나라에 가려고 하지 않았다.

그러던 중 창왕 1년(1388) 10월, 당대의 대학자 이색이 명나라에 가겠다고 나섰다. 겉으로 보면 자청하여 이성계를 대신해서 가겠다고 나선 형국이었다. 이성계는 감격하여 "강개慷慨하도다. 이색 어른이여"라고 칭송했다고 한다. 하지만 이색은 따로 속셈이 있었다. 실제로 이색은 '장차 창왕을 명나라에 가게 하고, 또한 명나라에서 관리를 보내 고려를 감시해줄 것을 요청'하려 했던 것이다. 명나라의 힘을 빌려 이성계를 견제하려는 속셈이었다.

이색은 혹시라도 자기가 없는 동안 변란이 일어날까 두려워 이성계의 아들 1명을 데려가겠다고 했다. 한편으로는 이성계의 의심을 풀고, 다른 한편으로는 인질로 삼으려는 계산이었다. 이렇게 해서 방원이 이색과 함께 명나라에 가게 되었다.

그때 부인 민씨는 이색의 속내를 눈치 챘을 것이다. 만약 이색의 계획이 성공해서 명나라에서 고려를 감시하겠다고 나선다면 방원은 살해되거나 인질로 붙잡힐 것이 뻔했다. 그렇잖아도 북쪽에 원나라 세력이 버티고 있어 바닷길로 가야 하는 위험한 사행길인데, 방원은 명나라에 무사히 도착한다 해도 사지에 빠져들 가능성이 높았다.

이색은 명 황제를 만나자 중국말로 "친조親朝를 청합니다"라고 인사를 올렸다. '친조'란 왕이 직접 알현한다는 뜻이다. 이색은 창왕을 명나라에 보내 안전하게 보호하고자 했던 것이다. 그러나 명 황제가 못 알아듣는 체하는 바람에 그의 계획은 성사되지 못했다.

명나라가 창왕을 보호하겠다고 나서면 고려와의 전쟁이 불가피했다. 창왕이 명나라에 입조한다면 분명 창왕과 이색은 이성계가 고려 왕실과 명나라를 위협하는 인물이라고 과장해서 폭로할 테고, 또 명나라는 이성계를 무력으로라도 소환하려 할 것이기 때문이었다. 그것은 곧 전쟁을 의미했다. 그러나 명 황제는 분란을 원치 않았다.

실망한 이색은 귀국해서 "지금의 명 황제는 마음에 주장이 없는 군주다. 나는 황제가 분명 이것을 물으리라 생각했는데 황제는 그것을 묻지 않았다. 황제가 묻는 말은 모두 나의 뜻이 아니었다"고 말했다. 이색은 분명 명 황제가 친원파 이성계가 고려를 장악하는 것을 원치 않는다고 예상했던 듯하다. 그러나 명 황제는 예상 외로 "고려의 일은 고려에서 알아서 하라"는 입장이었다. 결국 이색의 계획은 실패하고 말았다. 그 덕에 이방원은 반년 만에 무사히 귀국할 수 있었다.

이방원이 명나라로 출발할 당시 민씨는 임신 중이었다. 민씨는 이방원이 없는 반년 동안 불안하고 초조했으리라. 혹 남편에게 무슨 일이 생긴 것은 아닐까 걱정하며 밤잠을 설치는 날도 많았으리라.

민씨는 이방원이 귀국한 직후에 첫아들을 낳았다. 딸 둘을 연이어 낳은 후에 얻은 첫아들이었다. 하지만 귀하디귀한 아들이 요절하고 말았다. 민씨가 임신 중에 노심초사하며 지냈기 때문이 아니었을까? 민씨는 첫아들을 잃고 크게 상심했으리라.

그러나 이방원은 여전히 집안일에 무심했다. 오히려 정치에 더 전념했다. 그럴수록 바빠지고 위험해졌다. 그는 마치 이성계의 돌격대장처럼 위험한 일을 도맡아했다. 이성계의 정적들을 제거하는 일도 그가 처리했다. 아버지

의 정적들을 정치적으로 생매장시키는 일뿐만 아니라, 테러나 암살까지도 서슴지 않았던 듯하다. 그런 일들은 대부분 강씨가 사주했을 것이다.

예컨대 공양왕 때 정도전과 남은이 이성계에게 고향으로 돌아가도록 조언한다고 의심한 강씨는 방원을 불러 "정도전과 남은은 살려둘 수 없다"고 말하기도 했다. 결국 죽이라는 뜻이 아니었겠는가? 이방원이 직접 죽이지 못하면 하수인들을 시켜서라도 반드시 그들을 죽이라는 뜻이었을 것이다. 이것은 직접적으로 표현만 안 되었다 뿐이지 강씨가 이방원에게 정도전과 남은을 암살하라고 지시한 것이나 다름없었다. 그 같은 일이 그때 한번만은 아니었을 것이다. 어쩌면 일상화된 일이었는지도 모른다.

그리고 얼마 지나지 않아 이방원은 정몽주를 암살했다. 사실상 정몽주의 암살을 배후에서 사주한 사람은 강씨 부인이었다. 기록에는 드러나지 않지만 당시 이성계의 정적들은 정치 테러를 무수히 당했을 것이다. 대부분 강씨와 이방원이 배후에서 지시를 내렸으리라. 조선 왕들 중에서 이방원이 정치 테러나 암살에 가장 능했는데, 아마도 20대 초반부터 쌓은 경험이 한몫했을 것이다.

정치 테러나 암살은 가해자나 피해자 모두를 불안하게 만든다. 서로 죽이려 들기 때문이다. 이방원이라고 예외일 수 없었다. 그 역시 도처에서 도사리고 있는 정치 테러나 암살의 위협을 느끼며 살았을 것이다.

때문에 부인 민씨는 늘 불안하고 초조하지 않았을까? 그런 상황 속에서 민씨는 또 임신을 하고 아이를 낳았다. 두 번째 아들이었다. 그러나 그 아들도 요절하고 말았다. 이번에도 임신 중에 겪은 극심한 불안과 스트레스가 원인이었을 것이다. 하지만 이방원은 한번 발을 들여놓은 정치판에서 빠져나오지 못했다. 오히려 점점 더 깊이 빠져 들어갔다.

공양왕 3년(1391) 9월 23일, 이방원의 생모인 한씨가 세상을 떠났다. 민씨에게는 한씨가 진짜 시어머니였지만 둘은 서로 거의 만나지 못했을 듯하다. 민씨가 이성계의 고향 함흥을 지키던 한씨 부인을 찾아볼 일이 거의

없었기 때문이다. 한씨의 죽음을 접하고 민씨가 어떻게 느꼈을지는 알 수 없지만 이방원은 크게 슬퍼하며 오열했다. 그리고 어머니의 무덤가에 여막을 짓고 3년상을 치르겠다며 개경의 정치판을 떠났다.

그러나 그는 반년 만에 개경으로 돌아와야 했다. 이성계가 낙마하여 크게 다치는 바람에 개경의 정치 상황이 급변하자 강씨가 그를 불러올린 것이다. 그때가 공양왕 4년(1392) 4월이었다. 이후 이방원은 아버지를 왕으로 세우기 위해 어떤 악역도 마다하지 않았다. 그는 기꺼이 정몽주도 암살했다. 그런 아들이 있었기에 이성계는 왕위에 오를 수 있었다.

이방원이 아버지를 위해 동분서주하는 동안 민씨는 연이어 아들을 낳았다가 잃는 슬픔을 겪었다. 이성계가 왕위에 올랐을 때에도 민씨는 임신 중이었다.

민씨와 이방원은 금슬이 좋았던 모양이다. 당시 민씨는 정치에 적극 개입하지는 못했으리라 짐작된다. 임신과 출산을 반복하느라 경황이 없기도 했지만, 그럴 처지도 못 되었다. 냉정히 말하면 당시만 해도 이방원은 아직 강씨의 하수인에 불과했다. 민씨가 그런 이방원을 말리면 시어머니와 대립하게 되니 가만히 지켜볼 수밖에 없었으리라. 어쩌면 민씨나 이방원은 이성계 다음 왕위는 자신들 차지라고 굳게 믿고 강씨에게 적극 협력했을지도 모른다.

그러나 조선 건국 후 그들은 철저히 배신당했다. 시어머니 강씨는 이방원이 아닌 자신의 아들을 세자로 앉혔다. 이방원은 겨우 정안군이 되었다. 민씨나 정안군은 강씨에게 이용당하고 버림받았다는 생각에 이를 갈았으리라.

그러나 이것으로 끝이 아니었다. 왕비가 된 강씨는 정안군을 정치적으로 생매장하려 했다. 강씨의 뜻은 곧 태조 이성계의 뜻이었으며, 국가의 뜻이기도 했다. 자연스럽게 사람들은 정안군을 견제하고 멀리했다. 전날 정안군은 태조 이성계와 왕비 강씨의 측근 중의 측근이었지만 이제는 미운오리새끼로 전락했다.

정안군이 왕비 강씨의 측근이었을 때는 그의 능력과 포부가 분명 축복

이었다. 그러나 미운 오리새끼 신세가 되자 그것은 오히려 저주로 돌변했다. 왕비 강씨는 누구보다 정안군을 잘 알았던 만큼 철저히 짓밟으려 했다.

정안군은 점점 정치적 무능력자로 변해갔다. 그의 주변 사람들도 마찬가지였다. 친형제들과 친구들, 그리고 후원자들과 처가 식구들 모두 알게 모르게 정치판에서 소외되어갔다.

그즈음 민씨는 세 번째 아들을 낳았다. 그러나 세 번째 아이마저 요절했다. 연이은 불행의 원인은 늘 같았다. 그 원인의 상당 부분은 민씨의 성격에서 비롯하지 않았을까?

민씨의 세 아이가 유산된 상태였는지 아닌지는 확인할 수 없다. 유산이 아니었다고 해도 며칠 못 살았을 텐데, 아마도 조산이었지 싶다. 민씨는 친정에서 나와 따로 살면서부터는 거의 혼자 살다시피 했다. 당시 새댁이었던 민씨는 남편에게 불만과 분노를 털어놓지도 못하고, 남편에게 위험한 일을 시키는 시어머니 강씨에게도 저항하지 못하면서 오로지 모든 상황을 참고 견뎠을 것이다. 그런 상황에서 성격 강한 민씨는 감당할 수 없는 스트레스로 혼자서 괴로워하지 않았을까? 그 같은 스트레스가 유산 또는 조산의 원인은 아니었을까? 당시 영아 사망률이 높았다고 해도 민씨가 20대였던 점을 감안하면 의학적인 문제 못지않게 성격적·심리적 문제도 컸으리라 생각된다.

그러나 불행의 끝에는 행운도 같이 따라다니는 모양이었다. 마침내 민씨가 네 번째 아들을 낳았는데, 다행히 살아남은 것이다. 생존한 첫 번째 아들이었다. 그때는 상황도 많이 좋아졌다. 비록 정안군이 세자는 못 되었지만, 생명의 위협을 느낄 정도는 아니었던 것이다.

아들은 태조 3년(1394)에 태어났다. 살림집에서 낳은 세 아들이 내리 죽었으므로 이번에는 태어나자마자 친정으로 보냈다. 민씨의 친정어머니는 매우 조심하며 손자를 돌보았을 것이다. 셋을 내리 잃고 네 번째로 얻은 외손자였으니 얼마나 귀했겠는가? 분명 민씨의 친정어머니는 외손자를 금이야 옥이야 돌보았을 것이다.

그 덕인지 아이는 건강하게 자랐다. 무사히 백일을 지나고 돌도 넘겼다. 민씨에게 모처럼 찾아온 행복이며 행운이었으리라. 아들이 귀한 만큼 민씨나 친정어머니는 쥐면 꺼질세라 불면 날아갈세라 벌벌 떨며 키웠을 것이다. 그 아이가 바로 훗날의 양녕대군이다.

불행과 마찬가지로 행운도 몰려다니는 모양이었다. 2년 후에 민씨는 또 아들을 낳았다. 그 아들도 건강하게 자라났다. 훗날의 효령대군이다.

그런데 알 수 없는 일이 일어났다. 민씨가 둘째 아들을 낳기 직전부터 왕비 강씨가 시름시름 앓기 시작하더니 갑자기 세상을 뜬 것이다. 강씨는 나이로 보나 상황으로 보나 아플 이유가 전혀 없었다. 그런데도 병이 점점 깊어지더니 태조 5년(1396) 8월 13일, 40대 초반의 젊은 나이에 죽고 말았다. 그리고 한 달 쯤 뒤 민씨가 둘째 아들을 낳았다.

왕비 강씨가 죽자 태조 이성계는 체면도 아랑곳없이 통곡했다. 그리고 직접 좋은 묏자리를 찾겠다며 이곳저곳 헤매고 다녔다. 이 모두가 강씨에 대한 절절한 사랑의 표현이었다. 태조 이성계는 정이 많은 사람이었다.

이에 비해 정안군은 사랑을 표현하는 데 무심했다. 그런 면에서 민씨는 시어머니 강씨가 부럽기도 했으리라. 사실 여자의 입장에서 보면 강씨는 남편에게 사랑받았고, 왕비 자리까지 올랐으며, 자기가 낳은 아들을 세자로 만들기까지 했으니 원하는 것을 모두 성취한 행복한 여자, 성공한 여자라 할 만했다. 그렇게 얻은 것이 너무 많아서 하늘이 일찍 데려갔는지도 모를 일이었다.

왕비 강씨가 세상을 떠난 이후 정안군은 오히려 더 위험해졌다. 정도전이 강씨의 빈자리를 차고 들어앉은 것이다. 정도전은 정안군에게 더 위협적인 존재였다. 강씨보다 훨씬 철저하고 냉혹했다. 그는 정안군에게 남아 있던 정치적 자산들을 모두 빼앗으려 했다. 정치판에서 이방원의 입지는 점점 위축되었고, 그럴수록 정치 백수가 되어갔다.

그러나 세상일에는 응달과 양달이 함께 있는 법. 정안군은 정도전의 압박으로 정치판에 설 자리가 없어지자 주로 집에서 시간을 보냈다. 민씨는

혼인한 이후 처음으로 남편과 오붓한 시간을 가지게 되었다.

민씨는 곧바로 임신을 했다. 둘째 아들을 본 지 채 1년도 되지 않은 태조 6년 4월 10일, 셋째 아들이 태어났다. 그가 훗날의 세종대왕이다. 세종을 임신했을 때 민씨는 다른 때와 달리 남편과 함께 있었기 때문에 정서적으로 매우 안정되었을 것이다. 그때는 부부관계도 좋았다.

냉정한 정안군에게 의외로 가정적인 면도 있었던 모양이다. 정안군은 갓 태어난 아들을 안아주기도 하고 업어주기도 했다고 한다. 정안군은 먼 훗날 그때의 상황을 이렇게 회상했다.

내가 젊어서 연이어 아들 셋을 잃고 갑술甲戌(태조 3)에 양녕대군을 얻었다. 그때 양녕대군이 또 죽을까 두려워 처가에 두었다. 병자丙子(태조 5)에 효령대군이 태어났는데 열흘도 되기 전에 병이 들어 홍영리洪永理의 집에 두었다. 정축丁丑(태조 6)에 지금의 주상(세종대왕)이 태어났다. 그때 정도전의 무리가 나를 꺼리며 용납하지 않던 형세였다. 나는 정말로 곧 죽임을 당할 것이라 생각하여 늘 심사가 울적하기도 하고, 할 일이 없어 무료하기도 하였다. 그래서 나는 대비(왕비 민씨)와 번갈아가며 갓난아기를 안기도 하고 업어주기도 하며 무릎에서 떼어놓지 않았다. 이 때문에 그 아이를 다른 아이들과는 달리 끔찍이 사랑하게 되었다.

『세종실록』, 권3, 1년 2월 무인조

세종대왕은 어려서부터 부모의 사랑을 독차지했다. 게다가 민씨가 가장 안정된 상황에서 임신했으므로 태교도 잘 했을 것이다. 그렇게 보면 세종 대왕은 양녕대군과 효령대군에 비해 어머니의 뱃속에서부터 축복받은 운명이었다고 생각된다. 어쨌든 민씨와 정안군은 불안한 상황에서도 아이들을 키우며 오붓한 시간을 보냈던 셈이다. 그렇게 시간이 흐르는 동안 상황도 변해갔다.

정치 백수에서
최고 실세로 부상하다

태조 7년(1398) 8월, 정도전은 사병을 혁파하겠다고 나섰다. 당시 왕자들과 공신들은 사병을 거느리고 있었다. 조선 왕조가 안정되려면 당연히 사병은 없어져야 했다. 정안군은 대의명분에 밀려 자신의 사병을 혁파하고, 무기도 모두 소각해야 했다. 그야말로 이빨 빠진 호랑이 신세가 되고 말았다.

그러던 어느 날 정안군은 밖에 일이 있다며 집을 나갔다. 고려 때부터 후원자 역할을 자임하던 하륜이 집에서 송별연을 연다고 했다. 충청도 관찰사로 부임되어 곧 개경을 떠나야 한다고 했다. 그는 정안군의 사람으로 지목되어 좌천된 것이 분명했다. 그날 밤 하륜이 집까지 따라와서 정안군과 밀담을 나누었는데, 당시 상황이 『용재총화』에 기록되어 있다.

하륜이 충청도 관찰사가 되었는데 그때 태종은 정안군이었다. 정안군이 하륜의 집으로 가서 그를 전송하는데 손님들이 자리에 가득하였다. 정안군이 그의 앞에 가서 술잔을 주니 하륜이 거짓 취한 체하며 정안군의 옷에다 음식과 국을 엎질렀다. 그러자 정안군이 몹시 성을 내며 일어났다. 하륜이 손님들에게 말하기를 "왕자가 성내어 가시니 내가 가서 사과해야 하겠습니다" 하고는 드디어 따라 나왔다. 종들이 정안군에게 "관찰사가 따라옵니다" 하고 말하였지만 정안군은 뒤도 돌아보지 않았다. 집 대문에 이르러 말에서 내리니 하륜도 말에서 내렸다. 정안군이 중문에 들어가자 하륜도 중문에 들어왔고, 안문에 들어가니 하륜도 안문으로 따라 들어왔다. 정안군이 비로소 의심하여 뒤돌아보며 "왜 이러십니까?" 하였다. 하륜이 말하기를 "왕자의 일이 위급합니다. 음식을 엎지른 이유는 장차 기울어지고 엎질러질 근심이 있기에 미리 예고한 것입니다" 하였다. 이에 정안군이 침

실로 불러들여 계책을 물었다. 그러자 하륜은 말하기를 "신은 왕명을 받았으니 오래 머물러 있을 수 없습니다. 안산군수 이숙번이 정릉의 이안군移安軍을 거느리고 서울에 도착하였습니다. 이 사람이면 큰일을 부탁할 만합니다. 신 또한 진천에 가 머물면서 기다리겠습니다. 만약 일이 이루어지거든 속히 신을 불러 주십시오" 하였다.

『용재총화』, 권10

그날 하륜은 "달리 대책은 없고, 단지 선수를 쳐서 정도전 무리를 없애는 수밖에 없습니다"라고 건의했는데, 정안군은 묵묵히 있었다고 한다. 정안군은 이미 사병도 없앴고 병장기도 불태운 마당에 무슨 수로 선수를 치나 생각했을 것이다. 또 이숙번의 병력을 이용해 정도전을 죽인다면 태조 이성계가 어찌 나올까도 걱정했을 것이다. 하륜은 그런 정안군의 속내를 짐작했는지 "이것은 아들이 아버지의 군대를 이용해 살길을 도모하는 일입니다. 비록 태조께서 놀라신다 하더라도 어쩌지 못하실 것입니다"라고 안심시켰다고 한다. 마침내 정안군은 선수를 쳐서 정도전을 죽이기로 결심했다.

선수를 치려면 병력과 무기가 있어야 했다. 결정적인 병력은 이숙번에게 의지한다고 해도 정안군도 무기와 병력을 확보하고 있어야 했다. 그런데 그 무기를 부인 민씨가 미리 준비해놓았다.

실록에 따르면, 정안군이 병장기를 소각했을 때 민씨는 남몰래 병장기를 준비했다고 한다. 분명 남편에게 알리지 않았을 것이다. 그 일을 실질적으로 담당한 사람은 친정 동생인 민무구와 민무질이었으리라.

당시 무구와 무질은 장군이었으므로 병장기를 준비하는 일은 어렵지 않았을 것이다. 민씨는 이렇게 무기들을 준비해 집 안에 몰래 숨겨놓았다. 아마도 민씨는 그때 이미 남편을 왕으로 만들겠다고 결심을 굳혔던 듯하다.

민씨는 왜 그런 결심을 했을까? 그동안 남편이 해온 일을 봐서라도 당연히 왕위에 올라야 한다고 생각했을까? 가만히 있다가는 개죽음당할 수도

있다고 위기감을 느꼈을까? 아니면 왕비가 되겠다는 야심에 불탔을까? 어쨌든 민씨가 무력을 써서라도 남편을 왕으로 만들겠다고 결심했던 듯하다.

정안군과 하륜이 밀담을 나누는 자리에 민씨가 함께 있었는지는 알 수 없지만 밀담 결과는 알았을 것이다. 분명 정안군이 민씨에게 알렸을 것이다. 그때 민씨는 만일을 대비해 병장기를 준비해놓았다는 사실을 말하지 않았을까? 그리고 정안군은 민씨의 예지력과 준비성에 크게 감탄하고 거사 전반을 의논하지 않았을까?

실제로 민씨는 그 시점부터 정치에 본격적으로 개입하기 시작했다. 친정 식구들을 동원해 정안군을 물심양면으로 도왔을 뿐만 아니라 자신도 적극적으로 가담했다. 지난날 이성계를 왕으로 세울 때 강씨가 했던 역할을 이제는 민씨가 그대로 하기 시작한 셈이다.

민무구와 민무질은 정안군이 가장 신뢰하는 수족이 되었다. 정안군은 민무구를 통해 이숙번과 연락을 주고받았다. 이숙번이 거느린 병력이 정도전을 제거할 결정적인 역할을 할 것이라는 점을 감안하면 민무구가 전하는 소식은 기밀 중의 기밀이었다.

뿐만 아니라 민씨는 친정 인맥을 동원해 정도전 쪽의 기밀도 빼냈다. 정도전의 측근 중에 이무라는 사람이 있었는데, 민무질과는 사돈 간이었다. 이무는 정도전 쪽의 기밀을 빼내 정안군에게 알려줌으로써 제1차 왕자의 난을 성공시키는 데 결정적인 역할을 했다. 훗날 정안군은 "그때는 내가 이무의 이름만 들었을 뿐 잘 알지 못했는데, 이무가 민무질을 통해 나와 교분을 맺었다"고 회상했다. 이런 정황을 볼 때 민무질을 시켜 이무를 포섭하게 한 사람은 분명 민씨였으리라.

민씨는 정도전을 제거하는 데 적극적으로 개입했다. 당시에는 민씨가 정안군보다 주도적으로 활약했을 가능성이 높다. 거사에 동원된 자금이나 인물들이 정안군보다는 주로 민씨의 친정 쪽에서 나왔기 때문이다. 하륜과 이숙번을 비롯해 민무구, 민무질, 이무는 모두 민씨의 친정 쪽 인맥이었으며, 병장기

를 마련하는 데 들어간 자금도 민씨의 친정 쪽에서 나왔을 것이 분명하다. 게다가 무력 정변을 먼저 결심한 사람도 정안군이 아니라 부인 민씨였다.

민씨와 정안군이 무력 정변을 준비한 지 열흘 쯤 지났을 때 태조 이성계가 병석에 누웠다. 병이 위중했던지 대신들이 하늘에 제사를 올려 쾌차를 빌기까지 했다. 8월 20일을 전후해 정안군은 태조를 돌보기 위해 궁중에 머물러야 했다. 그때 정안군의 형제와 매제들도 함께 있었다.

8월 26일 신시(오후 3~5시)에 민무질이 민씨를 찾아와 이무에게 들었다며 소식을 전했다. 정도전이 그날 밤 정안군을 비롯해 왕자들을 일망타진할 계획을 갖고 있다는 것이었다. 민씨는 종 소근을 불러 속히 정안군을 모셔오게 했다.

소근이 출발하자 민씨는 이무와 민무구를 집으로 불렀다. 잠시 후 민무질이 이무와 함께 왔고, 곧이어 정안군도 집에 도착했다. 정안군은 이무에게서 정도전 쪽의 상황을 들었다. 이제 선수를 치는 수밖에 없었다.

정안군은 곧바로 민무구를 이숙번에게 보내 속히 무장하고 이곳으로 달려오라고 했다. 충청도로 내려간 하륜과 동서 조박에게도 사람을 보냈다.

급한 대로 상황을 정리한 정안군은 궁궐로 돌아가겠다고 했다. 민씨는 불안했다. 지금 정안군이 무방비 상태로 입궐했다가 만의 하나 정도전이 선수를 친다면 속수무책이었다. 정안군이 죽는다면 역모로 몰릴 것이 분명했다. 민씨의 머릿속에는 이제 겨우 두 살, 세 살, 다섯 살이 된 세 아들의 얼굴이 아른거렸으리라. 민씨는 정안군의 옷소매를 부여잡으며 말렸다. 궁궐로 가지 말고 곧바로 정도전을 치라는 의미였다.

하지만 정안군은 궁궐에 있는 형님들에게 사실을 알려야 한다며 민씨를 뿌리치고 나갔다. 민씨는 정안군을 따라가며 조심하라고 당부할 수밖에 없었다. 그때 밖에는 어둠이 깔리고 있었다.

정안군은 밤 10시쯤 궁궐을 탈출해 집으로 돌아왔다. 그사이 이숙번도 와 있었다. 정안군의 형인 방의와 방간, 매제인 이백경, 그리고 이백경의 아버지 이거이 등도 모였다. 종들까지 포함해 약 40명쯤 되었다. 민씨는

감춰두었던 무기를 모두 꺼냈다. 밤 10시쯤 정안군은 이들과 함께 정도전을 잡겠다며 집을 떠났다.

새벽 1시가 넘도록 정안군에게서 아무런 소식이 없었다. 민씨는 불안했을 것이다. 민씨는 만약 정안군이 실패했다면 함께 죽는 편이 낫다고 생각했는지 정안군에게 가겠다며 집을 나섰다. 실록에 따르면 "정안군의 휘하 최광대 등이 극력 말렸다. 그사이 종 김부개가 정도전의 삿갓과 칼을 가지고 오자 그제야 안으로 되돌아갔다"고 한다. 당시 민씨는 정안군과 생사를 같이할 작정이었다.

그날 밤 정안군은 정도전, 남은 등을 죽였다. 왕비 강씨의 두 아들과 사위도 죽였다. 뒤이어 태조 이성계가 왕위에서 물러나고 정안군의 둘째 형 방과가 왕위에 올랐다. 그가 바로 조선의 제2대 왕 정종이었다. 하지만 최고 실세는 정종이 아니라 정안군이었다.

사람들은 이 사건을 '제1차 왕자의 난'이라 불렀다. 제1차 왕자의 난 이후 정안군은 마치 위화도 회군 이후의 이성계와 같은 입장이 되었다. 정치판에서 그의 영향력은 왕 못지않았다. 정안군의 영향력이 커지면서 민씨의 영향력도 더불어 커져갔다. 이제 정안군과 민씨는 왕과 왕비 말고는 더 이상 오를 곳이 없는 권력의 최정상에 도달해 있었다.

1, 2차 왕자의 난 이후
마침내 왕좌에 앉다

제1차 왕자의 난이 있은 지 1년가량 지난 정종 1년(1399)에 민씨는 큰사위를 맞았다. 당시 큰딸은 15세였다. 이번 혼사에도 당연히 민씨가 영향력을 행사했을 것이다.

큰사위는 이백강이었다. 이백강은 제1차 왕자의 난 때 목숨을 걸고 정안군을 도운 이백경의 동생이자 이거이의 아들이었다. 아마도 이런 인연으로 민씨는 이백강을 큰사위로 들였을 듯하다.

정안군이 정치판의 중심인물로 부상하면 도전자가 나타나리라는 것은 충분히 예상되는 일이었다. 그런데 희한하게도 제일 먼저 도전장을 내민 사람은 다른 사람도 아닌 조박이었다. 조박은 정안군의 동서이자 민씨의 형부다.

사실 조박은 일찍부터 배신할 조짐을 보였다. 제1차 왕자의 난 직후 조박은 집안의 누이동생인 유씨를 수소문해서 찾았다. 유씨는 전날 정종과 함께 살았지만 헤어진 후 다른 사람에게 시집갔는데, 당시 10세쯤 된 아들이 하나 있었다. 조박은 유씨와 아들이 죽주에 살고 있다는 사실을 확인하고 정종에게 그 사실을 알렸다. 정종은 조박에게 유씨와 아들을 찾아오게 했다.

정종 즉위년 11월 7일, 조박은 유씨와 아들을 찾아 궁궐로 들여보냈다. 정종은 유씨는 후궁으로, 아들은 원자로 삼았다. 정종의 공식적인 후계자는 원자이므로, 정안군은 또다시 후계자에서 밀려난 셈이었다. 정안군은 태조와 신덕왕후에게 배신당했듯이 이번에는 정종과 조박에게 배신당한 꼴이었다.

이에 가장 반발한 사람은 이숙번이었다. 이숙번은 곧바로 정안군을 찾아가 조박을 처치하자고 요구했다. 실록에 당시의 상황이 잘 묘사되어 있다.

정종이 그 아들을 일컬어 원자라 하자 이숙번이 정안공의 집으로 찾아갔다. 정안공이 그를 침실로 불러들였다. 이숙번이 말하기를 "거사한 지 몇 달 안 되었는데, 조박이 공의 가까운 인척임에도 불구하고 벌써 마음이 변하였습니다. 그러니 다른 사람들의 마음을 어찌 알겠습니까? 공께서는 스스로 편안하게 할 계책을 깊이 생각하셔야 합니다. 아울러 대비도 소홀히 할 수 없습니다"하였다. 정안공이 노하여 말하기를 "그대는 부귀가 부족해서 이런 말을 하는가?" 하였다. 이숙번이 대답하기를 "그런 것이 아닙니다. 저희가 목숨 걸고 거사한 이유는 공을 임금으로 추대하기 위함이었

습니다. 지금 원자라 하는 아이가 궁궐에 들어왔습니다. 제 말을 듣지 않으시면 분명 후회하실 것입니다. 저야 머리를 깎고 도망갈 수도 있지만 공은 어쩌실 것입니까?" 하였다. 정안공은 대답하지 않았다.

『태조실록』, 권15, 7년 11월 기묘조

실록에서는 이숙번의 말에 정안군이 대답하지 않았다고 했지만, 사실은 대답하지 못했을 것이다. 정안군은 분명 왕위에 욕심을 내고 있었다. 또 왕자의 난까지 일으킨 마당에 갑자기 정치판에서 발을 빼기도 불가능했다. 정안군이 원자의 등장이 무엇을 뜻하는지 모를 리 없었다. 그렇지만 아무리 왕위가 탐난다고 해도 몇 달 전에 아버지를 몰아내고 이복동생들을 죽였는데, 또 다시 윗동서를 죽이고 형을 핍박하기는 곤란했으리라.

그래서였는지 정안군은 원자 문제에 대해 별다른 반응을 보이지 않았다. 아마도 두고 보자는 심산이었을 것이다. 그러자 조박은 또다시 정안군에게 도전장을 내밀었다. 이번에는 좀더 심각했다.

원자가 입궁한 지 2개월이 채 안 된 정종 2년(1400) 1월 9일, 정종은 특이한 일을 했다. 이날 오전 정종은 부모의 3년상 안에 마음대로 혼인하는 자는 처벌하겠다는 명령을 내렸다. 그런데 같은 날 조박의 둘째 아들 신언과 방간의 큰딸을 혼인시키라는 명령을 내렸다.

조신언은 민씨의 조카였다. 그는 얼마 전에 생모가 죽어 3년상을 치르고 있었다. 그런 그에게 혼인하라고 지시했으니 정종은 하루 사이에 이율배반적인 명령을 내린 셈이었다. 당연히 신하들이 거세게 항의했다. 그러나 왕은 반대하는 신하들을 물리치고 조신언의 혼인을 강행했다. 물론 이유가 있었다.

그 혼인은 조박이 공작한 결과였다. 조박은 자신의 입지를 굳히기 위해 무리를 해가며 방간의 딸을 며느리로 맞았던 것이다. 방간과 인척이 되면 조박은 정종뿐만 아니라 방간까지 배후에 둘 수 있었다. 이것은 분명 정종도 조박과 마찬가지로 이방원을 견제하고 있었기에 가능했다.

그로부터 서너 달 후 조박은 측근들과 모의해 이거이와 이백경을 모함하려 했다. 민씨의 사돈인 이거이와 이백경이 정치판에서 모함받아 도태된다면 정안군도 큰 손실을 입을 수밖에 없었다. 이숙번이 이 사실을 알아내어 정안군에게 알렸다. 직접 나서기도 그렇고 가만히 있기도 곤란한 상황에서 정안군은 많이 곤혹스러웠을 것이다.

이때 조박의 음모를 알게 된 이백경은 정종에게 '울며 호소했다'고 한다. 이백경은 그 음모를 어떻게 알았을까? 기록에는 없지만 동생 이백강을 통했을 가능성이 제일 높다. 이백강은 민씨의 큰사위였다. 그렇다면 민씨가 큰사위에게 말해서 형에게 음모를 알리도록 하지 않았을까? 큰사위에게 그런 일을 시키기에는 정안군보다는 아무래도 민씨가 더 적합하지 않은가?

정종은 이백경이 울며 호소할 정도로 강력히 항의하는 것을 보고 배후에 있는 정안군 또한 격분하고 있으리라 짐작했을 것이다. 정종은 정안군을 달래기 위해 곧바로 조박을 귀양지로 내쳤다. 민씨가 조박의 도전은 초기에 진압한 셈이었다.

그러나 정안군에게는 더 큰 도전이 남아 있었다. 바로 형 방간이었다. 조박과 사돈을 맺은 방간은 정안군의 목숨을 빼앗을 기회를 호시탐탐 노렸다. 그것은 곧 현실로 나타났다. 정종 2년 1월 28일, 방간이 군사를 이끌고 정안군을 공격했다. 하지만 이번에도 정안군은 사전에 정보를 입수했다.

정안군과 방간은 어려서부터 개경에 함께 올라와 고락을 나눈 형제였다. 나이차도 적어 형제간의 정도 깊었다. 정안군은 그런 형과 칼을 맞대고 싸워야 하는 현실이 한심하게 느껴졌던지 냉정을 잃고 울기도 했다.

그러나 싸움에서 이기려면 선수를 치는 것이 상책이다. 민씨는 주저하는 정안군에게 갑옷을 입히고 나가 싸우도록 설득했다. 정안군은 민씨에게 떠밀리듯 싸움터로 나갔다. 그리고 마침내 싸움에서 이겨 방간을 포로로 붙잡았다.

이후 아무도 정안군에게 도전하지 않았다. 정몽주가 죽은 후 이성계에게 도전하는 사람이 전혀 없었던 것과 같은 상황이었다. 사람들은 이 사건

을 '제2차 왕자의 난'이라고 불렀다.

　다음날 정안군은 세자가 되었다. 공식적으로 정종의 후계자가 된 것이다. 그로부터 약 9개월이 지난 11월 13일, 정안군은 마침내 조선의 제3대 왕이 되었다. 그리고 민씨는 왕비가 되었다. 그때 민씨는 36세, 태종은 34세였다.

　태종은 훗날 『고려사』를 보다가 세종에게 "네 어머니의 공이 유씨의 제갑提甲보다 더 크다"고 말했다고 한다. '유씨의 제갑'이란 '왕건의 부인 유씨가 갑옷을 들어 입혔다'는 뜻인데, 궁예를 몰아내기 위해 사람들이 궐기했을 때 왕건이 주저하자 유씨 부인이 갑옷을 들어 입히고 나가 싸우도록 격려했다는 고사다. 태종은 왕비 민씨의 내조 덕분에 자신이 즉위할 수 있었다고 고백했던 셈이다.

　왕비 민씨가 태종의 즉위에 결정적인 공을 세웠다는 사실은 자타가 공인했다. 민씨 역시 태종을 만든 것은 자신이라고 확신했을 것이다. 또 오늘이 있기까지 숱한 생사고락을 함께한 부부 사이는 탄탄하다고 믿으며 장밋빛 미래를 상상했을 것이다. 하지만 그것은 혼자만의 상상일 뿐이었다.

　실제로 이방원을 왕으로 만든 주역은 민씨였다고 해도 과언이 아니다. 민씨는 무력 정변에 필요한 무기를 준비했고, 사람들도 모았다. 필요한 정보도 캐왔고, 주저하는 태종을 일으켜 세워 나아가 싸워 이기도록 격려하기도 했다. 그 결과 태종은 왕이 될 수 있었다.

　그러면 태조 이성계처럼 태종은 허수아비가 되어 왕비 민씨가 원하는 대로 다 해주어야 했을까?

　태종은 태조와 달랐다. 왕으로서 태종은 냉혹했다. 태조가 인정으로 일을 처리했다면, 태종은 냉정했다. 왕비와의 관계에서도 마찬가지였다. 태조는 신덕왕후를 사랑했고, 왕후가 원하는 것은 비록 비이성적이라 해도 들어주었다. 그래서 왕비 강씨는 국가 대사에 자연스럽게 간여할 수 있었다.

　하지만 태종은 비록 왕비 민씨가 공이 크다고 해도 정치에는 간여하지 못하도록 했다. 어쩌면 민씨의 공이 크고, 또 여흥 민씨가 명문이었기 때문

이었을지도 모른다. 태종은 명문 친정을 배후에 둔 왕비 민씨가 정치에 간여하기 시작하면 외척 세도가 되리라 걱정했던 듯하다. 그래서 민씨의 기를 꺾고자 했던 모양이다. 그것도 여자 문제를 이용해서.

배신과 악몽으로 점철된 왕비의 삶

태종 1년(1401) 6월 18일, 왕비 민씨는 태종과 격렬하게 부부싸움을 했다. 혼인한 지 20년 동안 이렇게 크게 싸운 적은 없었다. 사실 몇 달 전부터 왕비 민씨는 태종과 은근히 냉전 중이었다. 이유는 여자 문제였다.

태종은 즉위한 다음부터 나라가 튼튼하려면 왕실이 튼튼해야 하며, 그러려면 왕자가 많아야 한다는 말을 마치 왕비 민씨에게 들으라는 듯 곧잘 입 밖에 꺼냈다. 그때마다 민씨는 못 들은 척 무시했다.

민씨가 아끼는 몸종 중에 김씨 성을 가진 여자아이가 있었다. 얼굴도 곱상하고 성격도 고분고분해서 민씨와는 전혀 달랐다. 민씨는 그 아이를 귀여워해서 오래전부터 몸종으로 부리고 있었다. 그런데 태종이 그 아이를 마음에 들어했다. 비록 태종은 시치미를 뗐지만 민씨는 여자의 본능으로 느낄 수 있었다. 아무래도 태종이 그 아이를 몰래 불러들이는 것 같았다.

어느 날 왕비 민씨는 태종이 있는 곳으로 갑자기 들이닥쳤다. 아니나 다를까, 흔적이 있었다. 태종이 어떤 여자와 함께 있었던 것이 분명했다. 민씨는 화를 내며 함께 있었던 여자가 누구냐고 미친 듯이 따졌다.

태종은 여자가 아니라고 잡아뗐다. 민씨는 김씨 아이냐고 따졌다. 태종은 제 발이 저린 도둑처럼 펄쩍 뛰었다. 왕비 민씨가 부리는 여자 몸종들이

그렇게 이간질했냐며 오히려 적반하장으로 나왔다.

태종은 왕비가 부리는 여자 몸종들을 모조리 내쫓겠다고 했다. 결국 김씨 아이를 포함해 왕비의 몸종들은 모두 궐 밖으로 쫓겨났다. 그날 이후 태종과 민씨는 거의 별거 상태에 들어갔다. 민씨는 배신감과 서운함으로 태종의 얼굴도 보기 싫었을 것이다. 그렇지만 태종은 아예 법을 만들어 합법적으로 후궁을 들이려 했다.

이듬해인 태종 2년 1월, 태종은 법이라는 명목하에 권홍의 딸을 후궁으로 맞아들이려 했다. 후궁이지만 거창하게 혼례도 올린다고 했다. 그때는 이미 궐 밖으로 쫓아냈던 김씨 아이도 불러들인 후였다. 태종은 이혼을 준비하는 듯했다.

왕비 민씨는 김씨 아이를 상대로 질투를 부리기가 너무나 자존심이 상해 속으로 꾹꾹 누르고만 있었다. 그렇지만 권홍의 딸이 공식 후궁으로 들어온다는 사실에는 더 이상 자존심을 내세울 수가 없었다. 민씨는 태종을 찾아가 울며 매달렸다. 당시 민씨는 "상감께서 저한테 어찌 이러실 수가 있습니까? 제가 상감과 함께 죽을 고비를 넘기며 고생고생해서 나라를 차지했는데, 이제 저를 잊었단 말입니까?"라며 하소연했다고 한다.

왕비 민씨는 소리소리 울었다. 밥도 먹지 않고 계속 울었다. 그런 민씨가 딱했던지 태종은 혼례는 취소하고 대신 후궁은 들이겠다고 했다. 그리고 3월 7일, 권홍의 딸이 기어이 입궁했다. 세월이 흐르면서 다른 후궁이 계속해서 입궁했다. 민씨는 상심했을 것이다. 가슴에는 원망과 울화가 가득히 쌓여갔을 것이다. 그런 상황에서 민씨는 청천벽력 같은 소식을 들어야 했다. 왕년의 몸종이었던 김씨가 태종의 아이를 출산하게 되었다는 것이었다. 소식을 들었을 때는 한겨울 추위가 한창일 때였다.

민씨는 마치 미친 사람같이 행동했다. 훗날 태종이 회고한 내용에 따르면 민씨는 이렇게 행동했다고 한다.

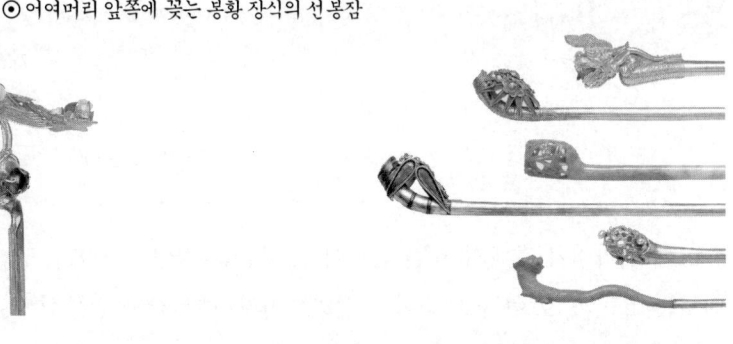

⊙ 어여머리 앞쪽에 꽂는 봉황 장식의 선봉잠

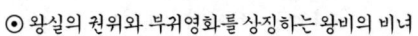

⊙ 왕실의 권위와 부귀영화를 상징하는 왕비의 비녀

임오壬午(태종 2) 여름 5월에 민씨의 가비家婢 중에 이전부터 입궁하였던 아이가 임신하였는데, 3개월 후에 출궁하여 밖에서 살고 있었다. 그런데 민씨가 그 아이를 잡아다가 친정 행랑방에 가둬두고 계집종 삼덕이와 함께 있게 하였다. 그해 12월이 해산달이었다. 12월 13일 아침에 태동이 시작되면서 배가 아파왔다. 삼덕이가 이 사실을 민씨에게 알리자 민씨는 문밖 다듬잇돌 옆에 내다두게 하였다. 얼어 죽게 하려는 속셈이었다. 그 가비의 언니인 화상이가 불쌍하게 여겨 담에 서까래 두어 개를 걸치고 거적으로 덮어서 겨우 바람과 해를 가리게 하였다. 진시辰時(오전 7~9시)에 아들을 낳았는데, 지금의 원윤 이비가 그 아이였다.

그날 민씨가 계집종 소장, 금대 등을 시켜 가비 아이는 부축하여 끌게 하고 아이는 안게 하여 개성 숭교리 궁노宮奴인 벌개의 집 앞 토담집에다 옮겨두었다. 또 사람을 시켜 화상이 가져온 이불과 요를 빼앗았다. 한상좌라는 종은 모자가 추위 속에서 떨고 있는 것을 불쌍히 여겨 마의馬衣를 주었다. 그 덕에 7일이 지나도록 모자가 얼어 죽지 않았다. 그러자 민씨는 가비의 아버지와 언니 화상에게 모자를 데려가게 하였다. 그들은 모자를 소달구지에 실어 교하의 집으로 갔다. 그래서 가비는 바람과 추위, 그리고 핍

박과 옮겨 다니는 괴로움 때문에 병을 얻고 유종乳腫까지 났다. 그럼에도 모자가 함께 살아남은 것은 천행이었다. 내가 그때는 알지 못하였다. 지금 내가 늙었는데 가만히 생각하면 참으로 측은하다.

『태종실록』, 권30, 15년 12월 무인조

그때의 가비가 훗날의 효빈 김씨이고, 아들은 경녕군이었다. 당시 왕비 민씨는 효빈과 그 아들을 죽이고 싶었으리라. 배신감과 질투심으로 제정 신이 아니었을 것이다. 하지만 그녀에게는 더 큰 배신이 기다리고 있었다.

태종 6년(1406) 8월 18일, 태종이 갑자기 왕위를 세자에게 물려주겠다고 했다. 이유는 간밤에 부엉이가 창덕궁에서 우는 등 변괴가 자꾸 나타나기 때문이라고 했다. 아무 일도 아닌 것으로 왕위에서 물러나겠다고 소동을 피운 것이다. 과연 태종의 속셈은 무엇이었을까? 실록에 이런 내용이 있다.

처음에 태종이 변괴가 자주 나타난다며 세자에게 전위하고자 하였다. 태종은 여흥부원군 민제, 좌정승 하륜, 우정승 조영무, 안성군 이숙번에게 비밀히 전위할 뜻을 알렸다. 그러나 하륜 등은 모두 안 된다고 하였다.

『태종실록』, 권12, 6년 8월 갑진조

당연히 모든 신료들은 태종을 반대하고 나섰다. 태종은 반드시 전위할 듯하다가 9일 만에 명령을 거두었다. 태종은 그저 장난으로 전위 소동을 피운 것일까? 그럴 리 없다. 감히 왕위를 놓고 장난을 했겠는가?

태종은 1년 후에야 본심을 드러냈다. 태종 7년 7월 10일에 영의정 이화 등이 상소를 올려 민무구와 민무질을 공격했다. 그런데 그들의 죄목이 고작 작년에 태종이 전위하려 했을 때 '기뻐하는 빛이 얼굴에 나타났다'는 것이었다. 민무구와 민무질은 적잖이 황당했으리라.

하지만 태종은 이미 만반의 준비를 끝낸 후였다. 수많은 증인들이 나서

서 태종의 말에 동조했다. 이런 사실로 보면 이화의 상소문도 태종이 배후에서 조종했을 가능성이 높다. 결국 민무구와 민무질은 불충 죄인으로 몰려 유배에 처해졌다. 태종은 처가를 멸문시키려 마음먹었던 것일까?

아마도 왕비 민씨는 그렇게 믿은 듯하다. 민씨는 분하고 무서웠으리라. 그래서 그녀는 극단적인 결심을 했던 모양이다.

태종 7년 10월에 민씨는 은밀히 뭔가를 꾸몄다. 10월 12일에 태종이 강무講武를 위해 궁궐을 비웠다. 민씨는 이 틈을 이용해 친정에 사람을 보냈다. 민무질의 부인이 민씨의 부름을 받고 14일 밤에 몰래 입궐했다. 두 사람은 밤새 무슨 일인가를 의논했다. 다음날 새벽 민무질의 부인은 몰래 궁궐을 빠져나갔다. 그때 민씨는 쿠데타를 일으켜 세자를 왕으로 만들려 하지 않았을까? 민씨는 친정 식구들과 은밀히 쿠데타를 준비했으리라.

그러나 민씨의 계획은 사전에 태종에게 발각되고 말았다. 태종은 말할 수 없이 놀랐을 것이다. 그는 이 사태를 어떻게 처리했을까?

태종이 승지 황희에게 말하기를 "(중략) 지금 강무하는 틈을 타 몰래 민무질의 부인을 불러 궁중에 출입하게 하였다. 그사이 정황을 추측하기가 어렵다. 어떻게 처리해야 좋단 말인가? 아무리 생각해도 대책이 서지 않는다. 왕비 민씨는 시중 들 환관 한두 명과 시녀만 데리고 이 궁궐에 머물게 하고 나는 경복궁으로 옮겨가고자 한다. 그래서 겉으로 소박하는 뜻을 보여 뉘우치고 깨닫도록 하고자 한다. 폐위하여 내버릴 생각은 없다."

『태종실록』, 권14, 7년 11월 경신조

생사를 같이하던 부부이자 동지였던 두 사람이 이제는 권력을 놓고 서로의 목에 칼을 들이대는 형국이었다. 하지만 승패는 이미 정해져 있었다. 태종은 왕이었고, 음모를 알아챘다. 왕비 민씨는 속수무책으로 당할 수밖에 없었다. 결국 태종 10년 3월, 민무구와 민무질은 자진에 처해졌다. 그리

⊙ 태종 (왼쪽)과 원경왕후가 묻힌 헌릉

고 그보다 2년 앞선 태종 8년 9월에는 왕비 민씨의 친정아버지인 민제가 근심과 한탄 속에서 세상을 떠났다.

그러나 그것으로 끝이 아니었다. 왕비 민씨에게는 아직도 친정 동생 무휼과 무회가 남아 있었다. 그들도 태종의 손아귀에서 벗어날 수 없었다.

태종 15년(1415) 12월 14일, 경녕군의 생일이 하루 지난 날이었다. 그날 태종은 느닷없이 신하들을 불러 13년 전에 왕비 민씨가 효빈 김씨와 경녕군을 죽이려 했던 일을 꺼냈다. 태종은 왕비 민씨, 민무휼, 민무회를 왕의 아들을 죽이려 한 불충하고 잔인한 사람들이라 비난했다. 결국 민무휼과 민무회도 역모로 몰려 죽었다. 민씨의 친정은 멸문되다시피 했다.

태종은 왕위에 오른 후 스스로 '국가 이성理性'을 자처했다. 국가 이성은 오직 왕 하나로 충분하다고 믿었다. 태종은 국가 이성에 도전하거나 간섭하는 모든 것은 나라를 위협하는 역적으로 간주했다. 역적으로 간주되면 그것으로 끝이었다. 핏줄이냐 친인척이냐 또는 공신이냐 처가 식구냐는 중요하지 않았다. 국가 이성에 관한 문제라면 태종은 인정사정없었다.

왕비 민씨는 그런 태종을 무기력하게 바라볼 수밖에 없었다. 민씨는 더 이상 태종에게 의논 대상도 아니었다. 그녀는 태종과 별거한 채 하루하루

를 살아갈 뿐이었다. 민씨는 공식적인 국가행사가 있을 때나 태종의 옆에서 구색 맞추기로 참석하곤 했다. 민씨는 불행한 말년을 보내야 했다.

태종 18년 2월 4일, 왕비 민씨의 막내아들 성녕대군이 죽었다. 그는 왕비 민씨가 41세에 낳은 늦둥이로, 왕비 자리에 오른 후 낳은 유일한 아들이었다. 왕비 민씨가 외롭고 비참한 궁중 생활을 그나마 견딜 수 있었던 것은 그 아이가 있어서였다. 14세 된 아들을 먼저 보내고 나니 살아갈 의욕도 사라졌다. 민씨는 하루하루를 눈물로 보냈다.

성녕대군이 죽고 4개월 후인 6월 3일, 태종은 세자를 쫓아내고 셋째 아들 충녕대군을 세자로 지명했다. 세자는 비록 큰아들이었지만 국가 이성의 기준에 미흡하다고 여겼던 모양이다. 태종은 냉혹히 큰아들을 세자 자리에서 내쳤다. 이어서 2개월 후 태종은 왕위를 아예 셋째 아들에게 물려주고 상왕이 되었다.

왕비 민씨는 이제 대비가 되었다. 그러나 민씨는 궁궐에서 나와 왕비가 되기 전에 살았던 살림집으로 되돌아왔다. 18년 만의 귀가였다. 18년 전에 민씨는 하루 속히 그 집을 떠나 궁궐의 안방마님이 되기를 소망했고 실제로 그렇게 되었다. 그러나 그토록 소망하던 궁궐에서의 생활이 정작은 악몽이지 않았을까? 배신의 윤회에서 발버둥친 지옥의 세월이 아니었을까?

궁궐을 나온 민씨는 불심에 기대어 여생을 보냈다. 비록 태종과의 관계는 여전했지만 다른 상황은 오히려 좋아졌다. 궁궐에 있을 때보다 훨씬 자유로웠다. 큰아들 양녕대군이 가끔 그를 찾아오기도 했고, 태종을 대신해 왕이 된 셋째 아들은 정성으로 그에게 효도했다. 이제야 가까스로 윤회의 수레바퀴에서 벗어난 듯했다. 민씨는 남편 복은 없었지만 자식 복은 많았다. 그렇게 여생을 보내던 민씨는 세종 2년(1420) 7월 10일, 영원히 눈을 감았다. 그때 나이 56세, 왕비로 18년, 대비로 3년 만이었다.

권력을 다 쥐고도
불심佛心으로
불행을 막으려 했던
정희왕후 윤씨

—

세조 왕비(1418~1483)

수양대군이 한명회에게 물었다.

"안 된다고 하는 사람들이 이렇게 많다. 어찌해야 하겠는가?"

"길옆에 집을 지으면 3년이 되어도 못 짓습니다. 이미 결정했으면 그대로 할 뿐입니다.

공께서 먼저 결행하시면 모두 따를 것입니다."

마치 기다렸다는 듯 한명회가 대답했다.

"군사를 쓰는 데 가장 해로운 것은 이럴까 저럴까 결단하지 못하는 것입니다. 여러 사

람이 하는 얘기를 다 듣다가는 기회를 놓치고 말 것입니다."

홍윤성도 속히 결행할 것을 재촉했다. 안 되겠다 싶었던지 송석손 등이 수양대군의 옷

자락을 끌어당기며 소리쳤다.

"안 됩니다. 먼저 상감께 고해야 합니다."

수양대군은 마음을 정했다. 그리고 송석손을 쏘아보며 내뱉듯 말했다.

"너희는 가서 먼저 고하라. 나는 너희에게 의지하지 않겠다."

수양대군은 활을 집어들며 벌떡 일어섰다. 사람들이 옷자락에 매달리자 발로 차며 소리쳤다.

"지금 내 한 몸에 종묘사직의 이해가 달려 있다. 운명은 하늘에 맡기겠다. 장부가 죽으면 종묘사직을 위해 죽을 뿐이다. 따를 자는 따르고 갈 자는 가라. 나는 강요하지 않겠다."

수양대군은 뒤도 돌아보지 않고 걸었다. 중문을 나오는데 부인 윤씨가 서 있었다. 부인은 갑옷을 들고 있다가 말없이 수양대군에게 갑옷을 입혀주었다.

'여기는 걱정 마시고, 잘 다녀오세요.'

갑옷을 쓸어내리는 부인의 손이 그렇게 말하는 듯했다.

권력형 부정축재자
윤번의 막내딸

       정희왕후는 세조의 왕비이자 조선시대 최초로 수렴청정을 행한 대왕대비로 유명하다. 그런 만큼 전하는 이야기도 많고 관련 기록도 풍부하다. 그렇지만 정희왕후의 친정 부모에 관한 기록은 거의 찾아보기 어렵다. 친정아버지 윤번이 떳떳하지 못한 사람이었기 때문이다.

윤번은 고려 우왕 10년(1384)에 출생했고, 본관은 파평이다. 부인 이씨는 인천 이씨 이문화의 딸이다. 『안동권씨 성화보』에 따르면 윤번과 이씨 부인은 3남 7녀를 두었는데, 그중 정희왕후는 아홉째였다. 정희왕후는 윤번이 35세 되던 해에 태어났으니, 꽤 늦은 나이에 본 딸이었다.

파평은 지금의 경기도 파주다. 고려시대와 조선시대에 걸출한 인물들을 무수히 배출했던 파평 윤씨는 여진족을 몰아내고 9성을 개척한 윤관 장군 이래로 고려시대의 명문거족이었다. 조선 건국 당시에는 윤호가 태조 이성계와 함께 위화도에서 회군한 공로로 개국공신 2등에 책봉되었다. 태종 이방원은 사위 17명 중에서 4명을 파평 윤씨 가문에서 맞았다. 당연히 조선 건국 이후에도 파평 윤씨는 명문거족이었다.

윤번은 태종과 사돈 간이었다. 윤번의 5촌 조카가 태종의 사위였던 것이다. 이 같은 가문의 배경에 의해 윤번은 음서蔭敍로 벼슬길에 나아갈 수 있었다. 음서란 공신이나 고위 관직자의 자손들에게 하급 벼슬을 주는 제도로서, 오늘날 국가 유공자의 자녀들이 취업할 때 특전을 받는 제도와 비슷하다.

음서는 자신의 실력이 아니라 조상 덕에 벼슬을 하는 것이므로 이것만 갖고는 주류로 행세하기 힘들었다. 조선시대에는 엄연히 과거 합격자들이 주류를 이루었다. 음서 출신들은 가문의 배경이 아무리 대단하다고 해도 과거 출신들에게 기가 죽을 수밖에 없었다. 그래서 음서 출신들은 일단 벼슬길에 나아간 후 다시 열심히 공부해 과거에 합격하곤 했다. 만약 음서 출신이 과거에까지 합격한다면 배경과 실력을 겸비한 셈이기에 관직 경쟁에서 당연히 유리했다.

그런데 윤번은 음서로 벼슬길에 나아갔지만 끝까지 과거에 합격하지 못했다. 아마도 그는 고지식하거나 깐깐한 학자풍은 아니었던 듯하다. 실록에는 윤번이 '신체가 풍위豊偉'하고 '성품이 관후寬厚'하다고 묘사되어 있다. '풍위'가 넉넉하고 큼직하다는 뜻이니, 윤번은 체격이 좋고 살집이 많았던 것 같다. 게다가 성격도 넉넉한 편이라 하니, 좋게 보면 푸근한 사람

이고, 나쁘게 보면 좋은 게 좋다는 식의 원리원칙 없는 사람이었으리라. 이런 성향은 관직 생활을 하는 동안에도 그대로 나타났다. 예컨대 실록에 처음 등장하는 윤번의 이미지도 원리원칙과는 거리가 멀다.

청주목사 김매경, 판관 윤번, 충주판관 장안지, 진천현감 진운수, 죽산현감 김종서에게 각각 태 50대를 때리고 그들을 원래의 임소로 되돌려보내라 명령하였다. 판충주목사 한옹, 전 청주판관 송포는 논하지 말라 명령하였다. 행대 정길홍이 암행 조사하여 보고하기를 "김매경 등이 제언을 수리하지 않았습니다" 하였기에 이런 명령이 있었다.

『태종실록』, 권35, 18년 1월 17일조

윤번은 직무를 태만히 한 죄목으로 태 50대를 맞고 원래의 임소로 돌아가야 하는 처벌을 받은 것이다. 이로부터 정확히 10개월 후인 태종 18년(1418) 11월 18일, 정희왕후가 홍주의 관아에서 태어났다. 홍주는 지금의 충청남도 홍성이다.

정희왕후가 홍주 관아에서 태어난 것으로 미루어 윤번은 홍주판관으로 돌아간 것이 분명하다. 윤번이 어디에 있다가 홍주로 돌아갔는지는 분명하지 않지만 아마도 한양에 있었을 것이다. 명문거족에서 태어나 화려한 도시생활에 익숙한 윤번은 수도에서 멀리 떨어진 홍주로 발령받고도 거의 근무지에 가지 않았던 것 같다. 게다가 판관은 지방수령이 아니라 수령의 보좌관에 불과하므로 홍성에는 더더욱 가고 싶지 않았던 듯하다. 윤번이 이같이 직무를 소홀히 한 것이 암행 조사에서 적발되었던 것이다.

윤번은 처벌을 받고 어쩔 수 없이 홍주로 부임했을 텐데 그때 부인 이씨를 대동했던 모양이다. 부임하면서 8명의 자녀─첫째 딸, 둘째 아들, 셋째 딸, 넷째 아들, 그리고 다섯째부터 여덟째까지가 딸─들을 데리고 갔는지는 분명하지 않다. 당시 큰아들 사분이 18세였으므로, 큰아들을 포함해 둘셋은 이미 혼인을 했으리

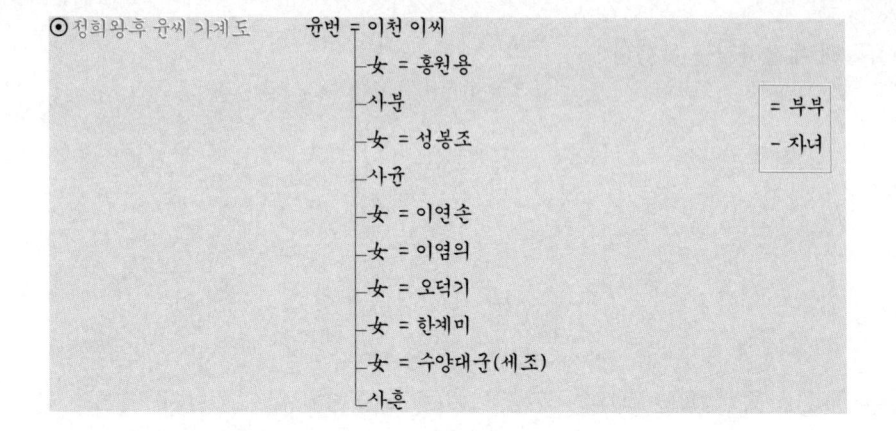

◉ 정희왕후 윤씨 가계도

윤번 = 이천 이씨

├女 = 홍원용
├사분
├女 = 성봉조
├사균
├女 = 이연손
├女 = 이염의
├女 = 오덕기
├女 = 한계미
├女 = 수양대군(세조)
└사흔

= 부부
─ 자녀

라. 그러므로 윤번은 어린 딸 둘셋만 데리고 홍주에 갔을 것으로 짐작된다.

이씨 부인은 홍주에 도착한 직후 정희왕후 윤씨를 임신해 10개월이 지난 11월 18일에 윤씨를 출산했다. 당시 30대 중반이었던 이씨 부인은 둘째 아들 사분을 낳은 이후 윤씨까지 포함해 딸만 내리 5명을 낳았다.

정희왕후 윤씨가 태어났을 때 아들을 기대했을 부모는 꽤 실망하지 않았을까? 그러나 곧이어 막내아들이 태어났으므로, 윤씨는 일곱 번째 딸 겸 막내딸이었다. 막내딸로서 윤씨는 부모의 사랑을 꽤 받으며 자라지 않았을까?

윤씨가 5세 되던 세종 4년(1422) 봄에 윤번은 황해도의 신천현감으로 승진했다. 이는 윤번이 홍주판관으로 부임해 좋은 평가를 받았다는 반증이다. 조선시대에는 관찰사가 지방관들의 근무 성적을 최종 평가해 왕에게 보고했다. 윤번은 판관이었으므로 우선 홍주현감이 그를 평가하고, 이를 바탕으로 충청도 관찰사가 최종 평가했을 것이다. 윤번은 홍주판관으로서 홍주현감을 잘 보좌했거나, 아니면 사교성이 좋았으리라 짐작된다.

윤씨는 홍주 관아에서 부모와 언니들의 보살핌을 받으며 자랐다. 윤번이 황해도의 임지로 떠나면서 윤씨를 데리고 갔는지, 또 신천에서 얼마나 머물렀는지는 불분명하다. 다만 실록에서 보듯이 윤번은 신천현감으로 오

래 재직하지는 못했다.

문화현감 왕효건에게 곤장 100대를 치고 영암으로 유배 보냈다. 전 봉례 유지, 전 신천현감 윤번에게 각각 곤장 80대를 쳤다. 유지는 황해감사 유장의 사촌 동생이며, 윤번과는 같은 동네에 살았다. 유지가 형의 권세를 믿고 문화현감 왕효건에게 문화현에서 국가에 내야 할 공물인 옻칠 2되 8홉을 대신 납부하게 해달라고 간청하였다. 또한 왕효건에게 부탁하여 신천현감 윤번에게 옻칠 값을 물었는데, 윤번이 비싼 값으로 대답하였다. 이에 왕효건이 백성들에게서 쌀 54석을 걷어 유지에게 주었다. 찰방 옥고가 문화현감 왕효건을 암행 조사하고 탄핵하여 유지와 윤번도 연좌되었다.

『세종실록』, 권24, 6년 5월 11일조

살펴보았듯이 윤번은 신천현감으로 재직할 때 유지와 짜고 이권에 개입해 부정축재했다. 관료들의 이권 개입은 조선시대에 볼 수 있는 대표적인 권력형 부정축재였다. 조선시대에 권력형 부정축재자는 엄격하게 처벌했다. 당사자 파직은 물론 자손들의 출세에도 치명적이었다. 윤번은 신천현감으로 부임한 지 2년쯤 지난 후 현직에서 파직되었을 것이다.

벼슬에서 쫓겨난 윤번은 한양에서 가족들과 살았을 텐데, 이 시기의 윤번이나 정희왕후 윤씨를 증언하는 기록이 없다. 실록은 그렇다고 해도, 파평 윤씨의 족보나 『왕비세보』에도 전혀 언급되어 있지 않다. 이 시기의 윤번과 윤씨는 역사기록에서 철저히 무시되었다.

뿐만 아니라 윤번의 일생을 자세히 보여주는 기록이 아예 없다. 당연히 있음 직한 묘비명이나 묘갈도 남아 있지 않다. 아마도 떳떳하지 못한 윤번의 이력 때문일 것이다. 윤번은 비록 정희왕후의 아버지였지만 권력형 부정축재자였던 탓에 후손들에게 외면당했으리라. 그 결과 윤번은 물론 이씨 부인에 대해서도 거의 알려진 바가 없다.

언니의 혼처를 가로챈
11세의 당돌한 소녀

윤번이 신천현감에서 파직되었을 때 수많은 사람들이 그를 탐관오리라 비난했을 것이다. 하지만 윤번은 자신의 과오와 주변의 비난을 잘 극복한 듯하다. 그는 자포자기하거나 엇나가지 않고 지난날을 반성해 주변 사람들에게 좋은 이미지를 남기는 데 성공한 듯하다. 여기에는 그의 넉넉한 성격이 한몫했으리라. 그런 면에서 정희왕후는 윤번을 많이 닮았다.

윤번이 파직될 당시 윤씨는 7세 정도였다. 한편으로 윤번의 파직은 자식들에게 유익했을지 모른다. 집에서 근신하며 자중하는 아버지를 보며 자란 것이 그들의 인생에 좋은 영향을 끼쳤을 가능성이 크다. 몇 년 후에 윤번의 딸과 세종의 아들 사이에 혼담이 오간 사실로 미루어 윤번의 딸들이 왕실에 소문날 만큼 훌륭하게 성장했음을 알 수 있다.

세종 10년(1428) 10월 13일, 세종의 아들과 윤번의 딸이 혼인했다. 그들이 바로 훗날의 세조와 정희왕후다. 혼인할 당시 수양대군은 12세, 정희왕후는 11세였다.

아무리 조선시대에 조혼 풍습이 있었다고 하나 11세는 결혼하기에 아직 이른 나이였다. 조선 초기 법이나 관행으로 여자의 혼인 적령기는 15세 안팎이었다. 그럼에도 윤씨가 11세에 혼인했다는 데는 뭔가 특별한 사정이 있었다는 뜻이다. 이와 관련해 『송와잡설』에 다음과 같은 이야기가 전한다.

세조가 아직 수양대군으로서 왕위에 오르기 전이었다. 수양대군이 혼인하기 전 처음에는 정희왕후의 언니와 혼담이 오갔다. 감찰각시가 정희왕후의 집에 가니 이씨 부인이 정희왕후의 언니와 함께 나와서 마주 앉았다. 그때 정희왕후는 아직 나이가 어렸다. 짧은 옷을 입고 머리를 땋은 정희왕

⊙ 세조의 글씨. 근엄하면서도 단정하다.

후가 이씨 부인의 등 뒤로 다가왔다. 이씨 부인이 밀어내면서 "네 차례는 아직 멀었다. 어찌 감히 나왔느냐?" 하고 나무라며 들어가게 하였다. 그때 감찰각시가 이씨 부인에게 말하기를 "그 아기의 기상이 범상치 않아 보통 사람과 비할 바가 아닙니다. 다시 보기를 청합니다" 하였다. 감찰각시는 정희왕후를 보면서 끊임없이 칭찬하였다. 감찰각시가 입궐하여 왕에게 아뢰어 드디어 정희왕후가 정혼하게 되었다. 사람을 알아보는 감찰각시의 안목을 지금에도 칭찬한다.

『송와잡설』

조선시대에는 왕비나 세자빈을 간택했다. 간택은 수많은 처녀들을 대궐 안으로 불러들여 골라 뽑는 방식이다. 방식 자체가 권위적일 뿐만 아니라, 금혼령을 내려 온 나라 처녀들의 혼사를 막았기 때문에 문제가 많았다. 이에 왕자나 공주의 배필은 간택하지 않았다. 대신 대궐의 상궁이나 감찰각시를 궐 밖으로 내보내 미리 보게 한 후 그들이 전하는 이야기를 듣고 결정했다. 그러므로 사실상 왕자나 공주의 배필을 결정하는 사람은 상궁이나 감찰각시였다. 상궁은 원로 궁녀이고, 감찰각시는 궁녀들을 감찰하는 궁

녀로서 공히 수십 년간을 대궐에서 생활한 여성이었다. 조선 왕실에서는 이들의 사람 보는 안목을 믿었던 것이다. 정희왕후의 집으로 감찰각시를 보낸 세종도 마찬가지였다.

그런데 11세밖에 되지 않은 정희왕후는 왜 언니가 맞선 보는 자리에 나타났을까? 이씨 부인이 "네 차례는 아직 멀었다. 어찌 감히 나왔느냐?"라고 한 말을 곰곰 생각해보면, 정희왕후가 단지 궁금증만으로 그 자리에 나간 것 같지는 않다. 당시 정희왕후는 그 자리에서 왕실과의 혼담이 오간다는 사실을 알았을 것이다. 감찰각시는 11세 된 정희왕후를 보고 이것저것 물었을 텐데, 정희왕후는 대답도 잘했을 것이다.

정희왕후를 처음 본 감찰각시는 기상이 범상치 않다며 "다시 보기를 청합니다"라고 했다는데, 이로써 당시 정희왕후가 매우 성숙했다는 것을 짐작할 수 있다. 만약 정희왕후가 어린애 티가 줄줄 나고 몸집도 조그마했다면 감찰각시는 그냥 웃고 지나쳤을 것이다. 다시 보자고 한 것은 정희왕후가 나이와 관계없이 혼인해도 될 만큼 성숙했기 때문이리라. 정희왕후는 친정아버지를 닮아 나이에 비해 몸집이 풍만하지 않았을까?

뿐만 아니라 감찰각시가 기상이 범상치 않다고 반응한 사실로 미루어 정희왕후의 첫인상이 매우 강렬했던 듯하다. 야무진 얼굴에 눈빛이 초롱초롱하고, 말도 똑 부러지게 했을 것이다. 또 언니의 맞선 자리에 들어가는 당돌함까지 갖추고 있었으니, 좋게 보면 모험심과 도전의식이 강하고 사교성도 뛰어났다고 할 수 있겠지만, 반대로 낄 자리 안 낄 자리를 가리지 못할 뿐만 아니라 욕심까지 대단했다고 할 수도 있다. 즉 정희왕후는 친정아버지를 빼닮아 '살집이 많고' '넉넉한' 성격으로, 사람을 압도하는 기세가 있었던 것 같다.

어쨌든 결과적으로 정희왕후는 언니의 맞선 상대를 빼앗아 혼인한 셈이다. 이로써 정희왕후는 수양대군의 아내이자 세종의 둘째 며느리가 되었다.

세종과 소헌왕후가 사랑한
둘째 며느리

수양대군과 혼인한 정희왕후는 삼한국대부인 三韓國大夫人(조선 초기 대군과 혼인한 여성에게 수여하는 작위)에 책봉되었다. 이 제도는 여필종부 또는 삼종지도 등으로 표현되는 유교 윤리를 상징했다. 여성은 반드시 남편을 따라야 한다는 여필종부의 뜻을 좇아 여성의 작위는 남편의 벼슬에 따라 정해졌다. 이렇게 해서 윤씨는 11세의 어린 나이에 삼한국대부인이 되었다. 서열상으로 대군이 영의정보다 높으므로, 삼한국대부인이 영의정의 부인인 정경부인보다 높았다.

윤씨는 혼인한 지 20일이 지나서야 입궐해 처음으로 시부모 세종과 소헌왕후 심씨를 보았다. 윤씨는 궁궐 구경뿐만 아니라 왕과 왕비를 보는 것도 처음이었다. 어린 윤씨가 시부모를, 그것도 궁궐에서 봐야 했으니 퍽이나 긴장했을 것이다.

세종은 경복궁의 사정전에 둘째 며느리와의 첫 상견례 자리를 마련했다. 상견례에는 큰며느리인 세자빈과 친인척 부인들도 참여했다. 세종은 둘째 며느리를 위해 잔치를 베풀었다.

윤씨는 첫 만남에서 시아버지 세종을 어떻게 보았을까? 아무래도 근엄하지 않았을까? 이에 비해 시어머니는 좀더 부드러웠을 것이다. 그리고 윗동서 세자빈은 좀 억세 보이지 않았을까?

윤씨는 상견례 이후 한참 동안 궁궐에 머물며 시부모를 모시면서 궁궐 법도를 익힌 듯하다. 실록에도 "시부모를 받들어 섬기는데 이른 아침부터 밤늦게까지 게을리 하지 않았다. 음식과 옷가지를 올릴 때는 반드시 몸소 살피는 등 정성을 다하였다. 이 때문에 시부모가 다른 며느리보다 더 사랑하셨다"고 나와 있다. 시부모가 윤씨를 얼마나 엄격히 훈육했는지 짐작할 수 있다.

언제인지 확실치 않지만 윤씨는 혼인하고 몇 달쯤 지나서야 궁궐을 나

와 수양대군과 함께 살림집을 차렸다. 왕의 둘째 아들은 혼인하면 궁궐을 나와서 사는 것이 왕실 법도였다.

그러나 궐 밖으로 나온 뒤로도 윤씨는 자주 입궐했다. 시부모께 문안 인사를 드리기 위해서도 들어갔고, 때로는 시부모가 불러들이기도 했다. 세종과 소헌왕후 심씨는 마음에 쏙 드는 둘째 며느리가 입궐할 때마다 크게 환대했다.

세종과 소헌왕후 심씨는 첫째 며느리인 휘빈 김씨를 별로 좋아하지 않았다. 휘빈 김씨가 성정이 억세기도 했지만, 무엇보다 세자와 사이가 나빴기 때문이다. 세자는 여자에게 무관심한 편이었다. 급기야 휘빈 김씨는 남편의 사랑을 얻기 위해 요상한 술법을 사용하다가 세종에게 적발되어 세종 11년 (1429) 7월에 쫓겨나고 말았다. 윤씨가 혼인한 지 채 1년도 되기 전이었다.

이 사건은 윤씨에게 크나큰 경종이 되었을 것이다. 무엇보다 세종의 엄한 성정이 뼈에 사무치도록 뇌리에 박혔으리라. 자칫 잘못하다가는 시아버지에게 쫓겨날 수도 있다는 두려움이 고작 12세 된 윤씨에게 강인하게 각인되지 않았겠는가? 그래서인지 윤씨는 유교 규범에 맞는 며느리가 되고자 더욱 노력했다. 남편의 여성 편력에도 일찍 초연해졌다. 신혼 시절에 수양대군이 보여준 여성 편력은 『오산설림』에 잘 기록되어 있다.

세조가 대군으로 있을 때였다. 14세 때 한 기생집에서 잤다. 밤중에 기생과 관계하는 자가 와서 문을 두드렸다. 세조가 놀라 발로 뒷벽을 차는 바람에 벽이 넘어졌다. 세조는 곧바로 밖으로 나와 몇 길이나 되는 담을 단숨에 뛰어넘었다. 그 사람 역시 뒤따라 담을 넘었다. 세조가 또 이중의 성벽을 뛰어넘었는데 그 사람 역시 뛰어넘었다. 세조가 1리쯤 가다가 보니 길 옆에 늙은 버드나무가 서 있는데 속이 텅 비어 있어 들어가 숨었다. 따라오던 자가 세조를 놓치자 투덜거리며 가버렸다.

『오산설림』

⊙ 왕비와 세자빈이 입었던 홍원삼

한마디로 세조가 14세 때 임자 있는 기생집에서 자다가 들켜서 야반도주했다는 이야기인데, 여기서는 도주 과정에서 나타난 세조의 뛰어난 월담 실력과 임기응변이 강조되어 있다. 하지만 이 일을 윤씨의 입장에서 생각해보면 이야기가 달라진다.

당시 수양대군은 혼인한 지 2년밖에 안 된 새신랑이다. 수양대군의 여성 편력은 기록에 나오는 기생 하나뿐이 아니었을 것이다. 짐작건대 젊은 시절 수양대군은 한양 뒷골목을 무수히 전전했으리라. "어릴 때 민간에서 자라 모든 어려움과 사실과 거짓을 일찍부터 자세히 겪어 알았다"는 실록의 기록은 수양대군이 뒷골목의 시정잡배들과 어울리며 세상 물정을 터득했다고 전해지는 오늘날의 증언과 서로 통한다.

『오산설림』의 이야기를 살펴보다 보면 수양대군에 관한 몇 가지 사실을 알게 되지만, 동시에 의심도 든다. 먼저 14세에 기생집을 드나들었다면 수양대군은 분명 호색한이다. 하지만 좋게 보면 대단히 조숙했으며, 세상의 이목에 크게 개의치 않는 호걸이었다 하겠다. 또한 발차기 한 번에 뒷벽을 넘어뜨릴 정도로 기술이 좋고, 월담 실력도 뛰어났다. 수양대군이 평소에 발차기, 높이뛰기 등의 무예를 꾸준히 익혔다는 뜻이다.

⊙ 왕비와 세자빈이 입었던 남색 대란치마

⊙ 왕비들이 가채를 장식할 때 썼던 금댕기

실록에 따르면 수양대군은 활쏘기와 말 타기에 관한 이야기를 좋아했고, 항상 활과 화살을 몸에 지니고 다녔다고 한다. 그리고 어려서부터 무예를 익혀 상당한 수준에 이르렀을 것이다. 이런 사실로 미루어 수양대군은 학자풍인 아버지 세종이나 할아버지 태종보다는 오히려 장군풍인 증조할아버지 태조를 닮았다고 하겠다.

과연 수양대군은 14세밖에 되지 않은 나이에 왜 기방에 출입했을까? 조선 시대의 관행으로는 어린 나이에 혼인해도 15세쯤 되어야 초야를 치를 수 있었다. 수양대군이 14세였을 때 윤씨는 13세였다. 즉 그들이 아직 초야를 치르기 전이었다. 수양대군이 기생집을 드나들 때 윤씨는 동정이었을 것이다.

그렇지만 윤씨가 남편의 기방 출입을 반겼을 리 없다. 어린 신부는 남편이 외박하는 밤이면 남몰래 눈물과 한숨으로 밤을 지새웠으리라. 그러나 윤씨는 여자 문제로 남편과 싸우거나 질투하지는 않은 듯하다. "수양대군은 궁궐 밖에서 살 때 세상을 다스릴 큰 뜻이 있어서 소소한 일에는 신경 쓰지 않았다. 윤씨는 공손하고 검소하며, 부지런히 집안일을 처리하였다"는 실록의 기록에서 보듯이, 윤씨는 남편의 여성 편력에 초연하게 대처했다. 이것은 윤씨의 넉넉한 성격 탓도 있지만 시부모의 훈육, 그리고 잘못하

정희왕후 윤씨 / 세조 왕비

면 쫓겨날 수도 있다는 두려움이 컸기 때문이 아닐까?

왕위에 오르기 전 수양대군은 적어도 소실을 두 명은 두었다. 사육신으로 유명한 박팽년의 딸인 '근빈 박씨'와 '덕중'이라고 알려진 여성이 그들이었다. 근빈 박씨는 아들 둘을 낳았고, 덕중도 아이를 낳았다. 실제로 자세한 내막은 알 수 없지만, 윤씨가 근빈 박씨나 덕중과 크게 갈등을 빚었다는 기록은 어디에도 없다. 윤씨가 시어머니 소헌왕후 심씨에게 영향을 받은 결과일 수도 있다.

이러저러한 이유로 윤씨는 시부모의 사랑을 독차지했다. 그리고 휘빈 김씨를 대신해서 세자빈으로 들어온 순빈 봉씨와 대비되면서 더욱 빛을 발했다. 순빈 봉씨는 성정이 괄괄해서 부부싸움이 잦았다. 여자 문제, 애정 결핍 등의 이유로 많이 싸웠다. 지나치게 드러내놓고 불화하는 바람에 시부모에게 종종 훈계를 들었다. 순빈 봉씨는 반성은커녕 술과 동성애로 울분을 달래다가 결국 쫓겨나고 말았다. 그럴수록 윤씨를 향한 세종과 소헌왕후 심씨의 며느리 사랑은 커져갔다.

세종 20년(1438) 9월 15일, 윤씨는 첫아이를 낳았다. 이때 윤씨는 21세였다. 15세에 초야를 치렀다고 해도 꽤 늦게 첫아이를 본 셈이다. 출산일이 가까워오자 세종은 윤씨가 궁궐 안에서 해산할 수 있도록 배려했다. 당시 왕실의 관행으로 볼 때 대군의 부인이 궁중에서 출산한다는 것은 매우 예외적인 일이었다. 그만큼 시부모가 윤씨를 지극히 아꼈다는 의미였다.

윤씨는 아들을 낳았다. 세종에게는 첫 손자였다. 윤씨 못지않게 세종과 소헌왕후 심씨도 기뻐했다. 세종은 첫 손자를 직접 안기도 하고, 함께 산보를 하기도 했다. 그리고 3년이 더 지나 윤씨는 딸을 낳았다. 그때도 궁궐에서 출산했다. 시부모의 기쁨도 여전했고 애정도 여전했다. 이처럼 윤씨의 시집살이는 평탄했다. 왕실도 평화로웠다.

유교 국가 조선,
그러나 불심에 기댄 왕실

그러나 평화는 오래가지 않았다. 세종 26년 12월, 광평대군이 겨우 20세에 죽고 말았다. 이후 왕실의 평화는 깨지기 시작했다. 당시 세종은 아들을 살리기 위해 모든 지식과 노력을 기울였다. 그러나 아들의 죽음을 막을 수는 없었다. 젊은 아들을 잃은 세종과 소헌왕후 심씨는 비통에 잠겼다. 그들은 8대군이라 하여 8명이나 되는 아들을 두었지만, 그럼에도 자식을 잃은 슬픔은 컸다. 며칠을 잠도 못 자고 식사도 못 할 정도로 상심했다.

흉한 일은 몰려다니는 모양이다. 광평대군이 죽은 지 한 달도 채 안 되어 이번에는 평원대군이 19세에 죽고 말았다. 연이어 아들을 잃은 세종과 소헌왕후 심씨는 몹시 상심했다. 이후 소헌왕후 심씨는 자리에 눕는 일이 잦았다. 평원대군이 죽은 지 1년쯤 지났을 때는 건강이 몹시 악화되어 요양차 윤씨의 집으로 거처를 옮겼다.

조선시대 왕족들은 병이 들거나 나쁜 일이 생기면 궁궐을 떠나 피접避接(다른 곳으로 자리를 옮겨 요양함)하곤 했다. 젊을 때야 순수한 의미에서의 요양이지만, 노년에 병이 들어 궁궐 밖으로 피접 가는 것은 거의 임종을 준비한다는 의미였다. 소헌왕후 심씨가 굳이 윤씨에게 간 것은 둘째 며느리 곁에서 임종을 맞고 싶다는 뜻이었다. 그만큼 윤씨를 편안히 여겼기 때문이다.

윤씨의 집으로 피접 나온 바로 다음날 소헌왕후 심씨의 상태가 위독해졌다. 절박해진 세종은 지푸라기라도 잡고 싶었다. 유교를 숭상하던 조선이었지만, 세종은 불교에 매달리기 시작했다. 그는 유명 사찰에 환관들을 보내 기도를 올리게 했다. 그러나 별 효험이 없자 전국의 고승 49명을 윤씨의 집으로 소집하여 정근기도까지 올렸다. 그럼에도 소헌왕후 심씨의 상태에 별 차도가 없자 고승의 수를 80명으로 늘렸다.

⊙ 세자가 평상시에 입던 자적용포

　이때 세종은 신미라는 스님을 알게 되었다. 당시 신미는 불자들 사이에서 살아 있는 부처로 존경받는 큰스님이었다. 세종도 신미를 한번 만난 뒤부터 깊이 존경하게 되었다.

　수양대군과 형제들은 팔뚝을 향불로 지지는 연비燃臂까지 했다. 살을 태우는 처절한 정성으로 부처님의 자비를 구하고자 했던 것이다. 기록에는 없지만 윤씨를 비롯한 며느리들도 연비를 했을 것이다. 그러나 이런 정성도 죽음 앞에는 별 소용이 없었다. 소헌왕후 심씨는 피접 나온 지 보름 만인 3월 24일에 숨을 거두고 말았다.

　세종은 인생의 허무함에 몸서리를 쳤다. 그럴수록 더욱 부처에게 의지했다. 세종뿐 아니라 수양대군과 윤씨 등 거의 모든 왕족들이 불교에 심취했다. 이때 신미 스님의 역할이 컸다.

　조선은 '숭유억불崇儒抑佛'을 기치로 내세운 유교 국가였다. 특히 세종은 조선의 유교 문명을 찬란하게 꽃피운 유교의 대왕이었다. 그러나 조금만 들여다보면 왕족과 양반들의 종교 생활은 유교가 아니라 불교였음을 확인할 수 있다.

　유교는 인간이 죽음에 대해 갖는 공포와 불안감, 허무감에 대해 거의 침

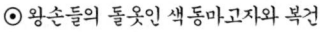
⊙ 왕손들의 돌옷인 색동마고자와 복건

묵한다. 죽음을 묻는 제자에게 공자가 "삶도 모르는데 죽음을 어찌 알겠느냐"라고 대답했다는 사실에서도 알 수 있듯이, 유교는 죽음과 저승이 아니라 삶과 현실을 중요시했다. 그러나 삶과 죽음은 동떨어진 것이 아니다. 또한 삶에는 현실과 비현실이 공존한다. 그래서 공자가 받았던 죽음에 대한 질문은 늘 존재했고, 그에 대한 유교의 해답은 늘 부족했다.

노년의 세종도 유교가 아닌 불교에서 인생의 허무함을 극복할 수 있는 힘을 얻었다. 소헌왕후 심씨의 죽음 이후 세종은 불교에 빠져들었다. 공공연히 "나는 이미 부처를 좋아하는 임금이다"라고 말하기도 했고, 경복궁 안에 '내불당'을 짓기도 했다. 뿐만 아니라 수양대군을 시켜 부처의 일대기를 한글로 번역한 『석보상절』을 편찬케 했고, 직접 『월인천강지곡』이라는 찬불가도 지었다. 인류사에 빛나는 한글을 창제한 세종이 그 한글을 이용해 스스로 지은 작품에서 공자가 아닌 부처를 찬양했다는 점은 매우 역설적이다.

수양대군은 아우 안평대군과 함께 세종의 불교 신앙을 적극 도왔다. 정확히 말한다면 수양대군과 안평대군도 불교에 심취했고, 윤씨를 비롯한 왕족 부인들도 마찬가지였다. 왕실 사람 대부분이 열성적인 불자가 되었다. 이 같은 분위기 속에서 부처의 사리 기적이 내불당에서 일어났다.

세종 30년(1448) 12월 6일, 법회를 열고 경복궁 내에 내불당을 낙성落成
하였다. 이날 저녁에 세종대왕께서 안평대군과 영응대군을 불러 명하시기
를 "너희는 곤룡포 2건과 침수향沈水香 1봉을 가지고 가서 부처님께 바치
라" 하였다. 또 신미 스님과 법회 대중에게 말씀하시기를 "나 같은 사람의
효성으로 어찌 감히 부처님의 감응을 기약할 수 있겠는가? 그러나 대중의
정성에 힘입어 감응을 본다면 또한 만족스럽지 않겠는가? 부처님의 사리
를 구하고자 한다면 오늘이 아니면 언제겠는가? 오늘 저녁에 정근하면서
간절히 기도하라" 하셨다. (중략) 이에 귀천 할 것 없이 불당에 들어가 정근
한 사람이 모두 361명이었다. 이들이 모두 팔을 걷고 연비를 하면서 참회
하였다. 안평대군은 신미 스님과 함께 부처님께 곤룡포를 올렸다. 이어 수
양대군이 부처님께 공손히 분향하면서 사유를 고하였다. 범패가 한 번 울
리고, 나무석가모니불을 한 번 외자, 사리탑 사이에서 흰 기운이 뻗쳤다.
승려와 속인 할 것 없이 모두 함께 날뛰면서 더욱 간절히 기도하였다. 쟁과
리와 북 소리가 점점 빨라지자 사람들이 더욱 열심을 내었다.

김수온, 『식우집』, 사리영응기舍利靈應記

세종 30년은 윤씨의 삶에 큰 변화가 닥친 해였다. 그해 9월 1일에 친정
아버지가 세상을 떠났다. 막내딸 윤씨는 몹시 상심했을 것이다. 친정아버
지의 상을 당하고 윤씨가 무슨 일을 했는지는 전혀 기록이 없지만, 아마도
친정에 가서 상을 치렀을 것이다. 친정아버지의 죽음 이후 윤씨도 불심이
더욱 독실해졌으리라 짐작된다.

윤씨가 불교에 심취한 이유가 반드시 시아버지 세종의 영향 때문만은
아니었을 듯하다. 윤씨는 삶의 무게에 짓눌릴 때마다 부처에게 의지함으
로써 위안을 찾지 않았을까? 윤씨가 본격적으로 불심에 기대기 시작한 해
는 1448년이 아닐까 싶다. 그해에 친정아버지가 돌아가셨을 뿐만 아니라
남편이 소실을 들였기 때문이다. 게다가 그 소실이 곧바로 아들까지 낳았

다. 그런 상황에서 윤씨가 믿고 의지할 곳은 부처밖에 없지 않았을까?

당시 사육신의 한 명인 박팽년의 딸 근빈 박씨가 수양대군의 소실로 들어왔다. 세종과 혜빈 양씨의 배려로 이루어진 일인 듯했다. 소헌왕후가 죽은 뒤로 세종의 후궁인 혜빈 양씨가 궁중의 안주인 행세를 하고 있었다. 혜빈 양씨는 세종과의 사이에 아들 3명을 두었다. 또한 세자빈 권씨가 세종 23년 7월 23일에 훗날의 단종이 되는 원손을 출산하고 바로 다음날 죽는 바람에 원손까지 맡아서 키우고 있었다. 그래서 혜빈 양씨는 비록 세종의 정비는 아니었지만 왕비나 다름없는 권세를 자랑하고 있었던 것이다.

소헌왕후 심씨의 죽음 이후 인생의 허무함에 시달리던 세종이 오래 살지 못하리라는 것은 공공연한 비밀이었다. 문제는 세자가 병약하다는 것이었다. 세종이나 혜빈 양씨는 원손의 미래를 걱정하지 않을 수 없었다. 당시 세종은 집현전 학사로 있던 박팽년을 총애했다. 그러던 차에 세종 29년 8월에 실시된 문과중시文科重試에서 박팽년이 합격했다. 그러자 세종은 박팽년과 사돈을 맺기로 결심했다. 당시 세종과 혜빈 양씨 사이에서 태어난 영풍군이 14세였다. 세종과 혜빈 양씨는 박팽년의 딸을 영풍군의 부인, 즉 며느리로 맞아들였다.

게다가 세종은 박팽년의 또 다른 딸을 수양대군의 소실로 들였다. 아마도 무인 기질이 강한 수양대군의 성정을 우려했기 때문일 것이다. 세종은 박팽년에게 수양대군을 지도편달하도록 배려했던 듯하다. 하지만 배후에서 혼인을 주관한 사람은 혜빈 양씨였을 것이다. 이때 수양대군과 혼인한 박팽년의 딸은 소실로 들어왔다는 점으로 미루어 서녀였을 가능성이 높다.

윤씨는 남편이 소실을 들였지만 아무런 내색도 하지 않았다. 넉넉한 성정과 불심으로 이길 수 있었던 듯싶다. 아니면 남편의 여성 편력에 이미 체념한 상태였는지도 모른다.

그러나 속으로는 속상했을 수 있다. 또한 세종보다는 혜빈 양씨가 혼사를 주도했다는 사실을 아는지라 윤씨는 혜빈 양씨에게 앙심을 품었을 수

도 있다. 그러나 불만을 표시해봐야 시아버지와 남편에게 안 좋은 인상만 주리라는 사실을 알기 때문에 윤씨는 아무런 내색도 하지 않고 속으로 삭였을 것이다. 어쨌든 윤씨는 체념과 인내로써 부부관계를 원만히 유지했을 뿐만 아니라 소실과의 관계에서도 주도권을 장악할 수 있었다.

수양대군에게 이런 윤씨는 어렵기도 하고 믿음직하기도 했을 것이다. 그래서 수양대군은 큰일이 있을 때마다 윤씨와 의논했다. 말하자면 윤씨는 가정에서 본부인으로서의 자리와 권위를 잘 지켜나갔던 셈이다. 이런 면에서 윤씨는 포기할 것과 지킬 것을 냉정히 구별하고 실천하는 여성이었다고 볼 수 있다.

소실 박씨 부인이 아들을 낳은 직후, 윤씨도 아들을 낳았다. 세 번째 아이였다. 이번에는 집에서 해산했다. 당시는 궐에 시어머니도 없었고, 54세가 된 시아버지 세종은 건강이 나빠져서 피접 나가 있었다.

세종은 즉위 31년(1449) 11월부터 영응대군의 집에 나가 있었다. 그러나 해가 바뀌어도 건강은 호전될 기미가 없었다. 세종은 연초에 잠깐 경복궁으로 돌아왔으나 다시 궐 밖으로 나갔다. 그러는 동안 점점 더 불심에 의지했다. 고승 수십 명을 소집해 정근기도를 올리고 공작재孔雀齋(공작새가 병충을 잡아먹듯이 사람 몸 속에 깃든 병의 뿌리를 먹어 치워주기를 기원하는 불교 의식)를 거행하기도 했고, 신미 스님을 침실로까지 불러들여 불법을 들었으며 왕사王師처럼 예우하기도 했다. 그러나 이런 노력으로도 죽음을 면할 수는 없었다. 세종 32년 2월 17일, 위대한 성군 세종은 막내아들 영응대군의 집에서 눈을 감았다.

세종은 승하하기 직전 큰아들 세자와 둘째 아들 수양대군을 불러 형제간에 우애롭게 지낼 것을 당부했다. '형제간의 우애', 그것이 세종이 두 아들에게 남긴 유언이었다.

역사를 바꾼 수양대군과 권람의 운명적인 인연

세종의 뒤를 이어 문종이 왕위에 올랐다. 유교적 학자 군주였던 문종은 중년 시절 집현전 학사들과 학문을 논하며 유교 정치를 추구하던 세종과 비슷했다.

세종 2년(1420)에 창설된 집현전은 최고 학자 양성소로서, 세종 시대 유교 문화의 산실이었다. 세종은 과거에 우수한 성적으로 합격한 20대 전후의 인재들을 집현전 학사로 뽑았다. 이 인재들은 집현전에서만 수십 년씩 근무했으며, 세종 20년 이후 최고의 학자로 성장했다. 세종 25년에 창제된 한글을 비롯한 무수한 문화적 창조는 집현전 학사들과 세종의 합작품이었다.

왕좌에 오른 문종은 집현전의 고참 학사들을 정치판으로 끌어들였다. 사헌부와 사간원 같은 언론기관은 물론 승정원 등의 요직에 집현전 출신들이 대거 진출했다. 그 결과 정치 현실을 논하는 집현전 출신들의 목소리가 커졌다. 특히 그들은 세종 말년부터 본격화된 왕실의 불교 숭배를 비판했다. 문종 또한 불심이 깊지 않았다. 그러나 세자 시절부터 효자였던 문종은 왕위에 오른 뒤에도 그저 말년에 불심이 깊었던 부왕 세종의 명복을 빌기 위해 수많은 불교 행사를 거행했다.

윤씨도 시아버지의 명복을 빌기 위해 남편 수양대군과 함께 종종 절에 가곤 했다. 왕족 중에서는 가장 독실한 불자였던 수양대군은 "부처님의 가르침이 공자님의 가르침보다 훨씬 낫다"고 공언할 정도였다.

세종의 49재를 대자암에서 치렀다. 당시 대자암의 주지가 신미 스님이었다. 수양대군은 1450년 2월 23일에 있었던 초재를 비롯해 세종의 49재를 치르는 동안 자주 대자암에 들렀다. 세종의 49재가 끝난 이후 대자암에서 금으로 사경寫經한 불경을 모시는 법회가 크게 열렸다. 불경에는 세종의 명복을 비는 법화경, 범망경, 능엄경, 미타경, 관음경, 지장경 등이 포함되었다.

수양대군은 여러 대군과 함께 대자암의 법회에 참석했다. 그때 해 가리개의 기둥이 부러지는 사고가 있었다. 그 바람에 수양대군이 쓰러지는 기둥에 이마를 부딪혀 기절했다.

이 사고로 집현전 출신의 정치인들은 좋은 핑계를 얻게 되었다. 그들을 필두로 왕실의 불교 숭배를 반대하는 상소가 빗발쳤다. 자연히 신미 스님에 대한 비판 여론도 거세어졌다. 수양대군에 대한 비난도 커졌다. 그러나 문종은 부왕에 대한 효심과 형제간의 우애를 중시해 번번이 여론을 묵살했다.

이런 와중에 과거가 치러졌다. 시험 결과는 세종이 승하한 지 5개월쯤 지난 문종 즉위년(1450) 10월 12일에 발표되었다. 시험 문제는 '현 국정 가운데 시급히 고쳐야 할 것은 무엇인가?'였다. 이 시험에서 33명이 급제했고, 장원은 안동 권씨 권근의 손자이며 권제의 아들인 권람이 차지했다.

그런데 장원을 가리는 과정에서 적잖은 논란이 있었다. 처음 채점 결과에서는 김의정이 장원이었고, 권람은 4등에 불과했다. 그러나 사람들은 김의정이 가문도 별 볼일 없고 명망도 없으므로 장원으로는 곤란하다고 반대하면서, 가문으로 보나 명망으로 보나 마땅히 권람이 장원이 되어야 한다고 주장했다. 마침 권람이 향시와 회시에서 이미 장원한 뒤였다.

문종도 이런 상황을 모를 리 없었다. 문종은 한밤중에 권람의 답안지를 가져오라고 해서 직접 확인했다. 권람은 세종이 존경한 신미 스님을 신랄하게 비판하고 있었다. 심지어 신미 스님을 고려 말의 신돈에 비유하기까지 했다. 그의 논리대로라면 세종은 곧 공민왕이라는 말도 되고, 또 요승에게 미혹되어 나라를 어지럽게 만든 왕이라는 말도 되었다. 권람은 신미를 비롯한 불교계 인사들을 숙청하고, 유교 이념을 재천명해야 한다고 주장하고 있었다. 이 주장은 당시 집현전 학사들을 주축으로 하는 유학자들의 여론이기도 했다.

문종은 "권람은 회시에서 장원을 하였으며, 평소 명성도 있었다. 답안도 훌륭하다. 장원으로 하는 것이 어떻겠는가?"라고 말했다. 이 말에서 유교적

조선왕비실록

군왕으로서의 문종의 본모습을 확인할 수 있다. 사실 문종의 본심이 권람과 같았다. 문종은 부왕 세종에 대한 효심으로 불사佛事들은 거행했던 것이다. 마치 태종이 불심이 없으면서도 부왕 태조에 대한 효심에서 불사를 행했던 것과 비슷했다. 어쨌든 권람은 이런 우여곡절을 거쳐 장원이 되었다.

장원에 급제하면 수많은 우대를 받았다. 무엇보다 다른 동기생들에 비해 높은 벼슬을 제수받았다. 과거 합격자들은 장원을 포함해 갑·을·병의 4등급으로 구분되었는데, 각각 차례대로 6품·7품·8품·9품의 벼슬을 받았다. 권람은 과거 결과가 발표되던 당일 사헌부 감찰이라는 요직에 임명되었다. 당시 권람은 35세였다.

그러나 권람은 비록 장원을 했지만 늦은 나이에 합격한 편이었다. 예컨대 권람의 아버지 권제는 28세에, 할아버지 권근은 18세에 급제했다. 집현전 학사들이 과거에 합격한 평균 연령도 20대 전후였다. 사육신을 예로 들면, 성삼문은 21세, 하위지는 17세, 박팽년은 18세, 이개는 20세에 합격했다. 이외에도 정인지는 19세, 신숙주는 23세에 합격했다. 따라서 권람은 비록 장원 출신임에도 너무 늦게 합격했다는 약점이 있었다.

이런 이유 때문이었을까, 권람은 집현전 학사로 발탁되지 못했다. 대신 감찰이 된 지 몇 달 후에 교서관 교리가 되었다. 교서관은 서적의 인쇄와 배포 등을 담당한 일종의 국립 출판사로서, 교리는 출판물의 오탈자를 바로잡거나 문장을 교정하는 일 등을 담당하는 핵심 요직이다. 그러나 권람은 주류에서 밀려났다는 좌절감에 빠졌을지도 모른다.

그런데 인생이란, 아니 사람의 인연이란 것이 참으로 묘하다. 권람은 뜻밖에도 교서관을 매개로 수양대군과 인연을 맺었다. 이때의 인연이 훗날 계유정난, 단종 폐위, 수양대군의 즉위, 사육신 사건 등으로 이어진다는 점에서 상당히 운명적이라 할 만하다. 물론 윤씨가 왕비를 거쳐 대비가 된 것도 권람과 수양대군의 인연에서 비롯했으므로 한번은 짚고 넘어갈 필요가 있다.

당시 수양대군은 병법서 출판을 책임지고 있어서 교서관 관료들과 자주

만났다. 수양대군과 권람도 자연스럽게 자주 만났다. 이 인연을 맺어준 사람은 아이러니하게도 문종이었다.

문종은 학자풍의 군왕이었지만 군사 방면에도 관심이 많았다.『진법』을 직접 편찬했으며, 세종 말년에 완성된『역대병요』를 주석하기도 했다.『진법』은 조선 전기 중앙 군사 조직의 핵심인 오위五衛의 진법이었으며,『역대병요』는 장수들에게 귀감이 될 만한 역사적 사례를 중국과 우리나라의 역사서에서 가려 뽑은 것이었다. 이런 책들을 편찬하기 위해서는 중국과 우리나라의 역사와 군사 문제에 대한 해박한 지식이 필요했다. 문종은 집현전 학사들에게 이 책들을 검토해 내용을 수정하게 했다. 아울러 군사 문제에 조예가 깊은 수양대군에게 편찬 과정을 감독하도록 했다.

수양대군은『진법』과『역대병요』의 편찬에 성심을 기울였다. 군사 서적을 편찬하는 일은 부왕 세종 대부터 자신이 맡았던 일이기도 했고, 무엇보다 스스로 이 일을 즐겼다. 수양대군은 집현전 학사들이 수정해서 올린 병법서의 내용을 직접 검토하는 한편, 교정·교열에도 세심하게 신경을 썼다.

이때 권람이 교서관 교리로 임명되었다. 권람은『진법』과『역대병요』를 교정·교열하면서 자연스럽게 수양대군과 인연을 맺었다. 이런 과정을 거쳐『진법』은 문종 1년(1451) 연말쯤에 편찬되었으며,『역대병요』는 그보다 반년쯤 후에 완성되었다.

겉으로만 보면 당시 수양대군과 권람은 서로 다른 성향을 지녀 어울리기 힘들어 보였다. 수양대군은 불심도 깊고 신미 스님을 존경했지만, 권람은 불교에 적대적이었다. 권람의 평소 지론대로라면 신미 스님을 위시해 수양대군도 숙청해야 하는 대상이었다. 이처럼 두 사람은 가까이 하기에는 너무나 먼 사이였다. 그럼에도 이때의 인연으로 권람은 철저히 수양대군의 사람이 되었다. 무엇인가가 두 사람 사이의 간격을 메웠던 것이다.

권람은 계유정난 직전에 수양대군을 찾아가 "제가 이미 후우厚遇를 입었으니 감히 숨길 게 있겠습니까?"라고 말하고 김종서·안평대군 등의 세

력에 대비할 것을 건의했는데, 그때의 건의로 훗날 계유정난이 본격화되었다. '후우', 즉 두터운 지우를 받았다는 말에서 짐작할 수 있듯이, 수양대군은 권람을 크게 평가했다.

그렇게 된 계기는 물론『진법』과『역대병요』의 편찬이었다. 권람은『진법』과『역대병요』를 교정·교열하는 과정에서 수많은 오류를 잡아내고 의견을 적극 개진했을 것이다. 이 과정에서 수양대군은 권람의 학식과 기개를 높이 평가하고, 자기 사람으로 만들기 위해 정성을 기울였으리라.

둘은 비록 종교관은 달랐지만 인물관이나 역사관은 서로 통했다는 뜻이다. 둘 사이의 유사한 인물관과 역사관이 비슷한 현실관과 정치관으로 발전하고, 나아가 계유정난으로까지 전개된 것이 아니겠는가? 두 사람이 처음 인연을 맺을 당시 수양대군은 35세, 권람은 36세로 나이도 비슷했다. 신숙주가 지은 권람의 신도비명에는 두 사람의 관계가 다음과 같이 적혀 있다.

공은 일거에 향시, 회시, 전시에서 연달아 장원을 하였다. 그때 세조가 잠저潛邸에 있으면서 왕명을 받아 병법서에 주석 작업을 하고 있었는데, 공이 시종侍從이 되었다. 세조는 공에게 큰 재주가 있음을 알고 극진하게 대우하였다.

『보한재집保閑齋集』

문종이 병약한 상황에서 불거진 수양대군의 즉위 예언

수양대군이 병법서 편찬에 몰두하며 권람을 자기 사람으로 만들어가던 시기에 부인 윤씨의 집에 이상한 일이 일어났다.

실록에 따르면 문종 1년(1451) 8월에 가마솥이 스스로 우는 이변이 있었다고 한다. 왜 가마솥이 스스로 울었을까? 물론 그 의미는 아무도 몰랐다. 그러므로 해석을 둘러싸고 온 집안이 설왕설래 시끄러웠으리라.

급기야 수양대군이 나섰다. 그는 '향연지조享宴之兆', 즉 '잔치할 징조'라고 해명했다. 마침 큰아들을 혼인시킬 때가 임박해 있었다. 당시 그의 큰아들이 14세였으므로, 조만간 혼인시키고 잔치를 열어야 할 상황이었다. 아마도 그 무렵 윤씨와 수양대군은 큰아들의 혼처를 물색하고 있었던 것 같다.

그런데 실록에 따르면 이때 '비파'라는 무당이 윤씨를 찾아와 가마솥이 운 이유를 '수양대군이 39세에 등극할 징조'라고 풀이했다고 한다. 당시 수양대군이 35세였으므로 4년 후에 왕좌에 앉는다는 것이었다. 비파는 분명 윤씨의 단골 무당이었을 것이다. 윤씨는 평소에도 가정사나 개인사를 비파에게 은밀히 문의하고 조언을 구했음이 틀림없다. 윤씨는 큰아들의 혼처도 비파와 의논했으리라.

무당 비파가 윤씨의 집으로 찾아온 것은 자청해서라기보다는 윤씨가 불러서였다고 보는 것이 사실에 가깝지 않을까? 윤씨는 '잔치할 징조'라는 남편의 해명에도 불구하고 뭔가 미심쩍은 감이 있어 비파를 불렀을 것이다. 비파는 윤씨의 이야기를 듣고 참으로 엄청난 말을 입 밖에 꺼낸 것이다. 실록에 따르면 '등극할 징조'라는 말을 들은 윤씨는 놀라서 좀더 물으려고 했는데 비파는 더 이상 대답하지 않고 가버렸다고 한다.

실록에는 비파가 대답하지 않고 갔다고만 하고 윤씨가 물으려고 한 내용은 수록되어 있지 않다. 그렇지만 앞뒤 문맥을 통해 수양대군의 등극에 관한 질문이었음을 짐작할 수 있다. 비파가 대답을 하지 않은 이유는 대답할 수 없는 질문이었기 때문이리라. 예컨대 '4년 후'라는 예언에 대해 윤씨는 어떻게, 왜 등의 질문을 했을 것이다.

여기에서 윤씨는 수양대군이 즉위한다는 예언에 대해 오히려 반색했으리라 짐작할 수 있다. 왜냐하면 윤씨는 이미 수양대군의 즉위를 염두에 두

고 있었을 수도 있기 때문이다. 언니의 맞선 상대를 빼앗았듯이 윤씨는 문종의 아들에게 갈 왕위를 빼앗아 남편에게 주고자 하는 마음이 있었으리라.

명분으로만 본다면 윤씨는 비파의 예언을 들었을 때 놀라고 두려워서 질문을 해서는 안 되었다. 당시에는 왕이 살아 있었고, 후계자도 엄연히 정해져 있었다. 이런 상황에서 수양대군이 즉위한다는 예언은 곧 왕이 죽거나 후계자가 쫓겨난다는 의미였다. 어느 경우든 신하의 입장에서는 모반 대역과 다를 바 없었다. 당연히 윤씨는 놀라며 질문할 것이 아니라 비파를 엄하게 꾸짖어야 했다. 그러나 윤씨는 비파를 꾸짖는 대신 질문을 하려고 했다. 당시의 정치현실을 볼 때 예언이 이루어질 가능성이 있었기 때문에 윤씨는 혹시나 하는 마음을 가졌던 것이다.

문종은 병약했다. 그가 오래 살지는 못하리라는 것은 공공연한 비밀이었다. 사람들의 관심은 문종 사후로 모아졌다. 왕세자가 무사히 즉위해 끝까지 왕위를 유지할 수 있을까? 누군가가 왕위를 가로채지는 않을까? 가로챈다면 과연 누구일까? 이런 와중에 비파는 수양대군이 왕위를 차지한다고 예언했다.

이후 윤씨가 수양대군의 즉위를 염두에 두고 행동한 것처럼 보이는 예들이 꽤 있다. 첫째 며느리로 청주 한씨를 맞았다는 사실이 그렇다. 대부분 여성이 배후에서 혼인에 관여했다는 점을 고려할 때 윤씨의 큰며느리도 수양대군보다는 오히려 윤씨의 정치적 판단과 노력에 의해 선택되었다고 볼 수 있다.

문종 사후 수양대군이 왕위에 오르기 위해서는 당연히 세력을 키워야 했다. 수양대군의 세력이 될 만한 자들은 세자의 즉위가 달갑지 않은 사람들로, 자의든 타의든 세자 옹위 세력들에게서 배척되거나 경계된 인물들일 것이다.

문종 사후 세자를 옹위할 핵심 세력은 분명했다. 왕실에서는 세자를 보육한 혜빈 양씨를 꼽을 수 있었다. 아울러 혜빈 양씨가 낳은 아들 3명, 그

리고 이들과 혼인한 가문들이었다. 신료들 중에서는 문종이 의지하는 원로대신들이 있었다. 이들 세력이 가장 경계하는 사람은 물론 수양대군이었다. 또한 신빈 김씨의 아들들도 견제 대상이었다.

신빈 김씨는 세종의 후궁이었다. 혜빈 양씨가 양반 출신인 데 비해 신빈 김씨는 노비 출신이었다. 신분은 미천했지만, 신빈 김씨는 세종과 혼인해 6남 2녀를 두었다. 소헌왕후 심씨가 승하한 이후 궁중의 주도권을 둘러싸고 경쟁할 만한 후궁은 사실상 혜빈 양씨와 신빈 김씨 두 사람이었다. 그렇지만 세종의 원손, 즉 문종의 세자를 혜빈 양씨가 보육했으므로 신빈 김씨는 주도권 경쟁에서 일찍이 밀려난 상태였다. 세종이 승하하자 신빈 김씨는 아예 머리를 깎고 여승이 되었다. 그러나 신빈 김씨의 아들들은 세자 옹위 세력들의 견제 대상에서 벗어날 수 없었다. 뿐만 아니라 세자 옹위 세력은 신빈 김씨의 아들들과 혼인한 가문들에 대해서도 경계를 늦추지 않았다.

신빈 김씨의 큰아들은 계양군 이증이었다. 계양군은 수양대군과 열 살 차이가 나는 이복동생이었는데, 한확의 둘째 딸과 혼인했다. 수양대군의 부인 윤씨에게 계양군의 부인 한씨는 아랫동서였던 것이다.

윤씨가 수양대군의 즉위를 염두에 두었다면 당연히 신빈 김씨의 소생들 및 한확을 주목했을 것이다. 이들과의 연대는 궁궐 안팎에 수양대군의 지지 세력을 심는 것을 의미했기 때문이다. 실제로 수양대군이 즉위하기까지 신빈 김씨의 소생들과 한확이 크게 기여했다. 그 결과 신빈 김씨의 소생 중에서 계양군 이증과 익현군 이관은 좌익공신 1등에 책봉되었으며, 한확은 정난공신 1등에 책봉되었다. 그렇게 되기까지 윤씨의 큰아들과 한확의 막내딸 간의 정략결혼이 중요한 역할을 했다.

윤씨가 한확 가문과 혼인을 맺은 데는 좀더 은밀한 이유가 있었던 듯하다. 수양대군의 소실로 들어온 박씨 부인이 혜빈 양씨의 주선으로 들어왔다면, 박씨 부인은 수양대군의 야심을 눌러 앉히려는 지렛대로 이용되었을 가능성이 높다. 그런 상황에서 만약 박씨 부인과 연결되는, 그래서 혜빈 양씨가

영향력을 행사할 수 있는 가문에서 큰며느리가 들어온다면 수양대군은 우선 안에서부터 포위되는 상황에 처하게 되는 것이다. 그런 상황이 온다면 윤씨의 입지가 위태로워지지 않겠는가? 그럴 가능성을 완전히 없애려면 혜빈 양씨와 반대 입장에 서 있던 한확 가문에서 큰며느리를 들여야 했으리라.

당시 한확의 막내딸은 15세, 윤씨의 큰아들은 14세였다. 혼기가 찬 딸과 아들을 둔 두 집안은 분명 마땅한 혼처를 물색했으리라. 그런 두 집안을 윤씨와 아랫동서 한씨 부인이 나서서 연결한 듯하다. 서거정이 지은 계양군의 부인 한씨의 묘비명에는, 계양군이 좌익공신 1등에 책봉된 것과 관련해 "이것은 비록 계양군의 충성에서 비롯했으나 내조의 힘이 컸다"고 기록되어 있다. 여기서 한씨 부인의 내조란, 남편 계양군이 수양대군에게 협력하도록 조언한 것뿐만 아니라 자신의 여동생과 윤씨의 큰아들이 혼인할 수 있도록 기울인 음양의 노력이라 할 수 있다. 한씨 부인이 그렇게 행동하도록 배후에서 영향력을 행사한 사람은 분명 윤씨였을 것이다.

윤씨는 아랫동서 한씨뿐만 아니라 이미 한확 가문과 나름대로 인연이 있었다. 윤씨의 형부인 한계미가 한확과 멀지 않은 친척이었다. 윤씨는 한확의 막내딸을 큰며느리로 맞기 위해 아랫동서 한씨와 형부와의 인맥을 적극 활용했을 것이다.

두 집안의 혼사가 정확히 언제 이루어졌는지는 정확히 알 수 없다. 다만 관련 기록들로 판단할 때 문종 1년 말이나 2년 초, 즉 비파가 예언한 지 5~6개월쯤 후가 분명하다. 이로써 수양대군은 궁궐 안팎에 강력한 지지 세력을 갖게 되었다. 궐 안에서는 신빈 김씨의 아들들이, 궐 밖에서는 한확이 수양대군을 후원했다.

윤씨가 한확의 막내딸을 큰며느리로 맞고 몇 달이 지난 후 마침내 문종이 세상을 떠났다. 그때가 문종 2년(1452) 5월 14일이었다. 비파가 예언한 햇수로부터 3년 정도 남은 시점이었다. 윤씨가 왕비에 오를 날이 점점 가까워오고 있었다.

정치 기반이 약한 수양대군,
한명회, 권람이 결탁하다

세종은 태조와 태종의 정치적 장점을 성공적으로 결합해 태평성대를 이루었다. 태조는 유능한 신하들의 능력을 적극 활용했고, 태종은 강력한 왕권을 바탕으로 정치적 안정을 마련했다.

세종은 강력한 왕권을 바탕으로 신하들의 능력을 최대한 활용했다. 우선 신진기예의 예리함과 원로들의 능숙함을 두루 수용했다. 신진기예들은 집현전, 사헌부, 사간원에, 원로의 주축들은 의정부에 포진해 있었다. 따라서 세종 대의 정치는 국왕을 주축으로 의정부의 대신, 그리고 집현전과 양사의 신진기예가 각각 좌우에서 받쳐주는 형태였다. 이런 구도가 30년 가까이 지속되면서 정치가 안정되고 경제가 발전했다. 세종 대에 문화가 찬란히 꽃 피고, 4군 6진의 국토를 개척할 수 있었던 데는 이런 바탕이 있었기에 가능했다.

그러나 이 같은 정치구도는 세종이 승하하면서 급속히 붕괴되었다. 세종을 뒤이은 문종은 즉위한 지 겨우 2년 만에 세상을 떠났다. 그리고 이제 겨우 12세의 단종이 즉위했다. 어린 왕이 등장하면서 국왕의 권위는 유명무실해졌다. 의정부 대신들이 권력을 잡았으며, 자연히 집현전과 양사의 신진기예들은 위축되었다. 이제 정치의 축은 의정부 대신들이었다. 정치적 안정은 의정부 대신들이 왕실 세력과 신진기예들을 얼마나 효과적으로 포섭하느냐에 달려 있었다.

그러나 황보인, 김종서, 정분 등의 의정부 대신들은 왕실 세력, 특히 수양대군을 철저히 견제했다. 수양대군의 능력과 야심이 그만큼 두려웠던 것이다. 의정부 대신들은 수양대군을 견제하기 위해 두 가지 방법을 썼다.

첫째, 단종을 키운 혜빈 양씨를 입궁시켜 궁중의 일을 주관하게 했다. 어린 단종은 혜빈 양씨를 친어머니 또는 친할머니처럼 따랐다. 혜빈 양씨는

대비도 왕비도 없는 궁중에서 실세로 부상했다. 동시에 궁중 안에서 수양대군은 위축되었다. 둘째, 수양대군의 바로 아래 동생인 안평대군을 내세워 수양대군과 대립하게 했다. 혜빈 양씨와 안평대군의 영향력이 커지면서 수양대군은 점점 입지를 잃게 되었다.

수양대군은 정치적 결단을 내려야 했다. 영원히 정치판을 떠날 것인가? 아니면 적극적으로 정치에 개입할 것인가? 신속히 양단간에 결단을 내려야 했다.

수양대군은 떠날 생각은 추호도 하지 않았을 것이다. 윤씨도 마찬가지였으리라. 그러나 그에게는 마음을 터놓고 의논할 상대가 없었다. 그 당시 권람은 병으로 사직한 상태였다. 그런데 단종이 즉위하고 2개월쯤 지난 어느 날, 권람이 수양대군을 찾아왔다. 실록에 따르면, 한명회가 권람을 설득했기 때문이었다.

처음에 문종이 수양대군에게 명하여 병서의 음주音註를 편찬하게 하니, 권람이 참여하여 도왔다. 후에 권람이 병으로 사직하고 동래 온천에 가서 목욕하고 돌아오니 궁지기 한명회가 권람을 방문하고 말하기를 "지금 임금은 어리고 나라는 뒤숭숭한데, 대신이 권력을 마음대로 휘둘러 무뢰한 자제들에게 함부로 관직을 주는 일이 많다. 게다가 요직을 나누어 차지하고 제멋대로 하니 나랏일이 거의 날마다 잘못되어간다. 또 들건대, 안평대군이 대신들과 굳게 결탁하여 널리 명성을 떨치고, 뭇 소인배를 불러 모아서 흉모를 꾸미고, 무릇 외방에 봉사하는 자에게는 문득 노잣돈을 보내어 은근한 정을 보인다고 한다. 대신들은 자주 왕래하여 서로 사귀고 안평대군도 또한 대접하기를 부지런히 하면서도 자취를 비밀에 붙인다고 한다. 그러니 아는 사람들은 이를 한심하게 여긴다. 수양대군은 영명, 강단, 정직하며 사심이 없을 뿐만 아니라 세종께서도 크게 의지하셨다. 자네는 수양대군을 모신 지 이미 오래인데 어찌 은근한 말로 그 뜻을 보이지 않는가?

지금의 형세로는 우리들도 오히려 일의 기미를 알겠는데, 저 수양대군의 아량으로써 먼저 기선을 잡으면 반드시 성공할 것이다. 그러니 자네가 한 번 힘 좀 써보게나"하였다. 권람이 말하기를 "그렇다면 찾아뵙고 말씀드리겠다"하였다.

『단종실록』, 권2, 즉위년 7월 갑인조

권람은 수양대군이 정치판에 적극 개입해야 할 당위성을 역설했다. 물론 수양대군은 동의했다. 사실 한명회는 수양대군의 속마음을 꿰뚫어보고 권람을 보냈을 것이다. 그는 의정부 대신들과 안평대군이 주도하는 시국이 불만스러웠다. 문제는 겨우 12세 된 왕이 성년이 될 때까지 불만스러운 상황이 계속되리라는 점이었다. 적어도 향후 10년은 인고의 세월을 보내야 한다는 의미가 아닌가? 한명회는 분명 수양대군이 이런 상황을 불안해하리라 확신했던 것이다.

당시의 시국을 수양대군의 입장에서 가장 냉정히 읽고 있던 사람이 바로 한명회였다. 그는 수양대군의 처지와 야망, 그리고 갈등까지도 정확히 파악하고 있었다. 한명회는 수양대군이 권람을 만난 후 분명히 자신을 찾으리라 예상했다. 그때를 대비해 수양대군이 원하는 묘책도 철저히 준비해두었다.

예상대로 수양대군은 곧바로 한명회를 찾았다. 그렇게 해서 수양대군과 한명회의 만남이 이루어졌다. 한명회는 두 가지 대책, 즉 의정부 대신들과 안평대군 쪽의 정보를 파악하기 위해 첩자를 활용할 것과 만약의 결전에 대비해 정예의 무사들을 포섭할 것을 건의했다.

한명회와 권람은 어려서부터 함께 공부한 지기였다. 비록 한명회가 한 살 위였지만 둘은 망년지우忘年之友로 지냈다. 권람과 한명회는 20대 때 원주의 법천사 아래에 사는 유방선을 찾아가 공부하기도 했다. 당시 유방선에게서 함께 공부한 서거정, 이승소는 20대에 과거에 급제했지만, 유독 권람과 한명회는 30세가 넘도록 급제하지 못했다.

아마도 두 사람은 10대 때부터 과거에 응시했을 것이므로 20년 가까이 낙방의 고배를 마시고 또 마셨던 셈이다. 너무나 오랫동안 낙방하자 오히려 친구들이 그들을 딱하게 여겼다. 그러나 한명회나 권람은 자신들을 위로하는 친구가 있으면 "이루고 못 이루는 것은 다 천명이다" 하면서 대범하게 웃어넘겼다고 한다.

하지만 이런 한명회와 권람도 30대를 넘기자 과거에 대한 미련을 버렸다. 둘은 명산대천을 유람하면서 여생을 보낼 생각까지 했다. 그러다가 문종 즉위년에 친구들이 권해 다시 과거에 응시했다가 권람이 장원으로 합격했던 것이다. 한명회는 이번에도 낙방했다. 충격이 꽤 컸을 텐데도 그는 권람에게 전혀 주눅 들지 않았던 듯하다. 오히려 "문장과 도덕은 내가 자네만 못하나 사업을 경영하는 일은 내가 더 낫다"고 큰소리 쳤다고 한다. 한명회는 스스로 최고의 모사꾼 또는 최고의 두뇌라고 확신했던 모양이다.

그런 한명회가 수양대군의 최측근 참모로 들어오면서 쿠데타 모의는 급진전되었다. 한명회와 권람은 수시로 수양대군의 집을 드나들며 일을 꾸몄다. 『해동잡록』에는 이런 이야기가 전한다.

단종이 어린데다 세종의 아들들인 8대군이 강성하자 인심이 위태로워졌다. 이때 수양대군이 어려움을 바로잡을 뜻을 갖고 있었다. 권람은 수양대군의 집에 드나들며 매우 가까이 하였다. 권람이 수양대군을 뵐 때마다 날이 어두워도 물러가지 않아 식사 때를 잊었다. 이에 수양대군 집의 하인들은 권람이 오는 것을 보면 서로 눈짓하며 "한갱랑寒羹郎(국을 식히는 나리)이 또 오셨구나" 하였다.

『해동잡록』

거듭되는 반전 속에서
계유정란이 성공하기까지

윤씨는 드러나게 쿠데타 음모에 동참한 것 같
지는 않다. 훗날 수양대군은 권람을 윤씨에게 소개하면서 "이 사람이 바로
한갱랑이오"라고 말했다 한다. 이 말로 미루어 쿠데타를 음모하는 동안에
는 윤씨가 권람이나 한명회를 만나지는 않은 듯하다.

그렇다고 해도 윤씨가 쿠데타 음모 자체를 몰랐을 리 없다. 윤씨는 수양
대군이 밥 때를 놓쳐가며 꾸미는 일이 무엇인지를 훤히 알았을 것이다. 수
양대군은 권람이나 한명회와 논의한 다음 윤씨에게 의견을 물었을 가능성
이 높다. 실록에 "계유년에 수양대군이 기회를 보아 정난靖難하였는데, 그
때 부인이 계책을 함께 논하고 대군을 도와 대사를 이루었다"는 기록도 있
듯이, 수양대군은 진행 상황을 윤씨와 논의했다는 것이다. 물론 수양대군
이 사사건건 윤씨와 의논하지는 않았겠지만 핵심 내용은 윤씨와 같이 고
민했을 것이다. 이처럼 수양대군은 안에서는 윤씨를, 밖에서는 권람과 한
명회를 참모로 두고 있었다고 하겠다.

만약 윤씨가 대의명분에 철저한 여성이었다면 수양대군을 말렸을지도
모른다. 아무리 왕위가 탐난다고 해도 조카를 내쫓고 그 자리를 빼앗는다
면 역사의 지탄을 받게 되리라고 설득했으리라. 하지만 윤씨는 야심이 컸
다. 오히려 기회가 된다면 쟁취할 수 있는 모든 것을 쟁취해야 한다고 생각
했다. 혼인할 때도 그랬고, 큰며느리를 얻을 때도 그랬다. 어쩌면 윤씨는
큰며느리를 한확 가문에서 얻을 때 이미 마음을 정했을 수 있다.

그런 만큼 수양대군이 쿠데타에 대해 말을 꺼냈을 때 적극 지지하고 찬
동했을 것이다. 권람이나 한명회가 수양대군을 찾아 집에 오면 조용히 대
접했을 것이다. 윤씨가 극진히 협조해 수양대군은 더더욱 자신감을 얻지
않았을까?

어쨌든 한명회는 자신이 제안한 대책대로 첩자들을 써서 안평대군의 동정을 살피는 한편, 정예 무사들을 포섭해나갔다. 한명회가 수양대군을 만난 것은 단종 즉위년(1452) 7월 말쯤이었다. 문종이 승하한 지 2개월쯤 지나서였다.

만약 수양대군이 쿠데타를 일으킨다면 문종의 국장이 끝난 이후에나 가능했다. 문종의 시신이 땅에 묻히기도 전에 쿠데타를 감행한다면 세간의 지탄을 받을 수 있었다. 국장은 문종이 승하한 지 5개월 후인 9월 중에 있을 예정이었다. 따라서 수양대군은 빠르면 9월 말이나 10월 초쯤으로 쿠데타를 염두에 두었을 것이다. 또한 의정부 대신들이나 안평대군 쪽에서도 그 시점쯤 뭔가 대응 조치를 취하리라 예상할 수 있었다.

9월 1일, 마침내 문종의 국장이 거행되었다. 양 진영의 움직임이 가시화될 시기도 임박해왔다. 그런데 뜻밖에도 국장 직후에 수양대군이 명나라에 사신으로 가겠다며 자청하고 나섰고, 9월 10일에는 그를 포함한 사행단 명단이 공포되었다.

소식을 듣고 권람과 한명회는 깜짝 놀랐던 모양이다. 명나라에 다녀오면 반년 가까운 세월이 지나간다. 당시 상황에서 그사이 무슨 일이 터질지 장담할 수 없었다. 그런데도 수양대군은 한명회나 권람과 의논하지 않고 독단으로 사행 결정을 내렸다. 윤씨도 몰랐던 듯하다.

권람은 당장에 수양대군을 찾아가 명나라 사행을 취소하라고 요구했다. 실록에 따르면 권람은 "큰일이 물 건너갔습니다. 어찌 이리도 생각이 없단 말입니까?"라며 항변했다. 계양군 이증도 수양대군을 찾아와 말렸다.

그때 윤씨는 밤마다 울었다고 전한다. 수양대군이 사신으로 간다면 그사이 돌이킬 수 없는 일이 일어날지도 모른다고 걱정했을 것이다. 그는 수양대군에게 가지 말라고 수차 졸랐으리라. 그럼에도 수양대군이 고집을 부리자 눈물 작전을 썼으리라. 이런 모습을 보면 윤씨는 과격하게 남편을 쥐고 흔드는 편은 아니었던 모양이다. 조용히 내조하면서 자신의 뜻을 관

철시키는 성격이었던 듯하다. 그렇게 조용히 내조했으나 뜻대로 안 되자 마지막으로 눈물 작전을 쓴 것이리라.

수양대군의 측근들이 하나같이 사행을 반대한 것은 문종의 국장 이후 거사를 도모하려 한 반증이 아니었을까? 거사를 도모하려는데 수양대군이 혼자 빠지겠다고 하자 당황했던 것이다. 아울러 윤씨도 거사에 음양으로 관여했던 듯하다. 윤씨를 비롯해 권람, 한명회, 계양군 이증 등은 수양대군이 없는 상태에서 안평대군 쪽에 속수무책으로 당하지 않을까 두려웠던 것이 틀림없다.

그러나 수양대군은 요지부동이었다. 대신 김종서의 아들 승규와 황보인의 아들 보석을 데리고 가겠다는 대안을 제시했다. 아들을 인질로 잡고 있는 한 김종서와 황보인이 안평대군을 돕지 못하리라 판단했던 것이다. 결국 10월 12일, 수양대군은 명나라로 가기 위해 한양을 떠났다. 이때 신숙주가 서장관으로, 김문달과 강곤이 수행원으로 따라갔다. 수양대군은 떠나면서 권람과 한명회에게 안평대군 쪽의 동정을 잘 살피라고 당부했다.

수양대군은 그 같은 상황에서 왜 여러 참모들의 의견을 무시하면서까지 명나라의 사행을 강행했을까? 수양대군은 사행을 취소하라고 강권하는 권람에게 이런 말을 했다.

그대와 한명회는 나더러 명나라에 가지 말라고 하지만, 나는 심사숙고하였다. 저들(의정부 대신들과 안평대군)의 간계가 이미 이루어졌지만 나는 혼자이고, 후원 세력이 없다. 저들이 난을 일으킨다면 속수무책으로 당할 판이니, 비록 여기에 있어도 무슨 유익함이 있겠는가? 만약 하늘이 우리나라에 복을 주신다면 몇 달 사이에 무슨 일이야 있겠는가? 하물며 지난번에 의논한 것처럼 김승규와 황보석을 데리고 가니 김종서와 황보인이 분명 안평대군을 기꺼이 따르지는 못할 것이다. 걱정하지 않아도 된다.

『단종실록』, 즉위년 10월 계사조

수양대군은 형세가 자신에게 불리하다고 보았다. 한명회와 권람이 자신을 돕는다고는 하지만 조정을 장악하고 있는 의정부 대신들과 비교하면 턱없이 빈약했다. 그는 섣불리 거사했다가는 오히려 실패할 확률이 높다고 판단했으리라. 수양대군은 평소 "다른 사람들은 이미 싸움이 난 이후에 승리를 얻고자 하지만, 나는 싸움이 나기 이전에 미리 승리를 결정한다"고 말하곤 했다. 이기는 싸움만 하겠다는 의미였다. 수양대군이 볼 때 당시의 형편으로는 도저히 승산이 없었다. 그래서 확신 없는 싸움을 피하고자 사행을 자청했던 것이리라.

사실 문종이 승하한 이후 사람들은 수양대군을 가장 경계했다. 누구나 예측할 수 있는 행동을 하는 것은 현명한 처신이 아니었다. 수양대군은 모두의 예측을 깨고 국가를 위해 사행을 자청했다. 수양대군을 견제했던 사람들이 전혀 예상하지 못한 결과였다. 그들은 수양대군을 잘못 보았나 하고 자문했을 것이다.

그것은 판세의 변화로 이어질 수 있었다. 만약 하늘이 돕는다면 수양대군에게 유리하게 판세가 바뀔 수도 있었다. 수양대군은 이렇게 판단하고 기대했으리라. 그리고 스스로 결정을 내렸다. 이런 면에서 수양대군은 참모나 부인에게 일방적으로 휘둘리는 사람은 아니었던 모양이다.

명나라에 갔던 수양대군은 5개월 만인 단종 1년(1453) 2월 26일에 귀경했다. 그사이 적지 않은 변화가 있었다. 수양대군은 동행한 신숙주 등을 자기 사람으로 포섭했다.

하지만 더 중요한 사실은 조정에서 일어난 변화였다. 집현전 학사들에게 큰 영향력을 미쳤던 정인지가 김종서, 황보인 등 의정부 대신들과 대립해 결국 결별했던 것이다. 수양대군이 조선에 돌아왔을 때 정인지는 병조판서에서 밀려나 판중추원사라는 한직에 있었다. 이것은 의정부 대신들을 중심으로 강력히 결집되었던 정치 판세가 깨졌다는 의미였다.

이런 상황을 권람, 한명회, 윤씨 등이 모를 리 없었다. 그들은 수양대군

에게 정인지와 손 잡을 것을 권했을 것이다. 그렇지만 행동으로 옮기는 것은 수양대군의 몫이었다.

야사에는 수양대군이 정인지의 침실로 곧장 들어가 정인지의 손을 잡고 "공과 사돈을 맺어야겠소"라고 했다고 전한다. 정인지는 금방 속뜻을 알아채고 허락했다고 한다. 드디어 13세 된 수양대군의 딸과 14세 된 정인지의 아들 현조가 혼인했다. 이로써 수양대군은 한확, 정인지, 신숙주 등의 문신을 자신의 세력권 안에 둘 수 있었다.

수양대군은 정예 무사들을 포섭하는 데에도 노력을 게을리 하지 않았다. 감순監巡 홍달손이 1차 대상이었다. 감순은 한양의 야간 경비를 담당하는 순라군을 감독하는 자리였다. 조선 전기에 순라군은 약 1천 명 정도에 달했는데, 이들이 두 군데로 나뉘었으므로 감순은 약 500명을 관장했다. 수양대군이 홍달손을 포섭한다면 결과적으로 500명을 자신의 휘하에 두는 것이었다.

홍달손은 한명회가 포섭했다. 한명회는 홍달손과 동갑으로, 평소 사이가 좋았다. 한명회는 단종 1년(1453) 5월 15일에 홍달손을 수양대군에게 소개했다. 이어 한명회는 양정, 유수, 유하 등 궐 안의 내금위 무사들도 포섭해 9월 25일에 수양대군에게 소개했다. 이로써 수양대군은 궐 밖의 순라군에 이어 궐 안의 금군에게도 영향력을 행사할 수 있게 되었다. 이제 준비는 모두 마쳤다. 홍달손이 감순으로 당직을 선 10월 10일 밤, 드디어 계유정난이 일어났다.

10월 10일 새벽, 수양대군은 권람, 한명회, 홍달손을 집으로 불러 "내가 깊이 생각해보니 간당奸黨 중에서도 가장 간사하고 교활한 자는 김종서다. 만일 김종서가 일을 먼저 알면 성공할 수 없다. 내가 장사 한두 명을 거느리고 곧장 그의 집으로 가서 선 자리에서 목을 베고 왕에게 아뢰면 나머지는 걱정할 것도 없다. 그대들은 어떻게 생각하는가?"라고 말했다. 김종서만 없으면 싸움은 이긴 것이나 진배없다는 의미였다. 확실히 하기 위해 수양

⊙ 정희왕후의 어보

대군은 자신이 직접 나서서 김종서를 기습 살해하겠다는 뜻이었는데, 충분히 승산이 있다고 믿었던 것이었다. 권람, 한명회, 홍달손이 모두 찬성했다.

날이 밝자 수양대군은 미리 포섭해두었던 무사들을 불러 모았다. 모두 수십 명쯤 되었다. 수양대군은 이들과 함께 후원에서 활쏘기를 하고 술을 마시면서 시간을 보냈다. 쿠데타 이야기는 하지 않았다. 혹시라도 정보가 새어 나갈까 우려해서였다.

저녁이 되자 홍달손은 감순으로 당직을 서기 위해 나갔다. 홍달손이 거느린 순라군들은 쿠데타에 가담하기로 사전에 밀약이 되어 있었다. 이제 수양대군의 집에 모인 무사들만 설득하면 되었다. 그런데 수양대군이 김종서를 먼저 죽이고 나중에 왕에게 아뢰겠다고 말하자 몇몇 무사들이 반대하고 나섰다. 그들은 먼저 왕에게 아뢴 후에 거사해야 한다고 주장했다. 기습 쿠데타는 역모와 같으므로 가담할 수 없다는 것이었다. 무사들은 두 패로 나뉘어 논쟁을 벌였다.

한명회, 홍윤성 등은 먼저 거사하자고 주장했고 송석손, 유형 등은 우선 왕에게 아뢰자고 하였다. 심지어 송석손 등은 수양대군의 옷자락을 끌어당기며 만류했다. 논쟁이 길어지자 일부는 달아나기도 했다. 더 이상 시간

을 끌어서는 안 되었다.

이때 수양대군이 "너희들은 모두 가서 먼저 고발하라. 나는 너희들을 의지하지 않겠다"고 말하면서 자리를 박차고 일어났다. 몇몇 사람이 활을 집어 들고 자리를 떠나려는 수양대군의 옷자락을 붙잡고 늘어졌다. 수양대군은 그들을 발로 차 떼어놓으며 자리를 떴다. 수양대군이 안채로 연결되는 중문에 들어서자 윤씨가 갑옷을 준비하고 있다가 수양대군에게 입혀주었다.

여기에서 몇 가지 사실을 추론할 수 있다. 첫째, 윤씨는 그 회합이 쿠데타 때문이라는 사실을 알고 있었다. 둘째, 윤씨는 회합의 결과에 상관없이 수양대군이 김종서를 죽이러 가리라는 것을 알고 있었다. 셋째, 윤씨는 미리 갑옷을 준비하고 수양대군이 오기를 기다리고 있었다.

윤씨가 사전에 수양대군과 의논하고 갑옷을 준비한 것인지, 아니면 스스로 판단한 것인지는 확실치 않다. 그러나 어느 경우든 윤씨가 쿠데타 모의에 깊숙이 개입하고 있었으며, 매우 적극적이었다는 것은 분명하다. 이날의 회합과 대책 등도 수양대군이 윤씨와 미리 논의했을 가능성이 높다.

윤씨는 수양대군에게 갑옷을 입혀주면서 어떤 심정이었을까? 당연히 쿠데타가 성공하기를 기원했으리라. 기록에는 없지만 윤씨는 갑옷을 입혀주며 뭔가를 말했을 듯싶다. 만약 아무 말도 하지 않았다면 눈빛과 몸짓으로 천 마디 만 마디 말을 했을 것이다. '집안일은 걱정하지 마시고, 몸 성히 잘 다녀오세요.'

수양대군은 윤씨를 보면서 흥분을 가라앉히고 냉정을 되찾았을 것이다. 그렇게 집을 나선 수양대군은 김종서를 기습 살해하는 데 성공하고, 홍달손이 장악한 순라군을 동원해 단종이 머물고 있던 행재소를 포위했다. 수양대군은 단종을 위협해 한밤중에 조정의 중신들을 소집했다. 왕명을 받고 행재소로 오던 중신들 가운데 황보인, 조극관을 비롯해 평소 수양대군에게 적대적이었던 사람들은 모두 죽임을 당했다. 안평대군은 일단 귀양에 처해졌다가 사형되었다.

이제 수양대군은 영의정, 이조판서, 병조판서 등 조정의 요직을 한 손에 틀어쥐고 천하를 호령하게 되었다. 정인지는 좌의정에, 한확은 우의정에 임명되었으며 권람, 한명회, 신숙주, 홍달손, 홍윤성 등도 요직을 차지했다. 계유정난은 성공했다. 그후 1년 9개월쯤 지나 혜빈 양씨와 그 소생들도 역모 혐의로 숙청되었다. 이로써 수양대군은 자신의 즉위를 저지하던 궁궐 안팎의 핵심 세력들은 모두 제거했다. 단종 3년(1455) 윤6월 11일, 수양대군은 마침내 경복궁에서 왕위에 올랐다. 단종은 상왕으로 물러났다.

단종의 왕비는 상왕비가 되었다. 윤씨는 왕비가 되었다. 전날 언니의 혼담이 오가는 자리에 당돌하게 들어가 언니의 혼처를 빼앗았던 것처럼, 조카며느리의 왕비 자리를 빼앗았다. 윤씨의 입장에서 보면 그것은 쟁취였으리라.

행복 속에 찾아온
불행의 그림자

왕비 윤씨는 단종이 경복궁에서 나갈 때까지는 살림집에 머물렀다. 그동안 세조는 집과 경복궁을 오가며 국사를 처리했다. 그러다가 윤6월 20일에 단종이 창덕궁으로 옮겨갔다. 윤씨는 그제야 식구들과 함께 경복궁으로 이사했다. 윤씨는 경복궁의 교태전으로 옮겼을 것이다.

큰아들 내외와 큰 손자, 그리고 작은아들이 윤씨와 함께 왔다. 큰아들 내외는 세자와 세자빈이었고, 6세의 작은아들은 아직 미혼이었다. 딸은 이미 혼인을 해 입궁하지 못했다. 그래서 살림집은 딸에게 물려주었다.

윤씨의 큰 손자는 훗날의 월산대군으로서, 이름이 정婷이었다. 그는 세조가 왕위에 오르기 7개월 전인 단종 2년 12월 18일에 태어나 강보에 싸인 채로 경복궁에 들어왔다. 세조의 후궁인 근빈 박씨와 덕중, 그리고 박씨 소

생의 7세 된 덕원군도 함께 입궁했을 것이다.

윤씨는 경복궁으로 들어온 지 한 달 후인 7월 20일에 정식으로 왕비에 책봉되었다. 이때가 윤씨의 생애에서 최고로 득의만만한 시절이었다. 큰 아들 내외는 효성스러웠다. 먼 훗날에는 큰아들과 큰 손자가 대를 이어 왕이 될 것이었다. 현재도 미래도 완벽했다. 윤씨에게 그 당시는 뜻하는 대로, 원하는 대로 이루어진 완벽한 시절이었다.

남편과도 아주 사이가 좋았다. 세조는 왕위에 올라서도 새로 후궁을 들이지 않았다. 보다 못한 신하들이 국왕의 지위에 걸맞게 후궁을 들여야 한다고 아뢸 정도였다. 하지만 세조는 "나는 본래 여색을 좋아하지 않는다"라며 사양했다. 물론 본심이 아니었을 수 있지만, 세조가 여색을 삼갔던 것은 사실이다.

세조가 후궁을 새로 들였다는 기록은 없다. 비록 근빈 박씨와 덕중이 후궁으로 있었지만, 이들은 즉위하기 이전에 혼인한 소실이었다. 세조는 전날 윤씨와 맺었던 부부간의 의리를 왕이 되어서도 지켜나갔던 것이다. 조선시대 왕과 왕비 중에서 세조와 윤씨만큼 부부간의 의리를 지킨 사례도 드물다.

이것은 윤씨가 그만큼 훌륭하게 처신했다는 반증이기도 하다. 윤씨는 남편과 좋은 관계를 유지하는 법을 시할머니와 시어머니에게서 배웠을 것이다. 윤씨의 시할머니는 태종의 왕비인 원경왕후 민씨다. 민씨는 남편을 왕으로 만들고 자신도 왕비가 되었지만, 왕비가 되는 순간부터 남편과 사이가 나빠졌다. 그렇게 되기까지 태종의 개성과 정치철학이 중요한 요인으로 작용했겠지만, 그에 못지않게 민씨도 정치에 과도하게 개입하려 하고, 또 남편의 여자 문제에 너무 민감하게 반응했다.

원경왕후 민씨의 비참한 삶을 잘 아는지라 윤씨는 조심 또 조심했다. 가능하면 정치에 개입하지 않았고, 또 남편의 여자 문제에도 무관심하려고 애썼다. 소소한 일이라도 마음대로 하지 않고 남편과 의논해서 처리했다. 이것은 냉정한 판단에서 나온 처신인 동시에 남편을 신뢰하며 스스로 참

고 인내한 결과였다. 윤씨의 시어머니인 소헌왕후 심씨도 이렇게 살았다.

실록에 따르면 윤씨는 왕비가 된 후 "더더욱 스스로 겸손하고 조심했다. 비록 궁중에서 매일 행하는 소소한 일이라 해도 반드시 임금에게 알린 뒤에 행했다"고 한다. 이에 세조는 윤씨가 하고 싶은대로 할 수 있도록 '여의도서如意圖書' 도장까지 만들어주었다. 그럼에도 윤씨는 무슨 일이든 반드시 세조의 뜻을 물은 다음 행했다.

그 같은 처신 덕분인지 윤씨는 왕비가 되어서도 남편과 다투는 일이 없었다. 여자 문제로 괴로워하는 일은 더더욱 없었다. 윤씨에게 좋은 일은 계속해서 찾아왔다. 세조 3년(1457) 7월 30일에 두 번째 손자가 태어난 것이다. 이 아기가 훗날의 성종이다. 아들, 손자, 며느리에 둘러싸여 윤씨는 부러울 것 없는 나날을 보냈다.

그러나 이러한 행복 속에서도 불행의 그림자는 서서히 다가오고 있었다. 윤씨의 불행은 친정어머니의 죽음에서부터 시작되었다고 할 수 있다. 친정어머니 이씨는 세조 2년 7월 14일에 세상을 떠났다. 당시 이씨는 70세가 넘었으므로 분명 호상이었을 것이다. 하지만 친정아버지에 이어 친정어머니까지 잃은 윤씨는 몹시 슬펐으리라. 그는 친정어머니가 죽기 하루 전에 세자와 함께 친정으로 가서 어머니의 임종을 지켰다.

그러나 더 큰 불행이 기다리고 있었다. 세조 3년 7월 27일, 세자가 갑자기 몸져누웠다. 그때 세자는 한창 나이인 20세였으므로 무슨 일이 생기리라고는 아무도 생각지 못했다. 세자의 병은 생각보다 위중했다. 7월 28일, 스님 28명을 불러 경회루 아래에서 공작재를 올렸다. 7월 30일에 세자의 둘째 아들이 태어났다. 세자의 병세는 여전히 호전될 기미가 보이지 않았다.

8월 4일, 정희왕후 윤씨와 세조는 며느리와 손자를 궁궐에 남겨두고 병든 세자만 데리고 고향집으로 피접을 나갔다. 세자의 치료를 위해, 새로 태어난 아이를 위해, 또 만약의 사태에 대비하기 위해서였다.

정희왕후 윤씨와 세조는 스님들을 고향집으로 불러 불공을 올렸다. 부

처의 가호 덕분인지 세자는 차도를 보이기도 했다. 그러나 그것도 며칠뿐이었다. 세자는 기어이 9월 2일 세상을 떠났다. 정희왕후 윤씨와 세조는 크게 상심했다. 며칠 동안 음식을 넘기지도 못하며 슬퍼했다.

그러나 그 와중에도 후계자 문제를 해결해야 했다. 서열로 따지면 세자의 큰아들인 원자가 1순위였지만 이제 겨우 4세로 너무 어렸다. 우여곡절 끝에 원자보다 4세 위인 윤씨의 둘째 아들 해양대군이 세자로 결정되었다. 큰며느리와 그 자녀들은 동궁을 해양대군에게 넘겨주고 궐 밖으로 나가야 했다.

해양대군이 세자가 된 지 3년 후인 세조 6년(1460), 한명회의 셋째 딸이 세자빈으로 들어왔다. 세조가 '나의 장자방'이라 신임하던 한명회와 사돈을 맺음으로써 왕실을 안정시키고 후계 구도를 굳히고자 하는 의도에서였다. 혼인할 당시 세자는 11세, 세자빈은 16세였다. 세자빈은 시집온 다음 해에 아들을 낳았다. 이 원자는 훗날 왕위를 물려받을 운명이었다.

그때 윤씨나 세조는 계유정난의 두 주역인 세조와 한명회의 공동 핏줄에게 하늘이 왕위를 내린 것이라고 믿지 않았을까? 또한 하늘의 뜻이 그렇다면 이제 이 땅의 인심도 계유정난의 정당성에 대해 더 이상 왈가왈부하지 않으리라 생각했을 것이다.

그러나 하늘의 뜻은 그것이 아니었던 모양이다. 세자빈이 산후 5일 만에 죽고, 2년이 지난 세조 9년 10월 24일에 겨우 3세 된 원자마저 죽고 말았다. 큰아들과 둘째 며느리, 그리고 손자까지 줄초상을 당하자 윤씨와 세조는 큰 충격과 함께 무시무시한 저주에 걸려들었다는 두려움에 빠졌다.

생각해보면 윤씨와 세조를 저주하는 원혼들은 헤아릴 수 없을 만큼 많았다. 쿠데타 과정에서 죽은 김종서, 황보인 등 의정부 대신들과 단종, 사육신 등의 원혼들이 구천을 떠돌며 이를 갈고 있을지도 몰랐다. 그 원혼들을 달래지 않는다면 살아남은 자손들의 안위도 장담할 수 없었다.

죽은 원혼들뿐만 아니라 살아 있는 사람들도 두려웠다. 만약 하늘이 윤씨와 세조를 버렸다는 소문이 퍼진다면 민심은 걷잡을 수 없이 나빠질 것

이었다. 하늘과 백성들에게 버림받은 왕실이라니, 상상만으로도 끔찍했다. 윤씨와 세조는 이제 모든 것이 두려워졌다. 그럴수록 윤씨와 세조는 부처에게 의지했다. 마치 세종이 말년에 불심과 신미 스님에게 의지했듯이. 당시 신미 스님은 충청도 속리산의 복천사에 머물고 있었다.

걱정과 두려움 속에
깊어가는 불심

세조 10년(1464) 2월 18일, 정희왕후 윤씨와 세조는 궁궐을 나와 충청도로 향했다. 표면적으로는 질병 치료차 온양 온천으로 가는 것이었지만 실제 목적은 신미 스님을 만나기 위해서였다. 이때 신미 스님의 동생인 김수온이 그들과 동행했다. 김수온은 「복천사기」에서 "세조는 불교를 숭상하였으며, 또한 숙덕宿德에게 자문을 구하기 위해 몸소 깊은 산속의 복천사에 왔다"고 증언했다.

2월 27일 저녁에 윤씨와 세조는 속리산 아래 벌판에 도착했다. 그곳에 병풍송이 한 그루 서 있었는데, 세조는 그 아래에서 밤을 보냈다. 이 병풍송이 오늘날의 그 유명한 정2품송이다. 이날 저녁 신미 스님이 떡 150동이를 가지고 세조를 찾아왔다. 세조는 호위 군사들에게 그 떡을 나누어주었다. 그때 신미 스님이 무슨 말을 했는지는 전해지지 않지만 분명 위로와 격려의 말이었으리라.

이튿날 아침 윤씨와 세조는 왕세자, 사위 정현조, 효령대군, 신숙주 등을 거느리고 복천사로 올라갔다. 일행은 정오 무렵 복천사에 도착했다. 세조는 곤룡포를 벗어 들고 불상 앞으로 나아가 직접 향을 살랐다. 윤씨와 세조는 신미 스님과 서너 시간을 보내고 복천사에서 내려왔다.

⊙ 정희왕후의 능인 광릉

3월 21일, 윤씨와 세조는 한양의 궁궐로 되돌아왔다. 신미 스님을 만난 후 윤씨와 세조는 자신감을 되찾았다.

불심이 깊어질수록 윤씨는 신미 스님에게 의지했다. 그래서 윤씨는 조그만 어려움이 닥쳐도 신미 스님을 찾곤 했다. 예컨대 복천사를 다녀온 후 세조가 여독으로 몸이 불편해지자 윤씨는 당장 신미 스님을 찾았다. 그리고 신미 스님의 말에 따라 상원사를 중창했다. 김수온이 쓴 『상원사 중창기』에 당시의 사정이 잘 기록되어 있다.

세조 10년 4월에 세조가 열흘 정도 몸이 불편하였다. 이에 왕비 전하가 걱정하고 두려워하다가 환관을 보내 신미 스님과 학렬 스님 등에게 자문을 구하기를 "한양과 지방의 사사寺社에서 불공을 드리고, 주상을 위해 축원하였지만 효과가 없습니다. 나는 명산에 절 하나를 창건해서 특별히 발원하는 장소로 삼아 국가에서 기원할 일이 있으면 그곳에서 행하고자 합니다. 경 등은 사방을 두루 돌아다녔으니 분명 마땅한 곳을 알 것입니다. 어디가 좋은지 알려주십시오" 하였다. 신미 스님 등이 대답하기를 "오대산은 우리나라의 명산입니다. 그중에 중대中臺 상원上元은 지덕이 더욱 기이합니다.

승도僧徒가 모이면 분명 놀라운 이적이 있을 것입니다. (중략)" 하였다.

김수온, 『상원사 중창기』

　윤씨와 세조는 '걱정과 두려움'을 불심으로 이겨내려 했다. 비록 왕비와 왕은 되었지만 그만큼 마음고생이 컸던 것이다. 원각사와 상원사가 이런 과정에서 세워졌다. 불경도 많이 편찬했다. 윤씨와 세조는 기회가 닿는 대로 전국의 명산대찰을 함께 유람했다. 이로 인해 세조 대에 불교가 조선 전기 최고의 전성기를 누릴 수 있었다.

　윤씨는 남편과 아들, 딸이 연이어 죽은 이후로 더욱 불심에 의지했다. 세조는 재위 14년째인 1468년 9월 8일, 52세에 세상을 떠났다. 세조의 뒤를 이어 둘째 아들 예종이 왕위에 올랐지만, 그 역시 재위 1년 만인 20세의 젊디젊은 나이에 죽고 말았다. 그로부터 8년 뒤에는 하나 남은 딸 의숙공주마저 윤씨보다 먼저 세상을 떠났다.

　남편과 아들 둘, 그리고 딸 하나를 모두 먼저 보낸 윤씨는 큰며느리 한씨와 사위 정현조를 자식처럼 여기며 여생을 보냈다. 예종이 세상을 떠났을 때 윤씨는 사위 정현조의 건의를 받아들여 큰며느리 한씨의 둘째 아들 자을산군을 후계 왕으로 임명했다. 자을산군은 훗날의 성종이다. 성종은 즉위할 당시 13세에 불과했다. 이에 윤씨는 대왕대비로서 조선 최초로 수렴청정해야 했지만 정치는 한명회 등 공신들에게 위임하고 자신은 주로 불교에 몰두해 지난 세월을 속죄하고, 먼저 간 남편과 자식들의 명복을 빌었다.

　그렇게 세월을 보내던 대왕대비 윤씨는 성종 14년(1483) 2월 16일, 질병 치료차 궁궐을 떠나 온양 행궁으로 행차했다. 20년 전에는 남편과 함께였지만 이번에는 두 며느리와 함께였다. 그 행차가 불귀의 길이 될 줄이야. 노년의 병을 무릅쓰고 먼 길을 떠나온 것이 병을 악화시켰다. 대왕대비 윤씨는 두 며느리가 지켜보는 가운데 3월 30일 조용히 눈을 감았다. 그때 66세였다.

얼음미인의 얼음인생,
그리고 비참한 최후
인수대비 한씨

—

덕종 왕비(1437~1504)

인수대비의 거처로 달려간 연산군은 병석에 누워 있는 인수대비에게 쏟아붓듯 말했다.

"할마마마, 제가 엄 숙의와 정 숙의를 때려죽였습니다."

깜짝 놀란 인수대비는 자리에서 벌떡 일어났다. 인수대비는 냉엄한 눈길로 연산군을 쏘아보았다. 그리고 얼음처럼 차갑게 말했다.

"그들은 모두 부왕의 후궁들인데 어찌 그럴 수가 있단 말이오?"

연산군의 눈동자가 잠시 흔들리는 듯했다. 연산군은 갑자기 미친 듯이 숨을 몰아쉬더니 따지듯이 다가가 머리로 인수대비의 가슴을 들이받았다.

"이, 이, 흉악한……."

인수대비는 무너지듯 쓰러졌다. 분을 삭이지 못한 채 입을 꾹 다물고 돌아누웠다. 인수대비의 등 뒤에서 연산군이 울부짖듯 소리쳤다.

"할마마마, 왜 제 어머니를 죽이셨습니까? 왜 제 어머니를 모함해 죽이셨습니까? 왜, 왜?"

인수대비는 죽은 듯 대답이 없었다.

출중한 외모로 명나라와
조선에서 권력을 잡은 한확

　　인수대비는 추존왕 덕종의 왕비로, 소혜왕후라
고도 하지만 일반적으로 인수대비, 성종의 생모, 연산군의 할머니로 더 유
명하다. 특히 며느리이자 연산군의 생모인 윤씨를 쫓아내 죽음에 이르게
한 매정한 대비로 기억되고 있다. 결국에는 이 일로 인해 훗날 손자 연산군

에게 행패를 당해 불행하게 최후를 맞아야 했다. 한편『내훈』을 써서 여성들을 유교 윤리로 옭아맨 주범으로 비난받기도 한다.

인수대비는 왜 왕비보다는 대비로 더 유명할까? 실제로 인수대비가 왕비였던 적은 없고 대비로만 오래 살았기 때문이다.『내훈』을 쓰고, 연산군의 생모를 폐비·사사賜死한 사건도 그가 대비였을 때 일어났다.

인수대비는 계유정난(1453년, 수양대군이 왕위를 빼앗기 위해 일으킨 사건)을 계기로 완전히 다른 삶을 살게 되었다. 수양대군의 큰며느리였던 그는 계유정난이 성공함으로써 세자빈이 되었고, 훗날 대비에까지 올랐다. 이후 인수대비는 세조 대부터 예종·성종·연산군에 이르는 4대에 걸쳐 정치와 문화를 배후에서 좌지우지한 궁중 실세로 군림했다.

그렇다면 인수대비는 어떻게 수양대군의 큰며느리가 될 수 있었을까? 여러 가지 이유가 있겠지만, 역시 청주 한씨라는 가문과 한확의 딸이라는 배경이 가장 크게 작용했으리라.

청주 한씨는 누구나 인정하는 당대의 명문이었다. 게다가 인수대비가 혼인하기 이전부터 한확은 명나라 황실과 조선 왕실 양쪽에 큰 영향력을 행사하고 있던 인물이었다. 야심만만한 수양대군이 그 같은 한확을 놓칠 리 없었다.

한확은 한영정의 큰아들로, 밑으로 남동생과 여동생이 각각 2명씩 있었다. 이들 5남매는 모두 인물이 뛰어났다. 미남 형제들 중에서도 특히 한확의 인물이 빼어났다. 실록에서는 한확을 '미풍의美風儀' '준정峻整'이라고 묘사했는데, 그만큼 풍채가 아름답고 늘씬하면서도 반듯했다는 뜻이다. 한확은 당대 최고의 꽃미남이었음에 틀림없다.

한확의 두 여동생도 빼어난 미인이었다. 첫째 여동생은 공녀貢女로 뽑혀 명나라 황실로 시집갔다. 공녀는 고려 때부터 보내기 시작했는데 조선이 건국된 이후에도 계속 이어지고 있었다. 공녀는 주로 황제나 고관대작의 소실이 되었다. 때문에 젊고 예쁜 여자를 골라 보내야 했다.

당시 조정 중신들은 지방에서 선발된 처녀들을 한양에 모아놓고 심사하

여 공녀를 뽑았다. 태종 17년(1417) 5월 9일에 공녀로 선발된 이가 2명이었는데, 한 명은 황씨 처녀였고, 나머지 한 명이 한확의 여동생이었다. 심사평에 따르면 황씨 처녀는 '미려美麗'했고, 한씨 처녀는 '선연嬋娟(예쁘면서도 기품이 느껴짐)'했다고 한다. 한씨 처녀는 전국에서 모인 미인들 중에서도 최고의 미모와 지성을 겸비한 대표 미인으로 인정받았던 것이다.

한씨 처녀를 맞이한 사람은 명나라의 3대 황제인 영락제永樂帝였다. 영락제는 첫눈에 한씨 처녀에게 반했던 듯하다. 영락제는 "한씨 여아는 매우 총명하고 영리하다"고 자주 칭찬했다고 한다. 황제의 총애를 독차지한 한씨 처녀는 훗날 여비麗妃에 책봉되었다.

한씨 처녀가 명나라로 갈 때 한확이 여동생을 수행했다. 그때 한확은 18세로 아직 미혼이었다. 영락제는 한씨 처녀뿐만 아니라 한확도 마음에 들었던 듯 그에게 광록시 소경光祿寺少卿이라는 벼슬까지 제수했다. 공식적으로 명나라 관리가 된 한확은 조선과 명나라 사이에 주요 외교 현안이 발생할 때마다 사신 행차를 도맡다시피 했다. 예컨대 태종이 세종에게 양위하고 임명장인 고명誥命을 요청했을 때에도 영락제는 명나라의 칙사로 한확을 지정해 고명을 갖고 가도록 했다. 한확은 명나라 사람도 아니고 명나라의 환관도 아니었음에도 황제의 총애로 명나라의 칙사가 되었던 것이다. 이런 만큼 조선에서 한확은 무시할 수 없는 존재였다.

한확이 영락제의 호감을 산 이유는 비단 여동생 때문만이 아니었다. 바로 한확의 빼어난 용모가 한몫했던 것이다. 영락제는 특별한 일이 없어도 한확을 명나라로 불러들이곤 했는데, 그 배후에는 손녀 공주가 있었다. 어세겸이 지은 한확의 신도비명에 따르면, 영락제는 한확을 손녀 공주의 배필로 삼으려 했지만 한확이 고향의 노모를 핑계로 거절했다고 한다. 그렇지만 한확에게 반한 영락제의 손녀 공주는 계속 한확이 보고 싶었던 모양이다. 그리움이 도질 때마다 할아버지 영락제를 졸라 한확을 불러들이게 했던 것이다.

한확은 그런 공주가 부담스러워 서둘러 고국의 여성과 혼인해야겠다고 생

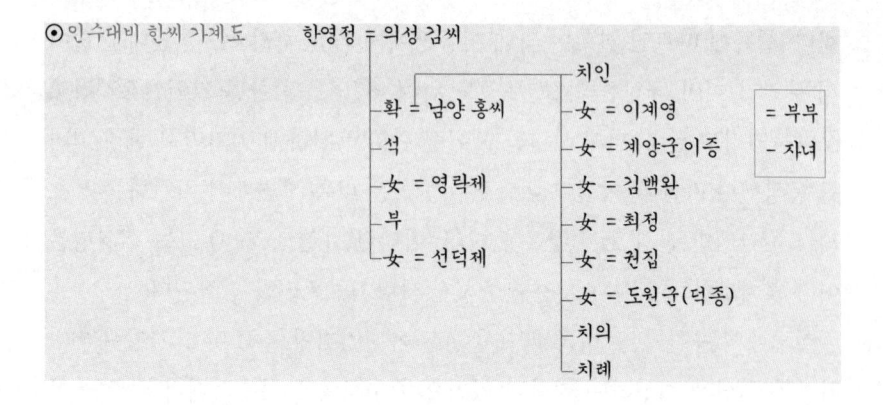

⦿ 인수대비 한씨 가계도　　한영정 = 의성 김씨

```
                                    ┌─ 치인
                     ┌─ 확 = 남양 홍씨      ├─ 女 = 이계영
                     ├─ 석              ├─ 女 = 계양군 이증      ┌──────────┐
                     ├─ 女 = 영락제       ├─ 女 = 김백완          │ = 부부   │
                     ├─ 부              ├─ 女 = 최정            │ - 자녀   │
                     └─ 女 = 선덕제       ├─ 女 = 권집            └──────────┘
                                        ├─ 女 = 도원군(덕종)
                                        ├─ 치의
                                        └─ 치례
```

각했을지 모른다. 한확이 언제 혼인했는지는 분명하지 않지만, 첫 아들 치인
이 세종 3년(1421)에 태어난 것으로 보아 그 전년쯤에 혼인했으리라 짐작된
다. 혼인할 당시 한확은 21세로, 처음 명나라에 들어간 지 3년이 지나서였다.
그 무렵에는 명나라 공주도 한확을 포기하고 다른 남자와 혼인했을 것이다.

　이렇게 명나라 황실을 배후에 둔 한확은 조선에서 승승장구했다. 그러
나 영락제의 총애를 받던 여동생은 명나라에 간 지 7년 만에 비극적인 죽
임을 당했다. 영락제가 죽자 한씨 처녀를 포함한 외국 출신의 후궁들이 모
두 순장되었던 것이다. 이들이 고국으로 돌아갈 경우 명나라 황실의 세부
정보가 새어나갈까 우려해서였다.

　한확에게는 열 살 아래의 막내 여동생이 한 명 더 있었다. 그녀의 이름은
'계란桂蘭'이었고, 태종 10년(1410) 4월 9일에 출생했다. 그녀도 언니 못지
않은 미인으로 소문이 자자했는데, 이 소문이 명나라 황실에까지 전해졌
던 것 같다.

　한확은 막내 여동생도 명나라 황실에 들일 생각이었던 듯하다. 혼기가 찼
는데도 시집보낼 생각을 하지 않더니 18세가 되던 해에 막내 여동생 또한
공녀로 뽑혔던 것이다. 이때 한씨 처녀는 크게 상심해 자리에 누워버렸다고

한다. 실록에 따르면 한확이 막내 여동생에게 약을 주려 하자 "언니를 팔아서 부귀가 이미 극진한데, 또 무엇을 위해 약을 쓰려 한단 말인가요?"라고 쏘아붙였다고 한다. 당시 사람들도 이런 한확을 천하게 여기면서 한씨 처녀를 동정했다고 한다. 야심이 대단했던 한확은 비록 주변에서 비난하는 목소리가 높았지만 신경 쓰지 않은 듯하다. 이러한 사실로 볼 때 그는 대의명분이나 명예보다는 현실과 실리를 중시한 사람이었으리라 짐작된다.

실록에서는 한확을 "비록 과거 출신은 아니었지만 능히 일을 처리하였다. 나라와 세상을 경영하는 지략이 있었으나 누구에게 아부하거나 편드는 사사로움은 없었다"고 평가했다. 요컨대 공부에는 재주가 없었지만 처세와 술수에는 탁월하고, 그러면서도 자존심이 강해 다른 사람에게 잘 굽히지 않았다는 뜻이다. 종합해보면 한확은 콧대 높은 현실주의자였다고 할 수 있다.

한확의 막내 여동생은 영락제의 손자인 선덕제宣德帝의 공녀로 갔다. 그때도 한확은 막내 여동생을 수행했다. 세종 10년(1428) 10월 4일의 일이다.

이때 한확은 막내 여동생과 함께 명나라에 온 정동鄭同이라는 조선 출신의 환관을 불러 크게 잔치를 열었다. 그리고 "내 여동생이 곧 그대의 여동생이고, 그대의 여동생이 곧 나의 여동생이오. 청하건대 내 여동생을 잘 좀 봐주시오"라고 청탁했다. 한확은 명나라 황실에 영향력을 행사하려면 반드시 환관의 힘이 필요하다는 사실을 잘 알았다. 이런 면에서도 한확의 처세와 술수 능력을 엿볼 수 있다.

미모와 지성을 겸비한 한확의 막내 여동생은 선덕제에게 총애를 받았을 뿐만 아니라 정동을 비롯한 조선 출신 환관들의 도움까지 받았다. 한확의 막내 여동생은 비록 선덕제의 자식을 낳지는 못했지만, 선덕제의 큰 손자─훗날 성화제成化帝가 되었다─를 맡아 길렀다. 그 결과 명나라 황실 안에서 그녀의 영향력은 언니 때보다 더 컸다.

세종도 이처럼 막강한 배후 세력을 가진 한확을 무시할 수 없었다. 세종은 한확에게 고관대작을 계속 제수했다. 뿐만 아니라 세종 19년 12월에는

한확의 둘째 딸을 자신의 아들과 혼인시켜 아예 사돈을 맺었다. 이렇게 해서 한확은 명나라 황실은 물론 조선 왕실에도 영향력을 행사할 수 있었다.

엄격한 어머니를
빼닮은 막내딸

인수대비는 둘째 언니가 세종의 며느리로 들어가던 해인 세종 19년(1437) 9월 8일에 태어났다. 그녀가 태어나고 몇 달 뒤에 언니가 왕실로 시집을 갔다.

한씨, 즉 훗날의 인수대비는 한확의 일곱째 아이였다. 맨 위가 큰오빠 치인이었고, 밑으로 언니만 5명이었다. 한씨가 태어나던 해에 왕실로 시집간 둘째 언니는 당시 12세였다. 그러므로 세 살 터울로 자매가 태어났으리라 짐작한다면 셋째 언니는 9세, 넷째 언니는 6세, 다섯째 언니는 3세 정도였으리라. 한씨는 이 언니들과 함께 어울리며 자랐을 것이다.

한씨의 생모는 남양 홍씨 홍여방의 딸이었다. 홍씨 부인은 태종 4년(1404)에 태어났으며, 남편 한확보다 네 살 아래였다. 18세에 첫 아들 치인을 낳은 후 내리 딸 다섯을 낳고 나자 어느새 30세가 훌쩍 넘어버렸다. 웬만하면 더 이상 아이를 낳지 않을 법도 한데 홍씨 부인은 계속해서 출산을 했다. 아마도 아들을 보기 위해서였으리라. 그렇게 해서 일곱 번째로 낳은 아이가 한씨였다. 아들을 기대했던 부모는 크게 실망했을 것이다. 게다가 그때 홍씨 부인은 이미 34세로 나이가 많아 더욱 실망이 컸으리라.

하지만 한씨가 태어난 뒤로 집안에 경사가 이어졌다. 3개월 후에 둘째 언니가 왕실로 시집을 갔고, 다음 해엔 아들까지 태어났다.

임사홍이 지은 홍씨 부인의 신도비명에 따르면, 한확이 젊었을 때 명나

라의 광록시 소경이 되어 여러 번 황제의 부름을 받아 북경에 오래 머물렀지만 부인을 믿고 집안일을 전혀 걱정하지 않았다고 한다. 또한 홍씨 부인은 자식들이 모두 성취할 수 있도록 잘 가르쳤다고 전한다. 이를 통해 홍씨 부인이 생활력과 의지력이 매우 강했음을 알 수 있다. 아마도 홍씨 부인은 장기간 집을 비우는 남편을 대신해 굳건히 가정을 지키며 자식들을 길러낸 억척스러운 어머니였으리라.

한씨는 조선시대 여성 중에서는 드물게 한문과 유교 경전에 능통했다. 이는 어머니의 영향 때문으로 보인다.

홍씨 부인의 신도비명에 따르면, 그녀는 어려서부터 "어른의 가르침을 잘 따랐으며, 행동하는 것이 모두 예법에 맞았다." 그리고 시집가서도 "시부모를 받들고 제사를 모시는 데 정성과 공경을 다했다." 비록 의례적으로 찬양하는 표현이었지만, 어려서부터 유교 윤리를 실천했을 홍씨 부인의 면면을 충분히 보여준다. 홍씨 부인은 자신이 터득한 유교 윤리에 기초해 자녀들을 훈육했을 것이다. 신혼 초부터 남편 없이 자녀들을 키우면서 홍씨 부인은 자녀들에게 다정다감하거나 따뜻한 모습보다는 엄격하고 냉정한 모습을 많이 보였을 것이다. 그리고 유교 윤리를 훈육하기 위해 딸들에게도 글을 가르치지 않았을까?

딸들은 어머니의 엄격한 가정교육을 받으며 자연스럽게 유교 윤리를 익혔을 것이다. 예컨대 이승소가 쓴 홍씨 부인의 둘째 딸 묘지墓誌에 따르면, 그녀는 "가정을 법으로 다스려 사랑방과 안채가 단절된 듯하였다. 여러 첩을 예법으로 대우하면서도 은혜를 베풀었고, 여러 자식들을 고루 사랑하면서도 엄하게 가르쳤다"고 한다. 훗날 인수대비 한씨가 시집가서 보여준 모습도 이와 다르지 않았는데, 분명 어머니 홍씨 부인에게 받은 영향 때문일 것이다.

한씨가 14세가 되던 문종 즉위년(1450) 9월 6일, 홍씨 부인이 세상을 떠났다. 몸이 불편해 자리에 누울 때에도 크게 위중해 보이지 않았는데 영원히 일어나지 못했다고 한다. 가까운 사람의 죽음은 살아남은 사람을 아프

게 하지만 그만큼 성숙시키기도 한다. 14세 된 막내딸 한씨는 어머니의 상을 치르면서 정신적으로 부쩍 성장했을 것이다. 한씨의 성격은 점점 친정 어머니 홍씨 부인을 닮아갔던 모양이다. 예컨대 『내훈』에 묘사되어 있는 한씨의 모습에서도 그 점을 확인할 수 있다.

인수대비는 타고난 자질이 엄격하면서 반듯하였다. 자식들을 가르칠 때에도 조금이라도 허물과 실수가 있으면 전혀 감싸주거나 봐주지 않고 바로 정색을 하고 꾸짖어 바로잡았다. 이에 시아버지와 시어머니께서는 며느리를 폭빈暴嬪(폭군 같은 며느리)이라는 별명으로 부르곤 하셨다.

『내훈』

위의 내용으로 미루어 짐작건대, 한씨는 둥글고 넉넉하기보다는 각이 뚜렷하고 날카로운 얼굴형에 몸집도 날렵했을 것이다. 분명 미인이었을 텐데, 부드러운 인상보다는 차가운 기운이 감도는 얼음 미인이 아니었을까 싶다. 콧대 높은 아버지와 억척스러운 어머니를 닮아 자존심이 강하고 고집도 셌으며, 대의명분보다는 실리를 중시하는 성격이었으리라.

수양대군의 큰며느리,
마침내 왕세자빈의 자리에

인수대비 한씨는 역사에서 차지하는 비중에 비해 개인적인 정보가 알려진 것이 거의 없다. 예컨대 어디에서 태어났으며 언제 혼인했는지도 정확히 알려져 있지 않은데, 그것은 인수대비와 연산군의 악연 때문이었다. 인수대비는 연산군 10년(1504) 4월 27일에 죽었는

데, 그때 연산군은 대비가 자신의 생모를 죽였다는 이유로 지문誌文이나 애책문哀冊文, 시책문諡冊文을 작성하지 않았다. 아니, 작성했는지도 모르지만 남아 있지는 않다. 그래서 인수대비에 관한 역사 기록은 많지만 정작 개인에 관한 정보는 거의 없는 역설적인 상황이 벌어지고 말았다. 때문에 인수대비의 개인 정보를 알기 위해서는 관련 기록들을 몇 개씩 동원해서 파악해야만 한다.

예컨대 실록만으로는 인수대비가 태어난 해를 알기 어렵다. 실록에는 단지 인수대비가 연산군 10년 4월 27일, 창경궁 경춘전에서 승하했다고만 기록되어 있다. 승하할 당시 몇 살이었는지 기록되지 않았고 지문도 없어 더 많은 정보를 확인할 수는 없다. 다만 인수대비의 탄신 잔치 기록을 통해 생일이 9월 8일이었음을 알 수 있을 뿐이다.

인수대비의 생년을 알기 위해서는 실록보다 오히려 『연려실기술』을 살펴보는 것이 낫다. 『연려실기술』에는 인수대비가 승하했다고 기록하면서 다음에 "나이가 68세였다"고 써놓았다. 이를 통해 인수대비가 세종 19년 (1437)에 출생했음을 유추할 수 있다. 실록과 『연려실기술』의 기록을 종합해보면 인수대비는 1437년 9월 8일에 태어났다.

이외에 인수대비의 생년월일은 『경릉지』에서도 확인할 수 있다. 경릉은 인수대비와 남편 덕종을 합장한 왕릉이다. 조선시대에는 능 앞에 세우는 비석에 묻힌 이의 생년월일을 새기는 것이 관행이었음에도 인수대비의 비석에는 오랜 세월 출생년도가 새겨지지 않았으며, 생일 또한 잘못 기록되어 있었다. 예컨대 한국학중앙연구원 장서각에 소장된 『경릉지』에 따르면, 영조 30년(1755) 2월에 세워진 인수대비의 비석에 '소혜왕후한씨 삼월십이일탄생昭惠王后韓氏 三月十二日誕生'이라고 새겨져 있었다고 한다. 하지만 이것은 명백한 오류였다. 이에 훗날 한 능참봉陵參奉이 오류를 바로잡기 위해 '삼가 선원 세계에 따라 정사년(세종 19, 1437) 9월 8일로 쓴다[謹依璿源世系 書以丁巳九月八日]'고 수정해 넣었다.

마찬가지로 인수대비가 세자빈인 수빈粹嬪에 책봉된 이후의 기록은 실록에 간간이 남아 있지만 그 이전의 정보는 찾아보기 어렵다. 예컨대 개인의 일생에서 혼인은 매우 중요한 일인데, 특이하게도 인수대비의 혼인에 관한 기록은 없다. 이것 역시 관련 기록으로 추정하는 수밖에 없다.

이승소가 지은 덕종의 묘지에 따르면, 한씨는 덕종이 도원군이었을 때 혼인했다고 한다. 덕종은 세종 27년(1445)에 도원군에 책봉되었고, 세조가 즉위하던 1455년에 왕세자가 되었다. 이로써 인수대비가 1445년에서 1455년 사이에 혼인했으리라 유추할 수 있지만, 실제로 이런 기록은 별로 도움이 되지 않는다.

한씨가 혼인한 날을 추정하는 데 중요한 단서는 덕종의 여동생인 의숙공주의 혼인이다. 의숙공주는 단종 1년(1453)에 혼인했다. 그러므로 덕종은 동생보다 앞서 혼인했을 것이다. 그런데 문종이 1452년 5월에 승하한 사실을 염두에 둔다면 도원군은 그 이전에 혼인했다고 봐야 한다. 국상 중인 1452년 5월 이후에 왕족이 혼인한다는 것은 관행에 맞지 않기 때문이다. 결국 한씨는 문종 2년(1452) 5월 이전에 혼인했을 테고, 이로써 1451년 말 또는 1452년 초로 추정할 수 있다. 나이로 봐도 1451년에 한씨는 15세, 도원군은 14세로 혼인 적령기였다.

한씨의 혼인과 관련하여 실록에 의미심장한 기록이 있다. 문종 1년(1451) 8월, 수양대군 집에서 가마솥이 스스로 우는 이변이 일어났다고 한다. 수양대군은 그것을 잔치할 징조라고 풀이했다. 당시 14세 된 큰아들의 혼인을 준비하고 있었기 때문이다.

이때 수양대군은 문종이 죽고 난 후를 대비해 정치적 야심을 키우고 있었다. 때문에 수양대군은 자신의 야심에 힘을 실어줄 수 있는 가문을 찾았고, 그 결과 1451년 말 또는 1452년 초에 한확과 사돈을 맺었을 것이다.

한씨가 혼인할 때는 친정어머니가 없는 상태여서 한씨의 혼삿일은 큰시누이와 언니들이 대신했으리라. 아마 어머니의 빈 자리를 실감하며 한씨

는 많이 울었을 것이다.

한씨보다 한 살 연하였던 남편 도원군은 생김새가 단정하고 우아했으며, 기골이 장대했다고 한다. 전반적으로 어머니 정희왕후를 닮은 것 같은데, 성격도 외모처럼 넉넉하고 여유가 있었던 듯하다.

한씨는 남편과 정반대로 마른 체형에 깐깐한 성격이었다. 오히려 이런 면에서 한씨와 도원군은 궁합이 잘 맞았던 듯하다. 깐깐하고 날카로운 한씨를 도원군은 푸근한 성격으로 감싸 안았을 것이다. 그래서 집안일이나 자녀 교육 등은 한씨의 주장대로 이루어졌으리라.

정희왕후는 생김새와 성격이 도원군과 비슷했던 듯하다. 만약 정희왕후가 깡마른 체구에 신경질적인 사람이어서 매사에 며느리에게 시시콜콜 잔소리를 했다면 고부간의 갈등이 대단했을 것이다. 한씨는 시어머니를 정성으로 모셨으며, 시부모도 며느리를 아꼈던 것 같다. 『내훈』에 한씨가 시집살이한 내용이 나와 있다.

인수대비는 세조가 왕위에 오르기 이전부터 시부모를 모시는 데 밤낮으로 게을리 하지 않았고, 세자빈이 되어서는 더더욱 며느리 된 도리를 다하였다. 몸소 시부모의 음식을 마련하였으며, 좌우에서 떠나지 않았다. 이에 세조가 늘 효성스런 며느리라 칭찬하였으며, '효부도서孝婦圖書'라고 새겨진 도장을 만들어주어 며느리의 효성을 드러내기까지 했다.

『내훈』

이처럼 한씨는 시부모에게 사랑을 듬뿍 받는 '효부'였다. 이것은 자신의 역할을 완벽히 해내려는 한씨의 성격과, 그런 며느리를 여유로운 마음으로 받아들인 시부모의 궁합이 잘 맞았기에 가능했다. 한씨는 비록 정략결혼을 했지만 혼인 초반에는 시부모나 남편과 원만하게 지냈다.

한씨가 혼인할 무렵 수양대군은 쿠데타를 도모하고 있었다. 그리고 문

종이 승하하고 단종이 즉위하면서 쿠데타는 본격화되었다. 한씨는 시아버지 수양대군이 쿠데타를 모의한 사실을 전혀 몰랐을까? 또 전혀 관여하지 않았을까?

기록상으로 이와 관련된 내용은 보이지 않는다. 하지만 기록에 없다고 해서 쿠데타에 대해 몰랐고, 관여하지 않았다고 할 수 있을까?

한씨는 시부모의 좌우를 늘 지키고 있었다고 했다. 그렇다면 한씨가 사전에 쿠데타에 대해 전혀 몰랐을 리 없다. 오히려 한씨는 쿠데타에 적극 동참했으며 친정 식구들까지 동원해 수양대군을 도왔을 것이다.

만약 한씨가 대의명분을 내세워 쿠데타를 말렸다면 그는 시부모에게 신임받는 며느리가 되지 못했을 것이다. '좌우를 늘 지키는' 며느리였다는 사실 자체가, 한씨가 시부모의 쿠데타 음모에 깊이 관여하고 있었다는 반증인 것이다.

한씨가 혼인했을 때 시댁에는 혼인하지 않은 2살 아래의 시누이 1명과 11살 아래의 시동생 1명이 있었다. 바로 이들이 훗날의 의숙공주와 예종이다. 한씨가 문종 1년(1451) 말, 15세에 혼인했다고 본다면, 그때 시누이는 13세, 시동생은 4세였다. 시누이는 한씨가 혼인한 다음 해에 정인지의 아들 현조와 혼인하고 궁에서 나가 따로 살았다.

한씨는 단종 2년(1454) 12월 18일에 첫아들을 낳았다. 그 아이가 훗날의 월산대군이다. 월산대군을 낳은 지 7개월 후인 단종 3년 윤6월 20일에 한씨는 남편, 아들과 함께 경복궁의 동궁으로 들어갔다. 수양대군이 단종을 몰아내고 왕이 되었기 때문이다. 입궁 후 한씨는 수빈에 책봉되었는데, 당시 19세였다.

한씨가 혼인할 때부터 자신이 왕세자빈이 되리라고 예상했는지는 알 수 없다. 그러나 그럴 가능성이 매우 높다는 사실은 짐작했을 것이다. 자신과 도원군이 친정아버지 한확과 시아버지 수양대군의 정치적 결탁에 의해 정략적으로 결혼한 것임을 잘 알고 있었기 때문이다. 게다가 한씨가 혼인한

후 시부모의 쿠데타 모의에 음양으로 관여했다고 본다면, 분명 한씨는 세자빈이 되고 왕비가 되는 꿈을 꾸었으리라.

행복 뒤에 찾아온 비극의 수렁

세자빈에 책봉되면서 한씨는 모든 상황이 희망적으로 보였다. 세월이 흐르면 당연히 남편은 왕위에 오를 테고, 또 먼 훗날에는 큰아들이 왕위에 오를 것이었다. 그리고 자신은 왕비, 대비가 될 것이었다. 남편과의 사이에도 아무 문제가 없었다.

게다가 연이어 아이들을 낳는 경사가 겹쳤다. 한씨는 세자빈이 된 지 몇 달 후에 첫째 딸, 즉 훗날의 명숙공주를 낳았고, 세조 3년(1457) 7월 30일에는 둘째 아들, 즉 훗날의 성종을 낳았다. 이것은 한씨와 세자의 부부관계가 매우 원만했으며, 자녀 복이 많았다는 증거이기도 하다. 특히 당시 세자가 3명이나 되는 소실을 들였다는 사실을 염두에 둔다면, 그녀가 자녀 복이 대단했음을 실감할 수 있다.

세조가 즉위하고 도원군이 왕세자에 책봉되자 신하들은 세조는 물론 왕세자도 소실을 들여야 한다고 건의했다. 자손이 많아야 왕실이 안정된다는 이유에서였다. 당시 왕이나 세자가 여러 후궁을 거느리는 것은 당연한 관행이었다.

그런데 세조는 좀 의아한 결정을 내렸다. 자신은 후궁을 들이지 않겠다면서 세자에게만 소실을 들이도록 한 것이다. 그 결과 세자의 소실을 들이기 위해 세조 2년 5월 5일에 금혼령이 내려졌다. 3개월 후인 8월 23일에 윤 소훈昭訓, 신 소훈, 권 소훈이 최종 선발되어 윤 소훈과 신 소훈이 10월 19일에

동궁으로 들어왔고, 권 소훈은 11월 3일에 동궁으로 들어왔다.

이들이 동궁으로 들어왔을 때 한씨는 기분이 어땠을까? 분명 즐거웠을 리 없다. 자신은 후궁을 들이지 않으면서 세자에게만 소실을 들이게 한 시아버지 세조가 못마땅했을 수도 있다. 그러나 한씨는 드러내놓고 불만을 표하거나 질투하지는 않았을 것이다. 그는 그런 처신이 자신에게 전혀 도움이 되지 않는다는 사실을 이미 잘 알았다. 자존심 강한 한씨는 전혀 내색하지 않고 오히려 새로 들어온 소실들에게 본부인으로서의 권위를 잃지 않으려 노력했을 것이다. 남편은 이러한 한씨를 가상하게 여기며 더욱 사랑하고 신임했을 것이다.

예컨대 한씨가 1456년 10월을 전후하여 둘째 아들, 즉 훗날의 성종을 임신했을 무렵 3명의 소실들이 입궁했다. 이 사실로 미루어 그때도 한씨는 남편과 불화하지 않고 원만한 부부관계를 유지했다고 판단할 수 있다.

한씨가 세자빈이 된 직후에는 그의 친정집도 승승장구했다. 친정아버지 한확은 세조의 남다른 신임을 받으며 우의정으로 있었고, 큰오빠 치인도 고속 승진했다. 모든 행운이 한씨에게 모여들고 있다고 할 만한 상황이었다.

그러나 운도 너무 지나치면 꺾이는 것이 세상 이치인 듯싶다. 세상의 모든 복을 움켜쥔 것 같던 한씨에게 예기치 않은 불행이 닥쳤다. 친정아버지 한확이 갑작스럽게 죽은 것이다.

한확은 세조 2년 4월 27일에 한양을 출발해 명나라로 갔다. 당시 한확은 57세였다. 명나라에서 세조를 왕으로 인정하는 고명을 내려준 데 대한 사은사 임무를 맡았던 것이다. 한씨는 한확이 출발하기 며칠 전에 남편과 함께 친정으로 가 아버지께 먼 길 잘 다녀오시라는 인사를 드렸다. 그때 세조가 술을 하사해 자리를 빛내주었다. 한씨는 그 자리가 친정아버지를 보는 마지막이 될 줄은 상상도 못했으리라.

한확은 명나라에서 맡은 바 사행을 무사히 마치고 귀국하던 길에 병이 들어 여관에서 객사하고 말았다. 그때가 세조 2년 9월 11일이었다. 한확의

죽음이 조선 조정에 알려진 것은 9월 22일쯤이었다.

한씨도 그 무렵에야 한확의 죽음을 알았을 것이다. 막내딸 한씨에게 친정아버지의 죽음은 엄청난 슬픔이었으리라. 친정어머니마저 없는 상태에서 친정아버지가 객사했다는 사실 때문에 한씨는 더더욱 가슴 아팠으리라.

당시 한씨는 아이를 임신한 상태였다. 한확이 죽은 지 10개월 후인 세조 3년(1457) 7월 30일에 한씨는 둘째 아들을 낳았다. 그 아이가 훗날의 성종이다. 한씨는 아들을 낳은 뒤에야 조금이나마 친정아버지를 잃은 슬픔에서 벗어날 수 있었으리라. 그러면서 더 이상의 불행이 없기를 갈구했을 것이다. 그러나 불행도 몰려다니는 모양이다. 둘째 아들이 태어나던 무렵 남편이 병석에 드러눕고 말았다. 실록에 따르면, 7월 27일에 세자가 몸이 불편하다 하여 세조가 정인지, 신숙주 등을 불러 치료약을 논의했다고 한다. 27일이면 한씨가 해산하기 3일 전이다.

만삭의 한씨는 남편의 병세에 크게 걱정했지만 큰일이 생기리라고는 생각지 못했을 것이다. 세조 역시 마찬가지였으리라. 20세밖에 안 된 젊은이였던 만큼 세자가 거뜬히 자리를 털고 일어나리라 바라고 믿었을 것이다. 그러나 세자는 영영 일어나지 못했다. 세자는 그해 9월 2일, 세상을 뜨고 말았다. 한씨가 둘째 아들을 낳은 지 삼칠일이 막 지난 시점이었다.

한씨에게 남편의 죽음은 단순히 미망인이 된다는 차원이 아니었다. 보장되었던 미래가 한순간에 날아가버리는 상황이었다. 시아버지의 뒤를 이어 남편이 왕위에 오르고, 또 그 뒤를 이어 큰아들이 왕위에 오르리라 믿고 있었는데, 남편이 죽으면서 상황은 완전히 달라진 것이다.

당시 한씨의 큰아들은 4세에 불과했다. 이 아들이 남편을 대신해 시아버지의 후계자가 되기에는 너무나 어렸다. 만약 남편이 외아들이었다면 이 아들이 후계자가 될 가능성도 염두에 둘 수 있었겠지만 남편 아래로 8세 된 시동생 해양대군이 있었다. 세조의 후계자가 되기에는 한씨의 네 살짜리 큰아들보다는 해양대군이 훨씬 유리했다. 한씨는 이런 사실을 누구보

다 잘 알고 있었을 것이다.

세자의 죽음은 한씨의 삶에 많은 변화를 가져왔다. 세자가 죽은 다음날, 한씨의 큰아들은 해양대군과 함께 어딘가로 옮겨졌다. 죽음의 저주가 맴도는 궁궐에서 피해 있도록 하기 위한 조처였지만, 남편을 잃은 한씨는 다시 큰아들과 이별하는 아픔을 겪어야 했다.

큰아들과 이별한 다음날, 한씨는 남편의 장례를 치르기 위해 시신이 안치된 빈소로 갔다. 태어난 지 채 한 달밖에 안 된 아들은 유모에게 맡겼다. 유모는 '어리니於里尼'라는 이름의 백씨 여인이었다.

남편을 잃고, 또 보장된 미래마저 사라져버린 상황에서 한씨는 크나큰 비통에 젖었을 것이다. 그러나 그런 참혹한 심정을 하소연할 데도 없었을 뿐더러, 젖먹이 아들조차 제대로 볼 수 없었다. 이 모든 불행을 한씨는 스스로 극복해야 했다.

남편의 장례일은 11월 24일로 예정되어 있었다. 장지는 경기도 고양현의 봉현 언덕이었다. 한씨는 11월 18일에 발인하는 영구를 뒤따라갔다. 흰 가마를 타고 가면서 한씨는 한없이 울었으리라. 한씨의 뒤로 소실 3명도 함께 따르고 있었다. 그들은 11월 24일 장례를 끝낸 후 한양으로 돌아왔다.

사실 한씨보다 세 소실들이 더 불운했다. 그녀들은 세자와 합방조차 못했을 것이다. 그들이 입궁할 당시에 세자는 장인의 상을 당한 직후였고, 상이 끝날 즈음에 세상을 떠났기 때문이다. 그러니 그들은 명색은 소실이었지만 실제는 처녀였으리라. 겨우 15~16세에 말 그대로 청상과부가 된 그들은 궁궐 안에서 평생을 수절해야 했다.

청상과부가 된 한씨는 설상가상으로 확실해 보였던 미래마저 산산이 부서지는 비극을 맛보아야 했다. 큰아들이 왕의 후계자가 되지 못한 것이었다. 그 자리는 시동생에게 돌아갔다.

세상은 냉정했다. 해양대군이 세자로 결정되자 한씨는 동궁을 넘겨주고 자식들을 거느리고 궐 밖으로 나가야 했다. 12월 15일, 해양대군이 정식으

로 세자에 책봉되었다. 한씨는 궐 밖으로 나가면서 모든 희망을 접었으리라. 큰아들은 왕이 될 수도 없고, 그러므로 자신은 대비가 될 수 없다는 현실을 받아들여야 했기 때문이다.

한씨의 거처는 효정묘孝靖廟 옆에 새로 마련되었다. 효정묘는 세자의 신주를 모시는 사당이었다. 왕이 죽으면 장례 후에 신주를 궁궐 안의 혼전魂殿에 모셨다가 3년상이 끝나는 대로 종묘에 모시는 것이 법도였다. 그러나 한씨의 남편은 왕위에 오르지 못하고 죽었으므로 신주가 종묘에 들어갈 수 없었다. 조선시대에는 죽은 세자의 신주를 모실 사당을 따로 세우곤 했는데, 이번에 세운 사당이 효정묘였다. 효정묘는 지금의 덕수궁 자리에 있었다. 세조가 며느리의 거처를 효정묘 옆에 마련한 이유는 남편의 사당을 지키며 수절하라는 의미에서였다. 한씨의 거처는 수빈의 이름을 따서 '수빈궁'이라고도 불렸다.

한씨가 아이들을 데리고 궁궐에서 나왔을 때 그의 나이는 겨우 21세였다. 큰아들은 4세, 딸은 2세, 그리고 막내아들은 생후 5개월밖에 되지 않았다. 명색은 세자빈이었지만 실제는 어린애들이 주렁주렁 딸린 청상과부였다. 게다가 친정 부모마저 죽은 마당에 한씨는 어디 가서 마음 놓고 하소연할 곳도 없었다.

이런 한씨를 보살펴준 사람은 둘째 언니인 계양군 부인이었을 것이다. 계양군 부인은 한씨보다 열한 살 위였다. 계양군 부인은 12세 때 어린 나이에 왕실에 시집갔으므로 한씨의 처지와 입장을 누구보다 잘 헤아렸으리라. 게다가 한씨의 혼인을 배후에서 주선한 이도 그였지 않은가. 그런 여동생이 청상과부가 되어 궐 밖으로 나왔으니 계양군 부인은 책임감을 느꼈을 것이다. 그래서인지 한씨는 큰일이 생기면 곧잘 둘째 언니를 찾아갔다. 예컨대 중병이 들면 둘째 언니에게 가서 요양하곤 했다. 이처럼 궐 밖으로 나간 한씨는 어린아이들을 주렁주렁 거느리고 남편의 사당을 지키면서 세월을 보내야 했다.

자녀들에게
한 가닥 희망을 걸고

궐 밖으로 물러나올 때 한씨는 무엇에 삶의 희
망을 걸었을까? 절망적인 상황에서 한씨는 무엇에 의지하며 하루하루를
살았을까? 그에게 한 가닥 희망은 아들과 딸이었을 것이다. 물론 이전과는
전혀 다른 차원에서였겠지만. 전날 한씨에게 큰아들은 미래의 왕이었다.
한씨는 그를 잘 훈육하여 훌륭한 왕으로 만들고 싶었을 것이다.

하지만 궐 밖으로 나오면서 그 희망은 완전히 사라졌다. 혹시나 하고 바
랄 수도 없는 상황이었다. 남편 대신 왕세자가 된 시동생은 세조 6년(1460)
에 한명회의 셋째 딸과 혼인해 다음 해에는 아들까지 낳았다. 시동생은 이
제 왕의 후계자로 완벽한 존재였다.

그럼에도 한씨는 자녀들에게 삶의 희망을 걸었을 것이다. 큰아들이 비
록 왕은 못 되더라도 아비 없는 과부의 자식이어서 별수 없다는 말을 들을
수는 없지 않은가? 딸도, 막내아들도 마찬가지였을 것이다.

청상과부가 되어 혼자 힘으로 아이들을 키우면서 한씨는 더더욱 차갑고
엄격하게 변한 듯하다. 그리고 그 성격은 주로 아이들에게 발산되지 않았
을까? 폭빈이라 불리던 한씨는 더더욱 무서운 폭빈으로 변모했을 것이다.

그런데 차갑게 변한 한씨에게 가장 상처 입은 사람은 큰아들이었던 듯
하다. 불운하게도 네 살배기 큰아들은 자신도 모르게 한씨에게 상실감과
절망감을 안겨주는 존재가 되었다. 4세면 한창 뛰어놀 나이다. 한씨가 정
신적으로 여유가 있었다면 이런 아들이 마냥 귀엽고 사랑스러웠겠지만,
상황이 그렇지 못하다 보니 버릇없고 눈치 없는 '미운 네 살'로 보였을 것이
다. 한씨는 아이들의 장난이나 어리광을 엄하게 꾸짖었을 것이다. 특히
큰아들에게 더욱 냉정하고 매서웠을 것이다. 당연히 큰아들은 주눅이 들
어 제대로 뛰어놀지도 못하고 엄마의 눈치만 살피며 자라지 않았을까? 이

큰아들이 훗날의 월산대군이다.

　역사 기록에서 월산대군은 종종 소심하고 병약한 사람으로 묘사된다. 예컨대 예종이 승하한 후 월산대군은 훗날 성종이 되는 동생 자을산군과 함께 후계자로 거론되었는데, 그때에도 '어려서부터 병에 걸렸다'는 이유로 탈락하고 말았다. 다소 과장되기도 했겠지만, 월산대군이 평상시 건강하고 자신감 있는 모습을 보여주지 못한 것은 사실이다. 이는 월산대군과 자을산군을 비교해놓은 실록의 기록에서도 명백히 드러난다.

　자을산군(성종)이 어렸을 때 일이다. 친형 월산대군과 함께 궁중에서 글을 읽고 있었는데 천둥이 쳤다. 옆에 있던 어린 환관이 벼락에 맞아 죽었다. 그러자 함께 있던 사람들이 모두 놀라 넘어지며 혼비백산하였다. 이때 자을산군만이 홀로 두려워하는 기색도 없이 말과 행동이 태연자약하였다.

『성종실록』, 총서

　월산대군은 자을산군보다 나이가 세 살이나 많았다. 동생이 의연하게 행동할 때 월산대군은 혼비백산했다. 위의 기록을 통해서도 월산대군이 어려서부터 병을 자주 앓고 겁도 많았음을 짐작할 수 있다. 월산대군이 이렇게 병약하고 소심하게 된 데에는 어머니 한씨의 영향이 컸을 것이다.

　한씨의 시부모는 이런 며느리를 걱정스러워했다. 며느리를 농담 삼아 '폭빈'이라고 불렀지만, 그 이면에는 아이들을 너무 무섭게 다그친다는 걱정과 불안이 들어 있었을 것이다. 그래서 시부모는 어린 손자들을 궁궐로 자주 불러 직접 훈육하곤 했다. 임사홍이 지은 월산대군의 신도비명에서 보듯, "세조가 애지중지하여 궁중에 두고 길렀다. 무릇 활쏘기, 말 타기, 글씨 쓰기, 수학 등 직접 지도하고 가르치지 않은 것이 없었다." 성종의 지문에도 "덕종이 세자로서 일찍 세상을 떠나자 세조는 왕을 궁중에서 양육하였다"는 내용이 있다. 즉, 세조가 월산대군과 자을산군을 수시로 불러 직

접 가르쳤다는 의미다. 그것도 궁중에서 양육했다고 할 정도로 자주 불러들였던 것이다.

세조가 이렇게 한 데에는 몇 가지 이유가 있을 것이다. 첫째, 청상과부가 되어 더 냉혹해진 큰며느리를 대신해 손자들에게 조부모의 따뜻한 관심과 사랑을 보여주려 했을 것이다. 둘째, 큰아들을 잃고 허전해진 마음을 손자들을 보면서 달래려 했을 것이다. 셋째, 절망에 빠진 큰며느리를 위로해주고 싶었을 것이다. 이렇듯 세조와 정희왕후는 한씨와 달리 월산대군과 자을산군에게 다정다감한 조부모였다. 실제로 실록에는 이런 기록이 있다.

세조는 매번 월산대군과 자을산군을 볼 때마다 꼭 말하기를 "독서를 일삼지 말거라. 독서는 너희들에게 급한 일이 아니다" 하였다.

『성종실록』, 권2, 1년 1월 기축조

이 기록에서 몇 가지 의미를 유추할 수 있다. 우선 당시 월산대군과 자을산군은 왕위를 이을 것이 아니므로 공부에 전념해본들 별 소용이 없다는 뜻이다. 동시에 어차피 왕이 될 것이 아니라면 공부보다는 몸과 마음을 수양하는 것이 좋겠다는 세조의 바람이기도 했을 것이다.

그런데도 월산대군과 자을산군은 조부모를 만날 때마다 열심히 공부하는 모습을 보였다. 과연 월산대군과 자을산군이 공부를 천성적으로 좋아했을까? 이는 아마도 한씨의 영향이었을 것이다. 실제로 공부를 좋아하는 아이가 얼마나 있겠는가? 어린 시절 월산대군과 자을산군도 공부보다는 노는 것을 더 좋아했을 것이다. 그러나 어머니가 무서워 열심히 공부하는 척했으리라. 세조는 그런 손자들을 딱하게 여겨 볼 때마다 실컷 놀라고 하지 않았을까?

월산대군과 자을산군은 집에서는 어머니를 의식해 열심히 공부하다가도 조부모가 불러 대궐에 들어가면 마음껏 뛰어놀았을 것이다. 그런 면에

서 본다면 태어나면서부터 조부모 아래에서 자란 자을산군은 형 월산대군
보다 운이 좋았다고 하겠다. 자을산군이 형보다 강하고 자신감 있게 자랄
수 있었던 이유도 여기에 있다.

시아버지 세조의 주도하에
이루어진 자녀들의 혼사

시부모는 손자들의 혼인에도 관심을 쏟았다.
비록 한씨가 왕년에는 세자빈이었지만, 덕종이 죽고 난 뒤 그의 아이들은
아비 없는 자식, 과부의 자식이었다. 그런 손자 손녀를 위해 왕과 왕비가
직접 나서서 그들의 배필을 찾는 편이 낫다고 생각했을 것이다. 이행이 지
은 홍상의 신도비명에 이런 내용이 있다.

세조대왕이 덕종의 딸인 명숙공주를 위해 부마를 고르던 중에 홍상을
한 번 보고는 기특하게 여기고 사랑스러워하며 가아佳兒라고 하였다. 드디
어 홍상과 명숙공주가 혼인하였는데, 그때 홍상의 나이 10세였다.

한씨는 세조 12년(1466) 8월 19일에 큰며느리를 들였다. 큰며느리는 당
시 병조참판을 지내던 박중선의 큰딸이었다. 물론 이번에도 세조와 정희
왕후가 혼사를 주선했다.
박중선은 세조와 가까운 관계였다. 박중선의 어머니는 세조의 어머니인
소헌왕후 심씨의 조카딸이다. 즉, 세조와 박중선의 어머니는 이종 사촌 간
이었다. 게다가 박중선은 무과에 장원을 한 까닭에 군사 방면에 관심이 많
은 세조와 잘 통했다.

월산대군의 혼례는 세조의 조카인 영순군 이부의 집에서 치러졌다. 영순군이 아버지 역할을 대신한 것이다. 혼례가 있던 날, 세조와 정희왕후는 궁궐 안에 높은 다락을 만들고 그 위에 올라가 멀리서 혼례 광경을 구경했다고 한다. 월산대군은 세조와 정희왕후에게 큰손자였지만, 세자도 원손도 아니었으므로 그들이 손자의 혼례에 직접 참여할 수는 없었다. 그렇다고는 해도 왕과 왕비가 다락까지 만들어서 친관하자 종친과 고관대작들이 대거 혼례에 참석했다. 덕분에 월산대군은 거창하고 화려하게 혼례를 올렸다.

한씨는 그해에 딸까지 홍상에게 시집보냈다. 그때 한씨의 딸은 11세밖에 되지 않았는데, 딸을 마음에 들어한 시부모가 재촉하여 서둘러 시집보냈던 것이다.

월산대군이 13세에 혼인했으므로 큰며느리는 또래거나 조금 어렸을 것이다. 그때 한씨는 30세였다. 남편을 잃고 궐 밖으로 나온 지도 어언 10년이 다 되어갔다. 그때쯤이면 처음의 절망도 상당히 무뎌졌을 것이다. 그러나 한씨의 성격은 바뀌지 않은 듯했다. 한씨는 분명 큰며느리에게도 엄격했을 것이다. 며느리 박씨에게 시집살이는 결코 만만치 않았을 것이다. 냉엄한 시어머니, 그것도 10년 가까이 청상으로 산 시어머니를 모시는 일은 분명 어렵고 힘들었을 것이다. 그래서일까, 큰며느리는 평생 아이를 낳지 못했다. 하지만 훗날 월산대군의 소실은 아이를 낳았다.

세조와 정희왕후는 손자 손녀들의 혼인을 한꺼번에 끝내려 했던 것 같다. 세조는 큰손자와 큰손녀의 혼처를 주선하면서 막내 손자의 혼처까지 결정했다. 실록에 따르면, 월산대군의 혼례가 8월 19일에 있었는데, 그로부터 겨우 5일 후인 8월 24일에 자을산군의 예단을 한명회의 집에 보내기로 했다고 한다. 즉 8월 24일 이전에 자을산군과 한명회의 딸을 혼인시키기로 결정되었던 것이다. 자을산군은 월산대군이 혼인한 지 5개월 후인 1467년 1월 12일에 혼례를 치렀다. 한씨는 거의 한 해 안에 세 자녀를 모두 혼인시킨 셈이다. 자을산군의 혼인과 관련하여 공혜왕후 한씨의 지문에 이런 언급이 있다.

성화成化 3년, 즉 정해년(세조 13, 1467)에 세조는 자을산군을 위해 배필을
고르고 있었지만 마음에 드는 규수가 없었다. 마침 공혜왕후가 심덕도 좋
고 용모도 단정하다고 듣고 불러 보고는 곧바로 혼인을 결정하였다. 그해
1월 12일에 혼례를 거행하였다.

『성종실록』, 권43, 5년 6월 경신조

기록에서 보듯이 자을산군의 배필을 결정한 이는 분명 세조다. 그런데
1466년 8월 24일 이전에 자을산군과 한명회의 딸을 혼인시키기로 결정한
사실을 고려하면, 세조가 공혜왕후를 불러 본 것은 그 이전의 일이다. 아마
도 월산대군의 혼례 전후였을 것이다.

그런데 위의 기록에서 의심스러운 면이 보인다. 우선 세조의 마음에 드
는 규수가 없다고 했는데, 며느리 한씨도 그렇게 생각했는지 의문이다. 또
누가 세조에게 공혜왕후 한씨를 소개했을까?

겉으로는 세조가 자을산군의 배필을 결정했다고 하지만, 이는 사실상 한
씨의 뜻이었을 것이다. 그러므로 세조의 마음에 들지 않았다는 규수들은 실
제로는 한씨의 마음에 들지 않았다는 의미이리라. 즉, 세조의 마음에 들지 않
은 규수들이 많았다는 이야기는 시아버지가 소개하는 규수들을 한씨가 계속
해서 거부했다는 뜻이다. 이것은 큰며느리는 시아버지의 뜻에 따랐지만, 둘
째 며느리는 한씨 자신이 직접 고르겠다는 의지의 표시가 아니었을까?

한씨는 언젠가 자을산군과 함께 허계지許繼之라는 사람의 집으로 피접
(요양)을 간 적이 있었다. 허계지의 아내가 평소 한씨의 집을 드나들어 서로
잘 아는 사이였기 때문이다. 그런데 허계지의 수양딸이 바로 한명회의 막
내딸이었다. 허계지는 당대의 부상대고富商大賈로서, 조정의 실세들에게
연줄을 대고 있었다. 물론 한명회와도 관계하고 있었다. 한명회의 막내딸
은 1456년에 태어나 자을산군보다 한 살 연상이었다. 한씨는 피접 중에 그
녀를 만났던 것 같다.

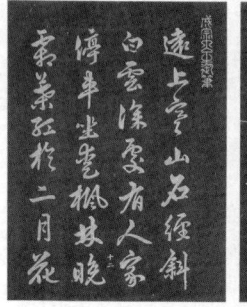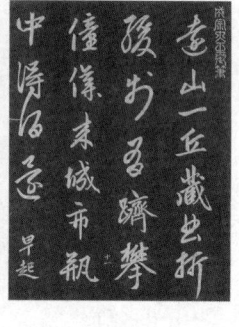

⊙인수대비 한씨의 둘째 아들로 왕위에 오른 성종의 어필

한씨는 시아버지가 정해준 큰며느리가 불만족스러웠는지 모른다. 바깥 사돈 박중선은 비록 무과 장원 출신이지만 글도 모르는 까막눈이었다. 게다가 박중선의 생모가 소헌왕후 심씨의 조카딸이라는 사실은, 소헌왕후의 친정 식구들이 태종에게 멸문당했다는 점에서 현실적으로 불리한 조건이었다. 세조는 큰손자 월산대군이 조용히 살아가기를 바라며 박중선의 딸을 손자며느리로 골랐는지 모른다. 세조는 자을산군의 배필 또한 그와 유사한 가문에서 고르려 했을 가능성이 높다. 한씨는 바로 세조의 이런 점이 내키지 않았을 것이다.

한씨는 세조에게 한씨 처녀에 대해 넌지시 이야기했을 것이다. 하지만 세조는 한씨 처녀가 흔쾌히 마음에 들지 않았으리라. 한씨 처녀의 바로 위 언니가 둘째 아들의 며느리로 들어왔다가 죽은 지 몇 년 되지 않았기 때문이다. 게다가 자매 중 한 명은 며느리로, 다른 한 명은 손자며느리로 들인다는 것이 그다지 내키지 않았을 것이다. 하지만 한씨는 주저하는 세조를 끝내 설득해 한씨 처녀를 보게 했을 것이다.

아들과 딸을 모두 혼인시킨 뒤 한씨는 크게 병을 앓았다. 청상이 된 후 자식들에게 쏟아붓던 열정이 갑자기 사라져서였을까? 한씨는 둘째 아들

을 장가보낸 그해 가을에 병석에 누웠다. 병세가 심상치 않았다. 그때 한씨는 31세에 불과했다. 한씨는 둘째 언니의 집으로 피접을 갔다. 혹시 영영 일어나지 못할지도 모른다는 생각이 들어서였다.

한씨가 위중하자 세조가 직접 문병을 오기도 했다. 그러나 병세는 점점 악화되었고, 겨울이 되자 더욱 위독해졌다. 그러자 세조와 함께 정희왕후까지 문병을 왔다. 이때 한씨는 자신이 이승에서 해야 할 일은 모두 끝냈다고 생각하고 삶의 의지를 놓았던 것이 아닐까?

12년 만에 대비로
다시 입궐하다

한씨가 병석에서 털고 일어난 지 1년쯤 지난 1468년 9월 8일, 세조가 하직했다. 그 뒤를 이어 19세 된 시동생이 왕위에 올랐다. 그가 바로 훗날의 예종이다. 왕비는 안순왕후 한씨로서 한백륜의 딸이었다. 예종이 왕위에 올랐을 때 아들과 딸이 각각 1명씩 있었다. 그런데 예종이 20세가 되던 해, 즉 왕위에 오른 지 1년 만에 갑자기 세상을 떠났다. 형 덕종과 마찬가지로 예종도 20세에 요절하고 만 것이다. 예종의 죽음으로 한씨는 또 한 번의 극적인 변화를 맞았다.

묘하게도 예종과 덕종은 비슷하게 죽었다. 그리고 죽음 이후 결과도 비슷했다. 20세에 죽었다는 점과 4세 된 큰아들이 모두 후계자에서 밀려났다는 점 등이 그러했다. 단지 덕종의 큰아들은 원손이었고, 예종의 큰아들은 원자였다는 사실이 다를 뿐이었다.

예종의 큰아들, 즉 훗날의 제안대군도 덕종의 큰아들 월산대군이 겪었던 길을 그대로 답습했다. 왕의 후계자로서 찬란한 미래가 보장되었던 제

안대군은 세자 자리에서 밀려났다. 그는 아버지 예종이 승하한 다음날 원자에서 일개 왕자로 격하되었다. 다만 제안대군은 왕의 아들이었으므로 혼인 후에 궐 밖으로 나갈 수 있었다. 그러나 원자의 처소가 아니라 안순왕후 한씨의 대비전으로 옮겨가 살아야 했다.

그나마 다행이라면 예종의 왕비 안순왕후 한씨는 궐 밖으로 나가지 않아도 되었다는 점이다. 명실 공히 왕비였으므로 남편의 죽음과 함께 대비가 되었기 때문이다. 물론 중전을 비우고 대비전으로 물러나야 했지만. 중전에는 새 왕비가 들어올 것이었다.

예종의 아들이 너무 어려서 왕의 후계자가 되지 못하자 한씨의 아들들에게 기회가 돌아갔다. 뜻밖에도 월산대군과 자을산군이 왕의 후계자가 된 것이다. 후계자는 왕실의 최고 어른인 정희왕후가 결정했다. 정희왕후는 동생 자을산군을 지목했다. 그 이유가 실록에 잘 기록되어 있다.

지금 원자는 너무 어리다. 또 월산대군은 어려서부터 질병이 있었다. 자을산군은 비록 어리기는 하지만 세조께서 일찍이 그 도량을 칭찬하며 태조에게 비교하기까지 하셨다. 그러니 자을산군을 주상으로 삼음이 어떠한가?

『예종실록』, 권8, 1년 11월 무신조

1469년 11월 28일, 한씨의 둘째 아들 자을산군이 경복궁에서 왕위에 올랐다. 이때 한씨는 33세였다. 12년 전 한씨는 청상과부가 되어 절망한 채 궁궐을 나왔는데, 이제 왕의 어머니가 되어 궁궐로 되돌아간 것이다. 한씨는 살림집을 큰아들 월산대군에게 물려주고 입궁했다.

그런데 문제가 생겼다. 한씨와 아랫동서와의 관계 때문이었다. 사사로이 본다면 한씨가 윗동서지만 공식적으로는 세자빈에 불과했다. 그에 비해 아랫동서는 공식적으로 예종의 왕비였다. 당연히 공식적인 서열로 따지면 한씨보다 아랫동서가 위였다.

이때 신숙주가 대안을 제시했다. 한씨의 남편이었던 세자를 왕으로 추숭追崇하자는 것이었다. 그러면 한씨는 자연히 왕대비가 되고, 아랫동서보다 서열이 높아지는 것이었다. 논의 끝에 한씨는 왕대비가 되었으며, 남편은 '의경왕懿敬王'으로 추숭되었다.

당시 신하들은 한씨의 왕비 호칭으로서 자수왕비慈粹王妃와 인수왕비仁粹王妃, 두 가지를 추천했다. 이중에서 성종이 인수왕비를 선택해 한씨는 이후부터 '인수대비'로 불렸다.

인수대비는 명실 공히 궁중 서열 2위가 되었다. 서열 첫번째는 물론 시어머니인 정희왕후 윤씨였고, 두 번째는 인수대비였으며, 세 번째는 아랫동서인 예종의 왕비 안순왕후 한씨였다. 이들은 서열에 따라 대왕대비, 왕대비, 대비로 불렸다. 이렇게 해서 성종 초반의 궁궐에는 일시에 3명의 대비가 들어앉았다. 그리고 성종의 왕비 공혜왕후 한씨도 있었다.

자을산군은 왕위에 올랐을 때 13세였다. 왕이 아직 어렸기 때문에 왕실의 최고 어른인 대왕대비 정희왕후가 수렴청정을 했다. 대왕대비는 왕실의 최고 어른일 뿐만 아니라 사실상 최고 권력자이기도 했다. 자연히 권력 핵심은 대왕대비의 측근들이었다. 그중에서도 실세는 어머니 인수대비였다.

대왕대비는 수렴청정을 요청받았을 때 "나는 문자를 알지 못하지만 수빈은 문자도 알고 사리에도 통달했으니 가히 국사를 다스릴 수 있다"며 인수대비에게 사양한 적이 있었다. 대왕대비가 인수대비를 신임했음을 짐작할 수 있다. 따라서 형식적으로는 대왕대비가 수렴청정을 했지만, 배후에서 그를 좌지우지한 사람은 '문자도 알고 사리에도 통달'했으며 '대왕대비가 신임하는' 인수대비였다. 게다가 인수대비는 왕의 생모이기도 했다.

인수대비는 입궁할 때 성종의 유모 백씨를 데려왔다. 백씨는 왕의 유모, 즉 봉보부인奉保夫人이 되었다. 인수대비는 백씨 부인에게 남다른 유대감을 갖고 있었다.

인수대비는 성종을 낳고 한 달여 만에 남편을 잃었다. 그래서 제대로 몸

을 돌볼 틈도 없이 남편의 장례를 치러야 했다. 남편의 장례는 3개월 장이었으므로 그 기간 동안에는 아이에게 신경 쓸 틈도, 마음의 여유도 없었다. 장례 이후에는 곧바로 궁궐에서 나와야 했다. 그 황망하고 절박한 상황에서 성종을 무사히 길러낸 것은 유모 백씨의 공이라 해도 과언이 아니었다. 그런 백씨 부인을 인수대비는 남달리 믿고 의지했다.

인수대비가 입궁했을 때 성종은 아직 자식이 없었다. 나이가 어려 아직 합궁을 하지 않았기 때문이다. 그렇지만 왕이 된 지 몇 년이 지나도 왕비에게서 아이가 생기지 않았다. 왕비가 원래 석녀였기 때문인지, 아니면 층층이 시어머니, 시할머니, 시증조할머니까지 모셔야 했던 중압감 때문인지는 알 수 없다. 다만 분명한 것은 시어머니인 인수대비가 왕비를 엄격하게 훈육했다는 사실이다. 이와 관련하여 공혜왕후 한씨의 지문에 이런 언급이 있다.

서사書史에 정신을 쏟고 열녀전 같은 책들을 읽는 것을 매일의 일과로 하였다. 왕비는 성종이 장차 후궁을 골라 들일 것이라는 말을 듣고 좋은 옷들을 장만해두었다가 후궁들이 들어오면 선물로 주었다. 그 뒤로도 옷과 노리개 등을 끊임없이 내려주고, 은혜와 예법으로 대우하며 조금도 싫어하는 기색이 없었다.

『성종실록』, 권43, 5년 6월 경신조

공혜왕후에게 서사에 신경 쓰게 하고 열녀전 등을 읽게 한 사람은 분명 인수대비였을 것이다. 당시의 왕실 어른들 중에서 한문으로 글을 짓거나 한문 서책을 읽을 수 있는 이는 인수대비였고, 대왕대비 정희왕후는 한문을 몰랐기 때문이다. 인수대비는 궁에 들어오기 이전부터 며느리를 엄격하게 훈육했을 것이다. 큰며느리인 박씨 부인에게도 마찬가지였으리라.

인수대비는 유교 윤리에 따라 철저히 공혜왕후를 교육했다. 인수대비가 읽게 한 열녀전은 중국의 현모양처들에 관한 이야기였다. 열녀전의 주인

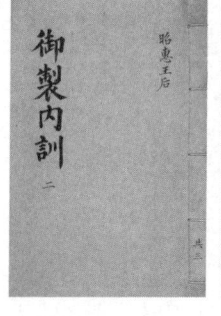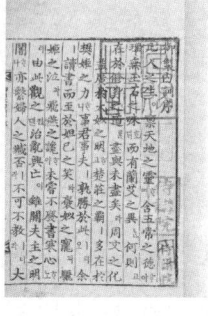

⊙『내훈』은 성종의 어머니인 인수대비 한씨가 부녀자의 교육을 위해 편찬한 여성 교훈서다.
　후에 영조가 『어제내훈』이라는 제목으로 개간했다.

공들은 개인적인 감정이나 욕망을 내세우기보다는 자식을 잘 키워 훌륭한
인물로 만들거나, 남편을 헌신적으로 내조하여 역사에 길이 남을 위인으
로 만드는 데 자기 인생을 쏟아부은 여성들이었다. 인수대비는 며느리들
을 그런 현모양처로 만들고 싶었으리라. 그러니 며느리들이 그런 시어머
니 아래에서 얼마나 눈치 보며 살았을까?

　예컨대 성종이 후궁을 들일 것이라는 소식을 들은 공혜왕후가 질투하는
대신 선물을 준비한 것은 시어머니의 가르침에 진심으로 감동해서이거나,
아니면 본심은 어쨌든 시어머니의 눈 밖에 나는 것이 두려워서였을 것이다.
성종이 후궁을 들인 뒤에도 공혜왕후는 질투심이나 혐오감을 조금도 드러
내지 않았다고 하는데, 당시 공혜왕후가 14~15세였음을 감안하면 정말 본
심까지 그랬을까 의심스럽다. 공혜왕후는 시어머니가 무서워 꾹꾹 참았던
것은 아니었을까? 그런 중압감 때문에 임신하지 못했던 건 아니었을까?

　왕비가 임신하지 못하자 인수대비나 대왕대비는 걱정이 되었던 모양이다.
그래서 성종에게 후궁을 들이도록 했다. 그리하여 성종 4년(1473) 3월 19일에
윤기견의 딸을, 6월 14일에는 윤호의 딸을 숙의로 임명하여 입궁시켰다.

　성종이 졸지에 후궁을 둘이나 들이자 공혜왕후 한씨는 크게 상심했던

듯하다. 하지만 겉으로는 표현하지 못한 채 속으로만 앓았던 것 같다. 실록에 따르면 7월 5일에 공혜왕후 한씨가 병이 들어 종묘사직과 명산대천에 기도했다고 하는데, 조선 왕실에서 이렇게 하는 경우는 환자가 몹시 위독할 때였다. 그만큼 공혜왕후 한씨의 병세가 매우 위독했던 모양이다.

공혜왕후는 7월 21일에 친정으로 피접을 갔다. 사실상 임종을 준비하기 위해서였다. 비록 왕비는 되었지만 시어른들에게 억눌려 조심조심 살다가 죽을 지경에 이르러 친정으로 간 공혜왕후를 생각하면 참으로 측은하단 생각이 든다. 공혜왕후는 2개월 정도 요양하자 병세가 호전되었다. 이에 다시 입궁했지만 몇 달 만에 또다시 병석에 드러눕고 말았다. 당시 공혜왕후 한씨에게 궁궐은 편안하고 즐거운 곳은 아니었던 듯하다. 공혜왕후는 끝내 성종 5년(1474) 4월 15일에 19세의 나이로 요절하고 말았다.

공혜왕후가 자식도 없이 요절한 이유는 팔자이기도 하겠지만 시어머니의 탓도 있을 것이다. 인수대비는 며느리에게 현모양처가 될 것을 강요하면서 조금의 불만이나 응석도 허락하지 않았다. 시앗(남편의첩)을 보고 마음이 좋을 여성이 없으련만, 인수대비는 며느리가 시앗을 보더라도 충분히 참고 이겨나가야 한다고 생각한 듯하다. 그러기 위해서는 자존심과 의지력도 필요하지만 이럴 때 남편과의 사이가 더 중요하다는 사실을 인수대비는 간과했던 것 같다.

인수대비는 남편과 사이가 좋았다. 그것은 서로를 향한 사랑과 신뢰가 있었기에 가능했다. 인수대비는 남편을 신뢰했고 남편 또한 인수대비를 신뢰했다. 그런 관계 속에서 인수대비는 남편에게 소실이 생겼어도 대범하게 처신할 수 있었다. 그것은 시어머니 정희왕후 윤씨도 마찬가지였다.

그런데 성종과 공혜왕후는 부부관계가 그렇게 돈독했던 것 같지 않다. 성종은 공혜왕후에게 겉으로는 예의 바르고 점잖았지만, 속정까지 깊지는 않았던 모양이다. 성종은 냉엄한 시어머니에게 억눌려 있는 공혜왕후를 애정과 관심으로 따뜻하게 보살펴주지는 못한 듯하다. 그는 부인에게는

무난한 남편, 어머니에게는 좋은 아들이었다. 그래서 공혜왕후는 냉엄한 시어머니와 속정 없는 남편 사이에서 외로움과 괴로움으로 몸부림치다 속병이 깊어졌는지 모른다.

공혜왕후 한씨가 죽자 성종의 왕비를 새로 들이는 문제가 거론되었다. 물론 새 왕비는 공혜왕후의 3년상이 끝난 후에 들일 수 있었다. 왕비는 새로 간택하거나 후궁 중에서 고를 수도 있었다. 이런 상황에서 인수대비는 혹시 왕비가 될지도 모르는 성종의 후궁들과 수많은 왕실 여성들을 교육시킬 필요성을 느꼈다. 인수대비의 대표작 『내훈』은 그렇게 탄생했다. 『내훈』의 제작 동기를 상의尚儀 조씨는 다음과 같이 증언했다.

인수대비는 딸이나 며느리들의 어리석음을 근심하여 부지런히 가르쳤다. 그러나 『열녀전』 『여교』 『명감』 『소학』 등의 책들은 양이 많아서 처음 배우는 사람들이 너무 힘들어하였다. 이에 인수대비는 직접 책들을 보면서 긴요하다고 생각되는 부분을 발췌하여 7장으로 만들고 '내훈'이라 이름하였다. 이어 한글로도 옮겨 쉽게 이해하도록 하였다.

『내훈』은 성종 6년(1475) 10월에 완성되었다. 이때 한글로도 옮겼다는 내용으로 미루어 원문 발췌는 그 이전에 완성되었음을 알 수 있다.

『내훈』이 완성되기 이전인 성종 3년에 왕은 역대 왕비의 선악 중에서 본받을 만하고 경계할 만한 내용들을 뽑아 『후비명감』이라는 책을 만들었다. 이 책은 실제로는 인수대비가 직접 편찬했거나 아니면 인수대비의 권유로 제작되었을 것이다. 공혜왕후 한씨가 살아 있을 때이므로 『후비명감』은 왕후의 교육서였던 것 같다. 공혜왕후 한씨는 인수대비가 권하는 『열녀전』을 비롯해 『후비명감』 등을 읽었을 것이다. 하지만 공혜왕후 한씨가 자녀도 없이 요절하자 인수대비는 후궁들을 포함한 궁중 여성들을 교육시키기 위해 『후비명감』과 『열녀전』은 물론 『소학』 『여교』 등을 참조하

여 『내훈』을 만든 것이다. 또한 당시 궁중 여성들이 한문을 모른다는 현실을 고려하여 한글 번역본까지 만들었다. 그러므로 성종의 왕비가 될 꿈을 품은 여성들은 열심히 『내훈』을 읽고 실천했으리라. 특히 성종의 공식적인 후궁이었던 윤기견의 딸과 윤호의 딸은 더더욱 열심이었을 것이다.

윤씨 폐비 사건과 연산군 즉위,
이후의 불행한 말년

성종 7년 8월 9일, 윤기견의 딸인 숙의 윤씨가 성종의 왕비로 책봉되었다. 이 결정은 물론 대왕대비와 인수대비가 내렸을 것이다. 그것은 당시 숙의 윤씨가 성종은 물론 대왕대비와 인수대비의 마음에 꼭 들도록 언행을 잘했다는 의미이기도 하다. 실록에 따르면 대왕대비가 숙의 윤씨를 왕비로 결정하라는 명령서를 내렸는데, 그 내용은 다음과 같았다.

숙의 윤씨는 주상이 애지중지하기도 하고 나 또한 괜찮다고 생각한다. 윤씨는 평상시 허름한 옷차림으로 검소함을 숭상하였으며, 하는 일마다 정성을 기울이며 삼가니 큰일을 맡길 만하다. 윤씨는 나의 이런 뜻을 알고 사양하기를 "저는 본래 덕도 없고, 또 과부의 집에서 자라나 보고 들은 것이 없습니다. 사전四殿께서 선택하신 뜻을 저버리고 주상의 덕에 누가 될까 두렵습니다" 하였다. 내가 이 말을 듣고 더더욱 현명하다고 생각하였다.

『성종실록』, 권69, 7년 7월 11일

위의 기록을 통해 숙의 윤씨가 왕비에 책봉될 수 있었던 이유는 무엇보

⊙ 왕비가 착용한 최고의 예복, 적의

다 성종이 애지중지했기 때문임을 알 수 있다. 당시 숙의 윤씨는 임신 중이었다. 11월 7일에 아이를 낳았으니, 7월에는 대략 임신 6개월 정도 되었을 것이다. 아마도 그 무렵 성종과 윤씨는 한창 밀월 관계를 유지하고 있었던 모양이다.

또한 세 대비들도 숙의 윤씨를 마음에 꼭 들어했다. 윤씨가 검소하며 또 일처리도 정성껏 하고 삼가기까지 했기 때문이다. 게다가 윤씨는 스스로 왕비 자리를 사양할 정도로 분수를 알고 겸손했다. 즉, 후궁으로 있을 당시 윤씨가 대비들에게 검소, 정성, 삼가함, 만족, 겸손 등의 모습으로 비쳐지도록 처신을 잘했다는 뜻이다. 이 모습은 바로 인수대비가 『내훈』에서 강조했던 부인의 덕목이었다. 인수대비는 『내훈』에 이런 내용을 실었다.

부인의 큰 예절은 공경과 순종이다. 공경이란 다름 아니라 오래 견디는 것이다. 순종이란 다름 아니라 여유로운 것이다. 오래 견딘다는 것은 만족하고 그만둘 줄 안다는 것이다. 여유로운 것은 공손과 겸손을 숭상한다는 것이다.

『내훈』, 부부장夫婦章

그런데 숙의 윤씨는 왕비가 되어 훗날의 연산군이 되는 첫아들을 낳은 후 돌변했다. 후궁 때의 검소, 정성, 삼가함, 만족, 겸손하던 자세는 찾아보기 힘들었다. 그리하여 윤씨가 연산군을 낳은 지 4개월쯤 지났을 때, 대왕대비는 조정 중신들을 소집하여 윤씨의 폐위 문제를 논의하게 했다. 사실상 대왕대비와 인수대비는 윤씨를 쫓아내기로 마음을 굳힌 후였다. 대왕대비는 그 이유를 다음과 같이 해명했다.

오래 살다 보니 별일을 다 보게 된다. 이달 20일에 감찰집에서 보냈다고 하는 자가 권 숙의의 집에 언문諺文을 투서하였다. 권 숙의가 그것을 바쳤는데, 살펴보니 정 소용과 엄 숙의가 서로 소식을 주고받으며 중궁과 원자를 해치려 한다는 내용이었다. 중궁과 원자를 해치려는 것은 정 소용의 짓일 수도 있으리라 여겼지만, 지금 임신 중이라 해산 후에 국문하려 하였다.

그런데 어느 날인가 주상이 보니 중궁이 쥐구멍을 종이로 막았는데, 쥐가 나간 후에 종이가 드러났다. 또 보니 중궁의 침실에 작은 상자가 있기에 열어보고자 하니 중궁이 막으면서 감추려고 하기에 급기야 열어보았는데, 그 안에는 비상을 넣은 작은 주머니와 저주 방법을 적은 방양서책方禳書册이 있었다. 이에 쥐구멍에서 나온 종이를 가져다가 맞추어보니 꼭 맞았으니, 이 종이는 책에서 잘라낸 것이었다. 놀라서 물으니 중궁은 시비侍婢 삼월이가 친잠親蠶 때 바친 것이라고 대답하였다. 삼월에게 물으니 모두 자백하여 실정을 모두 알았다. 중궁이 그때 바로 알렸으면 현명했을 텐데 그러지 못하였다.

중궁이 예전 숙의였을 때는 잘못하는 일이 없어 주상이 애지중지하였고, 삼전三殿 또한 애지중지하였다. 그때 중궁이 여러 후궁 중에서 우두머리였으므로 책봉하여 중궁으로 삼았는데, 중궁이 된 이후에는 잘못하는 일이 많았다. 그러나 이미 중궁이 되었으니 어찌 사사건건 책망할 수 있었겠는가? 이제 생각해보니, 예전에 잘못을 저지르지 않았던 것은 주상에게

왕비가 없어 각자 이름을 드러내고자 하였기 때문이었다.

『성종실록』, 권78, 8년 3월 병신조

왕비 윤씨가 왕비가 되기 전에는 잘했는데 왕비가 된 후 돌변했다는 것이다. 이것은 대왕대비와 인수대비가 윤씨에게 속았다는 감정을 품고 있었음을 보여준다. 윤씨가 왕비가 되기 위해 마음에도 없는 짓을 하다가 정작 왕비가 되자 흉악한 본색을 드러냈다는 것이다. 게다가 윤씨는 아들을 낳고 기고만장해져 왕과 웃어른들이 있는데도 안하무인으로 질투를 부리고 후궁들을 저주해 독살하려 했으며, 방양서책과 비상이 그 증거라는 것이다.

성종의 증언에 따르면, 방양서책에는 아들을 낳지 못하게 하는 방법, 반신불수가 되게 하는 방법, 사람을 해치는 방법 등이 적혀 있다고 했다. 윤씨가 이런 저주법을 배운 이유는 정 소용 때문이었을 것이다. 당시 정 소용은 임신 중이었으며, '해산 후에 국문'하려 했다는 대왕대비의 언급으로 볼 때 거의 만삭이었던 것 같다.

정 소용은 윤씨가 왕비로 책봉되던 즈음에 이미 성종의 총애를 받은 듯하다. 윤씨도 그런 사실을 알았지만, 참고 참다가 정 소용의 해산이 가까워오자 아들을 낳지 못하게 하거나, 아니면 반신불수의 아들을 낳게 하려고 저주법을 배웠으리라. 또한 비상까지 준비한 것을 보면 독살할 마음까지 있었다고 하겠다. 게다가 정 소용을 모함하는 자작극까지 벌였다.

위에 등장하는 삼월이는 앞뒤 내용으로 볼 때 윤씨가 친정에서 데리고 들어온 본방 나인이 분명하다. 윤씨는 방양서책을 만들고, 비상을 준비하고, 투서를 하는 것을 모두 삼월이에게 시켰다. 삼월이는 처음 조사를 받을 때 이런 일들을 윤씨의 친정어머니와 짰다고 변명했지만, 실은 윤씨가 시킨 것이 분명했다. 집요한 추궁에 궁색해진 삼월이는 "제가 마땅히 이실직고해야 하지만, 그렇게 되면 대내大內에 관련될까 두렵습니다"고 사실상 실토했다. 이는 차마 노골적으로 말하지 못했을 뿐 실상 윤씨가 시켜서 했

다는 자백이나 다름없는 것이다.

　왕비 윤씨가 정 소용을 저주하고 또 독살까지 하려 한 이유는 질투 때문이었으리라. 성종이 자신만을 사랑해주기 바랐는데 정 소용까지 총애해 임신시켰던 것이다. 성종이 정 소용을 총애하기 시작한 것은 윤씨의 임신이 분명해진 이후일 것이다. 조선 왕실에서는 임신 중에 부부관계를 금기시했으므로, 성종은 윤씨 대신 정 소용을 자주 찾았던 모양이다. 이런 사실을 알고 난 후 윤씨는 성종에게 항의도 하고 투정도 했으리라. 처음에는 그 정도가 심하지 않았을 텐데, 그마저도 대왕대비와 인수대비의 눈에는 '중궁이 된 이후에는 잘못하는 일이 많았'던 것으로 보였던 것이다.

　윤씨는 해산을 전후하여 정 소용이 임신한 사실을 알게 되면서 감정을 절제하지 못한 듯하다. 게다가 해산 이후 신경이 극도로 예민해졌던 것 같다. 일종의 '산후우울증'이 아니었을까 싶은데, 당시 왕실 어른들은 이를 다르게 생각했을 가능성이 높다. 즉, 고분고분하던 윤씨가 아들을 낳더니 감정대로, 기분대로 행동하는 것이 유세를 떠는 것으로 보였을 수도 있다. 그런 윤씨가 저주와 독살까지 시도하고 자작극까지 벌였으니 바로 폐위시키려 한 것이었다. 이와 유사한 일로 세종 대에 두 며느리를 쫓아냈던 전례도 있었다.

　왕비 윤씨는 대단히 정열적인 여인이었던 모양이다. 좋고 싫은 감정이 분명해 좋을 때는 진실로 모든 것을 걸고 좋아하고, 싫을 때는 또 모든 것을 잃어도 싫어하는 성격이었던 듯하다. 왕비가 되기 전에 성종과 대비들에게 잘한 것도 가식이 아니라 진심으로 좋아서 한 행동이리라. 또 저주와 독살까지 시도한 것은 자신도 추스르지 못할 질투심에 휘둘려서일 것이다. 이처럼 윤씨는 감정의 기복이 매우 컸으며, 그것이 산후우울증으로 연결되었을 듯하다. 대왕대비와 인수대비는 감정의 기복이 심한 며느리가 교활해 보이기도 하고 또 걱정스럽기도 했을 것이다. 감정에 휘둘리는 며느리가 미움이 복받쳤을 때 성종에게 무슨 일이라도 범할까봐 불안했던 것이다.

　대왕대비와 인수대비가 왕비 윤씨를 폐위시키려 했던 1차 시도는 신하

⊙ 덕종과 그의 비 소혜왕후(인수대비)의 능인 경릉

들의 반대로 실패했다. 신하들은 원자를 이유로 폐위를 반대했다. 게다가 성종도 아직까지 왕비를 사랑해 폐위하는 데는 주저했다. 대신 윤씨를 수 빈으로 강등시키기로 했다가 나중에는 그것도 취소하고 그냥 없던 일로 하고 말았다. 모든 죄는 삼월이가 뒤집어쓰고 죽는 것으로 마무리되었다. 결과적으로 아들이 어머니를 살린 셈이었다.

그러나 대왕대비와 인수대비는 이미 마음속으로 왕비 윤씨를 포기했던 모양이다. 그래서 원자를 윤씨에게서 떼어놓으려고 했다. 원자가 윤씨를 닮아서는 안 된다고 생각한 대왕대비와 인수대비는 피접이라는 명목으로 원자를 궐 밖으로 내보내 기르도록 했다.

원자는 성종 8년(1477) 11월 27일, 강희맹의 집으로 옮겨졌다. 그때 원자 나이 2세였다. 이후 3년이 넘도록 원자는 궐 밖에서 자랐다. 윤씨는 피접 나가는 원자를 본 것이 사실상 마지막이었다.

성종 10년 6월 2일, 왕비 윤씨는 결국 폐위되었다. 폐위되기 전날인 6월 1일은 윤씨의 생일이었다. 이날 저녁에 성종과 윤씨는 크게 싸웠다. 성종 은 생일 잔치를 열지 않고 간소하게 지내려 했는데, 윤씨는 그런 성종에게 실망했던 모양이다. 그때도 윤씨는 둘째 아들을 낳은 후 '산후우울증'에

⊙경릉의 홍살문

시달리고 있었던 듯하다. 실망과 원망으로 거의 이성을 잃은 윤씨는 성종의 얼굴에 손톱자국을 내고 말았다. 설상가상으로 인수대비가 이 사실을 알아버렸다.『기묘록』에는 이와 관련해 다음과 같은 기록이 있다.

　어느 날 임금의 얼굴에 손톱자국이 났다. 인수대비가 격노하여 임금의 노여움을 격발시켜 외정外庭에서 대신들에게 보이도록 하였다. 윤필상 등은 임금의 뜻을 받들어 왕비 윤씨를 폐위하여 친정집으로 내보내게 하였다.

『기묘록』

　실록에 따르면 6월 1일 밤에 성종이 승지들을 입시하도록 했다가 취소하고, 다음날 아침 일찍 조정의 중신들을 입시하라 명령했다고 한다. 그리고 6월 2일 새벽 회의에서 왕비 윤씨의 폐위가 결정되었다.
　6월 1일 왕비의 생일날 밤 윤씨의 행동에 격노한 성종은 인수대비에게 자초지종을 알렸던 모양이다. 인수대비 또한 화가 나 윤씨를 폐위하기로 결심하고 곧바로 승지들을 불러 이 사실을 알리려 하다가 다음날 새벽 중신들을 불러 결정하게 했던 것이다. 폐비의 명분은 칠거지악 중에서도 '말

이 많으면 쫓아낸다' '순종하지 않으면 쫓아낸다' '질투하면 쫓아낸다'의 세 가지였다. 윤씨가 폐위되던 당일 무슨 일이 있었는지는 알려지지 않고 있다. 다만 윤씨의 둘째 아들이 죽었다고 한다. 기록에는 없지만, 이는 산후우울증과 관련이 있음 직하다.

폐비 윤씨는 친정으로 쫓겨난 지 3년 후인 성종 13년(1482) 8월 16일에 사약을 받고 죽었다. 당시 8세 된 원자를 세자에 책봉하고자 했는데, 그럴 경우 폐비 윤씨가 훗날 대비로 복위될까 우려해서였다. 폐비의 사사는 거의 전적으로 인수대비의 의지로 단행되었다. 다음 해 성종 14년 2월 6일, 원자가 세자에 책봉되었다. 이후 궁궐은 나름대로 안정을 되찾았다.

그러나 폐비 윤씨의 사사를 전후하여 인수대비 주변의 사람들이 하나둘 죽기 시작했다. 성종 13년에 인수대비의 하나뿐인 딸 명숙공주가 죽고, 이어서 성종 14년에는 시어머니 정희왕후 윤씨가, 성종 19년에는 큰아들 월산대군이 죽었다. 그리고 성종 25년에는 하나 남은 아들 성종까지 승하했다. 이렇게 인수대비는 두 아들과 딸 하나를 자신보다 먼저 보냈다. 그러고도 그녀는 10년을 더 살았다. 그러나 그 10년은 고통과 좌절의 시간이었다.

성종의 뒤를 이어 연산군이 왕위에 올랐다. 그는 폐비 윤씨의 아들이자 인수대비의 손자였다. 인수대비는 연산군의 양육에 관여했지만 직접적으로 훈육하지는 못했다. 연산군이 2세였을 때 윤씨에게서 떼어놓기 위해 궐 밖으로 내보내 3년이 넘도록 머물게 했기 때문에 인수대비가 어린 연산군을 직접 볼 기회도 많지 않았다. 입궁 후에는 볼 기회가 꽤 있었겠지만, 냉엄한 인수대비가 할머니로서 따뜻한 정을 보여준 것 같지는 않다. 그러다가 연산군이 세자에 책봉된 후에는 공식적으로 세자시강원에서 교육했으므로 직접 훈육할 수 없었으리라. 따라서 인수대비는 연산군에게 다정다감하거나 친숙한 할머니는 아니었을 것이다. 더구나 불행히도 연산군은 생모를 닮아 감정의 기복이 심했으며, 고집도 세었다.

연산군은 왕위에 오른 직후 생모 윤씨를 복위하려 했다. 그것은 곧 할머

니인 인수대비에게 저항하는 것이었다. 연산군은 성종의 3년상이 끝난 직후 생모의 사당을 세웠다. 그리고 연산군 10년(1504) 봄에 생모를 제헌왕후齊獻王后로 추숭했다. 이 과정에서 연산군은 윤씨를 폐비하고 사사하는 데 개입한 수많은 사람들을 죽이고 추방했다. 당연히 인수대비도 온전할 수 없었다. 『소문쇄록』에 따르면 연산군이 정 숙의와 엄 숙의를 때려죽이자 인수대비가 선왕의 후궁을 어찌 이렇게 할 수 있느냐고 항의했는데, 이때 연산군이 인수대비를 머리로 들이받았다고 한다. 말년의 인수대비는 이렇게 손자에게 핍박과 냉대를 당하며 불행하게 살다가 연산군 10년 4월 27일 쓸쓸히 눈을 감았다. 그때 인수대비의 나이 68세였다.

환난과 복수로 점철된
한 맺힌 세월
인목왕후 김씨

선조 왕비(1584~1632)

인목대비는 아무 말도 듣지 못한 듯 묵묵부답이었다. 인목대비 앞에 꿇어 엎드린 능양군
(인조)은 초조했다. 마침내 인목대비가 입을 열었다. 살기가 뚝뚝 떨어지는 목소리였다.

"먼저 광해군 부자의 머리를 가져오시오. 내가 직접 그놈들의 살점을 씹은 후에 책명을
내리겠소."

광해군이 아무리 폭정을 했어도 능양군이 직접 죽일 수는 없었다. 광해군은 한때 능양
군의 주군이었다.

"마마, 그것만은 신이 따를 수 없사옵니다."

옆에 엎드려 있던 신료들도 이구동성으로 안 된다고 말렸다. 인목대비의 얼굴에 실망
의 그늘이 스치고 지나갔다. 인목대비는 한 발 물러서듯 말했다.

"그렇다면 유희분과 이이첨 이놈들을 내가 직접 국문한 후에 책명을 내리겠소."

이덕형이 말했다.

"예로부터 대비마마가 직접 외부 신하를 국문한 전례가 없사옵니다. 주상께서 왕위에 오르신 뒤에 차차 주벌해도 늦지 않을 것이옵니다."

"내가 원통해서 친국하려는 것이오. 그것이 그리도 도의에 어긋난단 말이오?"

그러나 돌아오는 대답은 안 된다는 말뿐이었다. 인목대비는 끊어 엎드린 반정 주역들을 둘러보았다. 긴 침묵이 흐른 뒤 인목대비가 다시 입을 열었다.

"내 마음에 울분이 쌓인 지 오래되어 도리에 어긋난 말을 많이 했소. 공들은 용서하시오."

인목대비는 말을 마친 뒤 능양군에게 옥새를 건네주었다.

궁중 비사 『계축일기』의 주인공

　　인목왕후 김씨는 조선 3대 궁중문학의 하나인 『계축일기癸丑日記』의 주인공으로 유명하다. 『계축일기』는 서궁에 갇힌 인목왕후 김씨가 광해군에게 갖은 핍박과 설움을 받다가 인조반정으로 해방을 맞는 과정을 절절히 그리고 있다.

　　『계축일기』에는 인목왕후가 온통 수난과 애통에 휩싸여 있는 여인으로

그려져 있어 그녀 본래의 모습은 어디론가 사라져버린 듯하다. 그러나 자세히 들여다보면 그 속에서 본연의 그를 발견할 수 있다. 이 책을 읽다 보면 비록 계모였지만 인목왕후에게 수난과 고통을 안겨준 광해군의 패륜과 불효에 분개하게 된다. 이는 아마도 『계축일기』의 작자가 의도한 것이리라. 작자의 의도대로 따라가다 보면 나중에는 힘들게 살아온 인목왕후의 삶에도 주목하게 된다. 그때쯤이면 그의 성품과 인격, 기질 등이 드러나기 시작한다.

『계축일기』를 통해 추측할 수 있는 인목왕후는 이성적이기보다는 감정적 또는 감상적이며, 강직하기보다는 유약한 인물이다. 『계축일기』의 다음 내용을 보자.

대비마마의 생신날이 돌아왔다. 환관이 대비마마에게 왕비마마의 문안 인사를 전하였다. 그러자 대비마마께서 대답하시기를, "뒷방에 쓸쓸히 있는 나에게 옛정을 생각하여 이렇게 문안을 보내주니 감격할 따름이오. 나도 사람이오. 왕비도 사람이니, 사람의 감정이란 매한가지일 것이오. 지금 주상이 온갖 일로 꼬투리를 잡아 내 부친과 동생들을 다 죽이더니, 하나뿐인 내 아들마저 어디로 데려갔는지 소식조차 모르게 감추어버린 지 벌써 한 해가 다 되어가는구려. 아마 내 아들도 살해당하였을 것이오. 그 서러움을 비길 곳이 없는데도 부질없는 목숨이 죽지도 못하고 있소이다. 요행히 살아서 노모의 안부나 듣고자 이렇듯 밤낮으로 바라고 있으니, 제발 이 문을 열어 안부나 듣고 죽게 하여주시오. 그리만 해주면 지하에 가서도 잊지 못할 것이요, 죽어도 눈을 감고 죽을 수 있으리다" 하였다.

하지만 대답이 없었다. 그해 정초에 문안드리는 환관을 통하여 계속 청을 넣었으나 역시 아무런 대답이 없었다.

『계축일기』

친정아버지, 동생들, 그리고 하나뿐인 아들까지 광해군에게 죽임을 당한

상황에서 인목왕후 김씨는 마지막으로 늙은 어머니를 보고 죽게 해달라고 왕비에게 애걸했다. 이때 왕비는 광해군의 부인이자 인목왕후의 며느리였다. 며느리에게 애걸복걸해야만 하는 인목왕후의 처지가 딱하기도 하고 불쌍할 따름이다. 그러나 결국 며느리는 시어머니 인목왕후의 간청을 무시했다.

사실 인목왕후도 며느리가 자신의 부탁을 들어주지 않으리라는 것을 잘 알았다. 그렇다고 손 놓고 있을 수는 없는 노릇이어서 계속해서 간청했던 것이다. 그저 끊임없이 통곡하고 하소연할 뿐이었다. 인목왕후는 냉철하지도, 이성적이지도 못했다. 막상 죽지도 못하면서 죽어버리겠다는 말만 되풀이할 만큼 유약했고 감상적이었다.

인목왕후는 부모에게서 이런 기질을 물려받은 듯하다. 특히 친정아버지 김제남을 많이 닮았다. 실록에 나타나는 김제남에 대한 평가는 크게 두 가지다. 첫째, 유약하며 사람을 잘 사귀지 못한다. 둘째, 재물에 욕심이 많다. 『광해군일기』에 따르면 김제남은 "성품이 유약하였으며, 사람들과 잘 어울리지 못하였다"고 한다. 자기주장이 약하고, 조용하며, 사람들을 통솔하는 능력도 없었다. 김제남은 소심하고 내성적인 인물이었던 듯하다. 김제남 스스로도 자신을 "성격이 옹졸하여 사람들과 사귀지 못했습니다"라고 평가했다.

반면 김제남은 "재물을 긁어모으고 이자를 불렸으며, 집을 크게 짓고 전원을 넓혀 자신의 몸만 살찌게 하였다"고 하니, 그는 사람들과 어울리기보다는 혼자 열심히 재산을 모으면서 삶의 재미를 느꼈던 모양이다. 김제남은 분명 스스로는 알뜰하고 넉넉했겠지만, 주위 사람들에게 베푸는 데는 인색하고, 또 지도력도 부족했던 것 같다.

김제남뿐만 아니라 그의 부인인 노씨도 이재에 밝았던 듯하다. 다만 남편과는 달리 쓸 때에는 분명하게 쓸 줄 아는 지혜가 있었던 것 같다. 송시열이 지은 노씨 부인의 묘지명에는 이런 내용이 나온다.

김제남 공은 평소에 가난했다. 노씨 부인이 살림을 잘하고 이재에 밝아

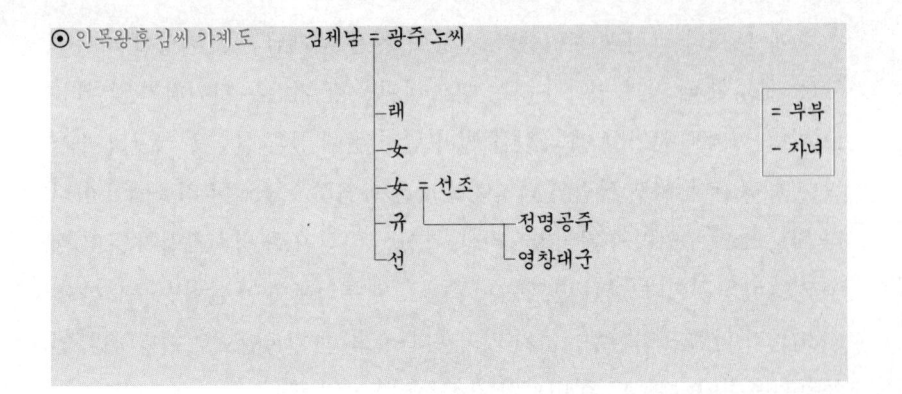

⊙ 인목왕후 김씨 가계도   김제남 = 광주 노씨

```
         ┌ 래
         ├ 女
         ├ 女 = 선조
         ├ 규      ┌ 정명공주
         └ 선      └ 영창대군
```

= 부부
- 자녀

점차 생활이 나아졌다. 부인은 상례와 제례에 들어가는 물품에는 아끼지 않았다. 부모에게 아들이 없었으므로 그 신주를 집에 모시고 정성으로 제사를 드렸다. 할아버지와 그 윗대의 제사를 모시는 사람이 혹 제사 준비를 못하면 노씨 부인이 대신하기도 했다. 이런 것이 비록 예법에는 없다고 하겠지만, 군자는 정자程子의 어머니 후씨侯氏의 사례에서 취할 수 있다. 부인에게 언니가 있었는데 일찍 과부가 되었다. 부인은 언니를 어머니처럼 모셨으며, 그 아들과 딸들을 혼인시킬 때 마음을 다하여 주선하였다.

노씨 부인은 아들 없는 친정 부모에게 사실상 아들 노릇까지 했다. 게다가 언니가 일찍 과부가 되자 언니와 조카들까지 떠맡아 보살폈다. 짐작건대 노씨 부인의 친정집이 넉넉했던 것 같지는 않다. 게다가 남편까지 가난했다고 하니, 노씨는 가난한 친정에서 가난한 서생에게로 시집와서 살림을 일궈낸 셈이다. 그렇게 일군 살림을 또 친정 식구와 집안을 위해 아낌없이 썼다고 하니, 노씨 부인은 경영 능력과 대인관계 면에서 남편보다 훨씬 뛰어났던 것 같다.

노씨 부인은 남편보다 4세 연상이었다. 노씨 부인은 19세가 되던 선조 9년

(1576)에 15세의 남편과 혼인했다. 신흠이 지은 김제남의 묘지명에 따르면 "그는 분가할 때 형과 누이가 하는 대로 따랐을 뿐 자신은 간여하지 않았다"고 한다. 아마도 분가할 때 재산을 얼마 받지 못해 신혼 살림을 가난하게 시작했던 것 같다. 이후 살림이 넉넉해진 것은 유약하고 소심한 김제남이 아니라 바로 노씨 부인의 수완이었으리라. 부인은 성격 또한 사치스럽지 않고 매우 알뜰했을 것이다. 이런 면으로 미루어 노씨 부인은 집안 살림만 주도한 것이 아니라 남편도 좌지우지하지 않았을까? 이러한 기록만으로 판단하면, 인목왕후는 어머니보다는 아버지의 기질을 더 닮은 듯하다.

노씨 부인은 시집온 지 8년 만인 선조 17년(1584) 11월 4일에 한양의 반송방盤松坊 살림집에서 훗날의 인목대비, 즉 김씨를 낳았다. 그때 부인은 28세였다. 김씨 위로는 오빠와 언니가 1명씩 있었다. 김씨가 태어났을 때 오빠는 7세, 언니는 3~4세쯤 되었다.

당시 김제남은 초시初試에도 합격하지 못한 백면서생으로서 과거를 준비하고 있었다. 김제남은 김씨가 태어난 다음 해에 진사 시험에 합격했지만, 이후 10여 년이 넘도록 과거에 합격하지 못했다. 남편이 돈을 벌지 못하는 상황이었으므로 식구들의 생계는 노씨 부인이 책임져야 했다. 김씨는 비록 넉넉한 형편은 아니었지만 언니, 오빠와 함께 부모의 사랑을 받으며 어린 시절을 보냈으리라.

그러던 중 임진왜란이 발발했다. 김씨가 9세가 되던 선조 25년 4월 13일, 일본은 대규모 병력을 동원하여 기습적으로 침공해왔다. 전쟁 초반에 조선의 관군은 일본군에게 연전연패했다. 급기야 선조는 개전 16일째인 4월 29일 한밤중에 도성을 버리고 북으로 피란길에 올랐다. 그때는 이미 한양 시민들이 대부분 피란을 떠난 후였다.

김제남도 그 무렵 식구들을 거느리고 피란을 갔을 것이다. 어디로 갔는지, 일행이 있었는지는 알 수 없지만 무사히 피난 생활을 보냈던 듯하다. 신흠이 지은 김제남의 묘비명에 나오는 "피란을 가서도 제사 지내는 일을

중히 여겼다. 근심하고 불안해하며 삼가고 정성스럽게 예법대로 제사를 지냈다"는 구절에서 보듯, 김제남은 피란 중에도 제사를 지낼 수 있을 정도로 안전한 곳에서 여유 있게 지냈던 것이다.

한양을 버리고 피란길에 올랐던 선조는 1년 반이 지난 선조 26년 10월 4일에 한양으로 돌아왔다. 김제남도 그 무렵 한양으로 돌아왔던 듯하다. 왜냐하면 이순신의 『난중일기』에 김제남의 이야기가 나오기 때문이다. 『난중일기』에 따르면, 선조 27년 4월 13일에 김제남이 의금부도사 자격으로 이순신을 찾아왔다고 한다. 이러한 사실로 미루어 김제남은 그 이전에 의금부도사에 임명되었을 것이다. 그렇다면 김씨는 1년 반 정도를 외지에서 보내고 10세 때 다시 한양으로 돌아온 셈이 된다. 그리고 돌아온 지 얼마 안 되어 김제남이 벼슬을 하게 되었으므로 집안 형편은 좋아졌을 것이다.

임진왜란 중에 불거진
선조와 광해군의 불화

의금부도사로 관직에 들어간 이후 김제남은 선조 30년에 실시된 문과별시文科別試에 합격했다. 당시 그는 연천현감으로 있었는데, 별시에 합격하고도 2년 가까이 연천현감으로 근무했다. 이때 김제남이 자녀들을 데리고 연천으로 갔는지는 분명하지 않다. 다만 김제남이 과거에 합격했을 때 김씨가 14세였으므로, 그 무렵 혼처를 찾고 있었을 것이다.

실록에 따르면, 김제남은 소과에 같이 합격한 신흠과 사돈을 맺으려 했으나 거절당했다고 한다. 아마도 김제남은 신흠의 큰아들을 염두에 두었던 듯하다. 비록 소과일망정 김제남과 신흠은 동년이었고, 당시에 동년은

대단한 인연이었다. 김제남은 그런 인연을 중히 여겨 신흠에게 자녀의 혼사를 제의했으나 보기 좋게 거절당한 것이다. 왜 거절당했을까?

신흠은 김제남이 '교만하고 사치스러워' 거절했다고 증언했는데 이것은 괜한 핑계일 테고, 사실은 별 볼일 없는 사람이라고 무시했던 듯하다. 가문으로만 보면 평산 신씨나 연안 김씨나 모두 명문이었다. 그러나 실력과 인품에서 둘은 크게 차이가 났다. 김제남은 소과에 합격한 지 12년이나 지난 뒤에 대과에 합격했지만, 신흠은 소과에 합격한 다음 해에 곧바로 대과에 합격했다. 당시 신흠은 겨우 21세였다. 그런 만큼 주위에서는 신흠에게 전도유망한 청년 재사才士로 한껏 기대를 걸고 있었다. 실제로 신흠은 과거에 합격한 후 삼사와 이조의 청요직을 두루 역임했다. 정승, 판서는 따 놓은 당상이나 마찬가지였다. 김제남은 그런 신흠을 흠모해 사돈을 맺고 싶었으리라.

신흠만이 김제남을 별 볼일 없다고 여긴 것은 아니었다. 김제남 스스로 '성격이 옹졸하여 사람들과 사귀지 못했다'고 고백했듯이, 당시 많은 사람들이 김제남을 무시하고 따돌렸던 듯하다. 이 때문에 김제남은 자녀들의 혼사에 무척 애를 먹었던 모양이다.

김제남은 둘째 딸 김씨가 17세가 넘도록 적당한 혼처를 찾지 못했다. 혹시 김제남은 혼인을 제의한 사람들에게 계속해서 거절당하지 않았을까? 그렇다고 명색이 연안 김씨이고 과거 출신인데 아무 가문과 사돈을 맺을 수는 없었으리라. 그래서 이곳저곳 혼처를 고르고 고르다가 그만 혼사가 늦어지고 말았지 싶다. 그 바람에 김제남 자신은 물론 김씨의 운명까지 송두리째 바뀌었다.

의인왕후 박씨가 아들을 낳지 못하는 바람에 선조는 즉위한 지 25년이 넘도록 후계자를 정하지 못하고 있었다. 그러던 와중에 임진왜란이 발발하여 어쩔 수 없이 세자를 결정했는데, 후궁인 공빈恭嬪 김씨가 낳은 광해군이 바로 그였다. 광해군 위로 임해군이 있었지만, 선조는 총명하고 공부

도 좋아하는 광해군을 세자로 책봉했다. 그때 광해군은 18세였으며, 유자신의 딸과 혼인해 궐 밖에서 살고 있었다.

　그런데 선조와 세자 광해군의 관계는 임진왜란 와중에 점점 나빠졌다. 이는 선조의 열등감과 위기의식 때문이었다. 임진왜란 초반의 연이은 패전, 그리고 수도 한양을 포기하고 요동으로 망명하려 했던 사건은 국왕 선조의 권위에 치명상을 입혔다. 이에 비해 광해군은 전선을 누비며 군사들을 격려하고 인심을 안정시켜 신망을 얻었다. 자연히 광해군에게 왕위를 넘기라는 여론이 높아졌고, 그럴수록 선조는 열등감과 위기의식에 시달렸다. 이런 와중에 선조는 광해군에게 전위傳位하겠다 하고 광해군은 사양하는 일이 반복되었다.

　임진왜란이 어느 정도 수습되면서 선조와 세자 사이의 전위 소동은 가라앉았지만 근본적인 문제는 해결되지 않았다. 선조가 너무 젊었던 것이다. 한양으로 돌아왔을 때 선조는 겨우 42세에 불과했다. 아직도 살아갈 날이 창창했으니 세자에게 왕위를 넘겨줄 수도 없는 노릇이었다. 게다가 선조는 추락한 권위를 회복하기 위해 임진왜란 중 자신의 활약을 과대 선전했는데, 그럴수록 오히려 세자의 활약상만 도드라졌다.

　선조는 이런 상황에서 점점 더 국왕으로서의 품위를 잃어갔다. 그에 대한 반작용으로 선조는 무의식적으로 세자의 약점과 잘못을 드러냄으로써 자신의 열등감을 감추려는 욕망이 일지 않았을까? 선조가 불쾌한 표정, 못마땅하게 여기는 태도, 그리고 가시 박힌 질책으로 세자를 대할수록 세자는 움츠러들고 반발심이 일었으리라. 자연히 세자를 지키려는 세력들은 대책을 세우려 했다. 계기만 있으면 선조와 세자는 언제라도 정면 충돌할 수 있는 상황이었다.

　하지만 의인왕후 박씨가 살아 있는 동안에는 둘 사이의 정면 충돌이 전면으로 드러나지 않았다. 왕후가 적자를 낳지 않는 한 세자를 대신할 만한 인물이 없는 상황이었고, 왕후는 석녀石女였으므로 선조가 어떻게 손쓸 도

인목왕후 김씨／선조 왕비

리가 없었던 것이다. 아무리 열등감에 휩싸인 선조라고 해도 아들이기도 한 세자를 사사로이 헐뜯고 흉볼 수는 없지 않겠는가? 이렇게 선조와 세자 사이의 불편한 관계는 아슬아슬하게 유지되고 있었다.

그런데 선조 33년(1600) 6월 27일, 갑작스럽게 의인왕후 박씨가 죽으면서 상황이 돌변했다. 젊은 선조는 다시 왕비를 들일 테고, 만약 아들을 낳는다면 그 뒤의 상황은 예측할 수 없었다. 선조가 세자에게 확신을 보여주지 않는다면 이는 세자를 바꾸고 싶어한다는 의미로 해석될 수도 있었다.

의인왕후의 죽음 이후에도 선조는 세자에게 분명한 뜻을 보여주지 않았다. 게다가 불운하게도 세자에게는 몇 가지 약점이 있었다. 첫째, 왕비가 아닌 후궁 소생이었다. 둘째, 세자의 생모인 공빈 김씨가 죽고 없었으므로 궁중 안에 믿을 만한 방패막이가 없었다. 셋째, 비록 조선에서는 세자로 임명되었지만 명나라의 승인을 받지 못했다. 특히 세 번째 약점을 핑계로 선조는 언제든 세자를 바꿀 수 있었다.

조선에서는 명나라에 수차례 사신을 보내 광해군의 세자 책봉 승인을 요청했다. 그런데 명나라는 번번이 거절했다. 하필 그때 명나라 황제가 큰 아들이 아닌 다른 아들을 후계자로 염두에 두고 있었다. 때문에 만의 하나 명나라 황제에게 좋은 핑곗거리가 되지나 않을까 우려하여 명나라의 실무 관료들이 광해군의 세자 책봉 허가를 무한정 미루고 있었다. 선조는 이 기회를 세자 교체의 좋은 명분으로 이용할 수도 있었다. 그러나 선조가 세자를 신임한다면 문제 될 것이 없었다. 의인왕후의 죽음 이후 사람들은 선조의 본심을 알기 위해 촉각을 곤두세웠다.

선조 34년 10월 7일, 예조에서 선조에게 재혼 의사가 있는지 확인하는 글을 올렸다. 의인왕후의 소상小祥이 막 끝난 시점이었다. 왕비의 3년상이 채 끝나지도 않았는데 갑자기 재혼 의사를 물은 까닭은 세자에 대한 선조의 마음을 확인하기 위해서였다. 선조가 왕비의 상중에 웬 망발이냐고 질책한다면 세자를 신임한다고 볼 수 있었다. 그런데 선조는 재혼하겠다고

나섰다. 마침내 왕후의 소상이 겨우 끝나자마자 금혼령이 내려지고 처녀 간택이 시작되었다.

51세의 왕에게 시집간
19세의 어린 왕비

선조 34년 11월 11일, 전국에 금혼령이 공포되었다. 실록에 따르면 선조는 14세 이상 된 처녀를 간택하라고 지시했다. 당시 선조가 50세였으니, 아무리 왕이라 해도 처녀를 둔 부모들은 탐탁지 않았을 것이다.

더구나 정치적 안목이 있는 부모들은 딸이 왕비로 간택된 이후를 더 우려했을 것이다. 만약 딸이 왕비로 간택되고 또 아들을 낳는다면 틀림없이 정치판에 엄청난 파란이 일 것이었다. 상황이 그러하다보니 누구도 선뜻 간택 단자 내기를 꺼려했다. "대혼大婚의 명령이 내려진 뒤로 경외의 사족 가문에서는 아들딸들을 시집보내고 장가보내느라 부산을 떨며 마치지 못할까 두려워했다"는 실록의 기록은 당시 선조의 재혼에 대한 양반들의 반응을 잘 보여준다.

금혼령이 내려졌을 때 김제남의 딸 김씨는 18세였으므로 간택 단자를 내야 할 대상자였다. 당시 김제남은 다른 사람들처럼 딸을 서둘러 시집보내고 싶었는지 모른다. 하지만 몇 년째 성사시키지 못한 혼사를 갑자기 서두를 수는 없었으리라.

김제남은 금혼령에 따라 둘째 딸의 간택 단자를 올렸다. 그러면서도 당연히 떨어질 것이라 믿었던 듯하다. 왜냐하면 조선 왕실의 성씨가 이李씨인데 나무 목木자가 들어가 쇠〔金〕와는 상극이 되는 김씨를 기피했기 때문이다. 하

지만 예상과는 달리 김씨는 초간과 재간, 그리고 삼간까지 모두 통과하고, 결국 선조 35년 2월에 최종 왕비 후보자로 확정되어 거처도 궁궐 근처로 옮겼다. 혼례가 거행될 때까지 그곳에서 신부 수업을 받아야 했기 때문이다.

김씨가 신부 수업을 받기 시작했을 때부터 정치판에는 이미 풍파가 몰아닥쳤다. 그것은 표면상으로 세자의 책봉을 승인받기 위해 명나라에 사신을 보내자는 분쟁이었지만, 근본적으로는 선조와 세자의 힘 겨루기였다. 김씨가 왕비 후보자로 확정된 직후 신료들은 또다시 세자의 책봉을 위해 명나라에 사신을 보내자고 요청했다. 그러나 선조는 "몇 년 더 기다리는 것이 좋겠다. 이 문제를 다시 논의하여 보고하라"며 신료들의 요청을 물리쳤다. 이는 분명 싫다는 의사 표시였다.

하지만 신료들도 쉽게 물러나지 않았다. 사신을 보내야 한다고 거듭 주장하면서 급기야 사신 후보자까지 선발해서 보고했다. 그만큼 세자 쪽 상황이 절박했다는 뜻이다. 신료들이 고집을 부리자 선조는 불쾌한 심기를 숨기지 않았다. 그는 사신 후보자를 기록한 보고서를 기각하면서 신료들을 질책했다.

왕비의 책봉을 즉시 요청해야 하는데 이 점에 대해서는 담당자들이 보고하지도 않으니 일이 아주 잘못되었다. 먼저 국모를 바르게 세운 뒤에야 인륜의 기강이 설 것이다. 어찌 국모 없는 나라가 있겠는가? 잘 살펴서 거행하라.

『선조실록』, 권149, 35년 4월 계축조

이 일이 전해지자 정치판은 크게 술렁거렸다. 선조가 이미 마음속에서 세자를 버렸다는 소문이 꼬리에 꼬리를 물고 퍼져나갔다. 세자 쪽에서는 위기의식이 높아졌고, 대책을 세우기 위해 고심했다. 선조의 사위인 신익성이 쓴『청백일기』에 당시의 상황이 잘 묘사되어 있다.

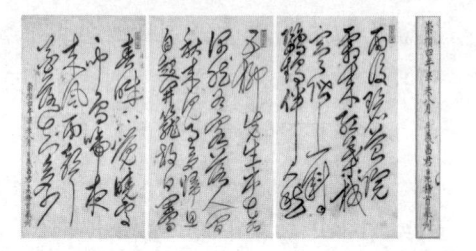

⊙ 선조가 쓴 「당시」

선조 35년에 선조는 계비繼妃를 책봉한 후 1남 1녀를 얻었다. 딸은 정명 공주이고, 아들은 영창대군 의㼌다. 영창대군이 3세 되던 해에 선조가 승 하하고 지금의 왕(광해군)이 즉위하였다. 부자간에 계승하는 것은 지극히 당연한 일이다. 그런데 선조 35년경에 부귀를 엿보던 자들이 말을 만들고 사람들을 선동하였다. 이들은 세자의 처남 유희분을 사주하여 영창대군이 적자라는 사실로 광해군의 마음을 어지럽혔다. 이산해, 이이첨 등은 일찍 이 죄를 짓고 선조에게 쫓겨났기 때문에 오래전부터 원한을 품어왔다. 이 산해는 선조가 병이 들어 일어나지 못할 것을 헤아리고, 유희분의 형 희담 의 집에 세를 살면서 밤낮 이들과 함께 일을 꾸몄다.

『청백일기』

선조 35년(1602) 7월 13일, 김씨와 선조가 혼인을 했다. 이날은 아침부터 비가 억수같이 내렸다. 7월 들어 계속해서 장맛비가 내렸다. 비 때문에 혼 례를 연기하느냐 마느냐를 놓고 의견이 분분했지만, 결국은 혼례를 강행 하기로 결정했다.

김씨는 혼례복을 갖춰 입고 오전에 태평관으로 갔다. 여전히 비는 그치지

않았다. 그 빗속을 뚫고 정오에 선조가 신부를 맞이하러 태평관으로 왔다. 그런데 무슨 조화인지 선조가 태평관에 도착했을 때 잠깐 동안 비가 그쳤다.

그곳에서 김씨는 선조를 처음 보았다. 그때 선조는 51세, 김씨는 19세였다. 무려 32세나 차이가 났다. 아무리 왕비라지만 늙은 왕의 재취로 들어가는 김씨의 심정이 어떠했을까? 그리 즐겁지만은 않았으리라. 태평관에서 예식을 치른 후 김씨는 명실 공히 왕비가 되었다.

예식이 끝나고 선조가 먼저 궁궐로 돌아갔다. 왕비 김씨는 두 시간쯤 후에 궁궐로 들어갔다. 그때 다시 비가 쏟아졌다. 선조가 옆에 있을 때는 해가 반짝 떴는데, 선조가 떠나자마자 비가 쏟아지는 것을 보며 김씨는 자신의 음울한 미래를 예견했을까? 어쨌든 김씨는 그날 밤 선조와 초야를 치렀다.

다음날 김씨는 정전正殿에서 왕족과 양반 관료 및 그들의 부인, 그리고 선조의 후궁들에게 인사를 받았다. 본래 정전은 국왕이 신료들에게 조회를 받는 곳인데, 선조는 특별히 김씨에게 정전을 내주었다. 어린 신부에게 왕비의 권위와 체통을 실어주려는 배려에서였다.

젊디젊은 왕비에게 인사를 올리는 사람들의 속내는 제각각이었을 것이다. 대부분은 속으로 삭였지만, 특히 선조와 나이가 비슷한 후궁들 중에는 속내를 드러내는 사람도 있었다. 나이로 보면 딸보다도 어린 김씨를 본부인으로 받들어 모셔야 하는 자신들의 처지가 한심스러워 노골적으로 불평하는 기색을 드러내기도 했던 것이다.

세자 광해군과 세자빈 또한 마찬가지였을 것이다. 명분상 김씨는 세자에게 적모嫡母, 좀더 정확히 말하면 계모였지만, 나이로 보면 세자가 김씨보다 9세가 많았다. 세자빈 유씨도 시어머니가 되는 김씨보다 11세나 위였다.

어렵고도 고달픈 국모의 자리

　　힘든 과정을 지나 김씨는 국모의 자리에 올랐다. 그런데 그 당시 국모는 축복만 기대하기에는 너무나 어려운 자리였다. 그 자리를 둘러싸고 불만과 위험을 느끼는 사람들이 많았기 때문이다. 인목왕후 김씨가 완벽한 국모로 살기 위해서는 그런 사람들을 위로하고 자기 사람으로 만들어야 했다. 김씨는 궁궐 안에서 자기편인 사람은 더욱 자기편으로 만들고, 적대적인 사람은 적의를 누그러뜨리도록 해야 했다. 그렇게 하려면 판단력과 정치력이 절실히 필요했다.

　김씨에게 적대적인 사람들은 우선 선조의 후궁들이었다. 선조는 의인왕후와 혼인한 직후 공빈 김씨, 인빈 김씨, 순빈 김씨 등 많은 후궁을 들였다. 의인왕후는 자식을 낳지 못했을 뿐만 아니라 선조와 부부 사이도 뜨겁지 않았다. 반면 선조는 후궁들을 열정적으로 사랑했고, 그들 사이에 많은 자녀들도 보았다. 후궁들이 새파란 김씨에게 적대감을 갖는 것은 당연했다. 그러나 그들 중에도 김씨에게 호의적인 사람은 있었다. 바로 인빈 김씨였다.

　공빈 김씨는 "임금이 총애하여 다른 후궁들이 감히 그 사랑에 끼어들지 못했다"고 할 정도였고, 임해군과 광해군도 낳았다. 선조는 그 아들들에게도 애정을 듬뿍 쏟았다.

　그렇지만 공빈 김씨는 선조 10년(1577) 5월에 산후병으로 죽고 말았다. 그때 공빈 김씨는 선조에게 "나를 원수로 여기는 자가 나의 신발을 가져다가 내가 병들기를 저주하였습니다"라고 하소연했다고 한다. 공빈 김씨가 죽은 후 선조는 후궁들에게 사납게 구는 일이 많았다고 한다. 먼저 간 공빈 김씨에 대한 그리움과 미안한 마음이 그렇게 나타났으리라.

　그때 선조를 따뜻하게 위로하면서 공빈 김씨의 묵은 허물을 들춰낸 사람이 인빈 김씨였다. 이제 선조는 인빈 김씨에게 애정을 쏟았다. 인빈 김씨는 시세 판단이 빠르고 상대방을 배려하는 능력이 탁월했으리라.

⊙ 궁궐에서 사용했던 이동식 화장실, 매우틀

인빈 김씨는 아들 4명과 딸 5명을 낳았다. 자식을 향한 선조의 사랑 또한 임해군과 광해군에서 인빈 김씨가 낳은 아들들에게로 옮겨갔다. 임해군과 광해군이 인빈 김씨를 원망하는 것은 당연했다. 그들의 입장에서 인빈 김씨는 생모를 모함하고 아버지의 사랑을 가로챈 원수였다. 이런 광해군이 세자였으니 인빈 김씨는 내심 불안했을 것이다.

그래서인지 선조의 재혼을 반긴 후궁은 오직 인빈 김씨뿐이었다고 한다. 혼례가 거행될 때도 다른 후궁들과 달리 인빈 김씨는 "말과 얼굴빛이 태연하였을" 뿐만 아니라 "특별히 기쁜 일이 있는 것처럼" 보였다고 한다. 어쩌면 자신이 중전이 될 수 없다고 판단해 선조에게 재혼을 설득했을 수도 있다. 나아가 은근히 세자 광해군을 헐뜯었을지도 모른다.

인빈 김씨는 왕비 인목왕후 김씨에게 자신의 미래를 걸었던 듯하다. 큰 사위인 서경주의 딸을 김씨의 남동생에게 시집보내게 했던 것이다. 이와 관련하여 실록에는 이런 기사가 전한다.

서성이 진술하기를 (중략) "신의 아들 서경주의 딸은 어렸을 때 이미 친구 박동열의 아들 아무개에게 시집보내기로 약속하였습니다. 게다가 아무

개가 장차 반성부원군 박응순(의인왕후 박씨의 아버지)의 제사를 받들게 되어 더더욱 약속을 어기기 어려웠습니다. 그런데 인빈 김씨가 김제남의 가문과 혼인을 맺고자 원하였습니다. 이에 인빈 김씨는 선왕에게 요청하여 서경주의 딸과 김제남의 아들이 혼인하도록 하였습니다. 그때 신이 극력 거부하였지만 어쩔 수 없었습니다. 왜냐하면 선왕께서 어필御筆로써 강제로 결정하였기 때문이었습니다" 하였다.

『광해군일기』, 권66, 5년 5월 갑술조

인빈 김씨 큰사위의 딸과 친정 동생의 혼인을 강력하게 추진한 이는 인목왕후 김씨가 아니라 인빈 김씨였다. 인빈 김씨의 판단력과 정치력이 왕비 김씨보다 훨씬 뛰어났던 것이다.

이를 통해 몇 가지 사실을 추론할 수 있다. 첫째, 선조가 재혼한 후에도 인빈 김씨가 왕을 좌지우지했다. 둘째, 인목왕후 김씨는 그런 인빈 김씨를 자기편으로 만들기 위해 적극적으로 나서는 성격이 못 되었다. 김씨는 너무 어렸고 경륜도 부족했다. 또한 천성이 정치적이지 못했을 수도 있다. 어쨌든 김씨는 입궁 후 선조를 휘어잡지도, 후궁들을 장악하지도 못했다.

세자와도 마찬가지였다. 선조의 재혼으로 가장 위기의식을 느낀 사람은 세자 광해군이었다. 선조는 재혼한 후 광해군을 더욱 심하게 냉대하며 아예 만나려고 하지도 않았다. 광해군은 갈수록 불안해지고 초조해졌다.

실록에서는 "임금이 세자에게 매우 엄격하게 대우하여 거의 만나지 않았다. 세자가 매번 문안하기 위해 외문外門까지 왔다가 그냥 물러갔다"고 당시의 상황을 기록했다. 이 같은 상황에서 김씨가 정치 감각이 있고 냉정한 판단력이 있었다면 분명하게 처신해야 했다. 무슨 일이 있어도 세자를 바꾸겠다든가, 아니면 세자를 즉위시키겠다든가 둘 중에 하나를 분명히 결정해야 했다. 그런데 김씨는 광해군을 선조와 마찬가지로 박대하고 무시했다.

여기서 김씨의 유약하고 비정치적인 성격이 그대로 드러난다. 때문에

김씨는 선조에게 온전히 사랑받지도 못했고, 세자 광해군에게 호의를 얻지도 못했다. 또한 후궁들의 지지도 얻어내지 못했다. 김씨는 남편 선조가 하는 대로 그냥 따라가기만 했을 뿐이다.

김씨가 입궁해서 한 일이라고는 사실상 아이를 낳은 것뿐이었다. 그녀는 입궁하자마자 곧바로 임신해 정확히 10개월 만인 선조 36년(1603) 5월 19일에 정명공주를 낳았다. 『계축일기』의 다음 기록에서 당시 세자 광해군 쪽 사람들이 얼마나 긴장했는지를 생생하게 확인할 수 있다.

만력萬曆 임인壬寅(선조 35)에 왕비마마에게 태기가 있다는 이야기가 있었다. 세자 광해군의 장인인 유자신이 그 소문을 듣고 왕비마마를 놀라게 하여 낙태시키려 하였다. 그래서 대궐에 돌팔매질도 하고, 대궐 사람들을 꾀어 궁녀들의 측간에 구멍을 뚫고 나무로 쑤셔대게 하기도 하고, 대궐 밖에 화적 떼가 나타났다고 소문을 퍼뜨리기도 하였다. 이런 일들이 계속되자 대궐에서도 마침내 유자신을 의심하게 되었다. 계묘癸卯(선조 36)에 왕비마마께서 공주를 낳으셨는데, 해산 소식이 잘못되어 대군 아기씨가 탄생하였다고 전해졌다. 그러자 유자신은 한마디 말도 않다가, 다시 공주마마가 탄생하였다는 소식을 듣고 그제야 간신히 축하 예물을 올렸다. 그가 얼마나 왕비마마를 미워했는지 알 만하였다.

『계축일기』

『계축일기』에서는 유자신이 김씨를 미워했다고 하지만, 그것은 위기의식 때문이었을 것이다. 김씨의 본심과 관계없이 김씨의 처지가 그렇게 만든 것이었다. 김씨는 상황의 희생자라고 할 수도 있었지만 무엇보다 스스로 그런 상황을 능동적으로 헤쳐나가지 못했다.

김씨는 궁궐 내부의 사정을 이해하게 되면서 점점 중압감을 느꼈던 모양이다. 실록에 선조 37년(1604) 11월 17일에 "공주를 낳았는데 사태死胎였

다"는 기록이 남아 있다. 두 번째 아이를 사산死産한 원인은 정확히 알 수 없지만, 분명 중압감도 한몫했을 것이다.

김씨는 두 번째 아이를 사산한 지 1년 반쯤 후인 선조 39년 3월에 운명의 아들을 낳았다. 그가 바로 영창대군이었다. 『계축일기』에 따르면 "그때 유자신은 집에서 머리를 싸매고 누워 자나 깨나 왕비마마와 대군 아기씨를 모해하려는 계책만 꾸몄다"고 한다. 설상가상으로 아들이 태어난 지 2년도 되지 않아 선조가 세상을 떠났다. 그때 인목왕후 김씨는 25세에 불과했다. 젊디젊은 나이에 겨우 6세 된 딸과 3세 된 아들이 딸린 대비가 되고 만 것이다. 이제부터 남편 선조의 보호막도 없이 홀로 험난한 상황에 맞서야 했던 것이다.

선조의 죽음으로 시작된 대비전의 비극

선조가 막내아들 영창대군을 보았을 때 그의 나이 55세였다. 혼인 후에 젊은 왕비는 계속해서 임신해 선조가 52세 되던 해에 막내딸 정명공주가, 그 다음 해에는 사산된 딸이, 55세에는 드디어 막내아들 영창대군이 태어났다.

선조는 막내아들을 본 이후 건강이 급격히 악화되었다. 그는 56세가 되던 선조 40년 3월부터 병석에 누웠는데 좀처럼 병세가 호전되지 않았다. 10월 9일에는 잠자리에서 일어나 방 밖으로 나가려다가 기절하기도 했다. 그는 10월의 바깥공기도 견디지 못할 정도로 건강이 나빠졌다.

그날 이후 선조는 죽음의 공포를 느꼈던 듯하다. 건강을 회복하기 위해서는 요양이 필요했다. 골치 아픈 왕좌에 욕심을 부리다가는 진짜 죽을지

도 몰랐다. 선조는 세자 광해군에게 왕위를 물려주거나 대리청정을 시키려고 했다. 그때만 해도 건강을 회복한 후 다시 왕좌를 찾아올 생각이었으리라. 김씨도 선조의 의견에 동감이었다.

그런데 유영경을 비롯한 대신들이 반대했다. 요양하면서도 충분히 국사를 돌볼 수 있다는 이유에서였다. 하루이틀 지나면서 몸 상태가 나아지는 듯하자 선조 또한 생각이 달라졌다. 그는 약으로 원기를 보충해가면서 다시 국정 업무를 보기 시작했다.

하지만 선조의 건강은 약으로 회복될 수 있는 상황이 아니었다. 결국 선조는 얼마 버티지 못하고 영영 돌이킬 수 없는 처지에 이르고 말았다.

선조가 세자 광해군에게 왕위를 물려주려다 취소하자 세자 측에서는 매우 불안해졌다. 마침내 세자 측에서는 정인홍을 사주하여 선조의 전위를 막은 유영경을 맹렬하게 비난하는 상소를 올리게 했다. 선조 41년(1608) 1월 18일의 일이었다. 정인홍의 상소에 뒤이어 유영경의 반박 상소가 잇따랐다. 차기 왕위를 놓고 정쟁이 본격화된 것이다.

선조는 격분했다. 그는 신하들이 자신을 늙었다고 괄시하며 광해군에게 줄을 선다고 생각했다. 또한 "정인홍의 상소가 올라온 후부터는 불안하여 잠도 잘 수 없고 밥도 먹을 수 없다"며 크게 화를 냈다.

그렇게 격분한 상태로 열흘쯤 지났다. 그리고 2월 1일, 선조는 간밤에 잠도 잘 자고 오전 일정도 아무 문제 없이 처리했다. 점심 때 올라온 찰밥도 잘 먹었다. 그런데 식사 후에 갑자기 기가 콱 막히면서 위중한 상태가 되었다. 워낙 창졸간에 당한 일이라 어떻게 손써볼 틈도 없이 선조는 그만 승하하고 말았다. 갑작스런 죽음이었던 탓에 사람들 사이에 독살 의혹이 돌기도 했다. 『계축일기』에 당시 상황이 잘 기록되어 있다.

생각해보면 선조대왕께서 돌아가신 그때에 약밥인지 고물인지를 잡수시고 갑자기 구역질을 하시다 위급해지셨다. 당시 선조대왕의 주변에 있

던 궁녀들이 모두 세자 광해군의 심복이었던 상황이어서 선조대왕께서 독살되었을 것이라는 추정이 전혀 이상하지 않았다. 그리고 선조대왕의 병환이 위중하게 된 데에는 간신 정인홍의 상소도 한몫하였으니, 구태여 칼로 자르거나 매로 쳐서만 죽였다 할 것이 아니라 진실로 그만하면 아비를 살해하였다 할 만하였다.

『계축일기』

이 책에서 왕비 김씨는 세자 광해군이 선조를 살해했다고 주장하는데, 꼭 독살이 아니더라도 정인홍을 시켜 선조를 격분케 해 죽인 것이므로 어차피 살해나 마찬가지라는 것이다. 김씨가 독살 여부에 대한 물적 증거보다는 상황 증거만 내세우는 것으로 미루어 선조가 독살되었을 확률은 낮다. 선조는 정인홍이 올린 상소를 보고 격분했고, 그 때문에 죽음에 이르렀다는 언급은 나름대로 타당성이 있다. 그러니까 선조는 과로와 스트레스로 죽음에 이르렀다는 것이다. 그렇지만 보다 근본적인 원인은 노년의 선조가 감당하지도 못할 왕좌에 집착했기 때문이 아닐까?

어쨌든 김씨는 갑작스럽게 선조의 승하를 맞았다. 그야말로 대책 없는 대비가 된 것이다. 이제 김씨는 25세에 왕실의 최고 어른이 되었다. 왕위 계승을 결정할 옥새도 대비 김씨가 쥐게 되었다.

이때 김씨는 무슨 생각을 했을까? 또 세자 광해군 쪽에서는 이 상황을 어떻게 받아들였을까? 실록에 당시 상황이 이렇게 기록되어 있다.

중전께서 전교하기를 "국사는 잠시도 비울 수 없다. 계자啓字를 동궁에게 전하여 여러 일들을 살피게 하는 것이 어떤가?" 하였다. 대신들이 보고하기를 "전교는 국가의 지극한 복입니다" 하였다. 중전께서 전교하기를 "옥새와 계자를 모두 동궁에게 전하는가? 아니면 옥새를 전하는 절차가 따로 있는가?" 하였다. 보고하기를 "안에서 참작하셔서 옥새를 전하면 되

고, 꼭 절차가 있을 필요는 없습니다" 하였다. 왕세자가 명령하기를 "옥새와 계자를 전한다고 하니 망극한 중에 더더욱 망극하다" 하였다.

『선조실록』, 권221, 41년 2월 무오조

위의 기록을 보면 대비 김씨가 먼저 자발적으로 옥새를 전하겠다고 하고 세자는 사양하고 있다. 참으로 아름답고 전통적인 광경이다. 평상시라면 당연히 이렇게 했을 것이다.

그런데 내막은 약간 달랐다.『계축일기』에는 "세자의 측근들은 즉시 세자 부부를 침전에 들게 하여 계자와 새보璽寶, 마패와 같이 중대한 물건을 속히 내보내도록 하였다"고 기록되어 있다. 세자가 대비 김씨에게서 계자, 옥새, 마패를 강압적으로 넘겨받으려 했다는 내용이다. 계자는 국왕의 결재 문서에 찍는 도장이고, 새보는 왕을 상징하는 도장이며, 마패도 왕권의 상징물이다. 왕위에 오르려면 이 세 가지가 꼭 필요했다. 그러니까 세자 광해군 쪽에서는 혹시라도 대비 김씨에게 다른 생각이 있을까 불안해했다는 것이다.

이에 대해 대비 김씨는 아무런 사심 없이 옥새를 넘겨주려 했는데 세자 쪽에서 공연한 의심을 했다고 항변한다. 예컨대 "만약 정말로 대비마마께서 영창대군을 왕으로 세울 생각이 있었다면, 다음 왕을 지목할 막강한 권력을 손안에 쥐고 있는 마당에 옥새를 내어 행사할 겨를도 없이 당장 세자에게 내보내시었겠는가?"라는 항변이 그것이다.

선조가 승하하던 날 세자는 대비 김씨에게서 옥새를 건네받고 다음날 곧바로 왕위에 올랐다. 대개는 선왕의 입관이 끝난 후에 즉위식을 거행하는데, 그만큼 세자가 서두른 것이다. 세자 쪽에서 많이 불안했다는 반증이다.

이제 광해군이 왕이 되었다. 상황이 이렇게 될 때까지 김씨는 무력하게 끌려다니기만 했다. 그녀가 한 일이라고는 선조가 남긴 유서를 세자와 대신들에게 전달한 것이 전부였다. 세자에게 전달된 유서에는 "동기 사랑하기를 내가 살아 있었을 때처럼 하라. 참소하는 사람이 있거든 신중히 생각

하고 듣지 말라. 이로써 너에게 부탁하니 꼭 내 뜻을 잊지 말길 바란다"는 내용이 쓰여 있었다. 또 대신들에게 전달된 유서에는 "영창대군이 어리고, 자라는 것을 보지 못하니 이것이 걱정스럽다. 내가 죽은 후에 일어날 인심을 헤아리기 어렵다. 만약 사설邪說이 있다면 공들이 사랑으로 보호하여 붙들어주기를 부탁한다"고 쓰여 있었다.

이러한 대비 김씨의 대응을 어떻게 평가해야 할까? 김씨는 여전히 세자 측 사람들에게 의혹과 불신의 대상이었다. 이유는 물론 그가 대비였기 때문이며, 또한 영창대군이라는 아들이 있었기 때문이다. 그런데 김씨는 이런 의혹과 불신에 대해 매우 감정적으로 맞섰다.

김씨는 자신과 영창대군을 보호하기 위해 선조의 유서를 이용했다. 선조의 권위를 이용하여 세자의 효심과 대신들의 충성심을 끌어내려 한 것이다. 그러나 결과는 의도했던 것과 달리 광해군의 '불효'와 대신들의 '불충'으로 돌아왔다. 대비 김씨가 사려 깊지 못하게 행동했기 때문이다.

광해군이 대비 김씨를 믿지 못하고 의심한 이유는 영창대군 때문이었다. 김씨도 그 사실을 잘 알았다. 김씨는 영창대군을 보호하기 위해 선조의 유서를 광해군과 대신들에게 전달했지만 미처 역효과가 있을 수 있다는 생각까지는 못했던 것이다.

광해군이 선조의 유서 내용에 대해 불쾌하게 여길 수 있는 가능성은 충분했다. 선조가 자신을 믿지 않았으며, 나아가 선조에게 그런 유서를 쓰도록 유도한 사람이 대비 김씨라고 생각할 수도 있었다.

선조가 대신들에게 남긴 유서에 대해서도 마찬가지다. 의심을 갖고 보면 대신들과 영창대군 사이에 무슨 밀약이 있었던 것으로 오해할 수도 있었다. 이렇듯 영창대군을 보호하기 위한 대비 김씨의 행동들이 반대로 영창대군을 더욱 위험한 처지로 몰아갈 가능성이 농후했던 것이다.

만약 대비 김씨와 광해군이 사이가 좋았다면, 또 광해군이 포용력이 있었다면 문제 될 게 없었다. 그러나 실제로는 그렇지 못했기 때문에 문제가

심각했다. 그 상황에서 대비 김씨는 광해군을 안심시켰어야 했다. 그러나 대비 김씨는 그 반대로 행동했다. 민인백은 이와 관련하여 의미심장한 기록을 남겼다.

선조가 서경주에게 명령하기를 "너에게 딸이 있으니 김규에게 시집보내도록 하라" 하였다. 김규는 왕비 김씨의 남동생이었다. 서경주가 대답하기를 "삼가 명령을 받들겠습니다" 하였다. 혼례를 치르기 전에 선조가 승하하였다. 광해군이 어느 날인가 서경주의 장모인 인빈 김씨에게 묻기를 "서경주가 김규를 사위로 삼고자 합니까?" 하였다. 인빈 김씨가 대답하기를 "몸이 대궐에 있어서 집안일은 모릅니다" 하였다. 혼롓날이 가까워지자 광해군이 다시 인빈 김씨에게 말하기를 "반드시 서경주에게 말하여 김규를 사위로 삼지 못하게 하십시오" 하였다. 인빈 김씨가 즉시 서경주에게 알렸는데, 서경주가 말하기를 "저는 후환이 있으리라는 것을 잘 압니다. 그렇지만 이미 선왕의 명을 받았는데 지금 저버린다면 장차 무슨 면목으로 지하에서 선왕을 알현하겠습니까?" 하고는 혼인시켰다. 그후 형세가 점점 변하여 일이 아주 위험해졌다. 서경주는 영창대군에게 창진瘡疹이 있다는 소문을 듣고 김제남에게 편지를 보내 말하기를 "크게 역병을 앓는 아이에게 아무 혈穴에다 침을 놓으면 죽지 않고 소경이 된다고 합니다. 그러니 반드시 그 법에 따라 침을 놓으십시오" 하였다. 김제남이 웃으면서 말하기를 "나는 서경주를 지혜롭다고 생각하였는데 그렇지 않구나. 죄도 없는 대군을 어찌 소경으로 만든단 말인가?" 하면서 마침내 따르지 않았다.

『태천집苔泉集』, 기문記聞

서경주는 광해군의 의혹과 불안을 없앨 수 있는 방법을 정확히 알고 있었던 것이다. 영창대군이 살아 있는 한 광해군의 번민은 계속될 것이다. 그러므로 영창대군이 죽든지 아니면 죽은 것이나 다름없는 상황이 되어야만

했다. 그래서 나온 대안이 영창대군을 소경으로 만드는 것이었다.

대비 김씨는 이러한 상황을 냉정하게 따져서 결단을 내려야 했다. 그러나 그에게는 그런 냉정함과 결단력이 없었다. 결국 김씨는 영창대군을 보호하기 위해 주변의 권력자들을 끌어들였다. 김씨의 입장에서는 최선이지만, 광해군의 입장에서는 의혹과 불신이 점점 더 커지는 결과를 초래했다.

대비 김씨가 광해군을 안심시키려면 영창대군을 무력하고 쓸모없게 보이도록 했어야 했다. 하지만 결과적으로 더 강하고 유능하게 보이도록 한 것이다.

대비 김씨는 죽은 선조의 권위를 이용해 영창대군을 보호하려 했다. 그는 진정 죽은 선조의 권위가 살아 있는 광해군의 왕권을 넘어설 수 있다고 믿었을까? 아니면 광해군의 효심을 믿었을까? 죽은 왕의 권위에 매달려 영창대군을 보호하려는 대비 김씨와 그런 김씨를 불신하는 광해군 사이에서 타협점을 찾기란 어려웠다. 대비 김씨와 광해군은 비극적인 파국을 향해 치닫고 있었다.

광해군과 영창대군의
비극적 운명, 그리고 계축옥사

선조가 죽었을 때 영창대군은 만 2세도 채 되지 않았다. 대비 김씨에게 갓난쟁이 대군은 자신의 목숨보다 소중한 하나뿐인 아들이었으리라. 그런 영창대군을 위해서라면 대비 김씨는 기꺼이 자신의 목숨도 내놓았을 것이다.

바로 그런 이유 때문에 광해군은 영창대군을 꺼렸다. 아니, 공포감을 느꼈다. 영창대군이 자랄수록 왕위를 뺏길 수도 있다는 광해군의 공포감은 더욱 커졌다. 『계축일기』에서 광해군의 심경을 생생히 살펴볼 수 있다.

광해군은 가끔 내전에서 식사를 할 때 정명공주는 만나도 영창대군은 보려 하지 않았다. 그러면서 왕비 유씨에게 "대비전에 가면 영창대군의 소리가 너무 듣기 싫다"고 말하곤 하였다. 하루는 영창대군이 "대전에 계신 형님 전하가 보고 싶어요" 하여 광해군이 대비전에 오셨을 때 공주와 대군 아기씨를 앉혀 뵙게 하였다. "정명공주로구나. 이리 오너라." 광해군은 정명공주를 안아보고는 계속해서 말하기를 "정말 똑똑하고 예쁘게도 생겼습니다" 하였다. 그러나 영창대군에게는 말 한마디 건네지 않고 본 체하지도 않았다. 영창대군이 민망하여 주춤거리니 대비마마가 말씀하시기를 "너도 앞으로 나가보거라" 하였다. 영창대군은 어렵사리 일어나 광해군 앞으로 갔다. 그러나 광해군은 고개를 들어 한번 보려고도 하지 않았다. 그러자 영창대군이 밖으로 나와 울먹이며 말하기를 "형님 전하께서는 누님만 저리 귀여워하시고 나는 본 체도 않으시네. 차라리 나도 누님처럼 여자로 태어날 것을 왜 남자로 태어났을까!" 하였다. 영창대군이 그날 하루 종일 서럽게 울어 주변 사람들의 마음을 아프게 했다. 광해군은 자신의 세자가 어렸을 때부터 늘 "내가 살아 있는 동안에는 비록 이 궁궐에 대군 10명이 있더라도 두려워할 것이 없다. 그러나 영창대군은 너와 조카간 아니냐? 예전에 세조께서는 단종이신 조카를 죽이고 왕위에 올랐으니, 나는 그런 일이 생길까 두렵구나. 내 반드시 영창대군을 없애고 너를 편안케 하리라" 하였다. 그래서 광해군의 세자는 영창대군을 싫어하여 대할 때마다 마치 무서운 것을 보는 듯하였다.

『계축일기』

영창대군이 울먹이면서 "차라리 나도 누님처럼 여자로 태어날 것을 왜 남자로 태어났을까!"라고 넋두리한 속에 비극이 들어 있다. 광해군은 영창대군이 남자여서 두려웠던 것이다. 훗날 자신이 죽고 세자가 왕이 되었을 때 영창대군은 왕의 삼촌이 되는데, 그렇게 되면 수양대군과 단종의 관계

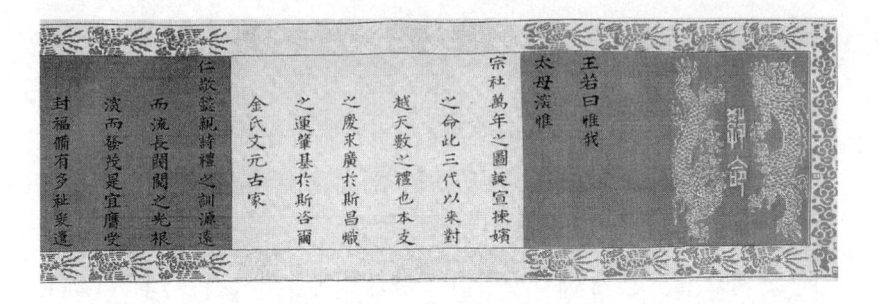

⊙ 비빈·왕세자·왕세자빈·왕세손 등을 책봉할 때 교훈과 경계의 글을 써서
내려주는 문서인 교명敎命. 사진은 '경빈 김씨 간빈책봉교명'

처럼 될 수도 있지 않은가? 광해군은 그것이 두려웠던 것이다. 때문에 영
창대군이 없어져야 한다고 생각했다. 그것은 영창대군의 죄도, 광해군의
죄도 아니었다. 그것은 운명일 뿐이었다.

광해군 5년(1613) 4월 25일, 좌변포도대장 한희길이 "지난달 조령에서
행상을 살해하고 은자 수백 냥을 탈취했던 범인 박응서를 체포했다"는 보
고를 올렸다. 이에 박응서는, 자신은 단순 살인강도범이 아니라 역모를 획
책한 역적이었다는 고변서를 올렸다. 이 일은 이제 단순 살인강도 사건이
아니라 대역무도 사건으로 바뀌었다.

당시의 관련 기록을 살펴보면, 박응서 사건을 날조하고 확대시킨 사람
은 이이첨이었다. 이이첨은 광해군의 핵심 지지 세력인 대북파의 중심인
물로서, 그 역시 영창대군의 존재를 두려워하고 있었다. 그래서 이이첨은
박응서 사건을 이용해 영창대군을 제거하고자 했던 것이다.

광해군은 고변서를 받아본 당일부터 직접 박응서를 조사했다. 박응서는
자신들 세력의 우두머리는 '서양갑'이고, 역모를 꾸민 지는 7년쯤 되었으
며, 작년에는 격문까지 만들었다고 말했다. 7년 전이라면, 그들은 영창대
군이 태어났을 때 역모를 꾸몄다는 말이다. 박응서는 또 장차 군사 300명

을 모아 "대궐을 기습해 옥새를 탈취"한 뒤 곧바로 "대비전에 나아가 수렴청정을 요청"하고 "영창대군을 왕으로 옹립"하려 했다고 진술했다. 결국 영창대군을 왕으로 옹립하기 위해 7년간 계속 준비를 해왔다는 말이었다.

광해군이 작년에 작성한 격문의 내용을 묻자, 박응서는 "차마 듣지 못할 말이 있으므로 감히 말하지 못하겠습니다"라고 대답했다. 이에 광해군이 사람을 시켜 글로 쓰게 해서 보았더니 왕의 죄목을 폭로하는 내용이었다. 실록에는 그 내용이 빠져 있다. 광해군이 삭제하라고 명령했기 때문이다. 이로 보아 격문의 내용이 대단히 심각했음을 짐작할 수 있다. 다만 『연려실기술』에 "아비와 형을 살해하였고 음증淫烝까지 하였다"는 서양갑의 비난을 사관이 차마 쓰지 못했다는 내용이 나온다. 격문의 내용도 그것이었을 가능성이 높다.

이때 광해군은 무슨 생각을 했을까? 그는 대비 김씨가 흑색선전으로 자신을 중상모략하며 역모를 꾸민다고 의심했으리라. 또 그 기회에 영창대군을 제거하자고 생각하지 않았을까?

4월 28일, 광해군은 대역무도 사건의 우두머리로 지목된 서양갑을 의금부로 잡아들여 곧바로 심문했다. 하지만 서양갑은 혐의를 완강하게 부인했다. 다음날 박응서와 대질신문을 하면서도 마찬가지였다.

그러자 광해군은 서양갑의 생모를 잡아들여 아들 앞에서 고문했다. 실록에 따르면, 이때 광해군은 서양갑에게 "만약 바른 대로 진술한다면 어미는 죽지 않을 것이다"라고 회유, 협박했다고 한다. 또한 고문을 받던 서양갑의 생모는 "네가 역모를 꾀하지 않았더라도 인정만 하면 너는 죽더라도 나는 살 수 있을 텐데 어째서 인정하지 않느냐?"라고 원망했다고 한다. 그래도 서양갑은 역모 사실을 완강히 부인했다. 광해군은 서양갑이 보는 앞에서 생모에게 온갖 고문을 가했다. 결국 서양갑의 생모는 고문을 견디지 못하고 죽고 말았다. 당시 상황을 실록은 이렇게 전하고 있다.

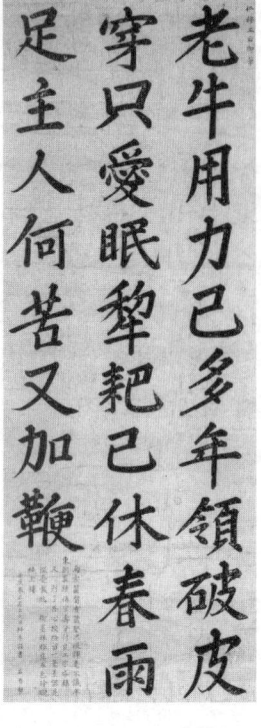

⊙인목왕후가 쓴 「민우시」. 자신을 구박받는 늙은 소에 비유한
  내용의 글이지만, 해서체의 글씨는 매우 당당하다.

서양갑이 처음에는 조사를 받는 과정에서
낙형烙刑을 받는 등 참혹하기 그지없었는데도
다른 말을 조금도 하지 않았다. 그런데 그의 어
미와 형이 모두 고문을 받다가 죽는 일을 당하
자 그날 밤 같이 갇혀 있던 사람들에게 말하기
를 "내가 앞으로 온 나라를 뒤흔들어 어미와 형의 원수를 갚겠다"고 하였
다. 이에 감옥에 있던 사람들이 모두 크게 놀랐다. 다음날 서양갑은 심문을
받으러 나갈 때 스스로 얼굴에 묻은 피를 씻고서 조용히 역모 사실을 시인
했다고 한다.

『광해군일기』, 권66, 5년 5월 6일조

5월 6일, 서양갑은 역모 혐의를 모두 시인했다. 뿐만 아니라 대비 김씨
와 영창대군은 물론 대비의 친정아버지 김제남까지 역모 혐의에 연루시켰
다. 영창대군을 왕으로 만들기 위해 김제남이 배후에서 역모를 조종했다
는 것이다.

바로 그것이 광해군이 원하는 대답이었다. 광해군은 그 대답을 받아내

기 위해 서양갑을 그리도 잔혹하고 악랄하게 심문한 것은 아닐까? 혐의대
로라면 대비 김씨, 영창대군, 그리고 김제남까지 일망타진할 수 있었다.

그날로 김제남을 비롯해 대비 김씨의 오빠 래 및 남동생 규, 선이 체포되
었다. 그리고 6월 1일, 김제남은 역적의 수괴라는 누명을 쓰고 사약을 받
았다. 이날 대비 김씨의 친정어머니는 맨발로 대비가 거처하는 궁궐의 담
장 밖으로 달려가 "아무개야, 아무개야. 어찌하여 너는 아비를 구해주지
않는단 말이냐?"라며 울부짖었다고 한다. 하지만 대비 김씨는 나름대로
친정아버지를 구하기 위해 처절하게 노력했다. 이때의 상황은 『계축일기』
에 생생하게 묘사되어 있다.

대비마마께서는 친정아버지가 살인도적으로 죄를 뒤집어쓰고 잡혀 들
어가셨다는 소식을 듣고는 뜰에 있는 박석薄石에 머리를 부딪치며 광해군
에게 글월을 내셨다.

"영창대군으로 말미암아 이런 화가 내 부모와 동생에게 미치다니, 어찌
듣고 가만히 앉아만 있을 수 있겠소? 여기 내 머리털을 베어서 증표로 줄
터이니, 내 아들을 데려다 마음대로 하시오. 그리고 대신 내 아버님과 동생
들을 놓아주시오. 자식으로 말미암아 부모께서 화를 당하시다니, 차마 살
아서는 못 보겠소이다."

그러자 광해군이 회답하였다.

"어찌 그런 말씀을 하시는지요? 나는 형님이신 임해군을 정성껏 대접하
였는데, 형님께서 병으로 돌아가시자 마마께서는 저를 지목하여 '형을 살
해하였다'고 하셨다지요? 그리고 아바마마께서 돌아가시자 제가 약밥에
독을 넣었다고 하셨다지요? 또 선대의 궁녀를 알지도 못하는데, 제가 '아
비와 형을 살해하였고 음증까지 하였다'고 소문을 내셨다지요? 이런 말들
이 모두 대비마마가 계신 곳에서 나왔다 하니, 모름지기 원수는 같은 하늘
을 이고 살아갈 수 없는 법입니다. 더 이상 글월을 보내지 마십시오. 그리

고 아직 어린 영창대군이야 무엇을 알겠습니까?"

대비마마께서는 황급히 유자신의 아내에게 빌었다. 그러나 그녀 또한 이렇게 답해왔다.

"서양갑과 박응서의 아비가 다 서인으로서, 대비마마의 아버님 되시는 분과 같은 무리이온데 어찌 모른다고 하시옵니까? 일이 이렇듯 분명하니 다시는 제게 말을 붙이지 마옵소서."

『계축일기』

대비 김씨와 광해군은 화해의 여지가 없었다. 화해하기에는 광해군의 의혹과 불신이 너무나 컸다. 대비 김씨가 이제 와서 영창대군을 내놓겠다고 해도 아무 소용이 없었다. 어쩌면 광해군은 박응서 사건을 조사하는 동안 의혹과 불신이 확신으로 바뀌었는지도 모른다. 계축년에 일어난 박응서 사건을 '계축옥사癸丑獄事'라고도 한다. 계축옥사는 결국 김제남이 영창대군을 왕으로 추대하기 위해 역모를 꾸몄다는 것이었다. 이렇게 되면 역적의 수괴는 단연 영창대군이라는 의미가 되었다.

당장 사헌부와 사간원에서 영창대군을 죽이라는 상소가 올라왔다. 그에 뒤질세라 대신, 종친, 성균관 학생들도 같은 요구를 하며 들고일어났다. 광해군은 시간을 끌어가며 그들의 요구를 조금씩 들어주었다. 5월 21일, 영창대군은 폐서인(대군으로 봉작한 것을 취소하고 일반인으로 강등시키는 처벌)되었다. 이어 6월 21일에는 출궁 조치가 내려졌다. 광해군은 "영창은 비록 나이가 어려 지각이 없지만 그를 왕으로 옹립한다는 설이 누차 여러 역적들의 진술에서 나왔으니, 누가 화의 근본이라 하지 않겠는가"라고 자신의 조치를 정당화했다. 당시 영창은 8세밖에 되지 않았지만 광해군에게는 말 그대로 '화의 근본'이었다. 그것은 선조의 서자인 광해군과 적자인 영창대군 사이에 맺어진 비극적인 운명이었다. 6월 22일, 영창은 강제로 출궁되어 도성의 여염집에 구금되었다.

실록에는 사람들이 영창을 데려가려 하자 대비 김씨가 "영창을 부둥켜 안고 차마 떠나보내지 못하니 주위 사람들이 온갖 방법으로 권하고 핍박하였다. 하지만 대비가 요지부동이라 어쩔 수 없이 대비를 끌어안고 문 앞에까지 오니, 대비가 울부짖으며 영결하였다"고 간단히 기록되어 있다. 하지만 이 짧은 기록에 대비 김씨의 애통과 비탄이 함축되어 있어 더 구구절절하게 다가온다.

『계축일기』에는 당시 상황이 좀더 구체적으로 묘사되어 있다.

6월 21일, 영창대군을 출궁시키기로 결정한 광해군은 대비 김씨를 어떻게 설득할지 고민했다. 만의 하나 동반자살이라도 하겠다고 나오면 큰일이었다. 무사히 영창을 빼내기 위해 광해군은 다른 핑곗거리를 만들었다.

광해군은 대비 김씨에게 편지를 보내 "조정에서 대군을 내놓으라고 난리이옵니다. 끝까지 신하들의 말을 듣지 않고 고집을 부리고 있습니다만 (중략) 이번에 잔치를 베풀어 신하들의 노여움을 풀어주려 하오니, 아우를 잠깐 문밖에만 내보내주소서"라고 통지하였다. 가슴이 덜컥 내려앉은 대비 김씨는 "영창은 아직 내 슬하를 떠나지 못하는 일고여덟 살 어린아이라오. 동서도 분간치 못하는 이 어린것을 어찌하려오?"라며 거절하였다. 광해군은 다시 "돌아가신 아버님께서도 어여삐 여기라 하셨으니, 영창에 대해서는 아무 염려 마시지요"라며 대비 김씨를 달랬다. 그러나 대비 김씨는 "내가 안고 함께 죽을지언정 차마 내보내지는 못하겠소"라며 버텼다.

설득과 거절하는 일이 몇 차례 지루하게 반복되자 광해군은 마침내 분노하였다. 광해군은 "지금이라도 내보내주신다면 살릴 수 있습니다만, 이렇게 막고 내보내지 않으시면 영창은 살지 못할 것입니다"라며 노골적으로 협박하였다. 아울러 대비전의 궁녀들에게도 글을 보내 "너희들이 대비마마를 모시고 앉아 여러 가지로 나를 모해할 계책을 꾸미다가 음모가 탄로 났거늘, 감히 누구 탓으로 돌리며 영창을 내주지 않는가?"라고 위협하

였다. 공포에 질린 궁녀들은 "속히 허락하셔서 부디 소인들의 목숨을 구해주십시오."라고 애걸하였다. 어쩔 도리가 없게 된 대비 김씨는 "우리 집안에는 이제 둘째 동생과 어린 동생만 살아남았다 하니, 바라옵건대 두 동생이나 살려주오. 그리해주시면 대군을 내보내리다" 하며 협상을 시도하였다. 광해군은 선선히 응낙하였다.

6월 22일, 젊은 환관과 궁녀들이 대비전에 들어와 영창을 찾느라 소란을 부렸다. 대비 김씨는 어린 영창을 차마 내보내지 못하고 한없이 통곡하며 "하늘이시여! 제가 무슨 죄를 지었기에 이토록 서럽게 하십니까?"라고 울부짖었다.

시간은 흐르고 흘러 어느덧 날이 어두워졌다. 영창을 데리러 들어온 젊은 환관과 궁녀들은 다급해하며 대비전의 궁녀들을 협박했다. "우리가 들어가서 대군을 빼앗아와야겠다. 너희들 중 한 사람이라도 살 수 있나 두고 보자." 이에 대비전의 고참 궁녀인 변 상궁이 대비를 찾아가 "마마께서 대군을 이토록 내주지 않으시니, 오늘 제가 죽을 곳을 알았나이다" 하며 다그쳤다. 대비 김씨는 "너희들은 궁녀라서 어미 자식 간의 정을 모르는구나. 참으로 차마 내주지 못하겠노라" 하며 원망 겸 하소연을 하였다. 그 와중에도 대비 김씨는 울음을 그치지 않았다. 어느덧 날이 저물었다.

결국 정 상궁이 대비 김씨를 들쳐 업고, 주 상궁이 정명공주를, 김 상궁이 영창을 업었다. 겁에 질린 영창은 "어마마마와 누님이 먼저 서고, 나는 그 뒤에 설 테야" 하고 소리쳤다. 앞에 선 대비 김씨는 생무명으로 만든 보자기를 머리에 쓰고, 정명공주와 영창은 남빛 보자기를 덮어쓴 채 대문 쪽으로 갔다. 대문에는 환관 10여 명이 엎드려 있었다. 대비 김씨는 이들에게도 넋두리하기를 "너희도 선조대왕의 녹을 오래 먹고 살았으니 이 광경을 보고 어찌 참담하고 측은한 마음이 없겠느냐? (중략) 이 모두가 내가 죽지 않고 살아 있는 죄로구나. 어린아이니라, 아직 동서도 분간 못하는 것을 잡아내려 하다니. 조정 대신들이나 대간臺諫들이나 모두들 돌아가신 대왕

을 생각한다면 차마 이리할 수는 없으리라" 하였다. 환관들은 눈물을 흘리며 "어서 내보내소서. 우리라고 어찌 모르겠나이까마는, 이럴 일이 아니옵니다"라고 말할 뿐 어쩌지 못하였다.

이러는 사이 광해군의 궁녀인 연갑이가 갑자기 대비 김씨를 업은 정 상궁의 다리를 붙들고, 은덕이는 정명공주를 업은 주 상궁의 다리를 붙들었다. 두 상궁이 꼼짝 못하게 되자 다른 궁녀들이 영창을 업은 김 상궁을 앞뒤에서 끌고 밀어 문밖으로 내보냈다. 그 순간 대문이 닫혔다. 문밖에서 영창이 울부짖었다. "어마마마, 어마마마." 영창의 소리가 점점 작아지는 만큼 대문을 사이에 두고 통곡소리는 높아졌다. 거처로 돌아온 대비 김씨는 하늘을 우러러 크게 울부짖으며 통곡하다가 기절하였다. 이후 대비 김씨는 사람이 없을 때 목을 매거나 자결하여 목숨을 끊으려고 자꾸 물러가라고만 하였다. 이를 눈치 챈 변 상궁이 밤낮으로 곁에 머물며 위로하였다. 광해군은 대비 김씨가 외부 사람들과 연락하지 못하도록 감시하였다. 이후 대비전은 외부 세계와 엄중히 격리되었다.

『계축일기』

영창을 빼앗긴 이후 대비 김씨는 삶의 의욕을 잃었다. 그나마 목숨을 끊지 못한 이유는 어린 딸 정명공주와 친정어머니 때문이었다.

아버지 김제남이 사약을 받은 후 대비의 친정어머니는 집 안에 구금되고, 남은 식구들은 모두 체포, 수감되었다. 노비도 한 명만 빼고는 전부 조사를 받느라 감옥에 갇혔다. 외부 사람들과 소식을 주고받을 수도 없었다.

대비의 친정어머니는 노비 한 명만을 데리고 집을 부순 나무로 끼니를 해먹으며 연명했다. 이를 가엽게 여긴 도성 사람들이 어둠을 틈타 쌀과 간장을 던져주곤 했다. 대비의 친정어머니가 악착같이 살아남은 이유 역시 딸 때문이었으리라. 이렇게 대비 김씨는 대비전에서, 그리고 친정어머니는 친정집에서 각각 격리, 구금된 채 모진 세월을 보내야 했다.

서궁 유폐와
죽음 같은 10년 세월

대비전에서 출궁된 영창대군은 약 한 달 정도 한양의 여염집에 구금되었다. 그사이 영창대군을 죽여야 한다는 상소가 빗발쳤다. 7월 26일, 광해군은 명령을 내려 영창대군을 강화도에 위리안치시켰다. 8세밖에 되지 않은 영창대군은 영문도 모른 채 강화도로 끌려가 가시로 울타리를 친 집에 감금되었다. 그리고 광해군 6년(1614) 2월 10일, 그곳에서 세상을 떠났다. 그때 나이 겨우 9세였다.

영창대군이 죽자 수많은 사람들이 슬퍼했다. 나이도 나이지만, 죽음 자체가 참혹했기 때문이다. 당시 강화부사였던 정항이 영창대군을 살해했다는 소문이 파다하게 퍼졌다. 실록에는 "정항이 음식을 넣어주지도 않고, 방 안에 가두고 불을 때서 뜨거워 눕지도 못하게 하자 영창대군이 창살을 부여잡고 밤낮으로 울부짖다가 기력이 다하여 죽었다"고 기록되어 있다. 당시 이 소문을 들은 강화도 사람들 치고 울지 않은 사람이 없었다고 한다.

어떤 이유에서건 9세밖에 되지 않은 이복동생을 그렇듯 참혹하게 죽인 광해군에게 사람들은 적대감을 품었다. 영창대군의 비극적인 죽음 이후 광해군을 향한 민심은 극도로 나빠졌다.

더욱 불행한 일은 화의 근본인 영창대군이 사라졌음에도 광해군이 의혹과 불신을 버리지 못했다는 것이다. 아니, 의혹과 불신은 오히려 더욱 커져만 갔다. 마음을 다스리지 못한 광해군은 대비 김씨를 폐위하고 서궁에 유폐했다. 효를 최고 덕목으로 여기던 시대에 자식이 어머니를 폐위하고 유폐했다는 사실은 용납할 수 없는 일이었다.

대비 김씨를 폐하자는 논의는 박응서 사건을 조사하는 과정에서 제기되었다. 광해군 5년(1613) 4월 25일에 박응서가 "대비전에 나아가 수렴청정을 요청하려 했으며, 영창대군을 왕으로 옹립하려 했다"고 진술했을 때 대

비 김씨는 이미 역적의 수괴로 낙인찍힌 상태였다. 5월 22일에는 성균관 학생인 이위경 등이 상소를 올려 "모후母后는 안으로는 무고하는 짓을 저지르고 밖으로는 역모에 응하였으니 어미 된 도리가 이미 끊어졌다"고 주장했다. 대비 김씨는 광해군에게 어머니가 아니라 역적이라는 뜻이었다.

이에 대해 광해군은 "공의公議가 아무리 지엄하다 하더라도 개인적인 인정상 차마 못할 점이 있다"고 응답해, 공식적으로는 폐모론에 동의하지만 개인적인 사정으로 동의할 수 없다는 태도를 취했다. 아마도 이것이 실제 광해군의 속마음이었을 것이다. 이후 폐모론은 점점 기승을 부렸다. 게다가 저주 사건을 거치면서 폐모론은 마치 국가 정책인 듯 위력을 떨쳤다.

광해군 5년 5월 16일, 박동량은 박응서 사건과 관련해 조사를 받았다. 박동량은 김제남과 한패로 영창대군을 추대하려 했다는 혐의를 받고 있었다. 그는 자신의 혐의를 벗기 위해 김제남과는 원수지간이라는 사실을 누누이 강조했다. 또한 "어느 날인가 저의 사촌 형 동언이 저에게 말하기를, 대군 궁방의 사람들은 선왕께서 병환에 시달리게 된 이유를 의인왕후 박씨에게 돌리면서, 하인 수십 명이 요망한 무당들과 함께 유릉裕陵(의인왕후 박씨의 능)에 가서 저주하는 일을 대대적으로 벌였다고 하였습니다"라고 언급하기도 했다. 박동량이 자신의 혐의를 벗고자 한 이 말은 엄청난 결과를 초래했다. 그는 자신의 말이 일파만파로 확대될 줄은 전혀 예상치 못했을 것이다.

대군 궁방이란 바로 영창대군 방이었으니, 영창대군의 하인들이 의인왕후의 능에서 저주의 굿판을 벌였다는 말이었다. 그런데 그때 영창대군은 겨우 2세였다. 자연히 실제 저주를 사주한 사람은 대비 김씨라는 해석이 가능했다. 광해군은 이 부분을 집요하게 물고 늘어졌다. 광해군은 영창대군의 유모를 비롯해 대비 김씨의 궁녀들을 대거 소환하여 직접 조사를 벌였다. 이 과정에서 궁녀 30여 명이 참혹한 고문을 당하고 죽었다. 고문을 견디지 못한 몇몇 궁녀들은 대비 김씨가 광해군도 저주했다고 자백했다. 대비 김씨와 광해군 사이는 더 이상 화해가 불가능해졌다. 이 사건을 『계

축일기』에서는 다음과 같이 기록하고 있다.

　박동량이 공을 세워볼 심산으로 유릉의 방정 사건을 들추어내기를 "선조대왕께서 편찮으셨을 때, 영창대군을 위하여 무녀 순창이 굿을 하였다는 이야기를 듣고 국무國巫 수란개가 서러워하며 하소연할 곳이 없어 원수를 갚지 못하겠다고 하더이다" 하였다.

　사실 유릉의 방정 사건은 이랬다. 일찍이 정미년(선조 40, 1607) 선조대왕께서 편찮으셨을 때, 궁궐의 어떤 자가 유릉 기슭에서 굿을 하다 들킨 일이 있었다. 이로 인하여 무신년(선조 41) 여름, 형조와 한성부에서 나라의 큰 무녀인 수란개를 잡아다가 심문하였다. 그러나 조사 결과 애매함이 밝혀져 풀려났다. 모든 사람들이 나라에서 수란개 이외의 잡무녀는 쓰지 않는 것으로 알고 있었는데, 유자신이 이를 기회로 삼아 박동량을 움직여 "이리이리 하면 살려주마" 하여 거짓 음모를 꾸민 것이다. 그리하여 대비전에서 순창을 시켜 일을 벌인 것이라고 마치 제가 본 듯 말을 하니 당해낼 재간이 없었다. 유자신 무리들은 박동량의 말을 듣고 기회를 얻은 듯, 그간의 이러저러한 방정 사건을 모두 덮어씌웠다. 그리고 이 일을 빌미로 하여 5월 18일, 광해군은 "박동량이 죄인을 밝히는 상소를 올렸으니, 대비전의 나인들을 냉큼 대령하라" 말하고, 대비전의 침실상궁 김씨와 영창대군의 보모상궁과 유모 환의, 그리고 침실시녀 여옥이를 문초하라고 명령했다.

　이 소리를 듣고 나인들이 하늘을 보고 땅을 두드리며 "박동량, 이 도적놈아. 네놈이 우리의 이름을 알기나 하였더냐? 우리와 무슨 원수가 졌느냐" 하고 울부짖으니 궁중이 떠나갈 듯하였다.

　김 상궁과 유씨는 흐느끼며 "저곳에 가서 모진 형벌을 어찌 견디겠는가. 차라리 여기서 목매어 죽으리라" 하고는 목을 매달았으나 주위 사람들이 달려들어 묶은 것을 푸는 바람에 죽지 못하였다.

　"지금 여기서 죽으면 죄를 저지르고 자결하였다 할 것이니 나가보아라."

이런 시간이 흘러가니 그 서러움이 어떠하겠는가. 천지가 찢겨져 나갈 듯하면서도 이렇게 대답하였다.

"마노라(상전을 이르는 옛말), 죽으러 가옵니다. 설령 저희가 무슨 일을 당하더라도 지하에 가서 모시겠나이다."

『계축일기』

대비 김씨가 폐위되는 과정도 영창대군 때와 똑같았다. 먼저 양사에서 대비 김씨의 죄를 10가지로 조목조목 분류하며 폐위를 요청하는 상소가 올라왔다. 뒤이어 대신, 종친, 시골 유생들의 상소도 올라왔다. 광해군은 그들의 요구를 영창대군 때보다 더 시간을 끌어가며 들어주었다.

광해군 10년(1618) 1월 19일, 광해군은 백관들이 대비 김씨를 만나는 것을 금지시켰다. 이때 광해군은 "국가가 이렇듯 어렵고 위태로운 때에 백관들이 오래도록 직무를 돌보지 않으며 이처럼 힘껏 다투고, 일이 종묘사직에 관계되니 여러 사람들의 마음을 막기가 어렵다. 다만 백관들은 대비를 알현하지 말라. 이것은 또한 의리로써 은혜를 엄폐하는 뜻에서 나온 것이다"하여 대의명분에 입각한 처분임을 천명했다. 이는 대비 김씨와 의리상으로는 이미 모자 관계가 끝났다고 공포한 것이었다.

1월 28일, 광해군은 대비 김씨를 더 이상 대비라 부르지 말고 '서궁西宮'으로만 부르라 명령했다. 앞으로는 대비 김씨를 단지 선조의 일개 후궁으로만 인정하겠다는 의미였다. 1월 30일, 대비 김씨를 후궁으로 강등해 처우하는 규정이 마련되었다. 이른바 '폐비절목廢妃節目'이 그것이었다.

폐비절목에 따라 대비의 권위를 상징하던 어보, 의장물 등은 모두 압수되고, 진상도 폐지되었다. 서궁 주위로는 담장이 높이 쌓이고 파수대가 설치되었다. 이것이 바로 조선 500년 역사상 유일무이하게 자식이 어머니를 폐위시킨 '서궁 유폐' 사건이다. 서궁에 유폐된 대비 김씨는 생필품도 제대로 공급받지 못한 채 10년간 죽음 같은 세월을 보내야만 했다.

인조반정 이후 뒤바뀐 운명

광해군이 대비 김씨를 유폐시킨 대의명분은 역적 혐의였다. 비록 어머니라 하더라도 왕에게 불충하면 더이상 어머니가 아니라는 논리였다. 이는 근본적으로 효와 충의 윤리 중에서 어느 것을 상위에 두느냐의 문제였다. 여기서 광해군은 충을 우선시했다.

하지만 충을 명분으로 내세우면 아버지도 어머니도 쫓아낼 수 있단 말인가? 충이라는 명분하에 아버지나 어머니를 죽일 수도 있단 말인가? 이런 의구심과 불만, 적대감으로 민심은 극도로 악화되었다.

광해군은 자신의 뜻에 반감을 드러내는 사람들을 모조리 불충으로 몰아 처벌했다. 그 결과 폐모를 반대하는 목소리는 잦아들었고, 폐모를 요청하는 목소리는 나날이 높아졌다. 그래서 대비 김씨의 폐위는 절대 다수의 뜻이라고 광해군은 생각하고 믿었으리라.

그러나 사실은 그렇지 않았다. 주로 광해군에게 아부하는 사람들이 대비 김씨의 폐위를 요구했다. 즉, 그들의 뜻이 아니라 광해군의 뜻인 것이다. 입으로 말한다고, 겉으로 찬성한다고 그들의 속뜻까지 그런 것은 아니었다.

과거 동양의 정치 사상가들은 군주에게 '인심유위人心惟危'라는 말을 자주했다. 사람의 마음은 위태롭다는 뜻이다. 그 위태로운 사람의 마음을 얻는 군주만이 진정 위대한 군주가 될 수 있다고 했다.

사람들의 마음은 생사여탈권을 가진 권력자 앞에서 더욱 위태롭다. 사람들은 본능적으로 권력자가 무엇을 원하는지 알아챈다. 뿐만 아니라 권력자에게 잘 보이기 위해 아부도 마다하지 않는다. 어리석은 권력자는 그것이 그들의 진심이라 착각한다.

그러나 위대한 군주는 사람들의 말과 행동에 속지 않는다. 그보다는 그들이 진정으로 무엇을 원하는지를 살펴서 사람들의 진심을 얻으려 노력한다. 그것은 군주의 속마음이 확고해야 가능한 일이다. 군주의 속마음이 위

태로우면 주변 사람들의 속마음은 더욱 위태로워진다.

광해군은 자신에게 아부하는 사람들에게 속아 그들의 진심을 헤아리지 못했다. 의구심과 불만, 적대감이 치솟는 그들의 속마음을 제대로 들여다보지 못했던 것이다.

이러한 적대감들이 마침내 인조반정으로 터지고 말았다. 반정의 주체들은 '폐모살제廢母殺弟'라는 명분을 내걸었다. 그들은 어머니를 폐위시키고 동생을 죽인 광해군을 패륜아로 규정했다. 수많은 사람들이 반정에 호응했다. 억눌린 속마음들이 그렇게 표출되었던 것이다.

인조반정은 광해군 15년(1623) 3월 13일 한밤중에 거사되었다. 반정에 성공하여 창덕궁을 장악한 능양군(인조)은 곧바로 군사들을 서궁으로 보내 대비 김씨를 모셔오도록 했다.

한밤중에 군사들이 들이닥치자 대비 김씨는 광해군이 정명공주를 뺏으려 보낸 사람들이라고 의심했다. 그는 "공주는 이미 죽어서 담 밑에 묻었다"며 꼼짝도 하지 않았다. 할 수 없이 능양군이 직접 서궁을 찾아갔다. 능양군은 대비 김씨에게 절을 한 후 한참을 통곡하다가 승지를 시켜 반정에 대해 보고하게 했다. 뒤따라온 대신들이 김씨에게 능양군을 왕으로 책봉해줄 것을 요청했다. 대비 김씨는 한동안 묵묵부답으로 있었다. 이윽고 10년간 쌓이고 쌓인 원한으로 치를 떨며 능양군에게 이렇게 말했다.

"반드시 광해군 부자의 머리를 먼저 가져오시오. 내가 직접 그 살점을 씹은 후에 책봉하겠소."

"그 뜻은 신이 감히 받들지 못하겠습니다."

"그렇다면 내가 직접 유희분, 이이첨을 국문한 연후에 책봉하겠소."

그러자 승지가 나서서 그것은 예법에 맞지 않는다고 만류하며, 우선 능양군을 왕으로 책봉한 후 왕이 친국하게 해달라고 요청했다. 대비 김씨는 "원통하고 분해서 직접 국문하겠다는데 대체 무엇이 예법에 어긋난단 말이오?"라고 항의했지만, 결국에는 포기했다. 그는 "내가 상심한 지 이미

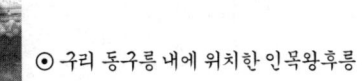
⊙ 구리 동구릉 내에 위치한 인목왕후릉

오래되어 사리에 맞지 않는 말을 많이 했소. 바라건대 여러분들은 용서하
시오" 하면서 능양군을 왕으로 책봉했다. 다음날 대비 김씨는 광해군을 폐
위하고 능양군을 왕으로 삼는다는 교서를 정식으로 공포했다.

  불행히 선조대왕께서 적자가 없으셔서 임시방편으로 위아래의 차례를
무시하고 광해를 세자로 삼으셨다. 그런데 광해는 세자로 있으면서 덕을
많이 잃었다. 만년에 선조대왕께서는 세자를 잘못 세우신 것을 후회하셨
다. 광해는 왕이 되어서도 못된 일을 무수히 하였다. 그중에서 큰 것을 들
어보면 이렇다. 내가 비록 덕이 없으나 천자의 고명을 받아 선왕의 배필이
되어 국모로 있은 지가 여러 해 되었다. 따라서 선조대왕의 자식들은 나를
어머니로 여겨야 할 것이다. 그러나 광해는 참소하는 못된 신하들의 말만
믿고 의심하여 내 부모를 죽이고, 내 친족들을 몰살시켰으며, 품속에 있는
어린아이를 빼앗아 죽였고, 나를 유폐하여 곤욕을 주며, 사람된 도리를 전
혀 돌보지 않았다. (중략) 이에 광해를 폐위하노라. (중략) 능양군은 선조대왕
의 손자이고 정원군의 큰아들이다. 총명하고 어질며 효성스러운데 비상한
의표가 있어 선조대왕이 특별히 사랑하셨으며 궁중에서 키우게 했다. 이

름을 종倧이라 짓게 했는데, 그 안에 은밀한 뜻이 있었다. 용상에 기대어 그의 손을 잡고 탄식하시며 깊이 중시하시는 뜻을 여러 번 보여주셨다. 이번에 대의를 분발하여 혼란을 평정함으로써 나를 수욕囚辱에서 빼내고 인륜을 바로잡으며 종묘사직을 안정시켰다. 공덕이 위대하고 신인神人이 귀의하니 왕위에 올라 선조의 뒤를 이을 만하다. 부인 한씨를 책봉하여 왕비를 삼노라. 이에 교시하니 잘 알도록 하라.

『인조실록』, 권1, 1년 3월 갑진조

인생은 새옹지마라고 했던가? 대비 김씨와 광해군의 처지는 역전되었다. 후궁으로 강등되어 서궁에 유폐되었던 대비 김씨는 대왕대비가 되어 창덕궁으로 옮겼다. 반면 왕위에서 쫓겨난 광해군은 일개 군君으로 강등되어 제주도에 위리안치되었다. 광해군은 제주도에서 18년이나 감금되었다가 삶을 마감했다.

인조반정이 있었던 해에 대왕대비 김씨는 40세였다. 인조를 만나 내뱉은 첫마디가 "광해군 부자의 살점을 씹겠다"였듯이, 대왕대비 김씨의 원한은 뼈에 사무칠 정도로 깊었다. 김씨는 한동안 복수에 몰두했다. 그녀는 광해군의 죄악을 38가지로 조목조목 나열하고 속히 엄벌에 처할 것을 요구했다. 10년 전 광해군이 내세웠던 자신의 폐위 명분보다 무려 네 배나 더 많은 죄악을 거론한 것이다. 또한 자신을 핍박했던 광해군의 궁녀들을 처벌할 것도 요구했다.

결국 광해군의 세자는 사사되었고, 세자빈은 바다에 투신자살했다. 광해군의 왕비도 목을 매 자살했다. 광해군을 따르던 궁녀 수십 명은 사형되었다. 인조반정으로 대왕대비 김씨는 복수에 성공했지만, 김씨와 광해군의 길고 긴 싸움은 결국 양패구상兩敗具傷으로 끝이 났다. 즉, 서로 싸우다 양측 모두 아무것도 얻지 못하고 손해만 입은 것이다.

광해군에게 복수하면서 대왕대비 김씨는 하나 남은 딸 정명공주의 혼인

에 모든 정성을 쏟았다. 반정이 일어난 해에 정명공주는 21세로, 당시로는 노처녀 중의 노처녀라고 할 수 있었다. 광해군은 이복동생인 정명공주를 그 나이가 되도록 시집도 보내지 않았던 것이다.

대왕대비 김씨는 마음에 드는 사위를 고르기 위해 간택을 하도록 했다. 초간, 재간을 거쳐 인조 1년(1623) 9월 25일, 홍주원이 최종 선발되었다. 그때 홍주원은 18세로, 정명공주보다 3세 연하였다.

대왕대비 김씨는 사위 홍주원을 아들처럼 의지하며 여생을 보냈다. 인조 2년에 '이괄의 난'이 일어나 피란을 갈 때도 김씨의 옆을 지킨 사람은 사위 홍주원이었다. 이렇게 딸과 사위에게 의지하며 여생을 보내던 대왕대비 김씨는 인조 10년 6월 28일에 49세를 일기로 파란만장한 일생을 마감했다.

남편과 아들,
선택의 기로에서
혜경궁 홍씨

장조 왕비(1735~1815)

윤5월 11일 밤, 혜경궁 홍씨는 잠을 이루지 못했다. 그날 저녁 윗대궐에 가겠다며 나갔던 사도세자는 상처투성이가 되어 돌아왔다. 대궐에는 흉흉한 소문이 돌았다. 사도세자가 영조를 칼로 찔러 죽이려 한다는 소문이었다. 혜경궁은 하늘을 원망했다.

"하늘아, 하늘아. 어찌하여 이리 만든단 말인가?"

밤새 고민하던 혜경궁은 선희궁을 찾았다.

"마마, 저희 모자를 살려주소서."

혜경궁은 흐느끼듯 말했다. 선희궁은 새파래졌다. 뭔가 큰일이 일어난 것이 분명했다.

"마마, 저희 모자를 살려주소서."

혜경궁은 같은 말을 반복했다.

"세자에게 무슨 일이라도……."

선희궁은 차마 말끝을 맺지 못했다. 혹시나 하고 가슴 졸이던 일일까 덜컥 겁이 났다.

혜경궁의 이야기에 선희궁은 절망한 듯 중얼거렸다.

"차라리 세자의 몸이 없는 것이 옳겠소. 삼종혈맥이 세손에게 있으니 천만번 사랑하여

도 나라를 보전하기는 이 수밖에 없겠소."

사도세자를 포기하고 세손을 선택하겠다는 말이었다.

엇갈리는 증언들

혜경궁 홍씨는 사도세자의 부인이자 정조의 생모, 그리고 『한중록』의 작자로 유명하다. 하지만 정작 혜경궁 본인에 대해서는 잘 알려져 있지 않다. 보는 관점에 따라 좋은 어머니 또는 냉혹한 정치꾼으로 평가받고 있어 혜경궁이 실제 어떤 인물이었는지 파악하기가 쉽지 않다.

한 사람의 이미지가 왜 이렇게 달라지는 것일까? 그것은 혜경궁 홍씨의 한쪽 면만 치우쳐서 보기 때문이 아닐까 싶다. 예컨대 좋은 어머니라는 이미지는 정조 같은 훌륭한 아들을 길러냈기 때문이고, 반면 냉혹한 정치꾼의 이미지는 남편 사도세자의 비극을 방조 혹은 조장했다고 보기 때문이다.

혜경궁 홍씨를 보는 관점에 따라 『한중록』에 대한 평가도 나뉜다. 혜경궁을 좋은 어머니로 보는 시각은 『한중록』을 신뢰하는 쪽이다. 그들은 혜경궁이 궁중생활 70년 동안 보고 듣고 겪은 실제 경험을 그대로 기록했다고 믿는다. 따라서 사도세자는 정신병자였기 때문에 죽임을 당했고, 그런 남편을 견디면서 아들을 잘 키워낸 혜경궁은 훌륭한 어머니라고 보는 것이다.

반면 혜경궁 홍씨를 냉혹한 정치꾼으로 보는 시각은 『한중록』을 믿지 않는 쪽이다. 그들은 『한중록』을 문학작품으로 볼 뿐만 아니라 친정집을 변명하기 위한 정치적 목적에서 쓰여졌다고 본다. 『한중록』에 묘사된 사도세자 이야기도 액면 그대로 받아들이기보다는 당시의 정치 상황과 관련해 이해하는 것이 합리적이라고 생각한다. 예컨대 정조가 지은 『현륭원지』를 보면 어디에도 사도세자의 정신병에 관한 내용이 없다. 따라서 사도세자는 정신병자라기보다는 당시 노론과 소론의 당쟁 와중에서 희생되었으며, 혜경궁 홍씨는 노론 친정을 따라 남편을 버린 냉혹한 정치꾼으로 바라보고 있다. 이렇게 전혀 상반되는 혜경궁의 이미지는 현재까지도 그 타협점을 찾지 못한 채로 있다.

문제는 『한중록』과 『현륭원지』를 남긴 두 사람 중 한 사람은 사도세자의 부인이고, 다른 한 사람은 그녀의 아들이라는 사실이다. 사도세자에 관해 부인과 아들이 서로 엇갈리는 증언을 하는 셈이다. 그렇다면 누구의 증언을 믿어야 하는가? 이럴 때 한쪽 기록만을 무조건 믿어서도 안 되고 또 무조건 불신해서도 안 된다. 작자의 의도가 개입되어 있기 때문이다. 『한중록』은 혜경궁 홍씨가 친정집을 변호하기 위해 썼다고 공언하는 만큼 친정집과 관련된 부분은 비판적으로 검토해야 한다. 마찬가지로 『현륭원지』는

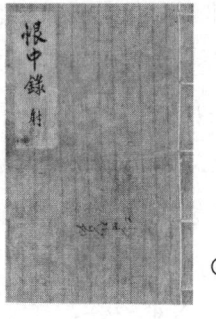

⊙ 혜경궁 홍씨의 자전적 회고록인 『한중록』

정조가 사도세자의 일생을 현양顯揚하기 위해 쓴 것이므로, 부정적인 측면은 모두 생략하거나 축소했다는 점을 염두에 두어야 한다.

『한중록』과 『현륭원지』는 근본적으로 한 개인이 기록했다는 한계를 갖고 있다. 그러므로 두 기록이 객관성을 확보하려면 공적 기록의 검증을 받아야 한다. 예컨대 내용 중에 상충하는 부분이 있다면, 그 부분은 『승정원일기』나 실록을 통해 검증해야 한다. 하지만 지금까지 이 『한중록』과 『현륭원지』는 그 자체로만 연구, 강조되었을 뿐 『승정원일기』나 실록을 통한 검증이 부족했다.

그런데 문제를 어렵게 만드는 것은 당시 사람들의 증언이 『한중록』과 『현륭원지』보다 더 엇갈린다는 사실이다. 노론, 소론, 남인, 소북 등 당파로 갈려 싸우던 당시 사람들은 같은 사실, 같은 사람에 대해서도 전혀 다른 평가를 내렸다. 흑색선전은 물론 기록을 조작하거나 날조하기도 했다. 확인도 되지 않은 사실들을 마치 사실인 양 기록하기도 했고, 떠도는 유언비어를 비판 없이 기록하기도 했다. 심지어 이것이 그대로 실록에 실리기도 했다.

따라서 실록 내용 또한 아무 의심 없이 그대로 믿어서는 안 된다. 예컨대 특정 당파에서 상대 당을 공격하기 위해 올린 상소의 내용이 믿을 만한지

검증할 필요가 있다. 특히 쟁점이 되는 내용에 대해서는 더욱 검증되어야 한다. 그런 과정을 거치지 않고 다만 흥미롭거나 충격적인 내용이라고 해서 함부로 믿다가는 당시 사람들의 중상모략과 왜곡에 그대로 속아넘어가는 셈이 되는 것이다. 그것은 또한 역사적 진실에서 점점 멀어지는 불행을 초래할 수도 있다.

　그러므로 혜경궁 홍씨의 진실을 알기 위해서는 엇갈리는 증언들을 비판적으로 검토해 각각의 진실이 무엇인지를 확인해야 한다. 아울러 혜경궁 홍씨라는 독립된 인격체가 출생, 성장, 혼인, 입궁, 출산하는 과정에서 마주치는 삶의 공간과 삶의 조건들을 객관적·심리적으로 포착할 때 역사적 진실에 좀더 가까이 다가갈 수 있을 것이다.

용꿈을 꾸고 얻은 귀한 딸

　혜경궁 홍씨는 영조 11년(1735) 6월 18일 오시午時(오전 11~오후 1시) 한양 반송방의 거평동(오늘날 서대문 밖 평동) 외가에서 태어났다. 출생 전날 친정아버지 홍봉한은 꿈에서 흑룡을 보았다. 용꿈은 남자아이를 상징하므로 당연히 아들이 태어나리라 기대했는데 딸이 태어나자 의아해했다고 한다.

　혜경궁 홍씨가 태어나기 전인 4월 20일에 생원 시험에 합격해 성균관에 갓 입학한 홍봉한은 아내인 이씨 부인의 해산에 크게 신경 쓸 처지가 못 되었다. 또한 안국동 시댁에는 시부모를 비롯해 시할머니, 그리고 일곱 살짜리 아들과 서너 살짜리 딸까지 있었다. 게다가 살림도 넉넉지 못해 이씨 부인은 어쩔 수 없이 친정에서 해산했던 것이다.

　이씨 부인의 친정에는 부모님이 없었다. 두 분 모두 일찍 세상을 떠났기

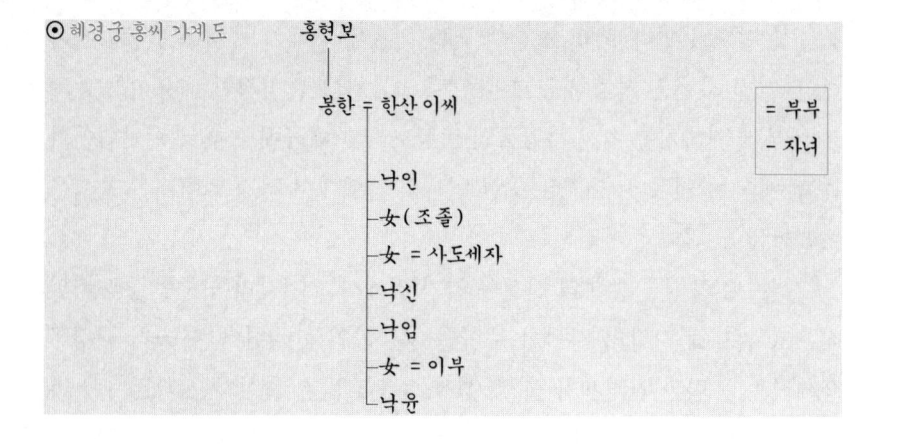

홍현보

봉한 = 한산 이씨

= 부부
- 자녀

- 낙인
- 女(조졸)
- 女 = 사도세자
- 낙신
- 낙임
- 女 = 이부
- 낙윤

때문이다. 하지만 하나뿐인 올케 홍씨가 살갑게 해주어 마음 편히 해산할 수 있었다. 이씨 부인은 해산 후 삼칠일 동안 몸조리를 하고 안국동 시댁으로 돌아왔다.

혜경궁의 어머니 이씨 부인은 전형적인 현모양처였다. 그녀는 남편과 자녀들을 위해 헌신하며 친인척에게도 정성을 다했다. 특히 친정 일이라면 팔을 걷어붙이고 나서서 도와주었다. 이씨 부인에게 남다른 사연이 있었기 때문이다.

이씨 부인은 막내딸로, 위로 오빠 1명과 언니 3명이 있었다. 그녀는 영조 3년(1727) 4월에 홍봉한과 혼인했다. 그때 58세였던 친정아버지는 황해도 관찰사로 재임 중이었다. 혼인 당시 신랑 홍봉한이 15세였으므로 이씨 부인도 그 어간의 나이였으리라.

막내딸의 혼인식을 한양이 아닌 황해도 임지에서 치른 것을 보면 그때 이씨 부인의 아버지는 위독했던 듯하다. 막내딸을 시집보내느라 무리를 했던 탓일까? 이씨 부인의 아버지는 혼인식 직후 세상을 떠났다. 이씨 부인은 혼인하자마자 부친상부터 치러야 했다.

상을 끝낸 후 시집으로 발걸음을 옮긴 그녀는 한없이 눈물을 흘리며 갔

으리라. 딸들은 친정 부모가 살아 있어도 울며 시집을 간다는데, 하물며 친정아버지 상을 치르고 가는 그 길이 오죽 슬펐으랴.

이씨 부인은 시집온 지 1년 후에 아들 홍낙인을 낳았고, 몇 년 후에 딸을 낳았다. 그리고 영조 11년 6월 18일에 혜경궁을 낳았다.

혜경궁 홍씨가 기억하는 친정어머니는 근면검소하고 청결했고, 시부모와 남편을 위해 헌신했으며, 친정 일에 최선을 다하는 어머니였다. 『한중록』에 이런 내용이 있다.

친정어머니는 비록 재상 가문의 큰며느리이셨지만 옷걸이에 한 벌 비단옷이 걸림이 없으시고, 상자에는 보석이 없을 뿐만 아니라, 나들이할 계절 옷도 달랑 한 벌뿐이어서 때 묻으면 밤에 손수 빨래하시되 수고로움을 꺼려하지 않으셨다. 길쌈과 바느질을 밤낮으로 직접 하셔서 밤을 새워 하시니, 매번 아랫방에 불이 해뜰 때까지 켜 있는 것을 늙은 종들은 칭찬하고 젊은 종들은 따라 이야기하니 이것을 괴롭게 여겨, 매일 밤 바느질할 때에는 보자기로 창을 가리셔서 남들이 부지런하다 칭찬하는 말을 싫게 여기셨다. 또 추운 밤에 수고를 하여 손이 다 닳으셨지만 괴로워하는 일이 없으셨으며, 옷가지와 자녀들에게 옷을 해 입히는 것이 지극히 검박하시되 또한 때에 맞게 하셨다. 우리 남매 옷도 거칠지언정 매번 더럽지 아니하니 검박함과 정결함이 겸하신 줄 이런 데서도 알 일이다.

친정어머니께서 경신년(영조 16, 1740)에 할아버지가 세상을 떠나신 뒤로 집안 살림을 주관하시되, 3년 제사를 모두 예법대로 손수 차려 지내시고, 몸 가지시기를 예법대로 하셔서 아침에 일찍이 세수하고 머리 빗고 시어머니 뵙기를 때를 어기지 않으시며, 머리를 얹지 않고는 감히 뵙지도 못하셨다. 삼작노리개 저고리를 입지 않으실 때가 없으셨으며, 친정아버지(홍봉한)를 받드심과 돕기가 보통 부녀자들과 다르시니 친정아버지가 기대하시고 공경하시던 일을 감히 잊지 못한다.

친정어머니의 자매분이 3명인데, 김 생원에게 시집가신 큰언니는 일찍 과부가 되셨다. 친정어머니가 큰언니를 지극히 섬기시고, 김 생원 장례 후에 이종 조카들을 차마 불쌍히 여겨 사랑하고 구휼하심을 자식같이 하셔서 양식과 의복을 계속 주시어 이종 조카들이 굶주림과 추위를 면하게 하였다. 나중에 이종 조카들이 혼인하는 것까지 친정어머니가 힘을 써주시니, 그 이종 조카들이 매번 말하기를 "사람이 다 한 분의 어머님만 계시지만 우리에게는 두 분의 어머니가 계시다"라고 하였다.

『한중록』

어린 시절 홍씨는 오빠와 언니, 그리고 집안 어른들의 각별한 사랑을 받으며 자라났다. 특히 할아버지 홍현보의 사랑을 독차지하며 자랐다. 당시 56세이던 홍현보는 둘째 손녀딸을 처음 보고 "비록 여자아이지만 보통 아이와는 다르다"라고 하면서 크게 기대했다고 한다. 홍씨는 할아버지에게 "이 아이가 작은 어른이니 성인成人을 일찍 하리라" 하는 말을 자주 들었다고 한다. 그 말은 일찍 시집간다는 말인데, 당시 양반집 딸들이 일찍 시집간다는 것은 왕실의 며느리가 된다는 말이나 마찬가지였다. 아마도 홍현보는 용꿈을 꾸고 태어난 손녀가 장차 왕실의 며느리가 되리라 농반 진반 이야기했던 듯하다.

홍씨의 유모는 증조할머니가 골라주었다고 한다. 삼칠일 후 이씨 부인이 시댁으로 돌아오자, 증조할머니는 "이 아이가 다른 아이와 다르니 잘 기르라" 하면서 직접 유모를 골라 보냈다는 것이다. 이 유모는 훗날 홍씨와 같이 입궁했는데, 성품이 '순실충근'했다고 한다. 근면검소하며 청결한 어머니와 순실충근한 유모는 홍씨의 인격 형성과 세계관에 큰 영향을 주었으리라.

또한 바로 위의 언니가 어려서 죽은 후 사실상 큰딸이 된 홍씨는 부모님의 사랑을 듬뿍 받고 자랐다. 이렇게 어른들의 사랑을 받으면서 홍씨는 착하고 얌전한 딸로 자랐다.

홍씨는 법도와 화목이 넘쳐흐르는 상류층 양반 가정에서 양반 부녀자에게 요구되던 유교 윤리와 도덕들, 예컨대 근검절약, 웃어른 공경, 가족을 위한 헌신, 친척 간의 화목 등을 자연스럽게 익혔으리라 짐작된다. 또한 어려서 한글을 깨우침으로써 문자 교양도 상당했던 것으로 보인다.

노론이라는 가문 배경의 빛과 그림자

친정아버지 홍봉한은 친정어머니와는 또 다른 면에서 홍씨의 인생에 큰 영향을 끼쳤다. 그것은 바로 노론 명문이라는 가문 배경 때문이었다. 홍씨의 친정인 풍산 홍씨는 당대의 노론을 대표하던 가문이었다.

개인의 능력보다는 가문 배경에 의해 삶이 좌우되었던 당시의 상황에서 가문 배경은 부모 이상으로 운명적이라 할 수 있었다. 실제로 노론이라는 가문 배경은 홍씨의 일생을 따라다닌 빛이기도 하고 어둠이기도 했다.

노론은 서인에서 파생된 당파였다. 선조 대에 정치 세력이 동인과 서인으로 나뉘면서 당파 사이의 정쟁, 즉 당쟁이 본격화되었다. 그렇지만 서인이 인조반정에 성공하면서 당쟁에서 서인이 승리했다.

홍씨의 5대 조상은 인목대비의 유일한 사위인 '홍주원'이었다. 인조반정에 성공한 후 인목대비가 고른 사위 홍주원은 서인 중에서도 핵심 서인이었다. 홍주원은 인조반정의 주역이었던 김류의 제자이자 서인을 대표하던 문장가인 이정구의 외손자였다. 이런 배경을 가진 홍주원은 대비의 사위였기에 비록 공개적으로 정치 문제에 관여하지는 못했지만 막후에서는 커다란 영향력을 행사했다.

홍주원의 아들 홍만용은 공식적으로 정계에 입문할 수 있었다. 홍만용은 과거에서 장원 급제한 후 중앙 정계에서 중진으로 활약했는데, 서인이 노론과 소론으로 갈라질 때 노론 쪽이었다. 그러면 노론과 소론이란 무엇인가?

인조반정 이후 서인이 중앙 정계를 장악하자 서인 내부는 주도권을 놓고 분열되었다. 분열은 송시열과 그의 제자 윤증의 갈등에서 시작되었다. 윤증이 아버지 윤선거의 묘갈명墓碣銘을 스승 송시열에게 부탁했는데, 송시열은 무성의할 뿐만 아니라 은근히 비난조로 묘갈명을 써주었다. 이에 윤증은 송시열에게 불만을 토로했고 이를 계기로 점차 둘 사이가 멀어졌다. 당시 송시열은 충청도 회덕에 살았고 윤증은 이산에 살았으므로 둘 사이의 갈등을 '회니시비懷尼是非'라고 했다. 이 회니시비에서 송시열을 두둔한 사람들이 '노론老論'이었고, 반대로 윤증을 옹호한 사람들이 '소론少論'이었다.

'늙은 사람들의 논의'라는 말 그대로 노론에는 서인들 중의 원로급들이 많았던 반면 '젊은 사람들의 논의'라는 말처럼 소론에는 소장파들이 많았다. 그때 서인의 중진이던 홍만용은 송시열을 옹호했고, 이후로 그의 아들, 손자, 증손자도 모두 노론이 되었다. 그런 이유로 홍만용의 증손자인 홍봉한은 물론 그의 딸 홍씨까지도 송시열과 노론에서 자유로울 수 없었다.

홍봉한이 역사기록에 등장하는 최초의 사건도 노론과 관련된다. 『승정원일기』에 따르면 영조 3년(1727) 10월 11일에 성균관과 서원의 재학생 110여 명이 연명 상소를 올렸는데, 유학幼學 홍봉한도 이 연명 상소자의 명단에 들어 있었다. 연명 상소는 이이명, 김창집, 이건명, 조태채 등 이른바 노론 4대신의 신원을 요청하는 것이었다. 당시 영조는 소론 인사들을 대거 등용한 반면 노론 4대신을 역적으로 판정하고, 서원에 배향되었던 그들의 신주를 내치라는 명령을 내렸다. 이에 노론 가문의 젊은 자제들이 집단 상소하여 항의했던 것이다. 홍봉한은 당시 15세에 불과했으므로 이 상소를 주도하지는 못했을 것이다. 아마도 노론 가문 자제들이 모두 동참하는 분위기에 휩쓸려서 같이 서명했을 것이다.

홍봉한이 두 번째로 역사기록에 등장하는 것은 송시열 문제와 관련된다. 『승정원일기』에 따르면 영조 11년(1735) 8월 18일에 홍봉한을 소두疏頭(연명 상소문의 맨 앞에 이름을 올린 사람으로서 대표자 또는 주동자라는 뜻)로 하는 200여 명의 젊은 학생들이 송시열을 문묘文廟에 배향해줄 것을 요청하는 집단 상소문을 올렸다. 당시 홍봉한은 23세였으며, 성균관의 장의掌議(성균관의 학생회장)였다.

이 기록으로 보면 홍봉한은 성균관 생활에 적극적이었던 것 같지만 실제는 그렇지 않았다. 4월에 생원 시험에 합격한 홍봉한은 6월 딸 홍씨가 태어난 이후 성균관에 거의 나가지 않았다. 그해 11월 3일자 『승정원일기』에 따르면 홍봉한의 성균관 출석 점수는 반점半點밖에 되지 않았다고 한다. 반점이란 그해에 성균관 식당에서 식사를 한 번만 했다는 의미이다. 조선시대 성균관에서는 출석 검사를 식당에서 했다. 식당에서 아침이나 저녁을 먹을 때마다 출석 체크를 했는데, 아침과 저녁을 다 먹어야 1점이었다.

4월에 입학한 홍봉한이 11월이 될 때까지 식당에서 딱 한 번만 식사했다는 사실은 그가 아예 성균관에 가지 않았거나 낮에만 잠깐 들렀다는 의미이다. 분명 갓 태어난 홍씨 때문에 주로 집에서 생활하고 성균관에는 일이 있을 때만 잠깐 들렀으리라. 홍봉한은 출석 관리를 엉망으로 했다. 그 때문에 그는 향후 5년간 과거에 응시하지 못하는 벌을 받기도 했다.

8월 18일의 집단 상소 이후에도 송시열의 문묘 배향을 요청하는 상소가 계속 올라왔지만, 홍봉한은 더 이상 소두로 나타나지 않았다. 그것은 성균관에서 홍봉한이 그 논의를 지속적으로 주도하지 못했거나 주도하지 않았기 때문일 것이다. 아마도 홍봉한은 성균관에서의 정치 논쟁보다는 새로 태어난 딸에게 더 신경을 썼던 것 같다. 홍봉한은 노론 명문이라는 가문 배경으로 성균관 장의도 되고 소두도 되었지만, 실제로는 노론의 일에 과격하게 매달린 사람은 아니었다고 보여진다.

예컨대 홍봉한의 사촌 형인 홍상한은 "홍봉한은 성격이 화락하며 평이하여 저와 같은 편집증적인 고질은 없습니다"라고 평가했다. 따라서 홍봉

한의 성격은 나쁘게 보면 원리원칙이 부족하고, 좋게 보면 원만하면서 현실지향적이었다고 할 수 있다. 이처럼 홍씨는 가정적이며 헌신적인 어머니와, 노론 명문 후손으로서 원만하며 현실지향적인 성격을 가진 아버지 양쪽 모두에게서 영향을 받으며 자랐을 것이다.

아버지 홍봉한과 영조의 첫 만남

영조 19년(1743)에 9세가 된 사도세자는 그해 봄에 관례를 치렀다. 비록 9세밖에 되지 않았지만 유교의 성인식인 관례를 치름으로써 사도세자는 공식적으로는 성인이 되었다. 조선시대에 세자는 관례 이후 성균관을 참배하는 것이 순서였다. 사도세자도 관례 직후인 3월 23일에 성균관을 참배했다.

윤4월 7일, 영조는 사도세자의 관례 및 성균관 참배를 크게 경축하고자 대사례大射禮(성균관에서 거행하는 활쏘기 행사)를 거행했다. 대사례 행사에는 성균관 학생들도 많이 참가했다.

행사가 끝난 후 영조는 수고한 학생들을 대상으로 특별 시험을 시행했다. 이런 시험을 알성시謁聖試라고 했는데, 국왕이 성균관에 행차해 공자에게 참배한 후 치르는 시험이었다. 당시 성균관 장의였던 홍봉한은 사도세자의 성균관 참배 및 영조의 대사례에서 학생들을 대표해 많은 수고를 했다. 그러므로 홍봉한이 그 알성시에서 합격할 가능성은 아주 높았다.

그러나 홍봉한은 합격하지 못했다. 3년 전에 아버지께서 세상을 떠나는 바람에 그동안 공부를 제대로 못한 탓이었다. 『한중록』에 따르면 홍봉한은 3년상 동안 "새벽이면 사당에 올라 뵈옵고, 아침이면 할머니께 절하고

⊙임금의 사랑방 구실을 하던 창경궁의 숭문당

뵈었다"라고 하니 공부할 수 있는 형편이 아니었던 것이다. 이런 사정이
딱했던지 영조는 낙방한 학생들을 다음날 궁궐로 불러 또다시 시험을 치
르게 하겠다고 했다. 마치 패자부활전처럼.

패자부활전이 있을 것이라는 소식은 당시 알성시 채점관이던 사촌 형
홍상한이 홍봉한의 집에까지 와서 알려주었다. 그는 이때 패자부활전이
사실상 홍봉한을 위한 시험이라고 암시했던 듯하다. 그래서 식구들은 모
두 홍봉한이 합격할 것이라 믿었다고 한다.

윤4월 8일, 홍봉한을 비롯한 95명의 성균관 학생들이 영조를 알현하기
위해 창경궁에 모였다. 정오가 되자 영조가 숭문당에 모습을 드러냈다. 홍
봉한은 장의로서 학생들의 선두에 서서 숭문당으로 들어가 자리를 잡았다.
영조는 학생들에게 5명씩 올라와 성과 이름을 아뢰게 했다. 홍봉한은 제일
먼저 영조에게 성과 이름을 아뢰었다. 홍봉한과 영조는 이렇게 성균관 학
생과 국왕으로 처음 대면했다. 당시 홍봉한은 31세, 영조는 50세였다.

이어서 시험이 있었는데, 채점 결과 합격자가 4명, 예비 합격자가 3명이
었다. 홍봉한은 예비 합격자 중에 1등이었다. 예비 합격자를 합격시킬지
말지는 영조에게 달려 있었다. 영조는 홍봉한을 합격시키고 싶어 했던 모

양인데, 송인명이 "알성시에서는 시골 사람들이 한 명도 합격하지 못했습니다. 이번에 만약 홍봉한이 합격하면 시골 사람들이 크게 실망할 것입니다"라고 하여 반대했다. 그러자 영조가 "홍봉한은 글을 잘하는가?" 하고 물었는데, 송인명이 "실로 재주도 있고 자못 명성도 있습니다"라고 대답했다. 이번에 합격시키지 않아도 나중에 충분히 가능성이 있다는 말이었다. 결국 홍봉한은 합격하지 못했다. 이처럼 불운하다면 불운하게도 홍봉한은 절호의 기회를 놓치고 말았다. 『한중록』에 따르면 이날 홍씨도 크게 실망해 울었다고 한다.

하지만 홍봉한과 영조의 첫 만남은 시험 합격 여부보다도 더 중요한 결과를 낳았다. 그것은 바로 영조가 홍봉한의 딸을 세자의 배필로 결정했다는 사실이다. 『승정원일기』에는 다음과 같은 내용이 있다.

영조가 말하기를, (중략) "홍봉한이 지난번에 유생으로서 승문당에 입시했을 때 보았더니 그 사람됨이 모나지도 않고 유순하기도 하여 승지承旨(홍상한)보다 훌륭했다. 중국 송나라의 범조우范祖禹가 상소문에서 진술했던 여섯 가지를 내 어찌 신경 쓰지 않으리? 하지만 나는 사람을 알아보는 감식 능력이 없어서 홍봉한을 보기 전에는 오히려 세자의 배필을 결정하지 못했지만, 홍봉한을 본 후에는 결정할 수 있었다. 승지는 홍봉한과 함께 앞길이 구만리 같으니, 이 말을 홍봉한에게 전하여 격려하도록 하라" 하였다.

『승정원일기』, 영조 20년 3월 4일조

위의 '범조우가 상소문에서 진술했던 여섯 가지'란 황제의 배필을 고를 때 반드시 유념해야 할 것들, 즉 족성族姓, 여덕女德, 융례隆禮, 박의博議 등이었다. 족성은 황실에 어울리는 훌륭한 가문, 여덕은 황제의 배필에 어울릴 만한 덕성을 갖춘 여성, 융례는 나라에 모범이 되는 혼례, 박의는 대신들의 의견을 널리 묻는 것이다. 영조는 사도세자의 배필을 구하기 위해 이런 것

들을 유념하고 있었다.

위의 네 가지 중에서 융례와 박의는 배필이 결정된 후에나 가능한 것이다. 그러므로 우선은 족성과 여덕을 살펴 훌륭한 배필을 골라야 했다. 이중에서 족성은 가문의 명성이나 품격으로 판단할 수 있는 데 비해 여덕은 객관적인 잣대가 없었다. 그래서 범조우는 여덕을 살필 때는 '그 여성의 할아버지를 살펴볼 것' '그 여성의 가법家法을 관찰할 것' '그 외 주변 일들을 참조할 것'이라는 대안을 제시했다.

홍씨의 할아버지는 홍현보였다. 홍현보는 영조와 홍봉한이 처음 만나기약 3년 전에 세상을 떠났다. 영조는 예조판서를 지낸 홍현보를 잘 알고 있었다. 게다가 무슨 인연인지 범조우의 시호가 정헌正獻인데 홍현보의 시호는 '정헌貞獻'으로, 비록 한문은 달랐지만 발음은 같았다. 영조는 예조판서를 지낸 정헌공 홍현보의 손녀라면 누구보다도 적합하다고 생각했을 것이다.

게다가 홍현보의 아들 홍봉한을 처음 본 영조는 "모나지도 않고 유순하기도" 하다는 느낌을 받았다. 영조는 홍현보에게 이런 아들이 있다는 것은 그 가법이 훌륭하기 때문이라고 생각했을 것이다. 그 밖에도 영조는 이런 저런 주변 상황을 고려해 홍봉한에게 여식이 있다면 세자의 배필감으로 적격이겠다고 내심 결정했으리라.

혼례와 함께 독수공방으로
시작한 궁중생활

『한중록』에 따르면 숭문당에서 홍봉한을 처음 만난 영조는 세자의 생모인 선희궁에게 "오늘 세자를 위하여 정승 하나를 얻었노라"라고 말했다고 한다. 선희궁이 누구냐고 묻자 "장의掌議 홍洪 아

무개"라고 대답했다고 한다. 영조는 홍봉한을 아주 인상 깊게 보았던 것이 분명하다.

숭문당에서 홍봉한을 처음 보고 몇 달 후에 영조는 세자의 혼인을 위해 금혼령을 내렸다. 금혼령이 내려지면 처녀가 있는 양반집에서는 처녀 단자를 올려야 했다. 그때 사촌 형 홍상한은 승지였다. 영조는 홍상한을 통해 홍봉한에게 딸이 있는지, 있다면 몇 살이나 되었는지, 약혼자는 있는지 넌지시 물었을 것이다. 그랬다면 홍상한은 거짓으로 답하기 매우 어렵지 않았을까?

아마도 홍봉한은 그런 분위기를 감지하고 있었던 듯하다. 그런 상황에서 간택에 참여하지 않는다면, 영조를 속이는 것만이 아니라 분노를 살지 모른다는 두려움도 있지 않았을까?『한중록』에 따르면, 금혼령이 선포되었을 때 누군가가 "선비의 딸은 간택에 참여하지 않아도 해로울 것이 없으니 단자를 하지 마라. 가난한 집에 옷 장만하는 폐단을 더는 것이 차라리 좋겠다"라고 하자 홍봉한은 "나는 대대로 벼슬하는 신하요, 딸은 재상의 손녀이니 어찌 감히 속일 수 있겠는가?" 하면서 단자를 냈다고 한다.

초간은 영조 19년(1743) 9월 28일에 창덕궁에서 있었다. 간택은 궁궐에서 왕족들에게 선을 보이는 것이라 처녀들은 예복을 장만해야 했다. 집안이 넉넉하지 못했던 홍씨의 부모는 예복을 장만하는 데 애를 먹었다고 한다. 그래서 치마는 세상을 떠난 큰딸의 혼수에 쓰려고 마련했던 것을 사용하고, 겉옷 안에는 낡은 속옷을 입히고, 그 밖에 필요한 것은 빚을 내서 마련했다고 한다.

초간에는 약 100여 명의 처녀들이 참여했다. 이중 80여 명은 한성부에 거주하는 명문대가 출신이었다. 하지만 간택이 시작되기 전에 홍씨는 이미 세자빈으로 내정되어 있었다.『한중록』에는 이런 언급이 있다.

영조대왕께서 부족한 나의 재질을 보시고도 칭찬이 많으셔서 각별히 어여삐 여기시고, 왕비께서도 가득히 보시더라. 선희궁께서는 간선하는 자

리에 오르지 않으셔 먼저 불러 보시고 화기 만안하여 사랑하오시고, 궁녀
들은 다투어 안거늘 내 심히 괴로워하였더니 선물을 내리오시니, 선희궁
께서와 화평옹주께서 나의 행례行禮하는 거동을 보시고 예법을 가르치시
거늘 그대로 하고……

『한중록』

선희궁은 사도세자의 생모였고 화평옹주는 사도세자의 친누나였다. 홍씨
가 간택 자리에 가기도 전에 선희궁과 화평옹주가 미리 불러서 보고 이것저
것 예절을 가르쳤다는 것은 홍씨가 이미 내정되어 있었다는 것을 보여준다.

초간택 다음날 영조는 재간택에 참여할 예비 후보자 7명을 발표했는데,
예비후보 1번이 홍씨였다. 예비후보 1번은 특별한 이변이 없는 한 그대로
선발되었다. 게다가 초간택에서 선희궁과 화평옹주는 물론 영조까지도 홍
씨를 특별 대우했다는 사실이 알려지자 사실상 간택이 끝났음을 알 만한
사람들은 다 알았다. 그래서인지 초간택 이후 홍씨의 집에는 축하 인사를
하러 오는 사람, 눈도장을 찍으러 오는 사람들이 부쩍 늘어났다고 한다.

예상대로 홍씨는 10월 28일 재간택을 거쳐 11월 13일 삼간택에서 세자
빈으로 최종 결정되었다. 이제 홍씨는 집을 떠나 별궁에서 혼례식 때까지
신부 수업을 받아야 했다. 혼례식이 끝나야 명실 공히 세자빈이 되는 것이
고 그 이전까지는 단지 후보자일 뿐이었다.

삼간택 후 홍씨는 그날 저녁에 바로 어의동에 마련된 별궁으로 갔다. 그
곳은 영조가 왕위에 오르기 전에 거주하던 집이었다. 별궁으로 갈 때 영조
가 직접 가마 타는 곳까지 와서 홍씨의 손을 잡고는 "잘 있다가 오너라" 하
면서 은근한 정을 보여주었다고 한다.

홍씨는 별궁에서 혼자 자야 했던 첫날 밤이 평생 기억으로 남았던 모양
이다. 홍씨는 훗날 "내가 어머니를 떠나 잘 일이 놀라워 잠을 못 자고 슬퍼
하니 어머님 마음이 또 어떠하리오. 보모 최 상궁이 성품이 엄하고 인정사

정없어서, 나라 법도가 그렇지 아니하니 내려가소서 하며 어머님을 모시고 자지 못하게 하니 그런 박절한 인정이 없더라"하고 회상했다.

홍씨는 별궁에서 약 50일을 머물렀다. 그동안 궁녀들에게서는 궁중 법도를 배우고 친정아버지에게서 『소학』이나 『훈서訓書』 등을 배웠다. 그렇게 시간은 지나 혼인식이 다가왔다. 혼인하고 궁궐로 들어가면 다시 궁궐 밖으로 나오기 힘들었기 때문에 친정 부모, 친정 식구들과 생이별을 해야 했다. 그래서 홍씨는 혼인식 전날 밤에 오래도록 울음을 그치지 못했다고 한다.

영조 20년(1744) 1월 11일에 혼인식이 있었다. 오전 10시쯤에 새신랑 세자가 창덕궁의 인정전에서 초례醮禮를 치렀다. 초례는 아버지인 영조가 세자에게 술과 안주를 준 후에, 가서 신부를 데려오라고 말하는 의식이었다. 이날 영조는 세자에게 네 번의 절을 받은 뒤 술과 안주를 주며 "가서 너의 배필을 맞이하여 우리 종묘사직을 계승하도록 하라. 아울러 엄격함으로써 후궁들을 거느리게 하라"고 했다. 세자는 "신 아무개는 삼가 명령을 받들겠습니다"라고 대답한 후 신부를 맞이하러 갔다.

오후 3~4시쯤에 홍씨도 친정 부모가 딸에게 술과 안주를 주는 의식인 초례를 치렀다. 초례가 끝날 때쯤 세자가 도착해 기러기를 올리는 전안례奠雁禮를 치렀다. 홍씨는 그때 세자를 처음 보았다. 세자의 첫인상은 약간 딱딱하고 무겁지 않았을까?

전안례 이후 홍씨는 세자를 따라 창덕궁으로 갔다. 창덕궁에 도착했을 때는 이미 날이 저물었다. 홍씨는 저승전에서 세자와 석 잔의 술을 함께 마시는 동뢰同牢를 행하고 잠자리에 들었다. 하지만 둘 다 아직 10세밖에 되지 않은 미성년이었으므로 동침하지 않고 각자 따로 잤다. 홍씨는 70여 년에 걸친 궁중생활을 이렇게 독수공방으로 시작했다.

엄한 왕실 법도와
궁중 어른들의 사랑

홍씨가 세자빈으로 입궁했을 때 궁중에는 수많
은 웃어른들이 있었다. 우선 최고 어른인 대비 인원왕후 김씨를 비롯해 왕
비 서씨가 있었다. 인원왕후는 숙종의 세 번째 왕비로 세자빈 홍씨에게는
시할머니였다. 그리고 왕비인 정성왕후 서씨는 시어머니였다. 홍씨가 입
궁했을 때 인원왕후 김씨는 58세, 왕비 서씨는 53세였다.

이외에 효장세자의 부인인 현빈 조씨가 있었다. 현빈 조씨는 30세로 세
자빈 홍씨에게는 형님이 되었다. 인원왕후 김씨와 현빈 조씨는 남편도 자
식도 없이 궁중에서 여생을 보내고 있었다. 자녀가 없기는 왕비 서씨도 마
찬가지였다.

이들에게 10세의 세자빈 홍씨는 손녀 혹은 딸 같았던 모양이다. 또 홍씨
는 홍씨대로 어른들에게 살가우면서도 예의 바르게 행동했다. 친정에서
할아버지와 할머니의 사랑을 독차지하던 홍씨는 나이 든 어른들에게 본능
적인 친밀감을 느끼지 않았을까? 그래서인지 궁중 어른들은 하나같이 세
자빈 홍씨를 예뻐했다.

하지만 세자빈 홍씨에게 가장 중요한 이는 선희궁 이씨였다. 선희궁 이
씨는 비록 영조의 후궁이지만 세자의 생모였으므로 사실상 홍씨의 시어머
니였기 때문이다. 게다가 아들 1명과 딸 6명을 두었던 49세의 선희궁은 영
조의 총애와 신임을 한 몸에 받고 있었다. 선희궁이 낳은 아들이 바로 사도
세자였다. 딸 중 3명은 일찍 죽었고, 나머지 3명 화평옹주, 화협옹주, 화완
옹주는 살아 있었다.

선희궁 이씨도 유일한 며느리 세자빈 홍씨를 아주 귀여워했다. 이를 볼
때 입궁한 당시 홍씨는 궁중의 어른들과 관계를 잘 맺었다는 것을 알 수 있
다. 이는 홍씨의 정략적인 행동이 아니라 친정에서 어른들에게 사랑받던

경험에서 자연스럽게 우러나온 행동의 결과가 아니었을까?

세자빈 홍씨의 시누이는 선희궁이 낳은 3명의 옹주 이외에 화순옹주도 있었다. 화순옹주는 영조의 첫 번째 후궁인 정빈 이씨 소생으로 홍씨에게는 큰 시누이였는데, 이미 혼인해서 궁궐 밖에 분가해 있었다. 화순옹주는 생모인 정빈 이씨가 이미 세상을 떠났기 때문에 궁궐에 자주 드나들지는 않았고 영조와도 그만큼 소원한 상태였다.

이에 비해 선희궁 소생인 화평옹주, 화협옹주는 이미 혼인했지만 생모가 살아 있었으므로 궁궐에 자주 드나들었다. 그만큼 영조와의 관계도 친밀했고 세자빈 홍씨와도 자주 만났다. 한편 7세밖에 되지 않은 막내 시누이 화완옹주는 아직 궁궐에 살고 있었다.

시아버지 영조는 여러 딸들 중에서도 특히 화평옹주를 가장 사랑했다고 한다. 화평옹주는 영조와 선희궁 사이에서 처음 태어난 딸이다. 선희궁은 화평옹주를 낳고 3명의 딸을 더 낳았는데, 이들은 모두 죽고 말았다. 그래서인지 영조는 화평옹주를 유독 편애했다고 한다. 이에 비해 화협옹주는 별로 사랑하지 않았다고 한다. 선희궁이 낳은 다섯째 딸이 화협옹주인데, 아들을 간절히 바라던 중에 또 화협옹주가 태어나자 실망이 너무 커서 그렇게 되었다는 것이다. 그리고 화협옹주가 태어난 지 2년 후에 사도세자가 태어났다.

세자빈 홍씨는 화순옹주를 '온공'하다고 평가하고, 화평옹주를 '유순, 인후공검'하다고 평가했다. '온공'은 따뜻하고 공손하다는 뜻이며, '유순, 인후공검'은 부드럽고 온순하며 어질고 검소하다는 의미이다. 화순옹주와 화평옹주는 둘 다 부드러우면서 온순한 여성이었던 듯하다.

특히 영조의 편애를 받은 화평옹주는 하나뿐인 남동생 사도세자에게 세심한 신경을 써주었다고 한다. 또 12세의 화협옹주, 7세의 화완옹주는 10세의 세자빈 홍씨와 나이도 비슷해서 장난감도 같이 가지고 놀며 소꿉친구같이 어울렸다고 한다. 이처럼 세자빈 홍씨는 궁중 어른들은 물론 시누이들과도 좋은 관계를 유지하며 궁중생활을 무난히 해나갔다.

하지만 궁중은 인정보다는 엄격한 법도가 우선시되는 곳이었다. 세자빈 홍씨가 입궁해 받은 첫 번째 문화적 충격도 엄격한 궁중 법도였다.

정월에 혼례를 치르고 내가 들어와 궐내 모양을 보니 그때 삼전三殿이 계시온데, 법도가 엄하고 예의가 중하여 터럭만큼도 개인 사정이 없으니 두렵고 조심되어 마음을 감히 일시도 놓지 못하였다. 세자께서도 부왕께 친애하는 감정은 뒤지시고 엄위嚴威가 승하오셔, 10세 된 아기네오시되 감히 마주 앉지 못하시고, 신하들처럼 웅크리고 꿇어 엎드려 뵙던 것이니 어찌 그리 과하시던고 싶으며……

『한중록』

어린 시절 할아버지와 아버지의 무릎 위에서 귀염을 받으며 자란 세자빈 홍씨에게 아버지는 위엄을 차리고 앉아 있고 아들은 그 앞에 무릎 꿇고 엎드리는 궁중 법도는 매우 낯설고 놀라웠으리라. 또한 선희궁은 세자의 생모이지만 후궁이기 때문에 아들에게 지극 존대하여 마치 상전을 모시듯 했다. 또한 며느리인 자신에게도 그렇게 존대하여 훗날 홍씨는 불안하고 미안한 마음을 감추기 어려웠다고 회상했다.

홍씨는 이렇게 엄한 궁중 법도에 어긋나지 않기 위해 조심하고 또 조심해야 했다. 궁중 법도 중에서도 특히 홍씨를 힘들게 했던 것은 새벽 문안 인사였다. 궁중에서는 해가 뜨기 전에 일어나 세수하고 머리 빗고 옷을 차려입은 후 궁중 어른들께 두루두루 인사를 드려야 했다. 궁중 어른이 많으면 그만큼 일찍 일어나서 여러 곳에 문안 인사를 다녀야 했다.

홍씨가 입궁했을 당시 그녀가 문안 인사를 올려야 하는 궁중 어른은 영조를 위시하여 인원왕후 김씨, 정성왕후 서씨, 선희궁 이씨 등 4명이나 되었다. 게다가 이들 4명은 각각 떨어져 살 뿐만 아니라 세자빈이 사는 저승전과도 멀리 떨어져 있었다. 홍씨에게는 문안 인사를 올리는 일 자체가 크

나큰 고역이었던 것이다.

　게다가 홍씨를 더욱 힘들고 불안하게 한 것은 아침 늦게 일어날 뿐만 아니라 꾸물꾸물 굼뜬 세자의 생활습관이었다.『승정원일기』에는 영조가 세자를 지적해 "동궁은 매번 안각晏覺한다"라는 언급이 있는데, '안각'이란 '아침 늦게' 또는 '해질 때쯤' 깨어난다는 뜻이다. 이렇게 늦게 일어난 세자는 꾸물꾸물 세수하고 천천히 옷을 차려입었다. 이럴 때마다 홍씨는 "동궁이 앞서지 않으면 빈궁이 감히 못 가는 법도이기에 매양 기다리고 있으니, 아이 마음에 어찌 세수가 저리 더디신고 마음에 괴이히 여겨 병이신가" 의심하며 발을 동동 굴러야 했다. 세자가 이렇게 늦기 때문에 세자빈 홍씨는 자신이라도 먼저 일어나 문안 준비를 해야 했다. 홍씨는 입궁 초 아침 문안의 어려움을 이렇게 회상했다.

　내 들어오며 문안하기를 감히 게으르게 못하며 인원, 정성 양 성모聖母께는 5일에 한 번씩 하고, 선희궁께는 3일에 한 번씩 하나 날마다 모실 때가 많았다. 그때는 궁중의 법도가 지엄하여 예복을 아니하면 감히 뵙지 못하고 날이 늦어도 뵙지 못하기 때문에, 새벽의 문안 때를 어기지 않기 위해 잠을 편히 자지 못하는지라. 내 들어올 적 유모로 아지와 몸종 하나를 데리고 들어오니, 시비 이름은 복례니 친정아버지가 소과에 합격하신 후 증조할머니께서 특별히 주신 몸종이었다. 내 어려서 저를 데리고 놀음놀이하며 떠나지 아니하니 총명하고 민첩하며 충성됨이 미천한 인물 같지 아니하고, 유모 아지도 성품이 순실충근하여 아지와 복례를 신신당부하여 일찍 깨우기를 큰일같이 하여 감히 태만치 못하게 하니, 한겨울의 추위와 한여름의 더위는 물론 바람 불고 눈 오는 날에도 문안 갈 날이면 하루도 날이 늦지 않은 것은 이 두 사람의 공이라 할 것이다.

『한중록』

이렇게 조심하고 조심하면서 세자빈 홍씨는 궁중생활에 적응해나갔다. 10세에 불과한 세자빈 홍씨가 궁중 법도를 지키기 위해 이렇게 애쓰는 모습을 보고 궁중 어른들은 안쓰럽고 대견스럽게 여겼으리라. 그리고 홍씨는 그런 어른들을 실망시키지 않으려 더욱 열심히 노력했으리라.

그런데 무난하다면 무난한 궁중생활을 해나가던 세자빈 홍씨에게 돌발상황이 발생했다. 영조 24년(1748) 6월 24일, 영조의 편애를 받던 화평옹주가 난산 끝에 죽었던 것이다.

음으로 양으로 사도세자와 세자빈을 편들어주던 화평옹주가 죽었으니, 세자빈 홍씨는 든든한 후원자를 잃은 셈이었다. 정조는 『현륭원지』에서 "화평옹주가 지금 와서 갑작스러운 병으로 죽고 말았으므로, 세자는 슬픔을 가누지 못하면서 앞으로 난국을 헤쳐나갈 방법을 깊이 생각하지 않을 수 없었고, 그 사실을 아는 바깥에서는 모두 세자의 신변에 위협을 느꼈다"라고 하여 화평옹주가 세상을 떠나는 순간 사도세자가 위기에 빠졌다고 했다.

화평옹주가 죽던 날 영조는 실성한 사람 같았다. 영조는 화평옹주가 아침 일찍 보낸 편지를 받고 상황이 심상치 않음을 알았다. 그 편지에는 "병이 위독하여 다시는 뵐 수 없을 것 같습니다"라고 쓰여 있었던 것이다.

편지를 본 영조는 곧바로 화평옹주의 집으로 행차했다. 행차 준비가 되기도 전인 오전 10시쯤 영조는 부랴부랴 경희궁을 떠났다. 가는 길에서부터 영조는 눈물을 줄줄 흘렸다. 보다 못한 수행 승지들이 "큰일이야 없을 것입니다"라고 위로하자, 영조는 "이미 어쩔 수 없는 지경이라고 한다"라며 울음을 그치지 않았다.

화평옹주의 집에 도착한 영조는 신하들을 집 안으로 들어오지 못하게 하고 혼자서 들어갔다. 안에는 이미 선희궁도 와 있었다. 그날 영조는 옹주의 시신 앞에서 밤새 큰 소리로 통곡했다. 찌는 듯한 삼복더위에 영조가 환궁할 생각도 않고 대성통곡한다는 소식에 중신들은 "이런 전례가 없었다"라며 속히 환궁할 것을 요청했다. 하지만 영조는 신하들의 요청을 무시하

고 옹주의 집에서 밤을 보냈다. 나라의 법도도 전례도 영조의 슬픔을 막지 못했던 것이다.

결국 옹주의 집에서 밤을 지새운 영조는 다음날 오전 10시쯤 창덕궁으로 되돌아갔다. 옹주의 집을 나서던 그는 갑자기 '일심효우一心孝友 편성일몽便成一夢'이라는 여덟 자를 쓴 뒤 현판에 새겨 걸라고 했다. '효도와 우애의 한마음이 한바탕 꿈이 되었구나'라는 뜻으로 영조의 비통함을 담고 있는 글이었다. 영조는 왜 그토록 화평옹주의 죽음을 슬퍼했을까? 또 왜 그토록 화평옹주를 편애했을까? 체면도 법도도 아랑곳 않을 정도로 영조를 통곡하게 한 이유는 무엇일까?

영조는 이복형 경종의 뒤를 이어 왕이 되었는데, 그 과정에서 그가 경종을 독살했다는 유언비어가 널리 퍼져 있었다. 영조 4년(1728)에는 경종의 복수를 한다며 이인좌가 무력 반란을 일으키기도 했다. 그래서 영조는 경종의 독살 이야기만 나오면 과민하게 반응했다. 그는 자신의 결백을 증명하기 위해 온갖 노력을 기울였지만 의심은 끊이지 않았다.

궁중에서는 경종을 추모하는 궁녀와 환관들이 영조를 의심했다. 나아가 그들은 온갖 수단을 동원해 영조의 아들딸들을 죽이려 했다. 그 결과 영조 4년에는 첫째 아들 효장세자가 독살되었고, 몇 년 뒤에는 4명의 딸들도 독살되었다. 그런 험악한 상황을 뚫고 살아남은 딸이 화순옹주와 화평옹주였다. 그 두 딸을 무사히 키워 시집보냈을 때, 영조는 가슴을 쓸어내렸으리라. 그런데 화평옹주가 난산 끝에 세상을 떠난 것이다. 설상가상 화순옹주까지 위독하다는 소식까지 들려왔다.

영조는 자신이 왕이기 때문에 죄 없는 자식들이 이렇게 죽어나간다고 생각한 것은 아닐까? 자신에게 분노한 사람들과 귀신들이 애꿎은 자식들에게 복수한다고 자책한 것은 아닐까? 분노한 사람들은 왕의 권위로 누르고 달랠 수 있지만, 귀신의 분노는 어쩔 것인가? 귀신이 분노했다는 소문이 나면 사람들은 또다시 경종 독살설을 들먹이지 않을까? 지난 24년간

영조는 자신의 결백을 증명하기 위해 불철주야 노력했는데, 그 결과가 사랑하는 딸의 죽음이라면 귀신도 자신의 결백을 믿지 않는단 말인가?

아마도 이런 회의와 좌절이 영조를 그토록 비통하게 만든 것이 아닌가 싶다. 화평옹주의 죽음 이후 건강을 크게 해칠 정도로 비통해하던 55세의 영조는 병석에 눕는 일이 잦았다. 영조의 과도한 비탄은 곧바로 세자빈 홍씨의 인생에 격랑으로 다가왔다.

갑작스러운 대리청정과 아들의 출생

화평옹주가 세상을 떠나고 반년쯤 지나 새해가 찾아왔다. 그해에 세자빈 홍씨와 세자는 15세가 되었다. 15세는 조선시대에 성인이었으므로 세자빈과 세자는 이제 합방도 해야 했다. 10세에 입궁한 세자빈이 어느새 15세 어른이 된 것이다.

영조 25년(1749) 1월 22일, 세자빈 홍씨는 성인식을 치렀다. 조선시대 여성의 성인식은 머리를 올리고 비녀를 꽂는 것이었다. 5일 후에는 합방도 예정되어 있었다. 성인식을 하던 날 홍씨는 무척 설레었으리라. 어른이 된다는 것도 그렇고, 합방을 한다는 것도 그렇고, 모든 것이 첫 출발인 양 설레는 마음으로 자신의 앞날을 축복받고 싶었으리라. 그러나 홍씨는 축복 대신 한바탕 소동을 겪어야 했다. 새벽 3시, 영조가 느닷없이 선위교서禪位 敎書를 내렸던 것이다.

선위교서를 받은 승정원에서는 즉시 세자에게 연락했다. 세자와 세자빈 홍씨는 깜짝 놀라 잠자리에서 일어났다. 세자는 즉시 시강원 관료들을 불러 어떻게 해야 할지 대책회의를 열었다. 세자빈 홍씨는 초조한 마음으로

그저 상황을 지켜볼 수밖에 없었다.

　숙직을 서던 승지들은 홍문관 관료들과 함께 영조에게 면담을 요청했다. 선위교서를 취소하라고 요구하기 위해서였다. 그 결과 새벽 4시쯤에 면담이 있었는데, 그 자리에서 이런 대화가 오고갔다.

　22일 새벽 4시쯤에 영조가 환경전에 납시었다. 승지와 홍문관 관리들이 면담을 요청하여 이들과 만났을 때 우부승지 김상복, 동부승지 박필재, 교리 이응협, 부교리 이규채, 가주서 이상윤, 기주관 노현학, 기사관 채제공이 차례로 들어와 부복하였다. 임금이 말하기를 "이 무슨 일인가? 어찌 꼭 이래야 하는가?" 하였다. 우부승지와 동부승지가 말하기를 "신 등은 당황하여 어찌할 바를 모르겠습니다. 전하께서는 어찌하여 이런 전교를 내리셨습니까?" 하였다.

　임금이 말하기를 "나는 무술년(숙종 44, 1718), 갑진년(경종 4, 1724) 이후로 무신년(영조 4, 1728), 경술년(영조 6, 1730)에 이르기까지 근심과 변고로 늙어서 사실 임금 노릇하는 즐거움이 없었다. 지금 생각하니 오늘까지 버틴 것도 이상한 일이다. 나라에 세자가 있으면 나는 돌아가 편안히 늙을 수가 있다. 지난 기미년(영조 15, 1739)에 그렇게 하고 싶었지만 마음대로 되지 않아 내가 현빈賢嬪에게 울며 말하기를, 만약 효장세자가 살아 있었다면 내 뜻대로 할 수 있으련만 했었다. 나는 세자가 15세가 되기를 날마다 기대했으니, 올해는 내 뜻대로 할 수 있는 해이다. 기미년에 이미 오늘을 기다려 거행하겠다는 뜻을 대신에게 말했었다. 그때 대신도 또한 그렇게 하겠다는 뜻으로 분명히 나에게 말했었다" 하였다.

『승정원일기』, 영조 25년 1월 신미조

　영조는 처음부터 자신은 왕위에 관심이 없었으며, 그래서 이제 성년이 된 세자에게 왕위를 넘기겠다는 것이었다. 요컨대 본인은 경종 독살설에

대해 결백하며 선위로써 그것을 증명하겠다는 주장이었다.

이전에도 영조는 그런 방식으로 자신의 결백을 주장하곤 했다. 그때마다 세자와 신료들은 취소할 것을 요청하고 영조는 마지못한 듯 취소하곤 했다. 이런 행동들은 근본적으로 자신의 결백을 믿어주지 않는 사람들과 귀신들에게 항의하는 영조의 하소연 같은 것이었다.

당연히 신료들은 이번에도 괜히 또 그러려니 하고 취소할 것을 요청했다. 하지만 이번에는 완강했다. 결국 다음날 일찍 대신들과 이 문제를 의논하기로 하고 면담을 끝냈다.

다음날 오전 10시쯤 대신들이 환경전에서 영조를 면담했다. 영조는 어젯밤의 이야기를 반복하고, 대신들은 선위교서를 취소하라고 요구했다. 또다시 몇 시간에 걸쳐 지루한 실랑이가 이어졌다. 영조는 병든 자신에게 왕 노릇을 계속하라는 것은 자신을 죽이는 불충이라며 물러서지 않았다. 대신들은 대책 없이 선위하는 것은 무책임하다고 주장했다. 밖에서는 장맛비가 쏟아지고 있었다.

이런 와중에 밤새 잠도 자지 못하고 기다리던 세자가 환경전으로 왔다. 세자는 문 밖에 꿇어 엎드려 통곡했다. 세자의 울음소리에 방 안의 대신들까지 모두 일어나 울며 취소해줄 것을 요청했다. 그러나 영조는 끝내 자신의 의견을 굽히지 않았다. 결국 영조와 대신들은 한 발씩 물러나 세자에게 '대리청정'을 시키기로 합의했다. 영조가 이처럼 왕위에 미련 없음을 주장하며 대리청정을 밀어붙인 이유는 화평옹주의 죽음 때문으로 짐작된다. 영조는 자신의 결백을 사람들뿐만 아니라 귀신들에게도 확실히 증명하고 싶었던 듯하다.

어쨌든 축복받아야 할 세자빈 홍씨의 성인식은 선위 소동으로 이렇게 뒤죽박죽이 되고 말았다. 게다가 더 얄궂은 것은 세자와 세자빈의 합방 예정일부터 대리청정을 하기로 결정되었다는 사실이다. 마치 어른이 된 세자와 세자빈의 앞날이 순탄치 않다는 것을 예고하는 듯.

⊙ 혜경궁 홍씨의 시아버지인 조선 21대 왕 영조

1월 27일, 세자와 세자빈 홍씨는 합방보다는 대리청정으로 정신이 없었다. 당장 영의정 김재로와 좌의정 조현명이 연명 상소를 올려 대리청정을 하게 된 세자가 명심해야 할 사항 다섯 가지를 진술했다. 시강원 관료들도 세자에게 당부하는 상소를 올렸다. 그날 오전 8시쯤에 영조가 직접 시민당으로 나왔다. 그곳에서 영조는 신하들과 함께 세자의 대리청정에 필요한 세부 내용을 검토했다. 이어서 오전 10시경 세자가 시민당 대청으로 가서 신료들의 인사를 받았다. 영조는 시민당의 옆방에서 행사를 지켜보았다. 이로써 세자의 대리청정이 공식적으로 시작되었다.

점심을 먹고 난 뒤 오후 2시쯤 영조는 환경전에서 세자를 불렀다. 그리고 신료들 앞에서 세자에게 대리청정에 필요한 마음가짐과 방법 등을 설명했다. 세자는 말할 때 목소리가 너무 낮으니 앞으로는 큰 소리로 말하라는 충고도 있었다. 뿐만 아니라 세자의 능력을 시험해보기 위해 영의정과 좌의정이 올린 상소문에 세자가 직접 비답批答을 내리라 명령하기도 했다.

세자는 한참을 망설이다가 "상소를 보고 경들의 간절한 뜻을 다 알았다. 뜻밖에 대리청정의 하교가 있었는데, 나의 성의가 천박하여 끝내 하교를 거두게 하지 못했으니 인정과 도리에 초조하다. 이 다섯 조목을 어찌 한때

라도 소홀히 하겠는가? 당연히 명심하여 잊지 않을 것이다"라는 비답을 내렸다. 영조는 앞으로는 '나의 성의'보다는 '소자小子의 성의'라고 해야 한다고 하는 등 비답을 내릴 때의 규칙을 알려주었다. 이어서 대리청정을 하면서 신료들과 백성들에게 당부하고 싶은 말을 한마디 하라고 했다. 이에 세자는 "이제 성훈聖訓을 받들어 대리청정을 하게 되었으니, 대소신료들은 한마음으로 나라를 보좌하여 소민小民에게 털끝만큼의 고통도 주지 말라"라고 했다. 이 말을 들은 영조와 신료들은 모두 감탄하며 칭찬했다. 세자는 대리청정의 첫 시험을 무사히 통과한 셈이었다.

그날 세자나 세자빈은 대리청정으로 몹시 긴장했을 것이다. 아마 저녁이 되었을 때는 파김치가 되었으리라. 그러니 그날 밤 합방은 십중팔구 실패했으리라 짐작된다. 세자빈 홍씨는 "늦게야 얻으서 15세가 되어 합례合禮까지 하게 되니 기쁘고 오붓하게 즐거워하시면 좋을 일인데, 어찌하오신 생각인지 홀연히 대리하오실 명령을 내오시니 그날이 내 관례 날이라, 억만 가지 일이 대리 후 탈이니 어찌 섧고 섧지 아니하리오"라고 당시를 원망하듯 회상했다.

1월 27일에 처음으로 합방을 했지만 세자빈 홍씨가 임신한 것은 10월쯤 되어서였다. 홍씨는 첫 임신을 했을 때 종종 죽은 화평옹주가 침실에 들어와 옆에 앉아 웃는 꿈을 꾸었다고 한다. 꿈에서 깨어난 뒤에는 자신에게 난산 끝에 죽은 옹주의 원귀가 붙은 것은 아닌가 하고 두려워했을 것이다. 이처럼 성인식 이후 오랫동안 세자빈 홍씨가 불안과 공포로 괴로워했음을 알 수 있다.

이런 상황에서 영조 26년(1750) 8월에 세자빈 홍씨는 16세의 나이로 첫째 아들을 낳았다. 이 아들이 훗날의 의소세손이다. 영조에게는 첫 손자였다. 그런데도 영조는 기뻐하는 내색을 하지 않았다고 한다. 오히려 아이를 낳다 죽은 화평옹주 생각을 하며 슬퍼했다고 한다. 그런 시아버지가 서운했던지 홍씨는 "해산 후, 네 순산하고 아들을 낳음이 기특하다는 말씀도 없으시니 어린 나이에 아들 본 기쁨을 몰라 도리어 두려웠다"라고 회상했다.

그런데 영조는 의소세손에게도 화평옹주처럼 어깨에 푸른 점이 있고 배에 붉은 점이 있다는 것을 안 이후로 갑자기 편애를 하기 시작했다. 의소세손을 화평옹주의 환생으로 생각했던 것이다. 하지만 아이를 가졌을 때 화평옹주의 꿈을 자주 꾸었던 세자빈 홍씨는 분명 아들 보기가 무서웠을 것이다. 정말로 화평옹주의 원귀가 붙어서일까? 불행하게도 의소세손은 3세가 되던 해 3월에 세상을 떠나고 말았다. 그때 홍씨는 겨우 18세였다.

세자빈 홍씨는 의소세손이 죽던 해 9월에 둘째 아들을 낳았다. 이 아들이 훗날의 정조이다. 홍씨는 그 전해 12월쯤에 임신했는데, 그 무렵 용꿈을 꾼 세자는 그것을 그림으로 그렸다고 한다. 그러므로 의소세손이 죽었을 때 홍씨는 임신 4개월쯤 된 상태였던 것이다.

임신 4개월의 18세 젊은 여인이 세 살짜리 첫아들을 잃었다면 그 상심은 견디기 어려울 정도로 컸으리라. 잘못하면 유산의 위험도 적지 않았을 것이다. 그런데 세자빈 홍씨는 비통한 슬픔을 잘 절제했던 듯하다. 홍씨는 "내 먼저 생산에 나이 어려 어미 도리를 못하였다"라고 자책했는데, 그것은 꿈에 귀신을 보고 몹시 두려워하는 등 자기 마음을 잘 다스리지 못했다는 반성일 것이다. 그러므로 두 번째 임신한 홍씨는 태아를 위해 두려움이나 슬픔 등의 감정을 조절하며 마음을 평안히 가지도록 노력했을 것이다. 이것은 홍씨가 비록 어린 나이지만 이미 10년 가까운 궁중생활을 통해 그만큼 몸과 마음이 강인해졌음을 의미한다.

영조와 사도세자의 불화

세자빈 홍씨의 시아버지 영조는 마음이 매우 여린 사람이었다. 정조가 지은 「행록」에 따르면, 영조는 길을 걷다가 개미

들이 있으면 밟지 않고 피해 갈 정도로 마음이 여렸다고 한다. 영조 스스로도 "내가 일찍이 차마 미물을 밟지 못하여 개미같이 하찮은 것 역시 밟지 않았고, 밤 등불에 나방이 달려들면 손으로 휘저었다"라고 회상했다. 그런 영조는 감정이 북받치면 펑펑 울기도 잘했으며, 감정대로 행동하고 나중에 한없이 후회하기도 했다.

이처럼 마음 여리고 감정이 풍부했던 영조는 죄수를 사형시키거나 고문을 요청하는 문서를 보면 질겁하곤 했다. 벌레도 죽이지 못하는 영조가 알지도 못하는 죄수를 죽이거나 고문하라고 명령하는 일이 얼마나 마음을 무겁게 했을까? 『승정원일기』에는, 형옥刑獄과 관련한 말이 나오자 영조가 "기괴奇怪한 말을 나는 보기 싫어한다. 그래서 좌의정 조현명은 나에게 권해서 동궁으로 하여금 옆에서 모시고 논의하도록 했다"는 내용이 나온다. 『한중록』에도 "대리청정 이전에도 사형수를 심리하는 일이나 형조의 공문서 또는 친국 등 대궐에서 말하는 불길한 일에는 자주 세자를 시좌侍坐하라 하오시고"라는 내용이 나오는데, 이는 영조의 여린 마음을 보여주는 대목이다.

영조는 마음이 여린 반면 체면을 아주 중요시하는 사람이었다. 그래서 그는 주변 사람들의 시선과 평가에 예민하게 반응하곤 했다. 특히 자신을 살인자로 의심하는 것 같으면 거의 병적으로 반응했다.

당시 사람들 중 일부는 영조가 이복형 경종을 독살했다고 의심했다. 그때마다 영조는 왕 노릇을 그만두겠다며 펄펄 뛰곤 했다. 대개는 정치판에서 상투적으로 일어나는 흑색선전이라고 생각하고 대수롭지 않게 넘어가지만 영조는 그러지 못했다.

이복형을 살해했다는 의심을 받는 여린 성격의 영조. 그런 혐의에서 벗어나려 자신의 결백을 필사적으로 주장하는 영조. 이 두 가지를 배제하고 영조를 온전히 이해하기는 힘들 것이다.

영리한 사람이라면 그런 영조를 기쁘게 하는 것과 가장 화나게 하는 것

이 무엇인지 쉽게 알 수 있을 것이다. 영조는 누군가가 자신의 결백을 믿어주고, 자신의 콤플렉스를 이해해주면 무척 기뻐했다. 이는 인간적으로 영조를 이해하고 알아야 가능한 일이었다.

그러나 영조를 믿어주고 이해해주는 사람은 그리 많지 않았다.

영조는 스스로 지기知己, 즉 자기를 알아주는 사람을 2명 꼽았다. 한 명은 자신의 딸인 화평옹주이고, 다른 한 명은 큰며느리 현빈 조씨였다. 이들에 대한 영조의 편애는 상상 이상이었다. 그만큼 영조는 다른 사람들에게서 인정과 사랑을 받고 싶었던 것이리라.

그런데 무슨 조화인지 화평옹주와 현빈 조씨가 연이어 세상을 떠나고 말았다. 영조 24년(1748) 6월에 화평옹주가, 3년 후에는 현빈 조씨마저 세상을 떠났던 것이다.

자신을 알아주던 화평옹주와 현빈 조씨가 세상을 떠난 후 영조는 더 절박하게 자신을 알아주는 사람, 특히 자신과 가장 가까운 아들이나 딸이 진정 자신을 알아주기를 원하지 않았을까?

여기에서 영조의 유일한 아들인 사도세자와의 관계를 되짚어볼 필요가 있다. 우선 영조는 자신을 알아주는 사람으로 세자가 아닌 화평옹주를 꼽았다는 사실이다. 그것은 영조와 세자 사이가 진정 서로를 믿어주고 알아주는 관계가 아니었음을 보여준다.

영조에게 세자는 42세의 늦은 나이에 얻은 귀하디귀한 외아들이었다. 그런 세자였기 때문에 아들이 태어났을 때 영조는 많은 기대를 품었다. 그때만 해도 영조는 좋은 아버지가 될 기대와 희망을 갖고 있었다. 그런데 어쩌다가 영조와 세자는 서로 믿지도 않고 알아주지도 않는 관계로 악화되었을까? 그와 관련하여 정조가 지은 『현륭원지』에는 이런 내용이 있다.

세자가 태어났을 때 영조대왕이 선희궁에게 이르기를, "중후하지 않으면 권위가 서지 않는다. 그러니 세자로 책봉하는 처음에 규모를 확대하여

사람들로 하여금 존엄성을 느끼게 해야 한다" 하고는, 100일이 지나자 세자를 옛날 경종이 거처하던 저승전으로 옮기라 명령했다. 또한 궁녀와 환관들도 모두 경종을 섬기던 자들로서 갑진년(경종 4, 1724)과 경술년(영조 6, 1730)을 겪은 자들로 충원했다. 이는 그동안의 혐의를 씻고 반목을 없앰으로써 화기和氣를 불어넣자는 이유에서였다. 그러나 그 무리들은 도리어 음모를 꾸며 그것을 저희들이 뜻을 얻을 수 있는 기회로 이용하면서 얼마 후 저희들끼리 입방아를 찧고 손바닥을 치면서 말하기를 "선희궁이 비록 세자를 낳기는 했지만 사친私親에 불과하니 신분상으로는 군신君臣의 관계이다. 그러므로 선희궁이 주상 전하를 자주 만나지 못하도록 해야 하고, 만약 주상 전하를 뵈올 때에는 반드시 후궁이 주상 전하를 뵐 때 쓰는 까다로운 예절로 얽어매야 한다"라고 하였다. 그렇게 되자 선희궁은 저승전에 자주 갈 수가 없어 혹은 하루에 한 번이나 하루 걸러서, 혹은 며칠 걸러서 한 번 가고, 혹은 한 달에 한두 번밖에 못 갈 때도 있었다. 일이 저희들 계획대로 되어가자 이번에는 또 영조대왕이 자주 저승전에 납시는 것까지 꺼려 하여 사람을 여기저기다 심어놓고 영조대왕의 동정을 살펴가면서 날마다 유언비어로 현혹시켰다.

세자께서 결국 그 사실들을 영조대왕께 자세히 설명하여 영조대왕께서도 그 사실을 알고 후회했으나 그들 모두가 경종 때의 사람들이라 차마 죽이지도 못하였으며, 영조대왕의 마음도 자연 그전과는 달라져갔다.

그때 화평옹주가 울면서 아뢰기를 "경종과의 관계는 그 혐의가 별것 아니지만 대를 이어갈 핏줄은 너무나도 중대한 문제인데, 일시적인 사소한 일로 말미암아 종묘사직의 장래를 생각지 않아서야 되겠습니까?" 하였지만, 그때부터 영조대왕과 세자 사이에 점점 금이 가기 시작하여 결국에는 통곡하고 눈을 감았으면 좋겠다는 말이 나오기까지 하였다.

『현륭원지』

정조는 영조가 경종을 모셨던 궁녀와 환관을 사도세자에게 들인 이유에 대해 "그동안의 혐의를 씻고 반목을 없앰으로써 화기를 불어넣기 위해서" 라고 했다. 물론 '그동안의 혐의와 반목'이란 영조가 경종을 독살했다는 의혹이다. 분명 영조는 자신의 귀하디귀한 외아들을 경종을 모셨던 궁녀와 환관들에게 맡김으로써 그들에게서 자신의 결백을 인정받고 싶었던 것이다. 그와 동시에 세상 사람들에게도 자신의 결백을 과시하고 싶었으리라.

그러나 경종을 모셨던 궁녀와 환관들은 영조에 대한 의혹을 버리지 않았던 모양이다. 어쩌면 그들은 그들의 방법으로 영조에게 복수하려 했는지도 모른다. 만약 영조가 냉혹한 왕이었다면 그들을 죽여 없앴겠지만, 영조는 자신의 결백이 의심받을까 두려워 그렇게도 하지 못했다. 분명 영조는 자신을 의심하는 그들이 싫어 저승전에 잘 가지 않았으리라.

문제는 세자였다. 영조는 그 귀한 외아들을 자신의 결백을 증명하기 위한 속죄양으로 삼았던 것이다. 영조가 바라던 대로 경종을 모셨던 궁녀와 환관들이 영조의 처우에 감격해 의혹을 풀었다면 영조는 세자를 자랑스러워했을지도 모른다. 하지만 귀하디귀한 속죄양을 바쳤는데도 별 효과가 없었다.

게다가 영조는 아들마저 자신을 살인자로 의심하고 있는 건 아닌지 불안해했다. 이런 상황에서 그 속죄양이 살 수 있는 길은 단 하나였다. 자신은 절대로 아버지를 살인자로 의심하지 않으며, 아버지의 입장과 처지를 진정 이해하고 지지한다는 점을 분명하게 드러내는 것뿐이었다.

그러나 그렇게 하기에는 세자가 나이도 어렸고 또한 너무 과묵했다. 세자는 나이가 들어가면서 영조가 자신을 속죄양으로 이용했다는 사실을 본능적으로 느꼈을 것이다. 게다가 늘 뭔가를 탐색하는 듯한 영조의 태도는 세자를 불안하게 만들었으리라. 당연히 세자는 자기 생각을 잘못 얘기했다가는 큰일이 닥칠 것이라는 두려움이 생겼을 것이다. 그래서인지 세자는 말이 거의 없고, 자신의 마음도 절대 내색하지 않았다. 영조는 세자에게 사실을 확인받고 또 자신의 결백을 인정받으려고 하는 반면 세자는 점점

더 과묵하게 변해갔다.

세자의 마음을 알 수 없는 영조는 늘 불안했다. 세자에게 대리청정을 시키던 당일에도 영조는 "나는 세자의 마음을 알지 못하겠다"라고 토로했다. 영조의 이런 의혹은 점점 더 커져갔고 그것은 불신과 짜증으로 표현되었다. 그럴수록 세자는 위축되었고 영조는 더욱 심하게 짜증을 냈다. 영조와 함께 노론의 불안도 커지면서 영조와 세자 사이에는 당쟁의 먹구름까지 피어나고 있었다.

이런 상황에서 세자빈 홍씨가 할 수 있는 일이란 거의 없었다. 홍씨는 그저 상황이 악화되지 않기만을 바랄 뿐이었다. 하지만 현빈 조씨가 죽으면서 상황은 악화 일로로 치달았다.

영조 27년(1751) 11월 14일에 현빈 조씨가 세상을 떠나자 상심한 영조는 빈소가 마련된 건극당에 자주 들렀다. 그런데 운명의 장난인지 그곳에서 궁녀 문씨를 만났다. 문씨는 현빈 조씨의 궁녀였는데 그해 12월부터 영조의 승은을 받기 시작해 이듬해 봄에 임신까지 했다. 영조는 화평옹주나 현빈 조씨처럼 문씨를 총애했다.

큰며느리의 죽음을 상심하던 환갑 가까운 시아버지가 문상하러 왔다가 궁녀를 보고 반해 죽은 이의 장례도 치르기 전에 합방을 했던 것이다.

자신을 알아주던 화평옹주와 현빈 조씨를 모두 잃은 영조는 지독한 상실감에 젖어 있었을 것이다. 더구나 하나밖에 없는 아들조차도 자신을 알아주지 않아 괴로워하던 영조에게 문씨는 바로 그 공허함과 괴로움을 잊게 해준 존재였던 것이다.

문씨는 분명 영조의 결백과 억울함을 믿어주고 위로해주었을 것이다. 그러면서 영조와 세자의 사이가 좋지 않은 이유에 대해서도 알게 되었으리라.

그래서 아들만 낳는다면 영조에게서 세자를 떼어낼 수도 있다고 생각했던 것일까? 임신한 문씨는 본격적으로 세자를 무함하기 시작했다. 궁중에서는 문씨가 "아들을 못 낳으면 다른 사람의 자식을 들여서라도 아들을 낳았노라

하려 한다"는 소문까지 돌았다. 영조에게 다른 아들만 있다면 바로 세자는 교체될 거라는 소문이었다. 그만큼이나 영조와 세자 사이가 나빴던 것이다.

청소년기를 막 넘어서는 세자의 눈에 아버지 영조는 어떻게 비쳤을까? 자식을 이해하려고 하기보다는 도리어 이해받기만을 바라는 아버지, 감정 조절도 못하고 이랬다 저랬다 하는 아버지, 환갑이 다 된 나이에 젊은 여자에게 빠져서 정신도 차리지 못하는 아버지, 그러면서 아들에게는 온갖 훈계만 늘어놓는 아버지.

그런 아버지에게 복수라도 하듯이 세자는 비행 청소년처럼 행동하기 시작했다. 영조가 문씨를 임신시키기 직전에 세자도 임씨라는 여성을 임신시켰다. 영조 29년(1753) 2월에 임씨가 세자의 아들을, 뒤이어 3월에 문씨가 영조의 딸을 낳았던 것이다. 영조는 세자가 반항한다고 여기고 더욱 심하게 역정을 냈다.

『승정원일기』에 따르면 그 무렵 세자는 '기승氣升' 때문에 잠도 못 자고 밥도 잘 못 먹는다고 토로하곤 했다. 기승이란 기가 솟아올라 가슴을 콱 막히게 하는 증상인데, 답답하고 억울한 상태가 지속될 때 그런 증세가 나타난다고 한다. 요즘으로 치면 일종의 우울증이나 화병이 아니었을까 생각된다.

세자빈 홍씨는 시아버지와 남편 사이에 끼여 이러지도 저러지도 못했다. 그저 남편의 비행이 시아버지 귀에 들어가지 못하도록 노심초사할 뿐이었다. 그러던 중 영조 31년(1755) 8월에 친정어머니가 세상을 떠났다. 그때 홍씨의 나이 21세였다.

어머니를 잃은 세자빈 홍씨는 오열했다. 홍씨는 『한중록』에서 "천지간에 혼자인 듯하여 그 애통한 심정이 막막하니 어이 살고자 하리오"라고 당시를 회상했다. 하지만 친정아버지가 "현숙한 배필을 잃으시고 애통하시는 밖에 불초로 더욱 슬퍼하시니"라 했듯이 아버지를 생각해서 이를 악물고 고통을 견뎌냈다. 또한 시할머니 대비 김씨, 시아버지 영조, 시어머니 왕비 서씨, 사실상의 시어머니 선희궁의 따뜻한 위로도 큰 힘이 되었다.

사실 세자빈 홍씨에게 대비 김씨와 왕비 서씨는 든든한 후원자였다. 이들은 세자빈뿐만 아니라 세자도 귀여워했다. 자식을 한 명도 두지 못한 그들은 자식에 대한 정을 세자와 세자빈에게 쏟았던 것이다.

세자는 아버지 대신 할머니 대비 김씨와 왕비 서씨에게 많은 이해와 사랑을 받았다. 어쩌면 문씨의 이간질과 영조의 심한 짜증에도 불구하고 세자가 온전히 버틸 수 있었던 이유는 그들이 있었기 때문이리라. 그들이 영조와 세자 사이에서 완충 역할을 했던 것이다.

그런데 어느 날 대비 김씨와 왕비 서씨가 연이어 승하하는 비극이 일어났다. 영조 33년(1757) 2월에 왕비 서씨가 세상을 떠나고 뒤이어 3월에 대비 김씨마저 세상을 떠났던 것이다. 이후 영조와 세자가 직접 충돌하는 일이 자주 발생했다. 영조는 여러 사람 앞에서 세자에게 노골적으로 질타를 퍼부었다. 그럴수록 세자의 마음에는 울화가 점점 더 쌓였다. 그 결과 세자의 기승 증상은 울화가 쌓이면서 화병으로 발전했던 모양이다. 급기야 세자는 영조가 보는 앞에서 죽어버리겠다며 우물에 뛰어드는 소동까지 벌였다. 뿐만 아니라 울화를 풀기 위해 사람을 죽일 정도로 그 상태는 매우 악화되었다.

세자가 처음으로 살인을 한 것은 영조 33년 가을, 대비 김씨와 왕비 서씨가 승하한 직후였다. 설상가상으로 당시 영조의 총애를 받던 문씨는 "듣는 말마다 아뢰어" 이간을 더했다. 이에 격노한 영조는 "사람 모인 데와 궁녀들이라도 많은 데서" 세자를 질책했으며, "육칠월 극열極熱 가운데" 그런 일을 당한 세자는 "격화激火와 병환病患이 점점 더해" 마침내 살인까지 하게 되었다고 한다. 세자빈 홍씨는 "화증火症이 더하여 사람 죽이기를 시작하오니, 그때 당번 내관 김한채를 먼저 죽여, 그 머리를 들고 들어오셔서 궁녀들에게 효시하오니, 내가 그때 사람의 머리 벤 것을 처음 보았다"라고 회상했다.

세자가 김한채의 머리를 베어 궁녀들에게 효시한 이유는 김한채가 자신의 동정을 문씨나 영조에게 밀고했다고 생각했기 때문일 것이다. 따라서 그런 자가 또 나타나면 이렇게 죽이겠다는 협박용이었다고 볼 수 있다. 그

협박이 효과를 발휘했던 것일까? 이후 계속된 세자의 살인 행각이 오랫동안 영조의 귀에 들어가지 않았다고 한다.

영조가 세자의 살인 행각을 알게 된 것은 다음 해 2월쯤이었다. 깜짝 놀란 영조가 세자를 불러 왜 살인을 했는지 물었다. 그때 세자는 "마음에 화증이 나면 견디지 못해 사람을 죽이거나 아니면 닭 같은 짐승이라도 죽여야 마음이 풀어지기에 그랬습니다"라고 이실직고했다. 영조가 "왜 화증이 나느냐"라고 묻자 세자는 "사랑하지 않으시니 서럽고, 꾸중하시니 무서워서 화가 되어 그렇게 되었습니다"라고 대답했다. 이 말에 영조는 측은한 생각이 들었던지 "내 이제는 그렇게 안 하겠다"라고 했다.

영조의 태도에 세자도 크게 감동했던 모양이다. 며칠 후 세자는 지난날의 살인 행각을 공개적으로 반성하는 글을 발표했던 것이다. 그 내용이 『승정원일기』에 실려 있다.

근래에 기승하는 증세가 때로 더 심할 때가 있는데, 심지어 작년 가을의 사건까지도 있었다. 이제 성상께서 내리신 하교를 보니, 감동하여 눈물이 나오는 것을 금할 수가 없다. 지난 일을 생각하니 지나친 허물임을 깊이 알겠다. 이에 스스로 통렬히 뉘우치며 또한 간절히 슬퍼한다. 환관 김한채 등에게 담당 부서로 하여금 휼전恤典을 후하게 거행하여 내가 뉘우쳐 깨달은 뜻을 보이라.

『승정원일기』, 영조 34년 3월 6일조

세자의 반성문을 본 영조는 "여섯 사람에게 관과 포布"를 주고 "그 처자식들은 후하게 돌보라"는 명령을 내렸는데, 이를 보면 그해 가을에 세자가 죽인 사람의 수가 6명이라는 것을 알 수 있다. 세자가 살인을 저지른 이유는 본인이 말한 대로 기승 때문이었다. 기승이 되면 세자 스스로도 자신이 무슨 일을 하는지 잘 알지도 못하고, 설사 안다고 해도 통제가 안 되었던 것이다.

남편이냐 아들이냐,
힘겨운 선택의 기로에서

세자가 살인을 할 때마다 세자빈 홍씨는 얼마나 두려웠을까? 특히 세자의 살인이 기승 상태에서 시도 때도 없이 이루어진다는 사실은 견디기 힘든 공포였으리라. 기승하지 않을 때의 세자는 그야말로 멀쩡한 사람이었다. 하지만 기승이 되면 마치 다중인격자처럼 전혀 다른 사람이 되었다. 세자가 언제 기승이 될지 알 수 없기 때문에 세자빈은 물론 그 자식들도 늘 불안에 떨어야 했다. 잠시 호전되는 듯하던 영조와 세자의 관계는 또다시 악화되었고, 이에 따라 세자의 기승도 더욱 악화되었다.

점점 심해지는 세자의 살인을 견디지 못하고 세자빈 홍씨는 시어머니 선희궁에게 남편의 상태를 털어놓았다. 깜짝 놀란 선희궁은 식음을 전폐한 채 고민하다가 세자를 불러 얘기를 했다. 그러자 세자는 당장 밀고자를 찾겠다며 펄펄 뛰었다. 선희궁의 도움으로 사태는 간신히 수습되었지만, 이후에도 세자의 기승은 여전했기 때문에 홍씨와 선희궁은 속으로만 골병이 들 뿐이었다.

영조 38년(1762)부터 세자는 기승할 때마다 영조가 없는 곳에서 못할 말을 하기 시작했다고 한다. 그 내용은 정확히 알려져 있지 않은데, 『한중록』에는 '부도지설不道之說' '불공지언不恭之言'으로 표현되기도 하며, 좀더 구체적으로는 "인사정신人事精神을 모르실 적은 화火에 뜨이어서"하는 말이 "병화病火로 아무리 하려노라" 또는 "협검挾劍하고 가, 아무리 하고 오고 싶다"라고 했다고 한다.

'협검하고 가, 아무리 하고 오고 싶다'는 말은 앞뒤 정황으로 볼 때 칼을 가지고 가서 영조를 찔러 죽이고 싶다는 뜻으로 보인다. 아버지 영조에게 욕설을 퍼붓다가 마침내는 죽여버리고 싶다는 말까지 하게 된 것이다. 문제는 이렇게 무서운 생각을 표현할 정도로 기승이 심했다는 사실이다.

세자는 윤5월 11일 밤에 영조가 머무는 궁궐로 들어가려고 수구水口까지 갔다가 그냥 나온 적도 있었다. 몸집이 좋고 비대한 세자에게 수구가 좁았던지 몸에 잔뜩 상처만 입고 돌아왔다고 한다. 이후로 흉흉한 소문이 궁중에 파다하게 퍼졌다.

홍씨는 선택의 기로에서 고심했다. 이대로 가다가는 남편이 영조를 살해하거나 또 살해하지 못해도 칼을 들고 갔다가 잡힐 수도 있었다. 그리고 이미 궁중에 퍼진 흉흉한 소문이 영조의 귀에 들어가는 것은 시간 문제일 것이다. 그렇게 되면 남편은 어찌 되는 것인가? 또 자신과 아들딸들의 운명은?

결국 남편은 천하의 불효자이자 망나니로 낙인찍혀 죽을 것이 뻔했다. 자신과 아들딸들의 목숨도 보장할 수가 없었다. 그렇다면 모른 체하고 있다가 남편을 따라 온 식구가 같이 죽어야 하는가? 아니면 남편을 포기하고 자식들을 살려야 하는가?

아마도 홍씨는 자식들을 선택했던 모양이다. 윤5월 12일에 홍씨는 세자의 상태, 세자의 근황을 시어머니 선희궁에게 자세히 알린 듯하다. 혹시라도 영조가 위험에 처할 수 있다는 내용이었으리라.

선희궁도 고민에 고민을 했을 것이다. 만의 하나라도 좋아질까 몇 년을 고대하며 기다렸는데, 이제는 세자가 영조에 대한 살기를 공공연히 드러낸다고 하니 더 이상 희망이 없기 때문이었다. 선희궁은 "차라리 세자의 몸이 없는 것이 옳겠소. 삼종혈맥三宗血脈(효종, 현종, 숙종에 걸치는 3대의 혈통만이 왕위를 계승할 수 있다는 숙종의 유교遺敎)이 세손께 있으니 천만번 사랑하여도 나라를 보전하기는 이 수밖에 없겠소"라고 했다고 한다. 하지만 선희궁은 마지막이라는 마음으로 주변 사람들을 불러 세자의 상태를 다시 한 번 확인했던 모양이다. 그리고 13일 아침 세자빈 홍씨에게 이런 내용의 편지를 보냈다.

어젯밤 소문이 더욱 무서우니 일이 이렇게 된 뒤에는 내가 죽어 모르거나, 산다면 종묘사직을 붙들어야 옳고 세손을 구하는 것이 옳으니 내 살아

빈궁을 다시 볼 줄 모르노라.

『한중록』

즉, 세자를 포기한다는 말이었다. 13일 아침에 선희궁은 영조에게도 사건의 전말을 밝혔다. 경희궁 경현당에 머물고 있는 영조에게 직접 찾아가 울며 고하기를, "병이 점점 깊어 바라는 것이 없사오니 소인이 차마 이 말씀을 인정상 못할 일이오되, 성궁聖躬을 보호하옵고 세손을 건져 종묘사직을 평안히 하옵는 일이 옳사오니 대처분을 하오소서"라고 했다고 한다.

선희궁은 '성궁을 보호'하기 위해 세자를 '대처분'하라고 요구한 것이다. '성궁을 보호'한다는 것은 '영조의 몸을 보호하겠다'는 말이었고, 세자를 '대처분'하라는 것은 세자를 죽이라는 말이었다.

선희궁도 세자빈 홍씨와 마찬가지로 세자를 포기한 것이다. 선희궁의 언급에 대해 세자빈 홍씨는 "내 차마 그 아내로 처하여 이를 옳다 못하나 일인즉 하릴없는 지경이니 내 따라 죽어 모르는 것이 옳되 차마 세손으로 결단하지 못하였다"라고 회상했다. 어쩔 수 없었다는 의미이리라.

훗날 영조가 직접 쓴 선희궁의 묘표墓表에는 "임오년(영조 38, 1762)의 일에 미쳐서, 종묘사직이 능히 평안하고 세신군민世臣群民이 능히 보존된 것은 실로 선희궁의 공덕이었다. 이것이 어찌 부인이 능히 할 수 있는 일이며, 내가 조금이라도 과장하는 것이리? 이것은 해동의 신민이 모두 칭송하는 것이다"라고 기록되어 있다. 여기에서 영조가 선희궁 이상으로 내심 '대처분'을 바라고 있었음을 짐작할 수 있다.

뒤주에 갇혀 죽어간
사도세자의 비참한 최후

영조는 조금의 망설임이나 의심도 없었다. 그는 선희궁의 말을 듣자마자 곧바로 세자를 대처분하기 위해 창덕궁으로 행차했다. 당시 현장에 있었던 이광현의 『임오일기』에는 당시의 상황이 다음과 같이 묘사되어 있다.

세자가 드디어 진현문으로 나가서 영조를 맞이하고, 이어서 휘령전徽寧殿(정성왕후 서씨의 사당)으로 걸어서 따라 들어갔다. 영조가 전상에 올라갔다. 전정에 판위板位를 설치하자 세자가 그 위에서 네 번 절을 올리는 예를 행하고 부복하였다. 세자시강원의 관료들, 승지들, 사관들도 따라서 부복하였다. 영조가 시위 병사들을 들어오라 명령하자 시위 병사들이 즉시 들어왔다. 영조가 칼을 뽑으라고 명령하니 시위 병사들이 주저하였다. 영조가 칼을 뽑아 들고 노한 목소리로 "어찌하여 칼을 뽑지 않는가?" 하니 시위 병사들이 일시에 칼을 뽑았다. 영조가 연이어 선전관을 불러 계속해서 명령을 내렸는데, 대개 궁성을 호위하는 일이었다. 때는 사시巳時(오전 9~11시) 초에 가까워 햇볕이 불처럼 뜨거웠다. 세자는 판위에서 피곤함을 이기지 못해 숨을 헐떡거렸다. 세자시강원 관료들이 승지에게 세자의 병세가 심하다는 뜻으로 말하여 영조에게 보고하게 하였다. 그러자 영조가 몇 마디 명령을 내렸는데, 여러 신하들 중에 듣지 못한 사람들도 있었다.
세자가 관을 벗고 판위에서 내려와 땅에 부복하였다. 세자시강원 관료들이 "대조께서 무슨 명령을 내리셔서 저하께서 갑자기 관을 벗으셨습니까?" 하고 묻자, 세자가 답하기를 "이런 명령을 듣고 무슨 마음으로 관을 쓴단 말인가?" 하였다. 세자시강원 관료들이 다시 묻자 "차마 말 못하겠다"라고 하였다. 영조가 칼을 두드리며 노한 목소리로 "네가 만약 스스로

죽는다면 조선 세자의 이름을 잃지 않을 것이다. 너는 속히 죽으라" 하였다. 이에 전정에 가득한 사람들이 모두 통곡하였다. 세자가 대답하기를 "부자 관계는 천륜입니다. 군부 앞에서 차마 자결할 수 없으니 밖에 나가서 자결하고자 합니다" 하고는 외정 남쪽 끝으로 가서 부복하였다. 세자는 곤룡포도 벗고 북쪽을 바라보고 땅에 머리를 조아렸다. 세자시강원의 관료들과 승지, 사관도 모두 관을 벗고 따라서 부복하였다. 영조가 전殿에서 내려와 월대로 가서 명령하기를 "내가 죽으면 300년 종묘사직이 망한다. 네가 죽으면 종묘사직은 오히려 보존할 수 있으니, 네가 죽어야 한다" 하고 또 말하기를 "내가 너 하나를 베지 않고 종묘사직을 망하게 해야 하느냐?" 하였다. 세자가 머리를 조아리고 통곡하였다. 시위하는 여러 신하들, 병조판서 이하가 모두 관을 벗고 통곡하며 말하기를 "전하, 이 어인 일입니까?" 하였다. 영조가 더욱 노하여 칼로 세자를 찌르려 하였다. 시위하는 여러 신하들이 깜짝 놀라 일어났으나 아무 말도 하지 못하였다. 영조가 연이어 명령하기를 "너는 속히 죽으라" 하니 세자가 대답하기를 "전하가 칼로 저를 찔러도 놀라지 않을 것이니 이제 죽이십시오" 하였다. 영조가 가슴을 치고 대성통곡하며 말하기를 "저 말하는 것 좀 보아라. 얼마나 흉악한가" 하였다. 세자가 또 말하기를 "저의 마음에는 지극한 원통함이 있습니다" 하였다. 영조가 대답하지 않고 말하기를 "어째서 죽지 않느냐?" 하였다. 세자가 말하기를 "이제 죽겠습니다" 하고는 허리띠를 풀어 목을 매었다. 세자는 숨이 막혀 땅에 엎어졌다. 세자시강원 관료들이 좌우에서 번갈아 말하며 그 허리띠를 풀고 통곡하였다. (중략)

이때 합문閤門은 결진結陣으로 엄히 막혀 대신이 모두 들어오지 못했다. 세자시강원 관료들이 의논하기를, 급히 대신에게 알려야 한다고 하고는 주서로 하여금 나가서 고하게 하였다. 이광현은 주서였으므로 합문 밖으로 나갈 수 있었다. 합문 밖의 계단 위에 있던 영의정 신만이 말하기를 "합문 안으로 들어간다 한들 어쩐단 말인가?" 하였다. 좌의정 홍봉한이 가슴

을 두드리며 말하기를 "이렇게 들어가 구하지 못하니 어쩐단 말입니까?" 하였다. 정휘량은 말이 없었다. 이광현이 말하기를 "대신이 이때에 면담을 요청한다면 문졸門卒이 어찌 감히 막겠습니까? 문에 가면 분명 들어갈 방도가 있을 것입니다" 하였다.

영의정이 드디어 일어나자 두 사람이 따랐다. 문에 다다르자 과연 문졸이 막았다. 이광현이 먼저 들어가서 문졸에게 말하기를 "이때에 대신이 면담을 요청하려 하는데 너희들이 감히 막고도 살고자 하는가?" 하였다. 문졸이 모두 통곡하며 말하기를 "주상의 명령입니다. 우리들이 어찌합니까?" 하였다. 이광현이 드디어 문졸들을 밀치고 대신들에게 속히 들어오도록 요청했다. 세 대신이 드디어 들어왔다. 이광현이 세자시강원 관료들에게 세 대신이 들어온 사실을 알리다가 뒤돌아보니 영의정이 문밖으로 나가고 있었다. 이광현이 급히 따라가서 "대감은 어째서 서둘러 물러가십니까?" 하였다. 답하기를 "엄한 명령을 들었다"라고 하였다. 또 그 뒤를 좌의정 홍봉한이 따라서 나갔다. 이광현이 또 말하기를 "대감은 어찌하여 물러가십니까?" 하였다. 좌의정 홍봉한이 말하기를 "명령이 지엄하니 어찌한단 말인가?" 하였다. 이광현은 다시 세자시강원 관료들에게 돌아와 세 대신이 엄한 명령 때문에 물러갔다고 말하였다.

세자시강원 관료들은 세 대신이 물러간 것을 보고 의논하기를, 세손을 불러오면 취소할 방도가 있으리라 하였다. 사서 임성이 나가 보니 필선 홍술해가 세손을 모시고 들어왔다. 세손은 문에 들어오자마자 곧 관을 벗고 손을 모아 애걸하였다. 영조가 멀리서 세손을 보고는 진노하여 말하기를 "어찌 세손을 모시고 나가지 않는가?" 하였다. 세자가 이광현의 손을 잡고 세손을 가까이 데리고 오라 명령하였다. 세손은 문에 들어와 땅에 엎드린 후 세자에게로 점점 가까이 기어왔다. 영조가 별군직에게 명령하여 즉시 세손을 안고 나가라 명령했다. 별군직이 세손을 안고 나가려 하자 세손이 저항했다. 세자가 이광현의 손을 이끌어 말하기를 "저놈의 이름은 뭐라 하느

나?" 하였다. 대답하기를 "이름은 모릅니다. 별군직으로 명령을 따르는 자입니다" 하였다. 세자가 직접 그를 향해 묻기를 "너는 하늘은 높고 땅은 낮다는 것을 모르는가? 세손이 스스로 나가는 것이 옳거늘 너는 어찌 감히 강박하는가? 너의 이름이 무엇이냐?" 하였다. 그 사람이 황공해하며 대답하기를 "소인은 김수정입니다. 이미 명령을 받았으므로 어쩔 수 없이 세손을 모시고 가겠습니다" 하였다. 드디어 세손을 안고 나가자, 세자가 또 이광현의 손을 이끌어 말하기를 "저놈 흉악하구나. 족히 나를 해치겠구나" 하였다.

날은 이미 신시申時(오후 3~5시) 초였다. 영조가 계속해서 명령하기를 "너는 끝내 죽지 않을 것이냐?" 하였다. 세자가 갑자기 곤룡포를 집어서 한 폭을 찢어 목을 맸다. 세자시강원 관료들이 또 구하였다. 이때 한광조는 약방제조로서 파직되어 합문 밖에 있었다. 이광현이 가서 약을 구하니 청심환 서너 개를 주었다. 이렇게 받아와서 세자에게 드리기를 세 번이나 했는데, 이때 갑자기 큰 뒤주를 뜨락 가운데에 놓았다. 높이는 3척 반쯤 되었고 넓이도 그와 비슷했다. 영조가 노한 목소리로 "너는 속히 이 안으로 들어가라" 하였다. 세자가 뒤주로 가서 막 들어가려 하자 세자시강원 관료들이 만류하며 눈물을 흘렸다. 세자는 그대로 뒤주 아래에 부복하였다. (중략)

한림 한덕제가 또한 합문 밖으로 잡혀 나왔는데, 세자가 따라서 문밖으로 나왔다. 날은 이미 캄캄해져서 횃불을 밝히고 금군禁軍은 좌익左翼과 우익右翼으로 결진結陣했다. 휘령전 안에서 연이어 호령하기를 "세자시강원 관료는 속히 세자를 모시고 다시 들어오라. 그렇지 않으면 모두 극형에 처하리라" 하였다. 세자시강원 관료들은 모두 합문 밖에 쫓겨나 있었는데, 세자가 나오는 것을 보자 모두 나아가 말하기를 "저하는 어찌하여 나오십니까?" 하였다. 세자는 대답하지 않고 그저 "애고애고" 할 뿐이었다. 세자는 합문에서 곧바로 수십 보를 걸어가 담장 아래에 이르러 소변을 보고는 자리에 앉았다. 세자는 목이 말라 마실 것을 찾았다. 환관이 청심환을 푼 물 한 그릇을 드렸다. 세자가 다 마시고 묻기를 "어떻게 해야 하는가?" 하

였다. 세자시강원 관료들이 모두 고하기를 "오늘 저하께서 하실 일은 그저 대조의 처분을 공손히 기다리는 것뿐입니다. 비록 밤이 새는 한이 있어도 대조께서 명령을 취소하신 다음에야 나올 수 있습니다" 하였다. 세자가 말하기를 "그렇군" 하고는 드디어 일어나 다시 들어갔다.

세자가 합문 안으로 들어가자 세자시강원 관료들과 한림, 주서도 따라 들어가려 했는데, 문졸이 막아서 들어가지 못했다. 때는 밤 초경初更(저녁 7~9시)이었다. 이때 문틈으로 엿보니 멀어서 자세히 들리지는 않았다. 세자가 옷 뒷자락을 직접 들어 올리고 양손으로 뒤주의 양쪽을 잡고 영조를 우러러 슬피 울며 말하기를 "부주父主(아버지 왕)여! 살려주소서" 하고는 몸을 올려 뒤주 안으로 들어갔다. 영조가 직접 뒤주의 뚜껑을 덮고 자물쇠를 채웠다.

『임오일기』

단 하나의 희망, 아들 정조

세자가 뒤주에 들어갔을 때는 음력 윤5월로 삼복더위가 한창이었다. 날씨도 연이어 좋기만 했다. 『승정원일기』에 따르면 13일 맑음, 14일 맑음, 15일 흐리다 맑음, 16일 흐리다 맑음, 17일 맑음, 18일 맑음, 19일 맑음이었다. 비도 오지 않는 그 무더위 속에서 세자는 제대로 먹지도 마시지도 못한 채 뒤주에 갇혀 있어야 했다.

그동안 영조는 세자가 갇혀 있는 곳에서 멀지 않은 창경궁에 머물러 있었다. 영조와 선희궁은 뒤주 속에서 살려달라고 소리치는 세자의 울부짖음을 들었을 것이다. 하나뿐인 아들의 처참한 비명소리를 들으며 영조와 선희궁은 어떤 심정이었을까?

보통의 아버지와 어머니라면 견디지 못하고 풀어주지 않았을까? 아니

면 아예 보이지도 않고 들리지도 않는 먼 곳으로 피해버리지 않았을까? 그러나 영조와 선희궁은 뒤주에 갇혀 죽어가는 아들을 풀어주지도 않고 피하지도 않았다. 잔인할 정도로 가까운 곳에서 아들이 죽어가는 상황을 확인했다. 무엇이 그토록 영조와 선희궁의 마음을 얼어붙게 만든 것일까?

창경궁에 머물던 영조는 19일에 경희궁으로 옮겨갔다. 아마도 그 무렵 세자는 탈진해 죽음이 임박했을 것이다. 영조는 차마 아들의 마지막을 확인할 수가 없어서 경희궁으로 옮겨간 것일까?

세자는 20일에 세상을 떠났다. 하늘이 세자의 죽음을 슬퍼했는지 신시申時(오후 3~5시)쯤에 폭우가 내리고 뇌성벽력이 쳤는데, 그때쯤 세자의 목숨이 끊어졌다고 한다. 분명 영조는 그날 세자의 죽음을 보고받았으리라. 21일, 영조는 이런 전교를 내렸다.

이 소식을 들은 후에 어찌 30년 가까운 부자간의 은혜를 생각하지 않을 수 있겠는가? 세손의 마음을 헤아리고, 대신의 뜻을 살펴 단지 세자의 위호位號를 회복하고 아울러 시호를 내려 사도세자라 이름 짓는다.

『영조실록』, 권99, 38년 윤5월 계미조

대처분을 하던 날 영조는 세자를 '폐서인'했다. 폐서인이란 세자를 폐위해 평범한 사람으로 만든다는 뜻이다. 그러므로 세자가 폐서인 되면 세자빈 홍씨도 더 이상 세자빈이 아니었다. 물론 세손도 마찬가지였다. 그냥 평범한 어느 왕자의 아내이며 아들일 뿐인 것이다. 그래서 세자가 폐서인 되던 날 밤에 홍씨는 아이들을 데리고 친정으로 나가야 했다. 그때 홍씨의 나이 28세였는데, 당시의 상황이 『한중록』에 이렇게 묘사되어 있다.

내가 휘령전으로 통하는 건복문 밑에서 호곡하되 응하심이 아니 계신지라. 세자가 벌써 폐위하여 계시니, 그 처자식이 편안히 대궐에 있지 못할

것이요, 세손을 밖에 그저 두어서는 어떠할꼬. 차마 두렵고 조마조마하여 건복문에 앉아 영조께 상서하여 "처분이 이러하시니 죄인의 처자식이 편안히 대궐에 있기 황송하고, 세손을 오래 밖에 두기도 가중加重한 몸이 두렵사오니, 이제 친정집으로 나가겠나이다" 하고 "천은으로 세손을 보전하여주소서"라고 써서 가까스로 환관을 찾아 들이라 하였더니, 오래지 않아 큰오빠 홍낙인이 들어와서 "폐서인하였으니 대궐에 있지 못할 것이고, 친정집으로 나가라고 하셨으니 가마를 들여오니 나가시고, 세손은 남여藍輿 (뚜껑이 없는 작은 가마)를 들여오라 하였으니 나가시오소서" 하였다. 서로 붙들고 망극통곡하고 업히어 청휘문으로서 저승전 앞문에 가마를 놓고, 윤상궁이란 나인이 함께 타고 별감이 가마를 메고 수많은 상하 나인이 다 뒤를 따라 좇으며 통곡하니, 만고 천지간에 이런 경상이 어디 있으리오. 나는 가마에 들 때에 기절하여 인사를 모르니, 윤 상궁이 주물러 겨우 명이 붙었으나 오죽하리오. 친정집에 나와 나는 건넌방에 누이고 세손은 내 둘째아버지와 큰오빠가 모셔 나오고, 세손 빈궁嬪宮(세손의 부인 김씨)은 그 집에서 가마를 가져와 청연淸衍(홍씨의 큰딸)과 한데 들려 나오니, 그 경색의 망극함이 차마 어찌 살리오.

『한중록』

이렇게 친정집에 나와 있던 홍씨는 사도세자가 복위됨에 따라 다시 세자빈이 될 수 있었다. 다만 살아 있는 세자의 부인이 아니었으므로 세자빈이 아니라 혜빈惠嬪으로 불렸다. 혜빈 홍씨는 22일에 다시 궁궐로 들어갔다. 13일 밤에 나왔으니 9일 만에 다시 입궁한 것이다. 입궁 후 홍씨는 정신없이 남편의 장례를 치러야 했다.

당시 홍씨의 관심은 온통 아들에게 있었다. 아들을 잘 키워 훌륭한 왕으로 만들겠다는 것이 삶의 희망이었다. 그러기 위해서는 아들이 할아버지 영조에게 미움을 받지 말아야 했다. 자신을 믿어주고 이해해주는 사람을

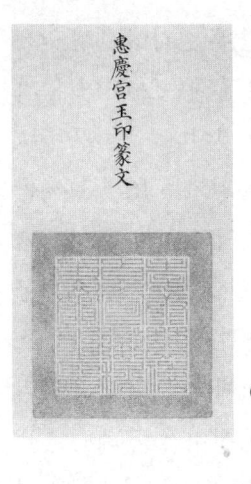

◉ 혜경궁 홍씨의 환갑을 축하하기 위해 정조가 올린 옥인

늘 갈구했던 영조였기 때문에, 손자가 그 역할을 해준다면 분명 영조는 감격할 것이다.

홍씨는 남편 사도세자가 기승하게 되고 마침내는 뒤주에 갇혀 죽은 원인을 영조와의 불신과 오해에서 찾았다. 그 근본적인 이유는 어린 시절 부모의 훈도薰陶와 애정이 결핍되었기 때문이라 생각했다. 예컨대 "영조께서 만기萬機의 틈틈이 세자가 글 읽고 일 배우는 곁에서 몸으로 가르치셨다면, 또 세자의 생모 선희궁께서는 이 아드님이 성취하시는 것이 당신께 으뜸가는 소원이시니 손 밖에 내지 않고 매사를 잘 가르쳐서 사이가 벌어지지 않았다면 어찌 이 같은 지경에 이르렀겠는가?"라는 회상에 이러한 홍씨의 생각이 잘 드러나 있다.

홍씨는 28년의 궁중생활을 통해 시아버지 영조의 성품이 어떤지 뼈저리게 확인했을 것이다. 아들도 죽이는 시아버지인데 며느리나 손자는 죽이지 못하겠는가? 여리고 민감한 시아버지의 성격상 며느리와 손자에 대한 미안하고 불편한 마음이 지나쳐 분노로 폭발할 수도 있었다. 그런 비극이 일어나지 않도록 영조와 아들 사이에 확실한 유대감을 심어놓아야 했다.

설상가상으로 영조에게 젊디젊은 새 왕비가 있었다. 그 사실 또한 홍씨

에게 큰 위협이었다. 영조는 왕비 서씨가 세상을 떠난 후 환갑이 훨씬 넘은 66세에 15세의 어린 왕비를 새로 맞이했다. 그 당시 홍씨는 25세였다. 자신보다 열 살이나 어린 왕비를 시어머니로 모시게 된 것이다.

사도세자가 죽던 1762년 영조의 새 왕비 정순왕후 김씨는 18세, 홍씨는 28세였다. 그리고 영조는 69세, 선희궁은 67세였다. 영조의 나이로 볼 때 새 왕비가 아들을 낳을 가능성은 거의 없었다. 또한 연로한 영조나 선희궁이 언제 세상을 떠날지도 알 수 없었다. 만약 분명한 후계 구도 없이 영조가 세상을 떠난다면 후계 왕은 새 왕비가 지명할 수밖에 없었다. 당파 간의 이해가 복잡 미묘하게 얽혀 있던 당시의 상황에서 새 왕비가 꼭 혜빈 홍씨의 아들을 왕으로 지명하리라는 보장은 없었다. 그런 위험을 없애려면 영조가 살아 있을 때 후계 구도를 명확히 하는 수밖에 없었고, 그렇게 되려면 결국 영조와 손자 사이의 강력한 유대감이 있어야 했다.

영조는 홍씨가 재입궁한 이후 오래도록 며느리를 찾지 않았다. 분명 미안함에 선뜻 볼 수 없어 그리 했으리라. 재입궁 후 3개월이나 지난 8월에야 홍씨는 영조를 대면할 수 있었다. 그때 홍씨는 이런 요청을 했다고 회상했다.

창덕궁의 선원전 가까운 습취헌이라 하는 집으로 가 뵈오니, 내 천만 설운 회포가 어떠하오리마는 만분의 일도 감히 베풀지 못하고 "모자 보전함이 다 성은이로소이다" 하니, 영조께오서 내 손을 잡고 우시고 "네 저러할 줄 생각지 못하고 내 너 볼 마음이 어렵더니, 내 마음을 편하게 하니 아름답다" 하시니, 이 말씀을 듣고 내 심장이 더욱 막히고 명완命頑함이 심한지라, 내 인하여 아뢰되 "세손을 경희궁으로 데려가셔서 가르치실까 바라옵니다" 하니 "네 떠나 견딜까 싶으냐" 하시거늘, 내 눈물을 드리워 아뢰되 "떠나 섭섭하기는 작은 일이요, 위를 모셔 배우기는 큰일이옵니다" 하고, 인하여 세손을 올려 보내려 정하니……

『한중록』

혜빈 홍씨는 자신의 남편을 죽인 시아버지에게 원망과 비난 대신 고맙다는 인사를 드린 것이다. 즉, 시아버지의 대처분을 충분히 이해하고 공감하며 지지한다는 표명이었다. 미안한 마음을 갖고 있던 영조는 며느리가 '자신을 이해해주고 알아주자' 감격하고 또 감격했다. 게다가 혼자 된 처지에 목숨보다 더 귀중한 아들까지 맡긴다고 하니, 영조는 홍씨의 말이 입에 발린 소리가 아니라 진정이라 생각했을 것이다. 감격한 영조는 홍씨에게 '가효당嘉孝堂'이라는 호를 내렸다. 가효당이란 '효심을 가상하게 생각한다'는 뜻이니, 영조가 홍씨의 마음 씀씀이에 대단히 감격했음을 알 수 있다.

아들의 장래를 위해 결심한 일이었지만, 하나밖에 없는 아들을 떠나보낼 때 홍씨의 마음은 칼로 베듯 아팠으리라. 11세밖에 되지 않은 아들은 어머니 홍씨와 떨어지려 하지 않았다. 그런 슬픔을 애써 누르고 보낸 아들은 예상대로 영조와 선희궁의 사랑을 독차지했다. 희망대로 영조와 세손 사이에는 강력한 유대감이 형성되었다.

세손이 차마 나를 떨어지지 못하여 울고 가니, 내 마음이 칼로 베는 듯하나 참고 지냈다. 성은이 지중하셔서 세손을 사랑하심이 지극하셨다. 선희궁께서도 아드님 정을 세손에게 옮기셔 슬프신 마음을 쏟아 세손의 일상생활과 음식 등에 일일이 신경을 써주셨다. 선희궁은 세손과 한방에 머무시고, 새벽에는 깨워서 "날이 밝기 전에 글 읽으라" 하시고는 나가셨다. 칠십 노인이 세손과 마찬가지로 일찍 일어나서 조반을 잘 보살펴드리니, 세손이 이른 음식을 못 잡수시되, 조모님 지성으로 억지로 자신다고 하셨다.

『한중록』

혜빈 홍씨의 강력한 후원자였던 선희궁은 사도세자의 3년상이 끝난 직후인 영조 40년(1764) 7월에 세상을 떠났다. 자신이 낳은 아들을 죽이라고 요청해야 했던 그 비통함을 가슴에 품은 채 한 많은 세상을 떠난 것이다.

한 송이 국화꽃을 피우기 위해

선희궁이 세상을 떠난 후에도 영조는 12년을 더 살았다. 그동안 궁궐 안에서 혜빈 홍씨를 후원해주는 어른은 한 사람도 없었다. 오히려 나이와 궁중 경험으로 보아 사실상 궁중의 최고 어른인 홍씨는 도전받는 입장이었다. 특히 새로 들어온 젊은 시어머니 김씨가 홍씨와 세손을 이간질하고 무함했다.

혜빈 홍씨를 더욱 어렵게 만든 것은 시누이 화완옹주의 시샘이었다. 화완옹주는 홍씨보다 세 살 아래로 남편을 일찍 여읜 데다가 자녀도 없었다. 이런 화완옹주가 딱했던지 영조는 궁궐로 들어와 살도록 했다. 뿐만 아니라 영조는 화완옹주를 몹시 총애했다.

화완옹주는 자식이 없어선지 세손을 예뻐했다. 사사로이 본다면 화완옹주는 세손에게 작은고모였다. 작은고모가 조카를 사랑하는 것은 당연한 일이다. 그런데 사랑의 정도가 너무 심했다. 화완옹주는 아예 세손을 자기 아들인 양 독차지하려 했고, 그런 만큼 혜빈 홍씨에게서 세손을 떼어내려 했다. 『한중록』에 따르면 화완옹주는 "세손을 손안에 넣어 잠시도 마음대로 못하게 하고, 혜빈 홍씨가 세손의 생모인 것을 미워해 제가 어미 노릇을 하려" 했다고 한다. 자연히 세손을 사이에 두고 홍씨와 화완옹주 사이에는 눈에 보이지 않는 신경전이 벌어졌다. 사도세자가 죽은 후 홍씨를 가장 힘들게 했던 것은 바로 화완옹주와의 신경전이었다.

영조 40년 2월 20일, 혜빈 홍씨는 청천벽력과 같은 소식을 들었다. 영조가 세손을 효장세자의 후사로 삼는다고 느닷없이 선포한 것이다. 자신과 정성왕후 서씨의 혼렛날인 21일을 기념해 그렇게 하겠다고 선포했다.

그때는 사도세자의 3년상이 끝나기도 전이었다. 남편을 잃고 아들 키우는 낙으로 하루하루를 살던 혜빈 홍씨에게는 그야말로 하늘이 무너지는 듯한 슬픔이었으리라. 2월 21일자 『영조실록』에는 이런 내용이 있다.

영조가 인정전 월대에서 친히 향을 전하였다. 이어 육상궁에 배알하고 창의궁에 들렀는데, 세손이 수행하여 행례하였다. 왕실 족보에 "모년 모월 모일에 특명으로 세손을 효장세자의 후사로 삼았다"라고 쓰라 명령하였다. 그것을 종부시에 써서 내리고 왕실 족보에 수록하게 하였다.

『영조실록』, 권103, 40년 2월 계묘조

이렇게 되면 세손은 공식적으로 혜빈 홍씨의 아들이 아니라는 뜻이 된다. 홍씨의 입장에서는 두 눈 시퍼렇게 뜨고 앉아서 아들을 빼앗긴 셈이었다. 물론 이런 상황을 만든 사람은 화완옹주였다. 세손을 홍씨에게서 떼어내려 그런 술수를 부렸던 것이다.

영조는 큰아들 효장세자와 현빈 조씨 모두에게 애틋한 마음을 가지고 있었다. 효장세자는 영조 4년(1728)에 10세의 나이로 요절해 영조의 마음을 아프게 했다. 영조는 자신의 애틋한 마음을 며느리인 현빈 조씨에게 쏟았다. 그는 현빈 조씨가 자기를 알아주는 지기知己라며 총애했다. 화완옹주는 자식도 없이 죽은 효장세자 부부의 제사 문제로 영조의 마음을 움직인 듯하다. 그 결과 영조는 효장세자와 현빈 조씨를 위해 세손을 후사로 삼았으리라.

하지만 영조는 혜빈 홍씨의 심정은 별로 헤아린 것 같지 않다. 홍씨는 2월 21일, 영조에게서 세손이 효장세자의 후사로 결정되었다는 사실을 통보받았다. 홍씨는 속으로 하늘이 무너지는 듯 놀랐지만 겉으로는 "마마의 처분이 이러신데 제가 무슨 말씀을 아뢰겠습니까?" 하는 수밖에 없었다.

그때 영조는 남편을 잃은 젊은 여인에게서 아들을 뺏으면서도 그 일이 마치 별것 아니라는 듯 "네가 그리하는 것이 옳으리라" 했다고 한다. 그때의 처참하고 억울했던 심정이 『한중록』에 이렇게 묘사되어 있다.

그런 때에 갑신년(영조 40, 1764) 2월 처분이 내리니 천만 뜻밖이었다. 위에서 하시는 일을 아랫사람이 감히 이렇다 하겠는가마는, 그때 내 심정은 망

⊙ 장조(사도세자)와 그의 비 헌경왕후(혜경궁
  홍씨)의 합장묘인 융릉

극하여 견줄 곳이 없었다. 내가 임오년 화변 때 모진 목숨을 결단치 못하고
살아 있다가 이런 일을 당할 줄이야…… 크나큰 죄요 한이니 즉시 죽고자
하였지만 내 목숨을 뜻대로 하지 못하고, 위의 처분을 원하는 듯하여 스스
로 굳이 참았다. 그러나 그 망극하고도 슬프기는 모년보다 덜하지 않았다.

『한중록』

  남편을 잃은 슬픔보다 아들을 빼앗긴 아픔이 더했다는 뜻이다. 분명 그
랬을 것이다. 화완옹주는 그걸 뻔히 알면서도 시샘을 부린 것이리라.
  혜빈 홍씨는 시누이가 그렇게 시샘을 부려도 뭐라 말하기 어려운 입장
이었다. 영조의 총애를 받는 화완옹주가 만의 하나라도 세손에게 해를 입
힐까 두려웠기 때문이다. 그래서 홍씨는 억지로라도 화완옹주에게 잘하려
무진 애를 썼으니 그 속이 얼마나 타들어갔을까?
  그나마 화완옹주의 시샘은 선희궁이 살아 있었을 때는 덜했다. 선희궁
이 혜빈 홍씨의 방패막이가 되었기 때문이다. 하지만 선희궁이 세상을 떠
난 후 화완옹주를 제지할 사람은 아무도 없었다.
  설상가상 화완옹주는 새로 들어온 왕비 김씨와 한통속이 되어 혜빈 홍

씨를 몰아붙였다. 화완옹주와 왕비 김씨 모두 자녀를 낳지 못한 터라 본능적인 시샘이 더했을 수도 있다. 여기에 복잡한 당쟁까지 얽히면서 홍씨와 세손은 여러 차례 위기에 처하기도 했다. 하지만 영조와 세손 사이의 강력한 유대감으로 그때마다 곤란과 위기를 극복할 수 있었다.

1776년 3월, 마침내 혜빈 홍씨의 아들이 왕위에 올랐다. 그가 바로 조선의 제22대 왕 정조였다. 정조는 왕위에 오르자 생모를 혜경궁으로 높이고 지성으로 효도했다. 혜경궁이 환갑이 되던 해에는 생모를 모시고 사도세자의 무덤이 있는 수원에도 행차했다.

사도세자가 죽은 지 32년 만에 혜경궁 홍씨는 남편의 무덤인 현륭원에 갈 수 있었다. 그때 홍씨는 "주상이 10세를 갓 넘은 어린 나이로 온갖 어려움을 무사히 극복하고 성장하여 왕위에 오르시고, 청연과 청선도 10세 안팎의 어린애였는데, 남기고 간 그 골육을 간신히 보전하여 거느리고 와 내 당신 자녀 성취함을 고하게 되니 마음속으로 매우 자랑스러웠다"라고 회상했다. 홍씨가 그 모진 세월을 견딜 수 있었던 것은 바로 아들과 딸들이 있었기에 가능했던 것이다. 그 모진 세월의 풍파를 뚫고 아들과 딸들을 훌륭하게 키워내 남편 앞에 대령한 자신이 스스로 대견했던 것이리라.

혜경궁 홍씨는 정조가 승하한 이후에도 말 많고 사연 많은 궁궐에서 15년을 더 살았다. 그리고 순조 15년(1815) 12월 15일에 81세의 나이로 창경궁에서 세상을 떠났다.

종묘사직에
바친 목숨
명성황후 민씨

―

고종 왕비(1851~1895)

왕비 민씨는 속삭이듯 말했다.

"간밤에 꿈을 꾸었사옵니다."

"호오, 그래요? 무슨 꿈을 꾸었던가요?"

고종은 호기심이 가득한 얼굴로 물었다.

"자시에 하늘이 열렸는데 오색구름이 영롱하였사옵니다. 글도 보였사옵니다."

"그래요? 뭐라 써 있던가요?"

"만년토록 태평하리라는 글이었사옵니다."

"흠, 만년토록 태평하리라……."

고종은 모르겠다는 듯 중얼거렸다.

"이것은 하늘의 뜻이옵니다."

"하늘의 뜻이오?"

"자시는 새 아침이옵니다. 곧 새 아침이 열리고 만년토록 태평하리라는 하늘의 계시이옵니다."

"……."

"하늘의 뜻이옵니다. 상감마마의 새 아침을 열라는 하늘의 뜻이옵니다. 이제 대원군의 섭정을 끝내라는 하늘의 뜻이옵니다."

고종은 보일 듯 말 듯 고개를 끄덕였다.

『매천야록』에 등장하는 편모슬하의 막내딸

　　명성황후 민씨는 흥선대원군과 함께 조선 개화기의 정치사를 대표하는 여걸이다. 한국사에서 개화기는 그 어느 때보다 극적인 시대였다. 이 시대를 대표하는 명성황후 민씨와 흥선대원군의 인생 역정 또한 매우 극적이다.

고종이 왕으로 즉위하기 이전의 흥선대원군의 이미지는 안동 김씨에게 갖은 견제와 멸시를 받던 '파락호破落戶'였다가 고종이 왕이 되면서 졸지에 섭정이 되었다고 알려져 있다. 반면에 명성황후는 어려서 부모를 모두 여읜 '혈혈단신의 고아'였다가 왕비로 간택되면서 한 나라의 국모가 되었다고 알려져 있다. 하지만 명성황후가 '혈혈단신의 고아'에서 하루아침에 '왕비로 간택'되었다는 식의 극적인 이미지는 사실인 면과 동시에 허구적인 면도 있다. 명성황후가 이 같은 이미지를 갖게 된 이유는 아마도 『매천야록』에 나오는 다음의 기록 때문인 듯싶다.

철종이 승하하였는데 후계자가 없었다. 철종은 일찍이 지금의 임금(고종)에게 뜻을 두었다. 이에 여러 안동 김씨들이 후원하여 옹립하려 하였지만, 김흥근이 말하기를 "흥선군이 있으니, 이것은 곧 두 임금이 있는 것이다. 어찌 두 임금을 섬길 수 있겠는가? 어쩔 수 없다면 곧바로 흥선군으로 하는 것이 옳을 것이다" 하였다. 그런데 김병학은 흥선군과 밀약하여 딸을 왕비로 간택시키기로 하였다. 외척의 지위를 그대로 유지하기 위함이었다. 임금이 즉위하자 흥선군은 대원군이 되었는데, 곧바로 김병학을 배신하고 민치록의 '고녀孤女'에게 국혼을 정하였다. 민치록의 '고녀'는 곧 명성황후다. 김병학의 딸은 후에 조신희에게 시집갔다.

『매천야록』

많은 사람들이 위의 '고녀'를 '고아 여자아이'라는 의미로 받아들였다. 말 그대로 해석하면 맞다. 고아라고 이해해야 당시 흥선대원군의 입장과도 잘 맞아떨어진다. 왜냐하면 흥선대원군이 안동 김씨의 외척 세도를 혐오하던 만큼 왕빗감으로 고아를 선호했을 것이기 때문이다. 그 결과 『매천야록』에 '고녀'로 표현된 명성황후는 '혈혈단신의 고아' '어려서 부모를 여읜 불운의 고아' '8세에 양친을 잃고 고향 여주를 떠나 서울에 올라와

일가에 기탁한 고아' 등으로 이미지화되었다.

그러나 실제로 명성황후는 왕비로 간택될 당시 부모 형제도 없는 혈혈단신의 고아가 아니었다. 생모도 살아 있었고, 비록 양자였지만 오빠도 있었다. 명성황후가 태어난 여주에는 물론 한양에도 선대에게서 물려받은 집이 있었다. 명성황후의 친정아버지 민치록은 민유중의 5대 종손으로, 결코 가난하지 않았다. 민유중은 인현왕후의 친정아버지로, 그의 재산이 대대로 종손에게 전해졌을 것이기 때문이다. 『매천야록』을 지은 황현이 이런 사실을 몰랐을 리 없다. 그러므로 『매천야록』에 표현된 '고녀'는 '혈혈단신의 고아 여자아이'라기보다는 '편모슬하의 여자아이'라는 의미였으리라.

민치록에게는 부인이 둘 있었다. 첫 번째 부인은 오씨였고, 두 번째 부인은 이씨였다. 오씨 부인의 친정아버지 오희상이 쓴 오씨 부인의 묘지墓誌에 따르면, 오씨 부인은 정조 22년(1798) 11월 11일에 출생했다. 그녀는 17세 되던 해인 순조 14년(1814)에 한 살 어린 민치록과 혼인해 20년을 함께 살았다. 그동안 딸 하나를 낳았지만, 딸은 일찍 죽었다. 오씨 부인은 순조 33년(1833) 3월 15일에 자녀도 없이 죽었다.

이씨 부인은 순조 18년(1818)에 출생했다고 한다. 나이는 민치록보다 19세 연하였다. 이씨 부인은 오씨 부인의 3년상이 끝난 1835년 연말 또는 그 이듬해 봄쯤에 민치록과 혼인한 듯하다. 18~19세쯤에 자기보다 나이가 곱절이나 많은 남자의 재취로 들어간 셈이다. 조선시대에 18~19세에 혼인했다면 꽤 늦은 편이다. 그때까지 혼인을 못하다가 겨우 재취로 들어간 것을 보면 친정이 미미했던 모양이다. 실제로 명성황후의 친가 쪽인 여흥 민씨는 자주 언급되기도 하고 잘 알려져 있는 데 비해 외가 쪽은 거의 알려진 것이 없다. 그만큼 이씨 부인의 친정이 별 볼일 없었다는 의미이리라.

혼인 후 이씨 부인은 아들 한 명과 딸 3명을 낳았는데 모두 죽고 막내딸만 살아남았다. 그가 바로 훗날의 명성황후다.

고종이 지은 「행록」에 따르면, 명성황후는 철종 2년(1851) 9월 25일 자시

(밤 11~1시)에 지금의 여주시 여주읍 능현리에서 태어났다고 한다. 태어날 때 방 안에 붉은빛이 비치면서 이상한 향기가 가득 번졌다고 한다. 그때 아버지가 53세, 어머니가 34세였으니 상당한 늦둥이를 본 셈이다.

명성황후가 여주에서 태어난 이유는 고조부 민익수가 한양에서 낙향한 이후 대대로 여주에서 거주했기 때문이다. 민익수는 민유중의 장손이며, 노론 중진인 민진후의 큰아들이다. 민익수는 왜 여주로 낙향했을까?

한양에서의 생활과
양오빠 민승호

민유중의 집은 한양의 안국동에 있었다. 인현왕후가 장희빈의 모함을 받고 출궁되었을 때도 안국동의 친정으로 갔다. 인현왕후가 6년간 머물렀던 건물을 '감고당感古堂'이라고 한다. 감고당을 포함한 안국동의 민유중 가옥은 큰아들 진후에게 상속되었다. 진후는 인현왕후의 큰오빠로서 당대의 세도가였으며 노론 중진이었다.

민진후는 강경 노론으로 유명했던 듯하다. 이재가 쓴 신도비명에 따르면, 민진후는 노론의 원조 격인 율곡 이이와 우암 송시열을 세상에 드러내는 데 앞장섰으며, 소론의 원조인 윤증을 몹시 혐오했다고 한다. 예컨대 윤증을 지칭할 때는 반드시 '증拯'이라 하여 이름을 직접 불렀으며, 윤증을 좋아하는 사람과 한자리에 있으면 "얼굴색이 달라지고 돌아보지도 않았다"고 한다. 민진후의 강경한 노론 성향은 노론이 득세할 때는 출세의 밑거름이 되기도 했지만, 소론이나 남인이 득세할 때는 표적의 원인이 되었다. 특히 큰아들 익수 때에 여실히 드러났다.

민진후가 살던 안국동의 종가는 당연히 큰아들 익수에게 상속되었다. 익

수는 경종~영조 때 가장 활발하게 활동했다. 그런데 경종이 즉위하면서 소론이 득세하고 노론이 밀려났다. '신임사화'가 발발하면서 노론이 대거 숙청되었고, 익수는 소론의 표적이 되었다. 정치보복이 두려웠던 익수는 안국동 종가를 떠나 여주의 선산으로 낙향했다. 여주에 민유중의 무덤이 있었다.

경종 이후 영조~정조 대에도 노론 강경파는 환영받지 못했다. 탕평책을 표방한 영조는 노론 온건파는 중용했지만 강경파는 외면했다. 정조 또한 남인과 소론을 중용했다. 당연히 노론 강경파의 입지는 줄어들었다. 설상가상 순조 대 이후에는 외척 안동 김씨가 득세해 노론 강경파인 민진후의 종손들은 한양으로 금의환향할 기회를 잡지 못했다. 이에 민진후의 종손으로 이어지는 익수, 백분, 기현, 치록은 간혹 벼슬에 나아가기는 했지만 대대로 여주의 대종가에서 살았다.

여주에서 사는 기간이 길어지면서 민유중의 대종가는 점점 쇠락했다. 과거의 화려했던 정치적·사회적 영향력은 사라져갔다. 민치록이 쓴 민기현의 「행록」에 따르면, "민기현이 사는 곳을 모르는 사람도 있었"을 정도였다.

게다가 민씨 집안은 자손이 번창하지 못했다. 정치적·사회적으로 명성을 얻지 못했을 뿐만 아니라 자손 자체도 귀했다. 예컨대 민익수 이후로는 본부인에게서 오직 아들 하나씩만을 두어 백분, 기현, 치록이 모두 독자였던 것이다. 그러다가 결국 치록 대에 이르러서는 아들 없이 딸만 하나 둔 지경에까지 이르렀다.

그러나 명성황후의 친정이 민유중의 대종가라는 사실은 좋은 배경이었다. 비록 명성황후의 친정은 쇠락했지만, 건재한 친인척들이 요소요소에 포진해 있었다. 또한 여흥 민씨는 공인된 명문가였으므로 유력한 가문으로 시집간 민씨 여성들이 많았다.

게다가 명성황후의 친정아버지는 민유중의 대종손이었으므로 대를 이을 양자를 들일 수 있었다. 민치록은 10촌 형제가 되는 민치구의 둘째 아들 승호를 양자로 들였다. 승호에게는 형 태호, 동생 겸호, 그리고 누나가

하나 있었는데, 이 누나가 흥선대원군의 부인이었다.

승호가 몇 살 때 민치록의 양자로 들어갔는지는 분명하지 않다. 조선시대에는 주로 10세 전후의 어린아이를 양자로 들였지만 그렇지 않은 경우도 있었으므로 정확한 시점을 추정하기는 어렵다. 다만 승호 스스로 "부군府君이 만년에 불초 승호를 취하여 후사로 삼았다"고 언급한 기록이 있어, 민치록이 꽤 늦은 나이에 양자를 들였음을 짐작할 수 있다.

민치록은 19세 연하의 이씨 부인과 재혼할 때만 해도 양자를 들일 생각은 없었을 것이다. 민유중의 5대 종손이자 3대 독자인 민치록은 분명 아들을 보려고 재혼을 했을 것이기 때문이다.

그런데 이씨가 낳은 자식들이 연이어 죽으면서 민치록의 생각이 바뀌었을 것이다. 게다가 민치록이 50세를 바라보고 이씨 부인도 30세를 넘길 때쯤에는 친인척들도 양자를 들이라 요구했을 것이다. 이러한 정황들로 미루어 민치록은 50세 직전쯤에 양자를 들였으리라 짐작된다. 만약 민치록이 47~49세쯤에 양자를 들였다면, 당시 18~20세였던 승호는 양자로 결정되었을 때 이미 혼인했을 가능성이 높다. 그렇다면 승호는 양자가 되었어도 여주에 있는 민치록의 집으로 들어가지 않고 분가한 채 살았을 것이다. 양자를 들인 이유는 제사를 받들기 위해서이므로 반드시 같이 살 필요는 없었다. 또 승호는 과거 준비로 바빴을 수도 있다. 민치록은 형식상 성인인 양자를 들였기 때문에 자식 키우는 재미는 전혀 맛보지 못했을 것이다.

그러다가 민치록은 53세에 막내딸, 즉 훗날의 명성황후가 되는 민씨를 보았다. 그 기쁨이 어땠을까? 민치록은 늦둥이에게 온갖 정을 아낌없이 쏟았으리라. 고종이 지은 「행록」에 따르면, 민치록은 막내딸 민씨에게 직접 글을 가르쳤다고 한다.

민씨는 "두세 번만 읽으면 곧 외울" 정도로 기억력이 비상했으며, "알기 어려운 심오한 뜻을 분별해서 대답하고 조목조목 통달할" 만큼 영특했다고 한다. 특히 역사책을 좋아해서 역사와 정치 문제에 해박했다고 한다.

민씨는 어려서 부모의 사랑을 독차지하며 자랐을 것이다. 그러나 민씨를 애지중지했던 민치록은 오래 살지 못했다. 그는 철종 8년(1857), 59세 때 영천군수에 임명되었는데 부임한 후 중병이 들었다. 결국 병을 이기지 못하고 1년 만에 여주로 돌아왔지만, 철종 9년 9월 18일에 죽고 말았다. 당시 민씨는 9세였다.

민씨는 슬퍼 곡을 하면서도 마치 어른처럼 장례 예절을 지켰다고 한다. 비록 어린 나이였지만 염하는 과정도 모두 지켜보았다고 한다. 염하는 동안 집안 어른들이 어린 민씨에게 잠깐 피해 있으라고 권하자, 민씨는 "어째서 남의 지극한 인정을 빼앗으려 하십니까?"라며 끝까지 자리를 지켰다고 한다. 민씨는 어린 나이에도 시체를 두려워하지 않을 만큼 담대했을 뿐만 아니라 어른들에게도 자신의 의견을 당당하게 말했을 만큼 당찼다. 성격만큼 외모도 날카롭고 마른 편이었을 듯하다. 궁녀들의 증언에 따르면, 민씨는 "살결이 희고 얼굴이 갸름한 미인"이었다고 한다.

민씨는 아버지의 3년상을 마치고 11세 되던 해에 생모인 이씨 부인과 함께 한양으로 옮긴 듯하다. 그때가 철종 11년(1860)이다. 민씨가 이씨 부인과 함께 한양으로 간 이유는 그곳에 오빠 승호가 있었기 때문이리라. 『국조방목國朝榜目』에는 민승호가 고종 1년(1864) 8월에 시행된 증광시에 합격했으며, '경京'에 거주하고 있다고 나와 있는데, 아마도 한양의 반송방이었으리라 생각된다.

민씨의 6대 조상인 민유중은 한양에 최소한 집을 두 채는 갖고 있었다. 인현왕후가 궁에서 쫓겨나왔을 때 머물렀던 안국동 집과 인현왕후가 태어난 반송방의 집이 그것이다. 두 채 모두 민유중의 종손들에게 대대로 상속되었고, 민치록이 죽은 후 당연히 민승호에게 상속되었을 것이다.

그런데 『승정원일기』에 따르면, 고종 1년 1월에 안국동의 감고당을 심의택이 마음대로 개조해 물의를 빚은 적이 있었다. 심의택이 몇 년 전부터 안국동의 그 집에 세를 들어 살았는데, 제멋대로 감고당을 개조해 하인들

의 거처로 삼았다는 것이다. 신하들은 심의택에게 불경죄를 물어 그를 탄핵했다. 이 일로 심의택은 결국 귀양살이를 해야 했다.

이 기록에 따르면, 고종 1년 1월 이전까지 안국동의 집에는 심의택이 세들어 살았다. 따라서 민씨와 이씨 부인은 안국동 집이 아니라 반송방 집으로 갔으며, 그곳에는 오빠 승호가 살고 있었을 것이다. 그리고 심의택이 처벌되면서 안국동 집이 비게 되자 민씨와 이씨 부인은 그곳으로 옮겨간 듯하다. 그때 승호도 함께 이사한 것 같다. 고종의 「행록」에 다음과 같이 적혀 있다.

을축년乙丑年(고종 2, 1865)에 명성황후가 안국동 사제私第에서 꿈을 꾸었는데, 인현왕후가 옥규玉圭 하나를 주면서 말씀하시기를 "너는 마땅히 나의 자리에 앉을 것이다. 너에게 복된 아들을 주리니, 우리나라 억만 년의 무궁한 복을 편안케 하리라" 하였다. 생모 이씨 부인도 같은 꿈을 꾸었는데, 인현왕후가 말씀하시기를 "이 아이를 잘 가르쳐야 한다. 나는 종묘사직을 위하여 크게 기대한다" 하였다. 가묘 앞에 소나무가 비스듬히 누워 있었다. 이해에 오래된 뿌리에서 새 가지가 돋고 옥매玉梅가 다시 피었다. 명성황후의 사제는 곧 인현왕후의 사제다. 감고당이라는 현판이 있는데, 옛날 영조가 여기에 와서 우러러보고 절한 다음 직접 써서 인현왕후가 머물던 곳에 걸어놓은 것이다.

안국동 집에 '가묘'가 있다고 했으니 가문의 제사를 받드는 민승호도 당연히 그곳에 있어야 한다. 따라서 민씨는 한양으로 올라온 후 이씨 부인과 함께 계속 오빠의 집에서 살았다고 할 수 있다. 특히 역사를 좋아했던 민씨는 안국동 집에서 주로 역사책과 경전, 시문 등을 보며 지냈으리라.

민씨는 책을 읽으면 반드시 암송하고 그 뜻을 실제 상황과 연결해 이해하곤 했던 모양이다. 순종이 지은 「행록」에 따르면, 자신이 어려서 궁녀들과 놀 때 "어머니가 말씀하시기를, 이런 놀이가 재미있느냐? 이보다 더 재

미있는 것이 있다 하시고는, 곧 글자를 써서 입으로 외우고 손으로 쓸 것을 가르쳐주셨다"고 했으며, 또 선생님들에게 배우기 시작한 후에는 "어머니가 매번 그 글의 뜻을 찾아서 풀어주었으며, 이해하기 쉽도록 비근한 일을 들어 반복해서 비유해주셨다"고 한다. 고종이 지은 「행록」에도 순종의 서연書筵이 시작되자 "매번 강론한 글의 뜻을 물었으며, 일상적인 생활과 실천에서 제기되는 문제로 비유하여 그 뜻을 명백히 깨닫게 하였고, 꼭 이해하고 분석해야 할 때에는 다시 그와 관련된 뜻을 더 찾아 토론하게 해서 자세히 알고 확실하게 기억하기에 힘썼다"고 하였다. 민씨가 훗날 아들을 이렇게 교육시킬 수 있었던 것은 어릴 때부터 습관이 되었던 독서와 공부법이 있었기에 가능하지 않았을까 싶다.

만 5년 동안 안국동 집에서 지내는 사이 민씨는 학식과 경륜까지 겸비한 어엿한 처녀로 자라났다.

이렇게 10대 초반을 낯선 한양에서 보내면서 민씨는 마음속으로 다짐하지 않았을까? 가묘 앞에 누워 있던 고목에서 새 가지가 돋듯, 쇠락한 집안을 자신이 다시 일으켜 세우겠다고. 그것은 자신의 사명에 대한 조상님들의 계시라고!

흥선대원군의 며느리가 되다

민씨가 살았던 안국동 집에서 멀지 않은 곳에 '운현雲峴'이라는 고개가 있었다. 안국동에서 창덕궁 쪽으로 향하는 나지막한 고개로, 구름재라고도 했다. 고려시대에 천문 관측을 하던 서운관이 근처에 있어 운현이라 했다는데, 운현 너머 아래에 흥선대원군이 사는 운현궁이 있었다.

앞에서 말했듯이 흥선대원군의 부인 민씨는 민승호의 친누나였다. 민승호가 민치록의 양자가 되어 민씨의 오빠가 되었으므로, 흥선대원군의 부인과 민씨는 친자매처럼 아주 가까울 수도 있는 관계였다. 또한 실제로도 둘은 12촌 자매간이 된다. 흥선대원군의 부인과 민씨 모두 민유중의 6대 후손이었기 때문이다. 둘은 나이차가 33세나 났기 때문에, 정서적으로는 큰언니와 어린 동생처럼 지내기 쉬웠으리라.

민씨는 한양에 올라온 후 흥선대원군의 부인과 만날 기회가 많았을 것이다. 구체적으로 언제 어디에서 무슨 일로 만났는지는 알 수 없지만, 흥선대원군의 부인은 친정 동생 민승호와 계속 연락을 취했을 것이며, 대종손 집인 안국동에도 오갔을 것이다. 민씨와 흥선대원군의 부인은 고종이 왕위에 오르면서 더욱 가까워지지 않았을까? 고종이 왕위에 올랐을 때 13세였으므로, 한 살 위인 14세의 민씨와 혼담이 오갔을 가능성이 높기 때문이다. 더욱이 흥선대원군이 강성한 외척을 혐오했기 때문에 그 가능성은 더욱 높다고 할 수 있다.

관례상 고종은 철종의 3년상 이후에나 혼인할 수 있었다. 하지만 왕비를 물색하는 일은 미리 진행되었을 것이다. 흥선대원군은 외척 안동 김씨의 전철을 밟지 않기 위해 안동 김씨와는 정반대되는 가문에서 왕빗감을 찾았을 것이다. 명문 가문의 딸이지만 정치 세력이 없을 것, 현재뿐만 아니라 미래에도 정치 세력화될 가능성이 없을 것, 아마도 이런 조건을 염두에 두지 않았을까? 이런 조건에 딱 맞는 사람이 바로 민씨였다.

흥선대원군이 민씨를 며느리로 내정한 이유는 인현왕후의 직계 후손이라는 가문 배경도 한몫했으리라. 하지만 흥선대원군이 가장 중요하게 본 것은 몇 대에 걸쳐 여주에 낙향해서 살아야 했을 정도로 민씨 집안의 정치 세력이 약했다는 점, 또 민씨의 증조할아버지·할아버지·아버지가 모두 독자였으므로 가까운 친인척도 없고, 생부와 친오빠조차도 없다는 사실이었으리라.

게다가 하나뿐인 양오빠 승호는 실제 자신의 손아래 처남이니, 혹시 민

씨가 훗날 승호에게 의지하더라도 그것은 곧 자신의 처가에 의지하는 것이므로 충분히 통제할 수 있으리라 자신했을 것이다. 민씨의 어머니인 이씨 부인의 집안 또한 별 볼일 없었다. 어떤 면에서도 민씨는 외척이 세도를 부릴 형편이 못 되었다. 흥선대원군은 이런 조건들을 두루 고려하여 민씨를 며느리이자 왕비로 내정했을 것이다.

민씨도 자신이 왕비로 내정된 것을 미리 알았던 모양이다. 고종이 지은 「행록」에 따르면, 민씨는 왕비 간택령이 있기 전인 고종 2년(1865)에 자신이 훗날 왕비가 되는 꿈을 꾸었다고 하는데, 실제로 자신이 왕비로 내정되었음을 짐작했기 때문에 그 같은 꿈을 꾼 것은 아닐까? 또한 어머니 이씨 부인도 같은 꿈을 꾸었다고 하는 것을 보면, 민씨가 왕비로 내정된 사실이 온 집안에 이미 알려졌던 모양이다.

공식적으로 고종의 왕비 간택령은 고종 3년 1월 1일에 공포되었다. 12~17세 사이의 처녀들이 단자를 내야 했다. 그때 민씨는 16세였다.

왕비가 미리 내정되었기 때문에 간택 과정은 형식적이었을 뿐만 아니라 빠르게 진행되었다. 1월 15일에 초간택이 있었고, 이어 2월 29일에 재간택이 있었다. 그리고 재간택에서 민씨만 혼자 선발되었다. 사실상 간택은 끝난 상황이었다. 이날부터 훈련도감, 금위영, 어영청에서 파견된 병사들이 안국동 집을 호위하기 시작했다.

재간택 이후 집으로 돌아온 민씨는 자신이 왕비로 결정되었다는 사실을 실감했을 듯하다. 집을 호위하는 병사들, 이곳저곳에서 찾아오는 사람들을 통해 민씨는 갑자기 자신과 가문의 위상이 확 바뀌었음을 느꼈으리라.

삼간택을 겨우 1주일 정도 남겨두고 민씨는 어머니, 조상님들, 찾아오는 친인척들 모두에게 작별인사를 올렸을 것이다.

삼간택은 3월 6일 오전 9시쯤에 창덕궁 중희당에서 있었다. 민씨는 혼자만 참여한 삼간택이라 마음은 느긋했을 듯하다. 왕비로 간택되자마자 민씨의 친정아버지는 영의정으로 추증되었고, 친정어머니 이씨 부인은 한

창부부인韓昌府夫人에 책봉되었다. 이날 민씨의 친정은 졸지에 명실 공히 당대 최고의 가문으로 올라섰다.

민씨는 삼간택 이후 왕비 수업을 받기 위해 별궁으로 갔다. 별궁은 흥선대원군이 사는 운현궁이었다. 민씨는 궁중에서 내려주는 점심을 먹고, 오후 4시쯤 창덕궁의 정문인 돈화문의 동쪽 협문을 나와 운현궁으로 갔다. 그때 오빠 승호가 수행원으로 따라왔다.

민씨는 운현궁에서 흥선대원군과 민씨 부인을 공식적으로 만났을 것이다. 당시 민씨는 16세, 흥선대원군은 47세, 민씨 부인은 49세였다. 이때 흥선대원군은 자신보다 31세나 어린 며느리가 훗날 필생의 정적이 되리라고는 전혀 예상하지 못했으리라.

민씨는 운현궁에서 약 보름 정도 머물며 왕비 수업을 받았다. 예전의 왕비들이 별궁에서 보통 6개월 정도 왕비 수업을 받았던 데 비하면 훨씬 짧은 기간이었다. 그만큼 민씨의 왕비 간택은 형식적인 면이 많았다.

민씨는 별궁으로 갈 때 친정에서 유모와 몸종을 한 명씩 데리고 갔다. 그것은 오래된 관례였다. 친정에서 데려온 유모와 몸종은 민씨가 가장 믿는 측근이자 말벗이었다.

별궁 가까이에 있는 흥인군(흥선대원군의 친형) 집으로 친정어머니 이씨 부인과 오빠 승호가 옮겨와 민씨를 뒷바라지했다. 민씨는 별궁에서 왕비가 갖추어야 할 기본 소양과 궁중 예절을 배웠다. 친정아버지 대신 오빠 승호가 이것저것 가르쳤으리라. 「행록」에 따르면, 민씨는 별궁에서 밤늦도록 『소학』『효경』『여훈』 등을 읽었다고 한다. 이런 책들은 별궁에 오기 전에 모두 독파했을 텐데도 열심히 읽고 또 읽었던 것이다.

사실 별궁은 공부하기에 적당한 곳이었다. 생활에 필요한 것이 모두 마련되어 있었고, 밥하기, 빨래하기 같은 집안일들도 손수 할 필요가 없었다. 책을 좋아하는 사람이라면 다른 생각 없이 독서에 몰두하기에 더없이 좋았다.

이외에도 민씨는 궁중 예절도 배워야 했는데, 상당히 낯설었을 듯하다.

⊙ 화류의자(왼쪽)와 용문교의.
　교의는 잔치나 행사 때 왕과 왕비들이 사용한, 접을 수 있는 이동식 의자다.

궁중에서 쓰는 말투, 예법 등은 책으로 배울 수 있는 것이 아니었다. 궁중
예절은 오래도록 궁중에서 생활한 상궁 등이 가르쳤다. 아울러 궁중의 음
식, 복장, 생활용품 등에도 익숙해져야 했다. 별궁의 교육은 일종의 궁중
적응 훈련이었다.

　민씨는 별궁에서부터 궁중식으로 생활했다. 수라간에서 파견된 궁중 요
리사들이 만든 음식을 먹고, 환관과 궁녀들의 시중을 받았다. 옷이나 이불도
궁중에서 사용하는 것과 같았다. 별궁 밖에서는 호위병들이 경계를 섰다.

　민씨의 방에도 궁중과 마찬가지로 두 종류의 병풍이 쳐졌다. 하나는 8폭의
분양행락도汾陽行樂圖 병풍이고, 다른 하나는 11폭의 영모도翎毛圖 병풍이었
다. 분양행락도는 많은 자손을 두고 오래오래 행복하게 사는 사람의 즐거움
을, 새나 짐승을 그린 영모도는 아들딸 많이 낳고 장수하는 복을 상징했다.

　식기, 빗, 거울, 화장품 등도 궁중에서 사용하는 것과 같이 은 식기와 나
무 또는 대나무로 만든 빗을 사용했다. 빗은 흑진주로 장식된 커다란 빗접
에 넣어 보관했다. 이처럼 민씨는 궁중생활에 필요한 예절, 음식, 복장, 생
활용품 등을 모두 별궁에서 익혔다.

　별궁에 온 지 보름 만인 3월 20일에 민씨는 왕비에 책봉되었다. 책봉례

후에도 민씨는 별궁에서 하루를 더 보냈다.

다음날, 민씨는 아침 일찍 일어나 예복을 입고 창덕궁으로 갈 준비를 했다. 고종이 신부를 맞이하기 위해 별궁으로 올 예정이었다. 고종은 오전 8시쯤에 창덕궁을 출발해 별궁으로 왔다. 민씨는 대청 주변에 마련된 신부 대기실에서 고종을 기다렸다. 날씨는 화창하게 맑았다.

흥선대원군은 오전 9시쯤 별궁 대문 밖에 도착한 고종을 맞이해 집 안에 준비된 천막으로 모셨다. 잠시 천막에서 기다리던 고종은 흥선대원군의 안내를 받아 대청으로 올라갔다. 대청에는 전안례奠雁禮(신랑이 신부 댁에 기러기를 드리는 예식)를 위한 큰 탁자가 준비되어 있었다.

고종이 탁자의 동쪽으로 가서 서자, 왕비 민씨가 신부 대기실에서 나와 탁자의 서쪽에 가서 마주 섰다. 그때 민씨는 신랑 고종을 처음 보았다. 이어서 고종 뒤로 흥선대원군이, 민씨 뒤에는 대원군 부인이 각각 섰다.

준비가 되자 고종은 기러기를 상궁에게서 받아 탁자 위에 놓았다. 아무 말 없이 단지 기러기만 놓는 것이지만, 그것이 기러기처럼 평생 변치 않겠다는 혼인 서약인 셈이었다. 그동안 민씨는 맞은편에 서서 고종을 유심히 보았을 것이다. 자기보다 한 살 어린 신랑의 첫인상이 어땠을까?

아마도 민씨는 고종에게서 다정한 느낌을 받지는 못했을 것이다. 당시 고종은 이미 사랑하는 사람이 있었다. 분명 고종은 이 결혼을 정략결혼이라 생각하고 형식적으로 행동했을 것이다.

어쨌든 전안례 이후 민씨는 신랑 고종을 따라 창덕궁으로 갔다. 별궁을 나설 때 흥선대원군은 민씨에게 "조심하고 삼가서 항상 명을 어기는 일이 없도록 하십시오"라고 했다. 대원군 부인은 띠를 매어주고 수건을 묶어주면서 "힘쓰고 삼가서 항상 명을 어기는 일이 없도록 하십시오"라고 했다. 흥선대원군과 그의 부인이 친정 부모의 역할을 대신해주었던 것이다. 그 순간만은 민씨도 흥선대원군 부부를 친정 부모처럼 애틋하게 느꼈을지도 모른다.

민씨는 별궁을 떠나 창덕궁으로 갈 때 '연輦'이라는 가마를 타고 고종의

뒤를 따라갔다. 연에 오를 때는 옷에 먼지가 앉는 것을 막기 위해 '경의'이라는 덧옷을 입었다. 창덕궁에 도착한 민씨는 중희당에서 고종과 함께 합환주를 마시고 안주를 먹는 동뢰同牢를 마친 뒤 초야를 치렀다. 합방한 시간은 대략 새벽 1시쯤이었다. 민씨의 파란만장한 궁중 생활은 이렇게 시작되었다.

첫사랑에게 마음을 뺏긴 고종

　　　　　　　　왕비 민씨의 공식적인 시부모는 흥선대원군 부부가 아니었다. 고종은 흥선대원군의 둘째 아들이었지만, 왕이 되면서 익종의 양자로 입적되었다. 그러므로 익종과 그 왕비가 민씨의 공식적인 시부모였다.

익종은 순조의 큰아들로 순조 9년(1809)에 태어나 4세가 되던 1812년에 세자로 책봉되었다. 그리고 11세이던 1819년에 한 살 연상인 조만영의 딸과 혼인했다. 19세 때부터 부왕 순조를 대신해 대리청정을 했으나 3년 만인 1830년에 의문의 죽임을 당하고 말았다. 죽은 후에는 효명세자로 불렸다.

효명세자의 부인인 조씨는 겨우 23세에 남편을 잃었다. 그때 조씨에게는 4세 된 아들이 있었는데, 그가 훗날의 헌종이다. 헌종은 즉위한 이후 생부 효명세자를 익종으로 추존했다.

순조가 세상을 떠나고 헌종이 왕위에 올랐을 때 그의 나이는 겨우 8세였다. 이에 조씨의 시어머니 순원왕후 김씨가 수렴청정을 했고, 이로써 순조 대부터 시작된 외척 안동 김씨의 세도정치가 헌종 대에도 계속되었다. 이후 철종 대에도 순원왕후 김씨가 수렴청정을 함으로써 안동 김씨의 외척 세도는 계속되었다.

헌종과 철종의 치세 동안 익종비 조씨는 시어머니의 눈치를 보며 숨죽이고 살았다. 그런데 순원왕후 김씨가 철종 8년(1857) 8월에 세상을 떠나면

서 익종비 조씨가 궁중의 최고 어른이 되었다. 그러나 실세를 잡고 있던 외척 안동 김씨 때문에 조씨는 여전히 불우하게 살아야 했다. 당연히 조씨가 안동 김씨에 대해 좋은 감정을 갖고 있을 리 없었다. 이런 면에서 흥선대원군과 통하던 익종비 조씨는, 1863년 철종이 아들 없이 죽자 흥선대원군의 둘째 아들 재황을 왕위 계승자로 지명했던 것이다. 그때 조씨는 재황을 익종의 아들, 즉 자신의 아들로 입적했다. 이와 관련하여 『매천야록』에는 다음과 같은 기록이 있다.

철종의 국상이 나자 익종비 조씨는 왕대비전의 권한으로 군국의 일을 처분하게 되었다. 바야흐로 지금의 임금 고종을 맞이해 세우는 문제를 의논할 때 조두순이 원상院相으로서 명령서를 쓰게 되자 "명령서에는 마땅히 흥선군의 둘째 아들 재황이 들어와 철종 대왕의 대통을 계승한다고 써야합니다" 하였다. 그러자 신정왕후가 노한 목소리로 "익종대왕의 대통을 계승한다고 쓰라" 하였다. 조두순은 감히 그 뜻을 어기지 못하였다. 만약 철종을 계승한다고 하면 철종의 왕비 김씨가 수렴청정을 해야 하고, 익종을 계승한다고 하면 자기가 수렴청정을 하겠기에 그리하였다.

『매천야록』

재황, 즉 고종이 즉위하자 익종비 조씨는 대왕대비가 되었고, 어린 고종을 대신해서 수렴청정도 했다. 이제 대왕대비 조씨는 명실 공히 궁중의 최고 어른이자 최고 실세가 된 것이었다. 그렇지만 그는 고종이 혼인한 후 수렴청정을 거두었다. 아들이 혼인하는 마당에 수렴청정을 계속하기가 곤란했을 뿐더러 고종의 생부 흥선대원군 때문에도 쉽지 않았으리라. 섭정으로서 최고 권력을 장악한 흥선대원군은 왕보다 더 큰 권력을 행사했다.

그렇지만 여전히 궁중의 최고 어른은 대왕대비 조씨였다. 고종이 대왕대비 조씨의 아들이라는 사실 또한 변함이 없었다. 당연히 왕비 민씨의 공

식적인 시어머니도 대왕대비 조씨였다.

민씨가 입궁했을 때 궁중에는 대비들이 많았다. 대왕대비 조씨를 비롯해 헌종의 두 번째 왕비인 효정왕후 홍씨와 철종의 왕비인 철인왕후 김씨가 있었다. 이들은 서열에 따라 대왕대비 조씨(56세), 왕대비 홍씨(33세), 대비 김씨(27세)로 불렸다. 층층시하의 어른들 밑에서 궁중 생활을 시작하게 된 16세의 왕비 민씨는 이 같은 궁중 환경에 적응하기가 쉽지 않았을 것이다.

그러나 정작 왕비 민씨의 궁중 생활을 어렵게 한 사람은 대비들보다는 고종이었다. 민씨가 입궁했을 때 고종은 '이씨'라는 여성을 사랑하고 있었다. 민씨가 그 여성에게서 고종의 관심과 사랑을 되돌리기란 결코 쉽지 않았다.

고종은 상당한 미인이었던 첫사랑에 대한 의리를 지키기 위해 혼인 초 민씨와의 부부생활을 거부하거나 멀리한 것 같다.

민씨는 고종 3년(1866) 3월 21일 밤에 초야를 치렀다. 당시 민씨는 16세, 고종은 15세였으므로 합방에 문제 될 것이 없는 나이였다. 만약 민씨가 처음부터 고종의 사랑을 받았다면 바로 임신을 했을 것이다. 그러나 민씨는 혼인한 지 거의 5년이 지난 1870년 12월에야 겨우 첫아이를 낳았다. 이는 분명 이씨 때문이었을 것이다. 고종은 첫아이를 첫사랑 이씨에게서 보기를 원했던 듯하다. 실제로 이씨는 1868년 윤4월에 고종의 첫아이를 낳았다. 고종은 이씨와의 사이에서 첫아이를 보기 전까지 민씨와는 부부관계를 거의 피했으리라 짐작된다.

민씨는 이 일로 상당히 속을 끓였을 것이다. 그러나 누구에게도 말하지 못하고 속으로만 한이 쌓였으리라. 설상가상으로 민씨를 힘들게 한 것은 이씨가 낳은 아이가 아들이었다는 점이다.

고종은 그 아들을 몹시도 사랑해 심지어 후계자로까지 확정하려고 했다. 『매천야록』을 보면 고종의 그런 열망을 느낄 수 있다.

궁인 이씨가 완화군을 낳자 계季라는 성을 하사하였다. 그때 고종은 17세

였는데, 너무너무 기뻐하였다. 고종은 심지어 원자로 책봉하려고까지 하였다. 흥선대원군이 충고하기를 "만약 왕비에게 아들이 태어나면 장차 어찌 하시렵니까?" 하며 서두르지 말라고 하였다. 고종이 일찍이 박유붕을 불러 완화군의 관상을 보게 하였더니, 박유붕이 한참을 있다가 대답하기를 "서 두르지 마소서" 하였다. 고종은 몹시 화를 내며, 혹시 박유붕이 흥선대원군의 사주를 받았나, 하고 의심하였다. 얼마 지나지 않아 박유붕이 죽었다. 구 례에 사는 유제관이라는 사람이 무과에 합격하여 한양에서 살았는데 박유 붕과 평소에 왕래가 있었다. 어느 날인가 유제관이 가서 보니 박유붕이 데 굴데굴 구르며 죽으려 하는데 아홉 구멍에서 피를 쏟았다. 깜짝 놀라 그를 흔드니 팔을 저으며 대꾸하지 않다가 곧 절명하였다. 어떤 사람은 말하기를 사약을 받고 죽었다고 하였다. 유제관이 나에게 직접 말해준 것이다.

『매천야록』

이 기록을 통해 고종이 첫사랑 이씨에게 얼마나 헌신적이었는지, 그리고 민씨가 얼마나 비참했을지 짐작할 수 있다. 남편뿐만 아니라 공식적인 시어머니인 대왕대비 조씨, 그리고 사실상의 시아버지인 흥선대원군도 민씨에게 그리 호의적이지는 않았다. 대왕대비 조씨는 환갑이 가까운 나이에 본 첫 손자를 안고 고종 못지않게 좋아했다고 한다. 흥선대원군 또한 원자 책봉에는 반대했지만, 대왕대비와 마찬가지로 고종의 첫아들을 반겼다. 이처럼 입궁 초 민씨는 비우호적인 남편, 시어머니, 사실상의 시아버지에게 둘러싸여 있었다. 이런 상황을 민씨는 어떻게 헤쳐나갔을까?

역사를 좋아한 왕비 민씨는 역사에서 답을 찾지 않았을까? 예전의 역사는 우리나라와 중국의 왕실에서 벌어졌던 무수한 궁중 암투와 흥망성쇠를 담은 정치사의 교과서였다. 궁중 암투의 역사에서 볼 때 최후의 승리자는 결국 왕권을 장악한 사람이었다.

민씨가 첫사랑에게서 헤어나오지 못하는 고종을 장악하려면 확실한 후

원자가 있어야 했다. 민씨의 후원자가 될 만한 사람은 대왕대비 조씨와 흥
선대원군이었다. 고종은 대왕대비에게도 또 흥선대원군에게도 아들이 되
므로 결코 이들을 무시할 수는 없었다.

민씨는 두 사람 중에서 대왕대비 조씨를 선택한 듯싶다. 강성한 외척을
혐오하는 흥선대원군이 민씨의 성장을 달가워하지 않으리라는 것은 자명
했기 때문이다. 고종이 지은 「행록」에 이런 기록이 나온다.

3월 20일에 왕비로 책봉되고, 다음날 혼례를 거행하였다. 명성황후는
궁에 들어와서 대왕대비 조씨를 지성으로 섬겼고, 크고 작은 일을 환히 알
아서 반드시 먼저 여쭌 다음 그 의견대로 하였다. 대왕대비 조씨가 늘 말하
기를 "왕비는 효성스럽다" 하였다. 대왕대비 조씨가 나이가 많아지자 명
성황후는 아침저녁으로 문안하는 것 이외에도 일상생활과 접대하는 절차
를 반드시 적당하게 하였다.

민씨가 입궁했을 때 궁에는 대왕대비 조씨 이외에도 왕대비 홍씨와 대
비 김씨가 있지만 민씨는 오직 대왕대비에게만 온갖 정성을 다했다. 물론
대왕대비가 최고 어른이므로 당연한 일일 수 있지만, 유독 대왕대비에게
만 효성을 다했다는 데는 뭔가 다른 의도가 있지 않았을까?

아이를 잃는 잇단 불행,
그러나 남편의 사랑을 얻다

어쨌든 민씨는 먼저 대왕대비 조씨의 신임과
애정을 얻는 데 성공했다. 궁중 최고 어른인 대왕대비 조씨의 후원 덕분에

민씨는 비록 고종의 애정을 받지는 못했지만 궁중 안에서 확실한 입지를 굳힐 수 있었다.

민씨는 아들까지 먼저 낳은 이씨에게도 솔직한 감정을 드러내지 않은 듯하다. 민씨는 "아랫사람을 통제하는 데 관대하면서도 엄격하여 은혜와 위엄을 같이 보였다"고 한다. 이처럼 민씨는 10대 후반부터 벌써 매우 냉정하고 정치적인 성향을 갖고 있었다.

그러나 이 모든 행동들은 결국 고종의 관심과 애정을 얻기 위함이 아니었겠는가? 가장 확실한 방법은 역시 아들을 낳는 것이었다. 민씨는 스스로 하늘에 기원하기도 하고, 친정 식구들을 통해 명산대천에 기도하기도 했으리라. 순종이 지은 「행록」에 따르면, "내가 천연두를 앓을 때 어머니가 밤에 꼭 밖에 나가 하늘에 비셨다"고 하는데, 민씨의 이런 습관은 오래전부터 있지 않았을까?

정성이 통했는지 민씨는 고종 7년(1870) 5월쯤 임신을 했다. 이씨가 아들을 낳은 지 2년이나 지난 후였으며, 혼인한 지는 4년이 지난 시점이었다.

그러나 민씨는 고종의 관심과 애정을 되돌리고 자신의 처지도 굳히고자 하는 갈망이 너무 부담이 되었는지 유산을 하고 말았다. 그것도 갈망하던 아들을! 그때가 고종 7년 12월 17일로, 민씨는 20세였다.

실록에는 민씨의 유산에 대한 기록 자체가 아예 없다. 겨우 『승정원일기』에 "중궁이 유산하였다"는 짧은 기록이 있을 뿐이다. 이날 고종은 평소처럼 경복궁의 자경전에 나가 『맹자』를 공부했다. 별일이 있었다면 그저 민승호에게 중궁전에서 특별 숙직하라 명령한 정도다. 아마도 이때 민씨의 친정어머니도 함께 입궁했을 것이다. 오빠와 친정어머니는 실의에 빠진 민씨를 위로해주었으리라.

그런데 민씨는 비록 유산은 했지만 이를 계기로 고종과의 부부관계는 좋아진 것 같다. 이후 민씨는 거의 매년 아이를 낳았지만, 고종의 첫사랑 이씨는 더 이상 아이를 낳지 못했다. 그러나 무슨 이유에서인지 민씨가 낳

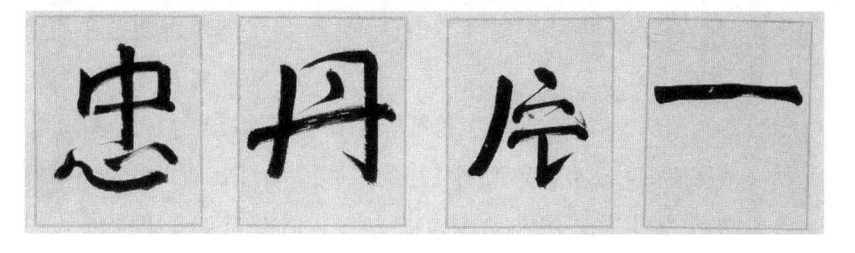

⊙ 명성황후 어필

은 아이들은 계속 죽었다. 둘째 아들은 고종 8년(1871) 11월 4일에 태어났는데 4일 만에 죽고 말았다. 아이가 대변을 보지 못해 죽었다고 하는데, 항문이 막힌 기형아였던 모양이다. 고종 10년 2월 13일에 태어난 딸도 7개월 후에 죽고 말았다.

아이들은 계속 죽었지만, 고종 7년 이후로 고종의 관심과 애정은 이미 민씨에게로 넘어와 있었다. 고종과 흥선대원군 사이에 갈등이 커지면서, 상황은 민씨에게 결정적으로 유리하게 흘러갔다. 민씨가 냉정한 참모로 재능을 발휘할 기회가 가까워진 것이다.

고종은 왕위에 오른 지 10년이 지나 이미 22세나 되었는데도 흥선대원군이 섭정을 내놓을 생각이 없자 불만이 커져갔다. 하지만 생부인 흥선대원군에게 직접적으로 불만을 표시하기는 어려웠다. 게다가 고종은 성격이 소심하고 우유부단했다.

고종은 그저 흥선대원군에 대해 속으로만 고민하고 불평했을 것이다. 민씨는 그런 상황을 눈치 채고 고종의 참모 역할을 확실히 한 모양이다. 고종은 「행록」에서 "내가 근심하고 경계하는 것이 있으면 왕비가 대책을 세워 풀어주었다"고 기록한 데서도 짐작할 수 있듯이, 민씨는 고종이 어떻게

⊙ 고종 어필

처신해야 할지 잘 조언했을 것이다.

고종은 민씨를 "착하고 간사한 것을 판별하고, 옳고 그른 것을 밝혀내는 데는 과단성이 있어서 마치 못과 쇠를 쪼개는 듯이 하였고, 슬기로운 지혜를 타고나서 기틀을 아는 것이 귀신같았다"고 평가했다. 민씨가 상황 판단력과 결단력이 더없이 뛰어나다는 찬사였다. 그런 민씨는 고종과 흥선대원군이 비록 부자간이지만 고종은 성인인 만큼 냉정히 아버지를 숙청해야 한다고 조언했으리라. 소심하고 우유부단한 고종은 그런 민씨에게 점점 더 의지하지 않았을까?

민씨는 고종 10년(1873)에 꿈을 꾸었다. 꿈에 보니 자시(밤 11~1시)에 하늘이 열리고 오색구름이 영롱한데, 하늘에서 '만년토록 태평할 것이다'라는 글이 나타났다고 한다.

그것은 분명 태몽이었다. 실제로 민씨는 고종 11년 2월에 아들을 낳았는데, 그가 훗날의 순종이다. 태몽은 아마 고종 10년 초여름쯤에 꾸었을 것이다. 그때 민씨는 공주를 낳은 직후였는데, 또다시 태몽을 꿀 정도로 민씨와 고종은 부부관계가 좋았다는 의미일 것이다.

민씨와 고종은 다음 아이가 아들일 것이라 확신했으리라. 또 '자시에 하

늘이 열렸다'는 꿈의 내용을 새 하늘, 새 시대가 열린다는 의미로 이해했으리라. 민씨와 고종에게 새 하늘, 새 시대란 달리 말하면 고종의 친정親政이고, 그것은 곧 흥선대원군의 퇴진을 의미했다.

사실 22세가 된 고종이 친정에 욕심을 내는 것은 당연했다. 고종이 적극적인 성격이었다면 진즉에 친정에 대한 욕심을 드러냈을 것이다. 밖으로 드러내지 못하고 속으로만 끙끙 앓는 고종에게 민씨는 왕의 친정은 곧 하늘의 뜻이라고 확신시켜준 것이 아닐까?

민씨의 태몽대로 고종 11년(1874) 2월 8일에 아들이 태어났고 다행히도 잘 자랐다. 그리고 그때쯤에는 흥선대원군도 섭정에서 물러났다. 고종은 「행록」에서 "왕비가 일찍이 말한 것은 일마다 다 징험하여 딱딱 들어맞았다"고 했는데, 그때도 민씨의 꿈대로 되었다고 하겠다. 아들 순종이 태어난 전후에 민씨는 고종의 신임과 애정을 완벽하게 장악했다.

물러나는 흥선대원군,
드디어 열린 고종 시대

고종 10년(1873) 10월 25일, 동부승지 최익현이 상소문을 올렸다. 겉으로는 동부승지를 사직하기 위해서였지만 실제로는 현 시국을 통렬히 비판하고 있었다.

최근 몇 년간의 일들을 보면 정치는 옛 법을 함부로 고치고, 인사는 심히 나약한 사람만을 임명하고 있습니다. 그런데도 정승들과 육조 판서들은 아무런 의견도 제시하지 않고, 사헌부와 사간원 그리고 시종관들도 가만히 있기만 합니다. 그리하여 조정에서는 저속한 논의가 횡행하는 반면 정

당한 논의는 사라지며, 아첨하는 사람들은 뜻을 펴는 반면 정직한 관리들은 숨어버리고 있습니다.

게다가 한정 없이 받아내는 각종 세금 때문에 백성들은 도탄에 빠지고 있으며, 떳떳한 의리와 윤리는 파괴되고 관리들의 기강은 무너지고 있습니다. 나라를 위해 일하는 사람은 괴벽스럽다 하고, 개인을 섬기는 사람은 처신을 잘한다 하고 있습니다. 그리하여 염치없는 사람은 버젓이 기를 펴지만 지조 있는 사람은 맥없이 죽음의 고비에 놓이게 됩니다. 이 결과, 위에서는 하늘의 재변이 나타나고, 아래에서는 각종 변괴 현상이 일어나며, 비가 오고 날이 개이고 춥고 덥고 하는 기후 현상은 모두 정상적인 절기를 어기고 있습니다.

『고종실록』, 권10, 10년 10월 경자조

최근 몇 년간의 정치와 인사가 누군가의 개입으로 엉망이 되었다는 것이었다. 나아가 그 일로 하늘도 노해 각종 천재지변이 발생한다는 것이었다. 최익현은 흥선대원군을 비난했던 것이다. 결국 10년간 섭정을 해온 흥선대원군은 현 상황에 책임을 지고 물러나라는 말이었다.

그런데 최익현의 상소문을 읽어본 고종은 "매우 가상한 일이다" 하면서 그를 호조참판으로 승진 임명했다. 최익현의 의견에 적극 찬성한다는 입장을 공포한 셈이었다. 또한 고종은 "이렇게 정직한 말에 대하여 만일 다른 의견을 내는 사람이 있다면 소인이 됨을 면치 못할 것이다"라고 하여, 최익현에게 찬성하면 정직한 사람이고 반대하면 소인이라고 규정하기까지 했다.

이 일은 고종이 친정 의지를 처음으로, 그것도 대단히 강력하게 공개한 사건이었다. 소심하고 우유부단한 고종으로서는 매우 이례적인 일이었다. 과연 이러한 결단을 고종이 혼자서 내렸을까?

최익현의 상소가 있기 얼마 전 민씨는 크나큰 비극을 경험했다. 9월 28일, 생후 8개월 된 공주가 갑자기 죽은 것이다. 민씨는 그때까지 아들 2명과 딸

한 명을 낳았는데, 그 아이들이 모두 죽어버렸다.

왜 이런 비극이 자꾸 생기는가? 무엇이 문제인가? 하늘이 노한 것일까? 그렇다면 하늘이 왜 노했단 말인가? 그렇게 민씨와 고종은 속으로 자문하지 않았을까?

그때 최익현의 상소문이 올라왔다. 최익현은 한 개인 때문에 "위에서는 하늘의 재변이 나타나고, 아래에서는 각종 변괴 현상이 일어나며"라고 했다. 민씨의 입장에서 본다면 낳는 족족 아들딸이 죽어나가는 것보다 더 큰 변괴가 또 있겠는가? 최익현의 상소문은 그 같은 끔찍한 변괴들이 왜 자꾸 일어나는지를 확실히 알려주었다. 그것은 바로 흥선대원군의 섭정 때문이라는 것이다.

민씨가 첫아들을 낳았을 때 고종은 19세로 명실 공히 성년이었다. 당연히 흥선대원군은 섭정을 내놓아야 했다. 그러나 흥선대원군은 그러지 않았다. 그 결과 하늘이 노했다. 만약 그때 흥선대원군이 섭정을 내놓았다면 첫아들은 죽지 않았을지도 모른다. 둘째 아들을 낳았을 때도 그렇고, 이번의 공주도 마찬가지였다. 그렇다면 아이들을 죽인 것은 사실상 흥선대원군이 아닌가? 그런데도 아직 흥선대원군이 섭정을 내놓지 않고 있으니, 그렇다면 임신 중인 아이까지도 죽일 작정이란 말인가? 민씨는 분명 이런 생각까지도 했으리라.

당시 민씨는 임신 6개월쯤 되었다. 태몽까지 꾼 아이라 아들이라는 확신도 있었다. 그런데 흥선대원군의 섭정이 계속된다면 이 아이도 살지 못할 것이 아닌가? 이런 생각으로 민씨는 불안하고 초조했으리라.

게다가 22세의 고종은 자신이 직접 정사를 돌보기를 원했다. 모든 정황으로 미루어 이제는 고종이 친정을 해야 했다. 이는 아들과 아버지라는 사사로운 인정을 떠나 한 나라의 왕으로서 마땅히 해야 하는 일이었다. 그것은 하늘의 뜻이자 정의이기도 했다. 민씨는 고종에게 그렇게 친정에 대한 정당성과 의지, 그리고 확신을 불어넣었을 것이다. 그때 마치 하늘이 시키

기라도 한 듯 최익현의 상소문이 올라왔던 것이다.

최익현의 상소문은 너무나 알맞은 시점에 너무나 절묘한 내용을 담고 있어 민씨 또는 고종이 사주한 것이 아닐까 하는 의혹까지 돌았다. 게다가 상소 직후 최익현이 호조참판으로 승진 임명되어 의혹은 더욱 커졌다.

상황으로만 보면 충분히 의혹을 받을 만했다. 그러나 확실한 증거는 없었다. 당시 흥선대원군의 10년 세도가 끝나기를 바라는 여론은 높았지만 누구도 나서서 말할 수는 없는 상황이었기 때문이다. 흥선대원군의 권세가 무섭기도 하지만, 부자간의 문제에 제3자가 나서서 무어라 하기에는 너무나 복잡 미묘했기 때문이다. 이러한 상황에서 여론을 드러내는 일은 세상 권력을 두려워하지 않고 원리원칙에 충실한 사람만이 할 수 있었다. 최익현의 사람됨으로 본다면, 그는 누구의 사주를 받은 것이 아니라 원리원칙상 당연한 일이라고 판단해 직접 상소를 올렸을 가능성이 높다.

최익현의 상소문은 일대 파란을 불러왔다. 정확히 말한다면, 최익현을 '정직한 사람'이라 규정한 고종의 비답批答이 파란을 불러왔다. 이로써 흥선대원군은 물론 그의 10년 세도를 보좌했던 사람들은 모두 '부정직한 사람'이 되었다.

정승들은 스스로를 비판하는 상소를 올려야 했다. 육조 판서들은 물론 사헌부, 사간원, 홍문관, 승정원 관료들도 자아비판 상소를 올렸다. 고종이 자신들을 '부정직한 사람'이라 공언한 것이나 마찬가지였기 때문에 그리할 수밖에 없었다.

고종은 강경하게 처분을 내렸다. 육조 판서들에게 감봉 조치를 내리는 한편 사헌부, 사간원, 홍문관, 승정원 관료들을 모두 파면 조치했다. 대대적인 환국이 일어날 조짐이었다. 최종 목표는 흥선대원군의 하야下野였다.

당연히 흥선대원군 쪽에서 반격해왔다. 그들은 최익현을 '아버지와 아들 사이를 이간질하는 흉악한 사람' 또는 '애매모호하게 사건을 날조하는 사람'으로 몰아 비판했지만, 고종은 오히려 그들을 '부정직한 사람' 또는

'불충한 사람'이라 지적하며 숙청했다. 고종의 입장에서는 흥선대원군을 반드시 하야시키고 친정을 하겠다는 의지를 거듭 밝힌 셈이었다.

이런 상황에서 11월 3일 최익현이 또다시 상소문을 올렸다. 호조참판을 사직하는 상소문이었다. 하지만 실제는 흥선대원군의 10년 섭정을 모조리 평가절하하며 하야시킬 것을 요구하는 내용이었다.

최익현은 흥선대원군이 의욕적으로 추진한 서원 철폐, 만동묘 폐지, 경복궁 중건 등을 가혹하다 싶을 정도로 평가절하하면서 고종에게 "권신과 근신들에게 흔들리지 말 것"을 요구했다. 나아가 "오직 친친親親의 자리에만 있는 사람에게는 단지 지위를 높이고 봉록을 많이 주되" 절대로 그가 "국정에는 관여하지 말도록 할 것"도 요구했다. 결국 흥선대원군을 하야시키고 고종이 친정하라는 말이었다.

이때 최익현이 흥선대원군을 가리켜 '권신'이라고까지 말한 것은 좀 심한 비난이라 할 수 있었다. 공개적으로 권신이라고까지 비난하면 섭정에서 물러나는 정도로 마무리될 수가 없었다. 권신으로 지목되는 한 권력 남용, 권력 오용 등의 죄목에서 자유로울 수 없었기 때문이다.

만약 고종이 흥선대원군을 권신으로 몰아 처벌한다면 고종은 '불효자'가 되는 셈이다. 조선시대에는 일단 불효자로 낙인찍히면 비록 국왕이라고 해도 권위에 심각한 손상을 입을 수밖에 없었다. 그렇게 되면 친정이 실현되어도 제대로 왕권을 행사할 수가 없는 것이다.

고종은 냉혹하고 치밀한 정치가처럼 선택을 했다. 흥선대원군을 하야시키면서 동시에 최익현까지 제주도로 유배를 보낸 것이다. 이는 친정 체제도 실현시키고 불효자라는 비난도 면하기 위한 조치였다.

흥선대원군도 스스로 물러날 수밖에 없도록 조치했다. 즉, 고종이 흥선대원군의 수족들을 가혹하게 숙청한 것이다. 소심하고 우유부단한 고종의 성격을 잘 아는 흥선대원군은 분명 아들에게 인정으로 호소하고 권세로 위협하기도 했으리라. 하지만 고종은 더이상 전날의 고종이 아니었다. 속

마음이야 어땠는지 모르지만 겉으로는 요지부동이었다.

이쯤 되면 흥선대원군도 눈치를 채지 않았을까? 고종의 변화 뒤에는 민씨가 버티고 있다는 것을. 그리고 고종은 흔들 수 있지만, 민씨는 흔들 수 없다는 것을. 그래서 어쩔 수 없다는 것을.

결국 흥선대원군은 한양을 떠났다. 고종 11년(1874) 봄, 흥선대원군은 운현궁을 떠나 양주의 직동으로 낙향했다. '대원위 분부'가 적힌 종이 한 장만으로도 조선팔도를 울리던 10년 세도치고는 초라하고 허무한 결말이었다. 낙향한 흥선대원군은 덕산의 생부 묘소에 다녀오는 등 산천을 유람하며 울분을 달랬다. 이것으로 흥선대원군은 섭정을 완전히 포기한 것일까?

영영 화해할 수 없는
시아버지와 며느리의 불화

흥선대원군이 낙향하자 사람들은 고종의 친정을 실감했다. 그러나 실제 고종의 마음속으로도 진정한 친정이 이루어졌을까?

고종은 왕의 아들로 태어난 것도 아니고, 직접 나서서 왕위를 찬탈한 것도 아니었다. 아버지 흥선대원군의 정략으로 왕위에 올랐을 뿐이었다. 게다가 왕이 된 후에도 오랜 세월 동안 대왕대비 조씨의 수렴청정과 흥선대원군의 섭정을 겪었다. 그동안 고종은 주체적·적극적으로 판단하고 실천하는 모습을 보여주지 못했다. 대왕대비 조씨와 흥선대원군의 뒤에서 소심하고 우유부단한 왕으로서의 모습만 보여주었을 뿐이다.

고종은 흥선대원군을 하야시키고 친정을 실현하는 과정에서도 스스로 판단하고 결단하기보다는 민씨에게 의존했다. 만약 고종이 주체적이고 적극적인 사람이었다면 흥선대원군의 하야는 전혀 다르게 전개되었으리라.

고종은 최익현의 상소가 올라오기 훨씬 이전에 아버지를 설득하거나 위협해서 조용히 하야하게 했을 것이다. 흥선대원군이 스스로 물러나지 않는다면 고종은 적극적인 정치 공작을 펴서라도 하야시켰을 것이다. 그러려면 아버지와의 단절이라는 정신적 고독과 비통, 그리고 비난 섞인 여론을 기꺼이 감수하겠다는 용기와 결단이 필요했지만 고종은 그런 면이 부족했다. 그래서 그는 소심하고 우유부단한 왕이라는 평가를 면하기 어려웠다.

그러나 그런 성격에도 장점은 있다. 소심한 만큼 자기 주장을 고집하기보다는 다른 사람의 의견과 주변 정황을 십분 고려한다. 그래서 사람 좋다는 평가를 받을 수도 있다. 또 우유부단한 성격 때문에 이것저것 모든 가능성을 고려해서 신중하게 일을 처리한다.

하지만 위기 상황이나 격변기에 소심하고 우유부단한 성격은 분명 장점일 수 없다. 소심함은 비겁이나 책임 회피가 되기 쉽고, 우유부단함은 결단력 부족으로 비치기도 한다. 따라서 그러한 성격적 약점을 만회하기 위해 누군가의 판단과 결단에 계속 의지하려 하지 않겠는가?

고종이 명실 공히 친정을 하려면 소심하고 우유부단한 성격부터 고쳐야 했다. 그러나 타고난 성격은 바꿀 수가 없었다. 그런 면에서 고종보다는 민씨가 더 주체적이며 능동적이었다. 결과적으로 고종은 그대로인 채 민씨가 흥선대원군의 자리를 대신 차지한 셈이었다.

그런 만큼 고종이 변하지 않는다면 흥선대원군이 다시 섭정할 가능성은 늘 열려 있었다. 즉, 고종에게서 민씨만 밀어낸다면 흥선대원군은 언제든 예전으로 돌아올 수 있다는 뜻이었다. 이는 또한 흥선대원군이 자신을 하야시킨 배후를 민씨라 생각한다는 의미이기도 하다. 상황이 이와 같다면, 비록 흥선대원군이 하야했다고 해도 흥선대원군과 민씨 사이의 권력 투쟁은 필연적이라고 볼 수 있었다.

흥선대원군의 섭정 시기에는 남인과 종친들이 주요 관직에 대거 중용되었지만, 흥선대원군이 하야한 후에는 노론과 여흥 민씨 외척들이 중앙 정

치판을 독점했다. 그것은 곧 민씨가 인사행정을 좌지우지했다는 의미였다. 이는 또한 고종이 민씨에게 그만큼 의지하고 있었다는 의미이기도 했다.

고종은 스스로 노론을 자처했다. 예컨대 과거에 노론이 합격하면 '친구'라 하고, 소론이 합격하면 '저쪽'이라 했으며, 남인이나 북인이 합격하면 '그놈'이라고 했다고 한다. 고종이 이처럼 노론에 우호적이고 남인에 적대적이었던 이유 또한 민씨 때문이었다.

안동 김씨의 외척 세도를 겪으면서 흥선대원군은 외척은 물론 노론에게도 비우호적이 되었다. 집안 내력을 따져보면 흥선대원군은 남인 계통이었다. 흥선대원군은 인평대군의 5대 후손인데, 인평대군의 세 아들은 숙종 때의 당쟁에서 남인의 중심에 서 있었다. 이렇듯 흥선대원군은 골수 남인 계통이었다. 그렇다면 흥선대원군의 아들인 고종도 남인이어야 마땅했다.

하지만 고종은 노론을 자처했다. 여흥 민씨 출신의 왕비 민씨가 골수 노론이었다. 흥선대원군과 민씨는 정치적 이해관계뿐만 아니라 가문 배경도 이렇게 달랐다. 두 사람 사이에서 고종은 완벽하게 민씨의 손을 들어준 셈이었다.

민씨는 흥선대원군이 우려한 대로 권력을 잡자마자 친정 식구들을 끌어들였다. 제일 먼저 친정 오빠 승호가 외척 세도가로 부상했다. 최익현의 상소문이 있기 전까지 수원유수였던 승호는 상소 직후인 11월 17일 이조참판에 발탁되었다. 사실상 승호가 인사권을 장악한 것이었다.

승호는 왕비 민씨의 뜻을 받들어 흥선대원군이 발탁했던 남인계 인사들을 샅샅이 찾아내어 숙청했다. 『매천야록』에 따르면, 민승호는 "남인으로서 청직의 반열에 있는 자들을" 모조리 찾아 제거했으며, "흥선대원군의 빈객으로 지방 수령이 된 자들도" 모조리 파직했다. 이로써 "남인들은 더욱 쇠퇴하여 친어머니를 잃은 듯했다." 그렇게 생긴 빈자리는 민씨 외척과 노론들이 채웠는데, 그것은 민승호의 배후에 왕비 민씨와 고종이 있었기에 가능했다. 당시 상황을 『매천야록』은 이렇게 전하고 있다.

갑술년(고종 11, 1874) 초에 임금이 비로소 친정을 하게 되었는데, 안에서는 왕비가 주관하고 밖에서는 민승호가 힘을 썼다. 왕비는 총명하고 책략이 많아 항상 임금의 곁에 있으면서 임금이 미치지 못하는 것을 보좌하였다. 처음에는 임금에게 기대어 자기가 좋아하고 미워하는 것을 표출하였지만, 이윽고 자기 마음대로 하는 것이 날로 심해져서 임금이 도리어 제재를 받게 되었다.

『매천야록』

민씨는 세력이 커질수록 하나뿐인 오빠 승호에게 더욱더 의지했다. 자연히 승호는 흥선대원군 쪽 사람들에게 표적이 되었다. 그 결과는 비극적인 파국이었다. 고종 11년(1874) 11월 28일, 승호는 집에서 폭탄 테러를 당해 죽었다. 뿐만 아니라 민씨의 친정어머니 이씨도 그때 입은 상처로 이틀 만에 죽고 말았다. 당연히 흥선대원군이 폭탄 테러의 배후로 의심을 받았다. 『매천야록』은 당시의 폭탄 테러를 다음과 같이 전하고 있다.

그때 민승호는 생모가 전년 말에 죽어서 아직 상중이었다. 민승호는 한 스님에게 부탁하여 복을 빌 만한 조용한 곳을 마련해달라 하고 기다리고 있었다. 어느 날 밖에서 함 하나가 전해졌다. 복을 빌 곳에서 왔다고 하면서 스님의 말을 전하였는데 "꼭 밀실에서 열어서 다른 사람이 이 안에 담긴 복에 끼어들지 못하게 해야 합니다" 하였다. 민승호가 함을 가져온 사람을 찾아보았는데 이미 가버리고 없었다. 민승호는 반신반의하면서도 그 말대로 하여 어머니, 아들과 함께 밀실에 들어가 함을 보니 자물쇠가 채워져 있었고 옆에는 열쇠가 달려 있었다. 시험 삼아 열쇠를 꽂았는데 꽝 하는 소리와 함께 폭약이 터졌다. 민승호의 아들이 10세였는데, 할머니와 함께 있다가 즉사했다. 민승호는 튕겨 올랐다가 떨어져서 온몸이 숯처럼 타고 말을 하지 못하였다. 하룻밤을 넘기고 죽었는데, 죽을 때 운현궁을 두세 번

가리켰다. 여론이 분분히 운현궁을 지목하였지만 끝내 그 함이 어디에서 왔는지 알 수 없었다. 왕과 왕비가 크게 놀라 슬퍼하였으며, 왕비는 더욱더 운현궁에 이를 갈았으나 복수할 길이 없었다.

『매천야록』

폭탄 테러의 배후가 흥선대원군이 맞는지는 지금도 확실하지 않다. 다만 상황으로 볼 때 흥선대원군일 가능성이 높을 뿐이다. 또한 흥선대원군을 모함하기 위한 제3자의 조작이라는 가능성도 배제할 수 없다. 어쨌든 중요한 사실은 민씨가 폭탄 테러의 배후를 흥선대원군이라 확신했다는 점이다. 예컨대 1895년 8월 6일, 이노우에 가오루(井上馨)가 일본 외무성에 보고한 내용에 따르면, 그가 고종과 왕비를 접견했을 때 왕비가 흥선대원군이 "민승호를 죽였다"고 말했다는 것이다. 20여 년이 지나서도 민씨는 흥선대원군을 폭탄 테러의 배후로 생각하고 있었던 것이다.

폭탄 테러는 민씨의 삶에 많은 영향을 주었다. 민씨는 밤에는 잠자지 못하고 정오 가까이나 되어서야 잠들 수 있었다.

민씨는 왜 밤에 잠자지 못했을까? 아마도 공포심과 원통함 때문이었으리라. 자칫하다가는 자신도 테러로 죽을 수 있다는 두려움과 친정 식구들이 몰살당했다는 원한으로 마음이 쉽사리 진정되지 않았을 것이다. 시간이 지날수록 민씨는 두려움은 극복했지만 원한은 점점 더 심해진 듯하다. 그만큼 민씨는 독해졌다. 독해질수록 민씨는 더욱더 정치에 개입했다.

민씨가 밤낮이 뒤바뀐 생활을 시작하자 고종도 생활 습관이 변했다. 민씨가 고종을 완벽하게 장악했다는 증거로 이보다 더 확실한 것이 또 있을까?

왕실의 관행으로 본다면 왕비는 일찍 자고 일찍 일어나야 마땅했다. 그럼에도 민씨는 올빼미 생활을 계속했다. 이는 고종이 묵인해주었기에 가능했다. 왕과 왕비가 같이 늦게 자고 늦게 일어나는데 누가 감히 뭐라 하겠는가?

당시 민씨는 잠을 못 이루는 밤마다 친정 식구들을 참혹하게 죽인 흥선

대원군을 생각하며 뼈에 사무치도록 이를 갈았으리라. 고종도 민씨의 곁에서 함께 아픔을 나누었을 것이다. 그 정도로 민씨는 고종의 신임과 총애를 장악했던 것이다.

친정어머니의 죽음으로 민씨는 혈혈단신 고아가 되었다. 홀로 있던 친정어머니가 천수를 누리고 세상을 떠나도 딸들은 오열한다. 그런데 친정어머니가 폭탄 테러로 비명횡사했으니 그 비통함과 원한이 오죽했으랴? 유혈참극을 부른 폭탄 테러로 민씨와 흥선대원군은 영영 화해할 수 없게 되고 말았다.

왕비의 후원으로 권력을 잡은 외척 세력들

민씨는 비록 생전에 보지는 못했지만 할머니 정씨를 많이 닮았다. 정씨는 왕비 민씨의 할아버지인 민기현의 세 번째 부인으로, 치록을 낳았다. 민기현은 첫 번째와 두 번째 부인이 모두 자녀를 낳지 못하고 세상을 떠나자 세 번째로 정씨를 맞이했던 것이다.

정씨는 정조 19년(1794)쯤 민기현의 두 번째 부인의 3년상이 끝날 시점에 혼인한 듯하다. 44세 민기현이 22세인 정씨와 혼인한 것을 보면 순전히 아들을 낳기 위해서였다고 여겨지는데, 아마도 정씨의 친정에 무슨 사정이 있었던 듯도 하다. 어쨌든 정씨는 민기현과 17년을 함께 살면서 딸 3명과 아들 1명을 낳았다. 그렇지만 딸은 모두 어려서 죽고 아들만 살아남았는데, 그가 바로 민씨의 친정아버지 민치록이었다.

정씨가 민치록을 낳았을 때 27세였다. 그리고 12년 후 민기현이 죽었는데, 그때 "아이의 성취는 부인에게 맡기겠소"라고 유언을 남겼다고 한다.

그러므로 당시 13세밖에 되지 않은 민치록을 키운 사람은 사실상 정씨라고 할 수 있다. 정씨는 성품도 강직하고 자식 교육도 엄격했던 모양이다. 민승호가 지은 「민치록 행장」에 다음과 같은 내용이 나온다.

　대부인 정씨는 자애로우면서도 법도가 있었다. 때때로 꾸짖고 훈계할 때에는 안색과 말이 매우 엄격하였다. 그럴 때 부군府君(민치록)은 공경스러우면서도 공손하게 대부인의 말씀을 들었고, 말씀과 안색은 더더욱 부드럽게 하였다. 비록 하루 종일이라고 해도 노한 뜻이 풀리기를 기다렸다가 감히 물러갔다.

「행장」의 기록은 민치록이 어머니에게 얼마나 효성스러웠는지를 알려준다. 또한 민치록의 어머니, 즉 정씨가 얼마나 무서웠는지도 알 수 있다.
　보통의 어머니들은 하나뿐인 아들이 혹 잘못될까 우려해 절절매게 마련이다. 게다가 남편도 없이 아들 하나만 키우는 경우라면 더욱 그러하다. 하지만 정씨는 전혀 그렇지 않았다. 오히려 아들이 조금이라도 잘못하면 매섭게 나무랐다. 또 아들이 "말과 안색을 더더욱 부드럽게 하였다"는 것을 보면, 아들이 변명을 늘어놓거나 대드는 것은 절대 용납하지 않았다는 뜻이다. 그만큼 정씨는 성품이 엄격하고 독했다고 볼 수 있다.
　이런 모습은 민씨가 하나뿐인 아들을 교육시키는 모습과 똑같았다. 예컨대 『매천야록』에 따르면, 고종은 "세자를 몹시도 사랑하여 밥 먹을 때마다 반찬을 골라 먹이고, 옷 입을 때마다 소매를 벌려 팔을 넣어주었다"고 하는데, 민씨는 "조금이라도 거슬리는 것이 있으면 곧 때리고 꾸짖으며, 네가 비록 세자지만 어찌 부모가 없겠느냐?"며 나무랐다고 한다. 그래서 세자는 아버지는 전혀 무서워하지 않고 어머니만 무서워했다는 것이다. 이들의 관계는 그대로 정씨와 민치록의 모자 관계와 빼닮았다. 이렇게 보면 민씨는 할머니 정씨의 성품과 기질을 물려받았다고 생각된다.

고종은 하나뿐인 아들에게 '반찬을 골라 먹이고, 소매를 벌려 팔을 넣어 주는' 지극히 평범한 아버지였다. 반면 민씨는 아들을 '때리고 꾸짖는' 엄하고 독한 어머니였다.

고종은 「행장」에서 순종이 "오늘날 학문을 성취하게 된 것은 황후의 노력 덕택이다"라고 공공연히 밝혔는데, 이것으로 아들의 교육을 고종보다는 민씨가 주도했음을 확인할 수 있다.

조선시대 왕실이나 양반의 경우 아들이 10세 안팎쯤 되면 대개 아버지가 아들을 교육했다. 아들이 10세쯤 되면 몸집도 커지고 기운도 강해져서 어머니가 감당하기 힘들뿐더러, 생활공간도 안과 밖으로 달라졌기 때문이다. 10세 이후에도 계속 어머니가 아들의 교육을 주도했다면 그 집안의 남자는 사실 아내에게 꽉 잡혀 살았다는 말이 된다.

뿐만 아니라 민씨는 정치 면에서도 고종을 압도했던 모양이다. 근본적으로 고종이 민씨를 신임했기 때문이지만, 민씨가 보통 사람들보다 훨씬 배포도 크고 판단이 빨랐기 때문에 가능한 일이기도 했다. 사실 정치판이 얼마나 살벌한 곳인가? 판세를 안다고 해도 겁쟁이는 뛰어들 수 없는 곳이기도 하고, 또 겁이 없다고 해도 판단력이 없으면 살아남을 수 없는 곳이 아니던가?

민씨는 폭탄 테러로 정치판의 살벌함을 뼈저리게 체험했을 것이다. 친정어머니와 친정 오빠를 죽게 만든 폭탄 테러 이후 원한도 품었겠지만 동시에 두려움도 느꼈으리라. 실제로 폭탄 테러의 배후가 흥선대원군이라면 그것은 민씨에게 정치에서 손을 떼라는 협박이 아니겠는가? 만약 이후로도 정치에 개입한다면 더 험한 일이 일어날 수도 있다는 메시지가 아니겠는가? 그러니 보통 사람이라면 그런 상상만으로도 공포에 질렸으리라.

그러나 민씨는 더 강해졌다. 민씨는 노골적이다 싶을 정도로 친정 식구들을 정치판으로 끌어들였고, 민씨 척족의 구심점이 될 인물을 물색했다. 민씨는 그 인물을 민승호의 후계자에게서 찾았다.

폭탄 테러 당시 민승호의 10세 된 아들까지 죽었으므로 대가 끊긴 상황

⊙ 명성황후의 공덕을 찬양한 금책(왼쪽)과 붉은색의 금책함

이었다. 그래서 민승호의 후계자는 양자로 구할 수밖에 없었다. 양자는 민
승호의 친조카들 중에서 골라야 했다. 마침 민승호의 친동생인 겸호에게
아들 영환과 영찬이 있었다.

그러나 민씨는 그들이 별로 탐탁지 않았던 모양이다. 『고종실록』에 따
르면, 11월 30일 민승호의 제사를 대신하라는 명을 받은 사람은 엉뚱하게
도 민규호라는 사람이었다. 이름에서 나타나듯이 규호나 승호는 둘 다
'호' 자 돌림으로 항렬이 같았다. 그러므로 규호를 양자로 들인다는 것이
아니라, 규호의 아들이나 조카 중에서 양자를 들이겠다는 의미였다.

그러나 규호에게는 아들이 없었다. 대신 그의 형인 태호에게 영익이라
는 아들이 하나 있었다. 민씨는 영익을 양자로 들이고 싶어했다. 영익이 영
특할 뿐만 아니라, 친정아버지 치록과 태호 사이에 아주 특별한 인연이 있
었기 때문이다.

민치록은 13세 때 아버지를 여의었다. 아버지는 아들에게 오희상을 찾
아가 공부하라는 유언을 남겼다. 당시 오희상은 노론을 대표하는 대학자
였으므로 그의 제자들 중에는 노론 자제들이 많았다. 그 밑으로 들어가 공
부도 하고 교제도 넓히라는 의미였다. 민치록은 아버지의 유언에 따라 오

희상을 찾아갔다. 오희상은 민치록이 아주 마음에 들었는지 사위로 삼기까지 했다. 민치록의 첫 번째 부인 오씨가 바로 오희상의 딸이었다.

오희상의 수제자는 유신환이었는데, 민치록과 동문으로 아주 친밀했다. 이 유신환의 제자가 바로 민태호와 민규호였으니, 민치록에게 민태호와 민규호는 혈연으로는 조카뻘이었고, 학연으로는 동문 친구의 제자였다.

민태호는 처음에 아들 영익을 양자로 보내려 하지 않았다고 한다. 학문을 좋아하고 염치를 중히 여긴 태호는 아들 팔아 출세했다는 손가락질을 받기 싫었던 것이다. 분명 태호가 거절했기 때문에 민씨는 임시로 규호에게 승호의 제사를 받들게 했을 것이다. 그때 형을 설득한 사람이 바로 동생 규호였다. 규호는 "하늘의 뜻을 어찌 어길 수 있겠습니까?"라며 형을 설득한 결과 영익이 승호의 양자로 들어가게 되었다. 그때 영익은 15세였다.

왕비 민씨는 규호, 태호, 영익을 적극 후원했다. 승호가 죽은 이후 이들이 민씨 척족의 중심이 되었다. 특히 민씨는 영익을 절대적으로 신임했다. 그가 비록 나이는 어리지만 친정집의 봉사손奉祀孫이었던 것이다. 민씨의 신임을 배경으로 영익은 파격에 파격을 거듭하는 승진을 계속했으며, 비할 바 없는 총애를 받았다.

민영익은 관직에 나온 다음날 대교가 되고, 그 다음날에는 한림이 되고, 또 그 다음날에는 주서가 되어 무릇 청요직을 맡지 않은 것이 없었다. 그리하여 민영익은 1년 만에 통정대부의 품계를 넘어섰다. 고종과 왕비는 그를 매우 총애하여 그가 하는 말은 들어주지 않는 것이 없었다. 민영익은 하루에 세 번 입궐하였는데, 대궐에서 물러나오면 손님들이 집안을 가득 메워 늦게 찾아온 사람은 하루 종일 기다려도 그를 볼 수가 없었다.

『매천야록』

조선시대의 세도란 근본적으로 왕의 신임을 배경으로 했다. 그러므로

세도가는 반드시 나이가 많을 필요도 없었고, 또한 지위가 높을 필요도 없었다. 조선시대의 유명한 세도가들—광해군 대의 이이첨이나 정조 대의 홍국영—을 봐도 그 사실을 알 수 있다. 민영익은 나이도 어리고 지위도 높지 않았지만, 왕이 신임한 정도로 보면 세도가로서 손색이 없었다. 그런 만큼 민영익의 집에 손님들이 늘 문전성시를 이루는 것은 당연했다.

민영익이 어울린 사람들 중에 이른바 8학사들이 있었다. 이중칠, 조동희, 홍영식, 김흥균, 홍순형, 심상훈, 김옥균, 어윤중 등 8명이 그들이다. 민영익은 이들을 가장 신임해 정치와 외교에 이들의 의견을 적극 반영했다. 특히 홍영식, 김옥균은 훗날 박영효, 서광범과 함께 갑신정변의 4대 거물로 통했을 정도로 개화 및 개방에 적극적이었다. 민영익이 이들과 어울렸다는 사실은 당시 고종과 민씨가 흥선대원군의 쇄국정책 대신 개화 및 개방정책을 추진했음을 보여준다.

고종 13년(1876)의 강화도 조약은 이런 배경하에서 성사되었다. 강화도 조약 이후 일본에 파견된 신사유람단을 통해 조선의 개화 및 개방은 가속화되었다. 이는 대외정책뿐만 아니라 정치, 경제, 사회, 문화, 군사 등 전방위적으로 확대되었다. 특히 군사 방면에서 급속도로 개화되었다. 이 과정에서 구식 군대가 대대적으로 정리되고, 이른바 별기군이라는 신식 군대가 창설되었다.

하지만 급속한 개화 및 개방이 진행되면서 부작용이 따랐다. 수많은 사람들이 개화라는 이름으로 정리되고 도태되었다. 예컨대 당시 한양에 약 1만 명의 군인이 있었는데 이들 중 절반 정도가 정리 대상이었다. 이들을 안정적으로 정리하려면 많은 자금과 치밀한 계획이 필요했다. 그러나 민영익이나 왕비 민씨, 그리고 고종은 아직 경륜도 부족했고 국가 재정도 넉넉지 못했다. 설상가상 갑자기 권력을 잡은 민씨 척족들의 부정부패는 상황을 더욱 악화시켰다.

군사 반란과 살아서도
죽은 왕비가 된 민씨

고종 19년(1882) 4월부터 비가 내리지 않았다. 몇 년 전부터 계속된 흉년에 봄 농사까지 망치게 되자 고종은 계속 기우제를 지냈다. 그러나 6월이 되었는데도 아무런 효과가 없었다. 군사들에게 지급할 봉급이 13개월이나 밀릴 정도로 국가 재정은 악화되었다. 그때 마침 호남의 세곡선 몇 척이 한양에 도착해 6월 5일에는 군사들에게 한 달치 봉급을 지급할 수 있었다. 봉급 지급은 선혜청 당상 민겸호의 청지기가 맡았다. 그런데 중간에서 무슨 농간을 부렸는지, 봉급으로 내준 곡식에 겨가 잔뜩 섞여 있었다. 겨가 얼마나 많이 섞였던지 한 손으로 한 섬을 번쩍 들 수 있을 정도였다. 그것도 구식 군사들에게 지급된 월급만 그랬다. 불만이 폭발한 구식 군사들은 민겸호의 청지기를 잡아 집단 구타했다.

상황은 민겸호 때문에 더욱 악화되었다. 민겸호는 본때를 보이겠다며 주동자 4명을 잡아 가두고 장차 모두 죽이겠다고 공언했다. 민승호의 친동생인 겸호는 탐욕스럽고 무식하다고 소문이 자자했다. 군사들의 봉급을 빼돌린 민겸호는 자신의 비리가 탄로날까 두려워 주동자들을 죽이려 했을 것이다.

그러나 민겸호의 이런 처사는 구식 군사들을 막다른 골목으로 내몰았다. 그들은 "굶어 죽으나 법에 죽으나 죽기는 매한가지다. 차라리 죽일 놈 죽여서 분이나 한번 씻어보자"라며 세를 규합했다. 구식 군사들이 거주하는 마을을 중심으로 통문通文이 돌면서 수백 명의 군사들과 하층민들이 호응했다. 이에 힘을 얻은 그들은 6월 9일 아침, 구속된 4명의 석방을 요구하기 위해 동별영에 모였다. 그들은 먼저 자신들의 총대장인 이경하에게 억울함을 호소했지만, 이경하는 민겸호에게 직접 말하라고 할 뿐이었다. 정오쯤 그들은 민겸호의 집으로 몰려갔다.

민겸호는 집을 비우고 없었다. 그 대신 봉급을 지급하던 청지기가 나왔

다가 집 안으로 도망쳐 들어갔다. 청지기를 따라 민겸호의 집으로 난입한 그들은 닥치는 대로 부수고 짓밟았다. 비단과 보물은 한데 모아놓고 불을 질러버렸다.

오후가 되자 폭동은 한양 전역으로 번졌다. 그들은 포도청을 습격하여 감금된 4명을 구출해내고, 민씨 척족들을 찾아내어 죽였다. 또한 신식 군대의 훈련장을 습격해 일본인 장교 호리모토(堀本禮祖)를 죽이고, 서대문 밖의 일본 공사관을 습격해 파괴했다. 이때 일본 공사 하나부사(花房義質)는 부하 29명과 함께 인천으로 도주했다. 이렇게 민겸호의 집과 일본 공사관을 쑥밭으로 만든 구식 군사들은 다시 동별영에 집결했다.

그들은 뒷일을 어떻게 수습해야 할지 몰랐다. 그들의 행동은 분명 군사반란으로 몰릴 수 있었다. "용서받기 어려운 죄를 지었을 뿐만 아니라 청탁할 곳도 없다"고 생각한 그들은 운현궁으로 몰려갔다. 그런 사태를 만든 장본인은 민씨이고, 그녀를 상대할 사람은 흥선대원군이라 생각했던 것이다. 그들은 흥선대원군에게 죽음으로 간청했다고 한다. 그날 흥선대원군은 주동자 몇 명과 은밀히 이야기를 나누었다고 하는데 무슨 대화가 오고 갔는지는 알 수 없다. 분명 민씨에 관한 말이었으리라.

6월 10일, 구식 군사들과 하층민들은 창덕궁으로 쳐들어갔다. 민씨를 죽이기 위해서였다. 『고종실록』에는 "난병이 궁궐을 침범했다"고 간단히 나와 있지만, 『매천야록』에는 좀더 상세한 기록이 남아 있다.

난병들이 창덕궁의 돈화문으로 밀려갔는데, 대궐 문이 닫혀 있는 것을 보고 총을 마구 쏘아 총알이 문짝에 맞아 멀리까지 콩 볶는 듯한 소리가 들렸다. 드디어 대궐 문이 열리자 벌떼처럼 몰려 들어갔다. 고종은 변란이 급한 줄 알고 흥선대원군을 부르니, 흥선대원군은 난병을 따라 들어왔다. 군사들이 대전에 올라갔다가 민겸호와 마주치자 그를 잡아끌고 갔다. 민겸호는 황급히 흥선대원군을 끌어안고 도포 자락에 머리를 처박으며 "대감!

나를 살려주시오" 하고 울부짖었다. 흥선대원군은 차갑게 웃으며 "내가 어찌 대감을 살릴 수 있겠소" 하였다. 이 말이 채 끝나기도 전에 난병들은 그를 발로 차 계단 밑으로 떨어뜨리고 총으로 마구 찔고 칼로 쳐서 고깃덩어리로 만들었다. 곧이어 난병들은 왕비가 어디에 있느냐고 크게 외쳤다. 그들의 말은 무도하고 흉측하여 차마 듣기 어려웠다. 사방으로 수색하여 휘장과 복도에 창과 몽둥이가 고슴도치처럼 삐죽삐죽하였다.

『매천야록』

그들은 민씨를 찾아 죽이려 했다. 그들은 민씨에게 무도하고 흉측한 말을 퍼부었다고 하는데, 분명 상욕을 해대며 찾았으리라. 그들에게 민씨는 더 이상 왕비가 아니었던 것이다. 그럴 수 있었던 것은 흥선대원군과의 밀약 때문이 아니었을까? 그때 민씨가 잡혔다면 민겸호처럼 되었을 것이다.

하지만 그들은 민씨를 찾을 수 없었다. 민씨는 하늘의 도움으로 이미 궁궐을 빠져나가고 난 후였다.

구식 군사들이 창덕궁으로 쳐들어갔을 때, 흥선대원군은 물론 부인 민씨도 함께 입궐했다고 한다. 그런데 대원군의 부인은 군사들이 왕비를 찾아 죽이려 하자 자신이 타고 갔던 가마에 왕비를 숨겨 피신시키려 했다. 남편인 대원군이 죽이려 작정한 왕비를 그 부인은 살리려 한 것이다. 이유가 무엇일까? 며느리라서? 종갓집 딸이라서? 왕비라서?

가마를 타고 대궐 밖으로 나가려는 왕비를 본 한 궁녀가 입짓으로 군사들에게 알렸다. 그러자 군사들이 달려들어 가마의 휘장을 찢고 왕비의 머리채를 잡아 땅에 내동댕이쳤다. 왕비는 난자당하기 직전이었다.

그때 군사들 속에 끼여 있던 홍재희라는 자가 나서며 "이는 내 누이로 상궁이 된 사람이다. 오해하지 말라"고 크게 고함을 쳤다. 군사들이 머뭇거리는 사이, 홍재희는 얼른 왕비를 들쳐 업고 궁궐 밖으로 나갔다. 실로 천우신조라 하지 않을 수 없었다.

홍재희는 후에 홍계훈으로 이름을 바꾸었는데, 당시 무예별감이었다. 무예별감이란 구식 군대 중에서 무예와 체력이 뛰어난 병사들을 엄선한 일종의 특수부대 요원이었다. 홍계훈은 처음에 구식 군사들과 함께 궁궐을 침범했다가 막상 왕비까지 죽이려 하자 마음을 바꾸었던 듯하다. 이렇게 극적으로 궁궐에서 빠져나온 민씨는 한양 관광방 화개동에 있는 윤태준의 집으로 피신했다. 윤태준은 일찍이 세자익위사의 세마洗馬 벼슬을 했던 인연이 있었다.

민씨는 민응식, 이용익 등을 은신처로 불렀다. 민응식은 충주에 살던 먼 친척이었는데, 세자익위사 세마가 되어 한양에 머물고 있었다. 민응식은 한양에 온 지 얼마 되지 않아서 얼굴이 알려지지 않았기 때문에 안전하다 생각했던 것이다. 이용익은 함경도 명천 출신으로 달리기의 명수로 알려져 있었다. 민씨는 이용익에게 양근으로 도망간 민영익과 연락해줄 것을 부탁했다.

얼마 동안 윤태준의 집에 숨어 있던 민씨는 아무래도 한양은 불안하다고 판단했는지 한양을 떠나 충주 민응식의 집으로 가기로 했다. 민씨는 여주를 거쳐 충주 장호원에 있는 민응식의 집에 도착했다. 그곳에서 민씨는 상황이 바뀌기를 기다렸다.

흥선대원군은 민씨가 행방불명되자 아예 죽은 사람으로 만들어버렸다. 실록에 따르면 6월 10일에 고종이 민씨의 죽음을 공포했는데, 이는 혹 살아 있다고 해도 죽은 사람으로 간주하겠다는 의미였다. 물론 고종을 조종한 사람은 흥선대원군이었다. 임오군란을 계기로 다시 권력을 잡은 흥선대원군은 고종과 민씨가 추진했던 개화 및 개방 정책을 모두 원점으로 돌려놓았다.

한편 흥선대원군은 왕비 민씨의 장례를 주도했다. 6월 11일에는 시체도 없이 목욕과 염을 행했으며, 14일에는 시체 대신 옷을 관에 넣는 입관 의식까지 하고 빈소도 차렸다. 17일에는 무덤 이름을 정릉定陵, 시호를 인성仁成이라고 정했다. 이제 민씨는 공식적으로는 저세상 사람인 '인성왕후'가 되었다.

그런 민씨를 다시 이 세상 사람으로 살려낸 것은 청나라 군사였다. 임오

군란의 소식을 접한 청나라는 7월 12일까지 3천여 명에 이르는 대규모 군대를 한양으로 파견했다. 이들은 7월 13일에 흥선대원군을 납치해 천진으로 끌고 갔다. 그로부터 보름쯤 후인 8월 1일, 민씨는 충주 장호원에서 청나라 군사 100여 명의 호위를 받으며 한양으로 입성했다. 이후 민씨와 흥선대원군 사이의 정치 투쟁은 국내를 벗어나 청나라와 일본까지 관련된 국제적 정치 투쟁으로 확대되었다.

개화와 수구의 갈등, 마침내 폭발한 갑신정변

임오군란의 주동자들이 민씨 척족과 왕비를 죽이려 한 이유는 그들이 펼친 개화 및 개방 정책 때문이었다. 민씨 척족 중에서도 궁중과 개화파를 연결하는 핵심 고리였던 민영익이 표적이 되었다.

민영익은 개화 스님으로 유명한 이동인의 영향을 많이 받았다. 그는 1880년 말쯤 김홍집의 소개로 이동인을 알게 되었다. 이동인의 식견에 크게 감명받은 민영익은 아예 자신의 사랑방 옆에 이동인의 거처를 마련했다. 그리고 고종과 왕비 민씨에게 이동인을 소개했다. 이처럼 1880년 이후의 개화정책에는 민영익과 이동인이 깊숙이 개입해 있었다.

민영익은 김옥균, 홍영식 등 개화파 인사들과도 좋은 관계를 유지했다. 그는 개화파 인사들을 후원했으며, 개화파 인사들도 그를 지원했다. 예컨대 1882년에 체결된 한·미수호조규의 보빙사報聘使(우리나라 최초로 미국 등 서방 세계에 파견된 사절단)로 민영익을 추천한 사람은 김옥균이었다. 그래서 민영익은 1883년부터 1884년까지 미국을 거쳐 유럽까지 순방하는 세계 여행길에 올랐다. 그때 개화파 인사들은 민영익이 그야말로 문명 개화되어

귀국하리라 기대했을 것이다.

그런데 기대와는 달리 민영익은 오히려 보수적으로 변해 귀국했다. 1884년 5월 7일에 귀국한 민영익은 "나는 외국을 유람하며 그 문물을 볼 때마다 더욱더 완고수구의 생각이 일어났다"고 하면서 "지금부터는 『대전회통』을 금과옥조로 삼아 털끝만큼도 이에 위배됨이 없어야 한다"는 말을 하곤 했다. 보수 중에서도 왕보수로 변했던 것이다. 이유는 정확하지 않지만, 미국의 대통령제 등이 조선 사회에 적합하지 않다고 생각했을 수도 있다.

더구나 임오군란 이후 청나라의 영향력이 강화되면서 민영익은 점점 친청파로 변했다. 그는 어디까지나 왕당파 또는 현실주의자였던 것이다. 이 점에서 그는 근본적으로 김옥균과는 어울릴 수 없는 사람이었다. 김옥균은 친청파를 사대주의자로 볼 뿐만 아니라 궁극적으로는 군주제를 극복해야 한다고 생각했기 때문이다.

시간이 갈수록 김옥균은 어제의 동지였던 민영익을 정적으로 생각하게 되었다. 그것도 숙청 제1호로 꼽을 정도로 최악의 정적으로 여겼다. 박영효의 청지기로서 갑신정변 때 행동대로 활약했던 이규완은 이런 증언을 했다.

하루는 대안동에 사는 서재필이가 대단히 반기면서 내 손목을 끌고 방으로 들어가더니 우리 오늘은 저녁이나 같이 먹자고 하였다. 이것은 뜻밖의 일이었다. 그때 나는 남의 집 청지기라 양반집은 대청이나 간신히 올라가지 방에는 절대로 들어가지 못할 때였는데, 이게 별안간 웬일인지 꿈도 같고 취중도 같았다. 그러나 절에 간 색시처럼 주인 하라는 대로 하였다. 저녁이 파한 뒤에 여러 가지 시국 이야기를 하던 중 그는 다시 내 손목을 다정하게 쥐더니 "여보, 우리가 개혁을 하는데 사람을 죽이고 여러 가지 희생을 낼 것 없이 꼭 한 사람만 죽여 없애면 일이 저절로 되겠는데, 이런 좋은 일을 두고서 못하니 이런 원통한 일이 있소?" 하였다. 내가 다시 물으니 그는 "다른 사람이 아니라 민영익이지요. 지금 사대당이 수효는 많지만

그까짓 것들 다 무덤 속의 마른 뼈지, 무슨 근심이 있소. 그러나 민영익이 만은 그중에 제일 세도가요, 또 신진 정예니 그놈이 제일 무섭지 않소. 그 놈만 죽여 없애고 보면 큰일은 대번에 성공하겠으니 노형이 이 일을 한번 하겠다면, 내가 일본서 돌아올 때 일본에서도 유명한 보검을 한 자루 사왔 는데 이것을 가지고 큰 용기를 내보시겠소? 노형 혼자만 희생할 결심을 요." 이런 말을 하면서 벽장에서 일본도를 한 자루 내놓았다.

그의 말을 듣고 칼을 보니 애국심과 의기가 쭉 내비쳤다. 그만 달려들어 그 칼을 빼서 들고 당장 일어나면서 "여보, 그까짓 것 내가 하겠소. 오늘날 국가의 중대한 일은 사람 둘만 죽이면 된다고 하니, 내가 그까짓 것 못하겠 소. 내 당장에 가서 민영익이 목을 베고, 그 자리에서 이 이규완이도 죽을 테니 걱정 마시오" 하면서 칼을 끌고 대청을 뛰어나갔다. 그러자 그는 황 황해서 쫓아 나오며 "여보, 잠깐 들어오구려. 남의 말이나 똑똑히 듣고 가 구려" 하며 한사코 방으로 다시 끌고 들어가더니 내 두 손목을 꼭 붙잡고 하는 말이 "여보, 장군님. 용서하시오. 대단히 죄송한 말이지만 사실은 장 군님의 담용膽勇을 시험해보느라 그리 하였으니 용서하시오" 하기에 "예, 여보. 다시는 그런 장난 마시오" 하고 말을 마치고 칼을 도로 주었다. 이튿 날 김옥균 집에 갔더니 김이 버선발로 쫓아나와 나를 맞이하면서 "이 장군 님, 이 장군님"을 계속 부른다. 가만히 눈치를 보니 어젯밤 서재필의 연극 은 김이 시킨 것이 분명하였다.

갑신정변은 고종 21년(1884) 10월 17일에 일어났다. 그날 밤 우정국 총판 홍영식은 우정국 낙성을 기념하는 연회를 베풀고 많은 사람들을 초청했 다. 그 자리에서 민영익, 윤태준, 이조연, 한규직 등 민씨 척족들과 친청파 대신들을 일망타진할 계획이었다.

그들은 약속된 방화를 신호로 민씨 척족들을 살해하고 바로 궁궐에 들어

가 고종과 왕비 민씨를 장악할 계획이었다. 이윽고 바깥에서 불길이 치솟았다. 민영익이 무슨 일인지 알아보려 나가자 자객이 달려들어 칼로 쳤다. 그러나 제대로 목을 베지 못하고 귀만 잘랐다. 칼을 맞은 민영익은 안으로 도망쳐 들어와 연회장에서 쓰러졌다. 순간 연회장은 아수라장이 되었다.

그때 김옥균, 박영효, 홍영식, 서광범 등은 재빨리 자리를 빠져나와 창덕궁으로 갔다. 그들은 고종과 민씨를 협박하여 일본군을 부르게 하고 경우궁으로 옮기도록 했다. 한밤중에 고종과 민씨는 경우궁으로 거처를 옮겼다.

김옥균 등은 왕명을 위조해 민씨 척족들과 친청파 대신들을 경우궁으로 오게 했다. 18일 새벽 민태호, 민영목, 조영하, 윤태준 등이 입궁했다가 고종이 보는 앞에서 살해당했다. 고종이 "죽이지 말라"고 명령했지만 소용없었다. 고종은 눈물을 흘리며 고통스럽게 울부짖을 뿐이었다.

경우궁으로 옮겨질 때만 해도 고종과 민씨는 무슨 일이 벌어지는지 알지 못했다. 그렇지만 민태호 등이 눈앞에서 살해당하는 것을 보고서야 정변임을 깨달았다. 민씨는 그들의 손아귀에서 벗어나고자 기지를 발휘했다.

18일 아침에 심상훈이 개화당 지지자로 위장하고 경우궁에 들어와 민씨를 알현했다. 그때 민씨는 속히 밖으로 나가 민영환에게 내부 상황을 알리도록 했다. 아울러 소식을 전할 일이 있으면 수라상 밑에 몰래 서찰을 붙여 올리면 된다고 덧붙였다.

심상훈의 연락을 받은 민영환은 수라상 밑에 밀서를 붙여 보냈는데, 넓은 창덕궁으로 옮기면 일이 수월하리라는 내용이었다. 고종과 민씨는 "경우궁이 불편하니 창덕궁으로 돌아가겠다"고 강력히 주장했다. 18일 오후 5시쯤에 그들은 창덕궁으로 되돌아올 수 있었다. 그리고 19일 오후 3시경, 만반의 준비를 마친 조선군과 청나라 군대가 창덕궁으로 진입함으로써 김옥균, 박영효 등은 일본인들과 함께 궁궐을 탈출해 일본으로 망명했다. 이것이 이른바 '3일 천하'로 끝난 갑신정변이다. 먼 훗날 박영효는 이광수와의 대담에서 갑신정변을 이렇게 회고했다.

⊙ 혁신사상의 유래 ⊙

갑신정변은 조선을 구미식 신정치사상인 자유민권론, 오늘날 말로 봉건에서 시민사회로 옮겨가는 신사상으로 혁신하려던 대운동이다. 그것이 실패하였기에 망정이지 만일 프로그램대로 되었다면 일본의 명치유신과 상당하는 의미를 가져서 조선 역사의 진로는 실상 밟아온 것과 다른 방향을 취했을지도 알 수 없는 것이다. 그러면 당시의 혁명가에게 이러한 신사상이 감염된 경로는 어떠한가? 이에 대한 필자(이광수)의 질문에 춘고春皐(박영효)는 이렇게 대답하였다.

"그 신사상은 내 일가 박규수의 집 사랑에서 나왔소. 김옥균, 홍영식, 서광범, 그리고 내 백형伯兄(박영효의 형 박영교)하고 재동 박규수의 집 사랑에 모였지요."

박규수는 연암 박지원의 손자로서 이유원이 영의정이었을 때 우의정으로 있다가 이유원과 불합不合하여 사직하고 재동의 집에 있으면서 김옥균 등 영준한 청년들을 모아놓고 조부의 『연암문집』을 강의도 하고 청나라 사신들이 들고 오는 신사상도 고취하였다.

⊙ 갑신혁명의 동기 ⊙

"『연암문집』의 귀족을 공격하는 글에서 평등사상을 얻었지요" 하고 춘고는 당시 신사상이란 것이 평등론, 민권론이란 것을 말한 후에 "그때 정치 사정이 누구든지 분개하지 아니할 수가 없었소. 국사라는 것이 엉망이었구려. 매관매직 같은 것은 으레 그런 것이니까 말할 것도 없고, 국세國稅를 받는다는 것이 모두 곤전이 사사로이 보내는 수세관收稅官들의 사복私腹으로 들어가고 민씨족 기타 권문세가의 미움만 받으면 생명을 부지할 수가 있소? 이것을 보고 아니 분개할 수가 있소?"라며 갑신혁명의 동기를 말하였다. 여기 곤전이란 것은 명성황후 민씨를 지칭함은 물론이다.

"김옥균이 나와 먼저 사귀게 된 것은 불교 토론이오. 김옥균은 불교를 좋아해서 불교 이야기를 했는데 나는 그것이 재미가 나서 김옥균과 친하게 되었소. 내 백형(박영교)이 김옥균과 사귀라고 해서 사귀게 되었지마는 그때 김옥균은 27세, 나는 17세였소."

박영효씨는 금릉위錦陵尉(박영효는 철종의 사위)요, 그의 주택이 궁宮이기 때문에 숙위라는 명목으로 사람들이 다수로 출입하더라도 눈에 띄지 않는 편의도 있어서 김옥균, 홍영식, 서광범 등이 교동 금릉위 궁에 모여서 밤을 새워가며 연일연야 혁명의 모의를 하였다.

"내 집에서 모이기가 불편할 때는 탑골 승방僧房과 봉계사峯溪寺에서 많이 모였소."

혁명의 방법에 관하여서는 춘고는 "그저 정권을 움켜잡는 것이지요. 상감을 꼭 붙드는 것이지요. 김옥균이가 어름어름하다가 상감을 놓쳐버려서 고만 실패했지요" 하고 통분한 표정을 한다. 춘고의 의견에는 갑신정변이 실패된 주된 책임이 김옥균에게 있다는 것이다. 그가 약속대로 하지 아니한 것, 모계謀計가 소홀한 것 등이 갑신혁명 실패의 중대 원인이라고 춘고는 반복하여 애석히 여긴다.

김옥균 선생의 인격의 장처長處와 단처短處에 대하여 박씨는 "김옥균의 장처는 교유요. 교유가 참 능하오. 글 잘하고 말 잘하고 시문서화詩文書畵 다 잘하오. 김옥균의 단처는 덕의와 모략이 없는 것이오" 하여 김옥균의 재는 허하나 덕과 지를 허하지 아니한다.

"홍영식이 과연 성의 있는 사람이었소. 서광범은 인물이었으나 병약해서 대사를 하기 어려웠소" 하고 박영효는 홍영식을 많이 칭찬하였다. 갑신혁명 시에 김옥균이 27세, 홍영식이 25세, 서광범이 24세, 박영효가 17세였다고 한다.

당시 상감이시던 고종의 태도에 대하여는 박씨는 다언多言을 피하나 고

종 황제가 갑신정변의 배후에서 다 알고 계시었다는 것만은 강하게 부인
하였다.

『동광東光』 19권, 1931년 3월호

일본 낭인들에게 살해된
비참한 최후

갑신정변에서 무력 충돌을 벌였던 청나라와 일
본은 더 이상의 충돌을 피하기 위해 고종 22년(1885) 3월에 천진조약을 체
결했다. 3조항으로 된 천진조약의 제1조에는 "청나라는 조선에 주둔시킨
군대를 철수하고, 일본은 공사관 호위를 위하여 조선에 주둔시킨 군대를
철수키로 한다"라고 해 공동 철병을 약속했다. 또한 제3조에는 "장래 조선
에 만약 변란이나 중대한 사건이 있어 청국, 일본의 두 나라 또는 한 나라
가 파병을 요할 때는 응당 그에 앞서 상호 외교 문서를 보내어 알게 할 것
이요"라고 해 파병할 때에는 통고하도록 했다. 이 조약에 따라 1885년 6월
에 청나라 군대와 일본 군대는 조선에서 철병했다.

공동 철병을 함으로써 조선에서 청·일 양국의 영향력이 비슷했을 듯하지
만 사실은 그렇지 않았다. 그 당시 조선은 친청 일변도였다. 친일 성향의 갑신
정변 주역들이 역적으로 몰려 죽거나 일본으로 망명한 상태에서 친일 정책이
들어설 여지가 없었던 것이다. 고종과 왕비 민씨도 일본에 적대적이었다.

이에 일본은 세력을 만회하려 호시탐탐 기회를 노렸다. 일본은 고종 31
년(1894)의 갑오농민항쟁을 기회로 이용했다. 1894년 2월, 고부군수 조병
갑의 학정에 봉기한 농민군은 승승장구하여 4월 27일에는 전주를 함락시
켰다. 당시 궁중에는 흥선대원군이 동학 농민군의 배후 조종자라는 소문

이 돌았다. 임오군란 때 천진으로 납치되었던 흥선대원군은 3년 후에 석방되어 귀국했다. 사실 여부를 떠나 흥선대원군이 결탁되었다는 소문만으로도 왕비 민씨는 몹시 두려워했다. 임오군란의 악몽이 떠올랐던 것이다.

민씨는 곧바로 청나라에 구원병을 요청했다. 그때 민영준이 "왜국이 오래도록 틈을 엿보던 터이니, 만약 천진조약을 핑계 대고 부르지 않는데도 온다면 형세가 매우 위태로울 것입니다"라고 하자, 민씨는 "못난 놈. 내가 차라리 왜놈의 포로가 될지언정 다시는 임오년의 일을 당하지 않겠다"라고 했다고 한다. 그토록 임오군란의 악몽이 두려웠던 것이다. 그러나 민영준의 우려대로 조선이 요청하지도 않았는데 일본은 청나라 군사 파병을 빌미로 대규모 병력을 파견했다.

일본군은 5월 7일에 인천에 상륙했는데, 월말쯤에는 그 수가 약 5천 명에 달했다. 5월 12일에는 선발대 300여 명이 한양에 입성했다. 갑신정변에서 철병한 후 10년 만의 입성이었다. 일본은 파병을 기회로 조선에서의 주도권을 잡고자 했다. 청나라와 일전을 벌일 생각이었던 것이다.

일본은 청나라와 전쟁하기 전에 먼저 조선을 장악하고자 했다. 6월 21일 새벽, 일본군 2개 대대가 영추문을 통해 경복궁을 침입했다. 일본 공사 오토리 게이스케(大鳥圭介)가 직접 병력들을 지휘하여 침입했는데, 고종을 호위하던 병사와 시종들은 모두 도망갔다고 한다. 궁궐 호위병들이 어쩌면 그리도 맥이 없었는지 그저 놀라울 따름이다. 고종과 민씨는 한자리에 있다가 일본군에게 포로가 되었다. 당시 함화당에 머물던 고종이 민씨에게 피신할 것을 권고하자 왕비는 조금 있다가 돌아와서 "한 궁궐 안에서 가면 어디로 가겠습니까? 차라리 여기 있으면서 여러 사람들의 마음을 안정시키겠습니다. 그리고 지금 권력을 빼앗겨 역적의 머리를 베지 못할 바에야 우선 포용해서 그 흉악한 칼날을 늦추는 것이 좋습니다"고 하면서 함께 있다가 포로가 되었다.

일본 공사는 경복궁을 장악하자 곧 흥선대원군을 입궁시켰다. 흥선대원

군을 내세워 상황을 수습하려 한 것이다. 이런 점에서 당시의 경복궁 침입은 임오군란 때와 비슷한 양상을 띠었다. 다른 점이 있다면 이번에는 일본 군들이 궁궐을 침범했다는 사실이었다.

홍선대원군은 일본군을 배경으로 잠시 권력을 행사했지만 얼마 지나지 않아 그 일본에 의해 숙청당했다. 홍선대원군이 일본 뜻대로 움직이지 않았기 때문이다. 일본은 홍선대원군 대신 갑신정변 이후 일본으로 망명했던 친일 성향의 인사들을 귀국시켜 전면에 내세웠다. 이들이 이른바 '갑오개혁'의 중심 세력이었다. 그 내용은 기왕의 체제를 의정부와 궁내부로 나누어 왕실 세력이 정치에 간여하지 못하도록 하는 것이었다. 민씨의 정치 참여를 원천봉쇄하기 위해서였다. 정치적으로 본다면 민씨는 임오군란 때처럼 다시 사망 선고를 받은 상태가 되었다. 당연히 민씨는 일본과 친일파들을 몰아내고자 했다.

그러나 일본은 승승장구했다. 청일전쟁에서 승리하면서 청나라로부터 대만과 요동반도까지 할양받아 강대국이 되었다. 조선의 힘만으로 일본을 몰아낸다는 것은 불가능해 보였다. 하지만 일본이 최고 강대국은 아니었다. 러시아가 있었던 것이다. 러시아는 독일 및 프랑스와 협조해 일본이 스스로 요동반도를 포기하도록 만들었다. 고종 32년(1895) 4월의 이른바 '삼국간섭'이 그것이다.

민씨는 피 한 방울 흘리지 않고 단지 외교력만으로 일본을 굴복시킨 러시아에 경탄했다. 러시아의 힘이라면 충분히 일본을 몰아낼 수 있다고 생각했다. 민씨는 곧 한양에 파견된 러시아 공사에게 협조를 구했다. 러시아 공사 베베르는 대단히 우호적이었다. 이를 배경으로 민씨는 점차 정치적 영향력을 회복했다. 그리하여 정부에 포진한 친일 성향의 관리들을 숙청하고 친러 성향의 관리들을 중용하기 시작했다.

상황이 이같이 전개되자 일본은 위기감을 느꼈다. 민씨가 살아 있는 한 조선을 장악할 수 없다고 판단한 것이다. 이에 일본은 이른바 '여우사냥',

⊙ 고종과 명성황후가 잠들어 있는 홍릉

즉 민씨를 시해하려는 음모를 꾸미기 시작했다. 시해 음모는 9월 1일에 미우라 고로(三浦梧樓)가 일본 공사公使로 한양에 부임하면서 본격화되었다.

미우라는 군인 출신으로서 열렬한 대륙 침략론자였다. 그는 조선에 부임하면서 시바 시로(柴四朗), 다케다 노리유키(武田範之), 츠키나리 히카루(月成光)를 참모로 데리고 왔다. 시바 시로는 우익 소설가이고, 다케다 노리유키는 전형적인 일본 낭인浪人(일정한 직업 없이 이리저리 떠돌아다니는 사람)이며, 츠키나리 히카루는 미우라와 마찬가지로 열렬한 대륙 침략론자였다. 한양의 일본 낭인들이 이 참모들을 통해 미우라 주변에 모여들었다. 이들은 민씨의 초상화를 보며 왕비의 얼굴을 익혔다.

미우라는 민씨를 시해할 경우 일어날 비난을 면하기 위해 흥선대원군과 훈련대를 이용하고자 했다. 흥선대원군은 천하가 다 아는 민씨의 정적이었고, 훈련대 병력들은 해산된다는 소문으로 불만에 차 있었던 만큼 선전용으로 적당하다고 생각했던 것이다. 미우라는 흥선대원군에게 수차례 사람을 보내 의향을 타진했다. 그러나 흥선대원군은 아무리 민씨와 정적이라고 해도 일본인의 손까지 빌리고 싶지는 않았는지 확답을 주지 않았다. 결국 미우라는 흥선대원군을 납치하기로 했다.

10월 7일 한밤중에 일본인 30여 명이 마포 공덕리에 있던 흥선대원군의 별장을 습격했다. 그들은 흥선대원군이 완강히 거부하는 바람에 2시간 가까이 실랑이를 벌이다가 새벽 3시 반쯤에 강제로 흥선대원군을 가마에 태우고 경복궁으로 달려갔다.

한편 새벽 2시쯤에는 경복궁의 앞뒤로도 일본군들이 몰려들었다. 정문인 광화문 쪽에는 200여 명, 후문인 춘생문과 추성문 쪽에는 각각 100여 명이 모였다.

이들은 흥선대원군이 도착하면 일시에 밀고 들어갈 계획이었다. 흥선대원군을 시해의 주범으로 선전하기 위해서였다. 5시쯤에 흥선대원군의 납치범들이 광화문에 도착하자 일본군들은 총을 쏘며 경복궁으로 돌격해 들어갔다. 춘생문과 추성문 방면에서도 돌격했다. 궁궐을 지키던 병력들은 거의 다 도망갔다. 단지 광화문 앞에서 홍계훈과 수문병 몇 명이 저항하다가 사살되었을 뿐이다.

그 시간 고종과 왕비 민씨는 경복궁의 뒤쪽인 건청궁의 곤녕합에 있었다. 고종이 지은 「행록」에 따르면 그때 두 사람은 난간을 거닐고 있었다고 한다. 고종과 민씨는 보통 해가 떠야 잠자리에 들었기 때문에 아직 잠들기 전이었다.

일본군들은 몰려오는데 주변에 경호병들이 전혀 없자 고종은 절망했다. 그러나 그 와중에도 고종은 부인 민씨를 살리려 애를 썼다. 고종은 자신이 일본군들의 주의를 끄는 동안 민씨가 피신하도록 했다.

곤녕합에 있던 고종은 일본군들의 주의를 끌기 위해서 바깥 건물로 나왔다. 헤어질 때 왕비는 "원컨대 종묘사직의 중대함을 잊지 마소서"라고 말했다고 한다. 아마도 민씨는 이번에는 벗어날 수 없다고 직감한 모양이었다. 실제로 일본군들이 건청궁을 완전히 포위하고 있어서 빠져나갈 길이 없었다. 결국 민씨는 곤녕합의 옥호루에서 비참하게 살해되고 말았다. 러시아 공사 베베르는 보고서에서 민씨의 최후를 다음과 같이 기록했다.

일본인들은 왕비 민씨와 궁녀들이 머물고 있던 방을 습격했습니다. 이
때 궁내부 대신 이경직이 뛰어들어와 일본인들과 민씨 사이에서 항복의
의미로 두 팔을 들었습니다. 이 순간 어떤 일본인이 칼로 그의 두 팔을 잘
랐습니다. 그는 피를 흘리면서 바닥에 쓰러졌습니다. 일본인들은 "왕비 어
디 있어?"라고 소리치며 여자들에게 달려들었습니다. 민씨와 궁녀들은 모
두 왕비는 여기에 없다고 대답했습니다. 이때 민씨가 복도를 따라 도망쳤
는데 그 뒤를 한 일본인이 쫓아가 잡았습니다. 그는 민씨를 바닥으로 밀어
넘어뜨리고 그녀의 가슴 위로 뛰어올라 발로 세 번 짓밟고 결국 찔러 죽여
버렸습니다. 상궁은 수건으로 민씨의 얼굴을 가렸습니다. 얼마 후 일본인
들은 민씨의 시체를 가까운 숲으로 옮겨갔습니다. 대부분의 궁녀들은 아
무것도 볼 수 없었으나 한 궁궐 관리는 일본인들이 민씨의 시체를 태우는
것을 보았다고 말했습니다.

명성황후 민씨는 이렇듯 끔찍하고 야만스럽게 살해당했다. 당시 그는
45세였다. "종묘사직의 중대함을 잊지 마소서." 이것이 민씨가 고종에게
남긴 마지막 말이었다.

조선 왕비 일람

1. 태조(1335~1408) 왕비

신의왕후
神懿王后

충숙왕 복위 6년(1337) 9월에 영흥에서 출생했다. 본관은 안변이고, 아버지는 한경韓
卿, 어머니는 삭녕 신씨로서 신윤려申允麗의 딸이다.

한씨는 15세였던 공민왕 즉위년(1351)에 17세의 태조와 혼인했다. 그후 태조의 고향
함흥을 지키며 아들 6명과 딸 2명을 낳아 길렀다. 아들은 방우·방과·방의·방간·방
원·방연이고, 딸은 경신공주·경선공주다. 그들 중에서 둘째 방과가 조선의 제2대 왕
정종이고, 다섯째 방원이 제3대 왕 태종이다. 한씨는 태조가 신덕왕후 강씨와 혼인한
이후에도 향처로서 꿋꿋이 고향을 지키며 자녀들을 키웠다. 제릉齊陵의 비문에는 그런
한씨를 가리켜 "태조가 장군이 되어 수십 년간 싸움터를 드나들어 편안한 해가 없었으
나 신의왕후는 능히 힘을 다하여 가사를 돌보고 남편의 성공을 권면하였으며, 성품이
투기하지 아니하여 남편의 시첩들을 예로써 대우하였다"고 평가했다.

한씨는 조선 건국 1년 전인 공양왕 3년(1391) 9월, 55세에 세상을 떠났다. 조선이 건국
된 다음날인 1392년 7월 17일, 왕비로 추증되어 절비節妃라 하였다. 해풍군 치속촌에
서 장례를 치렀는데, 왕비로 추증되면서 제릉이라 하였다. 이후 정종 즉위년(1398)에
신의왕후로 추존되었다.

신덕왕후
神德王后

공민왕 5년(1356)쯤 개경에서 태어났으리라 추정한다. 본관은 곡산이고, 아버지는 강
윤성康允成, 어머니는 진주 강씨로서 강은姜誾의 딸이다.

강씨는 15세쯤에 약 20세 연상의 이성계와 혼인했으리라 추정된다. 이후 이성계의 경
처로서 남편을 내조하여 왕으로 만들었다. 자식으로 방번·방석과 경순공주를 두었다.
조선이 건국되면서 현비顯妃로 책봉되어 사실상 조선의 제1대 왕비가 되었다. 태조 5
년(1396)에 세상을 떠났다. 시호는 신덕이고, 무덤은 정릉貞陵으로 한양에 있었다. 하
지만 훗날 태종이 신덕왕후를 첩으로 간주하여 종묘에 모시지도 않았고, 정릉도 성 밖
으로 이장했다. 이후 선조 때 정릉이 회복되었고, 현종 때 종묘에 모셔졌다. 능은 서울
성북구 정릉동에 있다.

2. 정종(1357~1419) 왕비

정안왕후
定安王后

공민왕 4년(1355)에 출생했다. 본관은 경주이고, 아버지는 김천서金天瑞, 어머니는 담
양 이씨로서 이예李藝의 딸이다.

김씨는 정종보다 2년 연상인데, 혼인한 연도는 알려져 있지 않다. 태조 7년(1398) 8월
제1차 왕자의 난 이후 정종이 왕세자에 책봉되자 덕빈德嬪에 책봉되었다. 이후 9월에
정종이 즉위하면서 왕비에 책봉되어 덕비德妃가 되었으며, 태종이 왕위에 오르고 정종

이 상왕이 되면서 왕태비王太妃가 되었다. 정종과의 사이에 자녀는 없었다. 태종 12년
(1412) 6월에 세상을 떠났다. 시호는 정안이고, 무덤은 후릉厚陵이다. 능은 경기도 개
풍군 홍교면 홍교리에 있다.

3. 태종(1367~1422) 왕비

원경왕후
元敬王后

공민왕 14년(1365) 7월에 개경에서 출생했다. 본관은 여흥이고, 아버지는 민제閔霽,
어머니는 여산 송씨로서 송선宋瑄의 딸이다.

민씨는 우왕 8년(1382) 18세 때 16세의 이방원과 혼인했다. 양녕대군·효령대군·충녕
대군·성녕대군과 정순공주·경정공주·경안공주·정선공주를 두었다. 이중 셋째 아들
충녕대군이 조선의 제4대 왕 세종이다. 민씨는 제1, 2차 왕자의 난 때 방원을 도와 그를
왕으로 만들었다. 방원이 왕위에 오르면서 왕비가 되어 정비貞妃에 책봉되었다. 하지만
왕비가 된 후 태종과의 불화로 인해 친정 식구들이 몰살되는 참화를 겪기도 했다. 세종
즉위년(1418)에 태종이 상왕이 되면서 왕대비王大妃가 되었다가 세종 2년 7월에 세상
을 떠났다. 시호는 원경이고, 무덤은 헌릉獻陵이다. 능은 서울시 서초구 내곡동에 있다.

4. 세종(1397~1450) 왕비

소헌왕후
昭憲王后

태조 4년(1395) 9월에 양주에서 출생했다. 본관은 청송이고, 아버지는 심온沈溫, 어머
니는 순흥 안씨로서 안천보安天保의 딸이다.

심씨는 태종 8년(1408) 14세 때 12세의 충녕대군과 혼인하여 경숙옹주에 책봉되었다
가 태종 18년 4월에 충녕대군이 왕세자가 되면서 경빈敬嬪에 책봉되었다. 이어 9월에
충녕대군이 즉위하자 왕비가 되어 공비恭妃로 불렸다. 심씨는 『영릉지英陵誌』에서
"왕후의 인자하고 어질고 성스럽고 착한 성정은 천성에서 비롯하였다. 왕비가 된 후 스
스로 더욱 겸손하고 조심하여 후궁들을 예로 대하고, 아래로 궁인에 이르기까지 어루
만지고 사랑하여 은혜를 더하지 않음이 없었다. 후궁이 나와서 뵙는 자가 있으면 반드
시 위로하고 용납하여 마지않으며, 만일 상감께서 총애하신 자는 특별히 융성하게 대
우하여 지극한 정에 차별이 없었다. 여러 아들들을 모두 잘 기르되 구별을 두지 않았고,
후궁의 소생들에게도 마음을 다하여 길러서 자기 소생보다 낫게 하였다. 또 일을 위임
하여 의심하지 않고 맡기니, 후궁 또한 지성껏 받들어 공순히 하여 게을리 함이 없었다.
이에 후궁 이하가 사랑하고 공경하기를 부모 대접하듯 하였다"고 평가했듯이 조선시
대의 대표적인 현모양처 겸 왕비였다.

심씨는 세종과 부부 금슬도 좋아서 8남 2녀가 되는 자녀를 두었다. 아들은 문종·수양
대군·안평대군·임영대군·광평대군·금성대군·평원대군·영응대군으로서 통칭 '8대

군'이라 하였다. 딸은 정소공주·정의공주다. 그러나 심씨는 시아버지 태종에 의해 친정이 몰살당하는 비극을 겪기도 했다. 그때 심씨도 폐위당할 위기에까지 몰렸으나 평소의 인망으로 무사할 수 있었다. 세종 28년(1446)에 세상을 떠났다. 시호는 소헌이다. 처음 무덤은 헌릉獻陵이었지만, 후에 세종의 능인 영릉英陵에 이장했다. 능은 경기도 여주군 능서면에 있다.

5. 문종(1414~1452) 왕비

현덕왕후
顯德王后

태종 18년(1418) 3월에 충청도 홍주의 합덕현에서 출생했다. 본관은 안동이고, 아버지는 권전權專, 어머니는 해주 최씨로서 최용崔鄘의 딸이다.

권씨는 세종 13년(1431) 14세 때 세자의 후궁으로 발탁되어 승휘承徽가 되었다가 세종 19년 당시의 세자빈 봉씨가 쫓겨나면서 세자빈에 책봉되었다. 그후 세종 23년 7월 23일에 원손, 즉 훗날의 단종을 낳았다. 하지만 해산 다음날 산후병으로 경복궁 자선당에서 세상을 떠났다. 당시 24세였다. 이전에 낳은 딸이 경혜공주다. 시호로 현덕을 받아 현덕빈으로 불렸다. 경기도 안산의 고읍산에 장사 지냈다.

그후 문종 즉위년(1450)에 현덕빈에서 현덕왕후로 추숭되었다. 무덤도 소릉昭陵으로 존숭되었는데, 단종 즉위년(1452)에 문종릉과 합장하면서 현릉顯陵으로 바뀌었다. 신주는 문종과 함께 종묘에 모셔졌다. 하지만 세조 3년(1457) 단종 복위에 연루되어 왕후에서 서민으로 강등되었다. 그 결과 신주는 종묘에서 철거되었고, 시신도 현릉에서 옮겨졌다. 그러다가 중종 8년(1513)에 다시 왕비로 복위되어 신주가 종묘에 모셔졌으며, 시신도 다시 현릉으로 옮겨졌다. 능은 경기도 구리시 인창동 동구릉 안에 있다.

6. 단종(1441~1457) 왕비

정순왕후
定順王后

세종 22년(1440)에 출생했다. 본관은 여산이고, 아버지는 송현수宋玹壽다.

송씨는 단종 1년(1453) 14세 때 간택되어 다음해 1월 22일에 왕비로 책봉되었다. 단종이 송씨보다 1년 연상이었다. 단종 3년에 세조가 왕위에 즉위하자 송씨는 왕대비王大妃가 되었지만, 세조 3년(1457)에 단종이 노산군으로 강등되자 대군부인으로 강등되었다. 당시 16세였다. 이후 송씨는 중종 16년(1521)에 82세로 세상을 떠날 때까지 홀로 외롭게 생활했다. 세상을 떠났을 때 단종이 아직 왕으로 신원되지 않았으므로 신주가 종묘에 모셔지지 않았다. 숙종 24년(1698)에 단종이 왕으로 복위되면서 송씨도 왕후로 복위되었다. 이때 정순이라는 시호를 받았으며, 무덤도 사릉思陵으로 승격되었다. 능은 경기도 남양주시 진건면 사릉리에 있다.

7. 세조(1417~1468) 왕비

정희왕후
貞熹王后

태종 18년(1418) 11월에 충청도 홍주에서 출생했다. 본관은 파평이고, 아버지는 윤번尹璠, 어머니는 인천 이씨로서 이문화李文和의 딸이다.

윤씨는 세종 10년(1428) 11세 때 12세의 수양대군과 혼인했다. 자녀는 도원군·해양대군·의숙공주를 두었다. 도원군은 덕종으로 추존되었고, 해양대군은 훗날의 예종이다. 윤씨는 세조 1년(1455)에 수양대군이 왕위에 즉위하면서 왕비에 책봉되었다. 이후 아들 예종이 14세에 즉위하자 대비가 되어 조선시대 최초로 수렴청정을 시행했으며, 손자 성종이 13세에 즉위했을 때도 대왕대비로서 수렴청정을 했다. 성종 14년(1483) 3월, 66세에 온양온천에서 세상을 떠났다. 시호는 정희이고, 무덤은 광릉光陵이다. 능은 경기도 남양주시 진전읍 부평리에 있다.

8. 추존왕 덕종德宗(1438~1457) 왕비

소혜왕후
昭惠王后
(인수대비)

세종 19년(1437) 9월에 출생했다. 본관은 청주이고, 아버지는 한확韓確, 어머니는 남양 홍씨로서 홍여방洪汝方의 딸이다.

한씨는 수양대군이 왕위에 오르기 직전에 수양대군의 큰아들 도원군과 혼인했다. 그후 세조 1년(1455)에 세조가 왕위에 오르자 세자빈이 되어 수빈粹嬪에 책봉되었으나 세자가 왕위에 오르지 못하고 요절해 왕비가 되지는 못했다. 하지만 성종 1년(1470)에 둘째 아들이 왕위에 오르면서 인수대비에 책봉되었다. 자녀는 월산대군·자을산군과 명숙공주를 두었다. 자을산군이 훗날의 성종이다. 연산군 10년(1504)에 세상을 떠났다. 시호는 소혜이고, 무덤은 경릉敬陵이다. 능은 경기도 고양시 용두동 서오릉 안에 있다.

9. 예종(1450~1469) 왕비

장순왕후
章順王后

세종 27년(1445) 1월에 출생했다. 본관은 청주이고, 아버지는 한명회韓明澮, 어머니는 여흥 민씨로서 민대생閔大生의 딸이다.

한씨는 세조 6년(1460) 4월, 16세 때 11세의 해양대군과 혼인하고 세자빈에 책봉되었다. 그후 세조 7년 11월에 원손을 낳은 후 산후병으로 고생하다가 한 달 만에 세상을 떠났는데, 당시 17세였다. 원손은 훗날의 인성대군이다. 예종이 왕위에 오른 후 왕비로 추존되었다. 시호는 장순이고, 무덤은 공릉恭陵이다. 능은 경기도 파주시 조리읍 봉일천리에 있다.

　장순왕후는 당대의 권신 한명회의 딸이었지만 궁중에서는 언행을 조심하고 삼갔다고

한다.『공릉지恭陵誌』에 따르면 그는 세자빈이 된 후 "스스로 경계하여 어긋남이 없고 부도婦道를 굳게 지켜 오로지 근신하고 시부모를 받들되 정성과 효도를 다하면서 능히 정숙하고 온화한 아름다움을 드러냈다"고 한다.

안순왕후
安順王后 세종 27년(1445) 3월에 출생했다. 본관은 청주이고, 아버지는 한백륜韓伯倫, 어머니는 임유任柔의 딸이다.

한씨는 해양대군이 세자였을 때 후궁으로 입궁하여 소훈昭訓에 책봉되었다. 그후 세조 7년(1461) 11월에 세자빈 한씨가 세상을 떠나자 세자빈 역할을 하다가 1468년에 해양 대군이 왕위에 오르면서 왕비가 되었다. 하지만 1년 만에 예종이 병사하고 성종이 즉 위하면서 명의대비明懿大妃가 되었다. 자녀는 제안대군과 현숙공주를 두었다. 연산군 4년(1498)에 세상을 떠났다. 시호는 안순이고, 무덤은 창릉昌陵이다. 능은 경기도 고양 시 용두동 서오릉 안에 있다.

10. 성종(1457~1494) 왕비

공혜왕후
恭惠王后 세조 2년(1456) 10월에 한양에서 출생했다. 본관은 청주이고, 아버지는 한명회, 어머니는 여흥 민씨다.

한씨는 세조 13년, 12세 때 11세의 자을산군과 혼인했다. 시어머니는 인수대비였다. 1469년에 자을산군이 왕위에 오르자 왕비에 책봉되었다. 그러나 성종 5년(1474) 4월, 19세에 세상을 떠났다. 성종과의 사이에 자녀는 없었다. 시호는 공혜이고, 무덤은 순릉 順陵이다. 능은 경기도 파주시 조리읍 봉일천리에 있다.

공혜왕후는 예종의 왕비 장순왕후와 마찬가지로 한명회의 딸이었다. 예종은 성종의 작 은아버지였으므로 공혜왕후에게 장순왕후는 언니이자 숙모였다. 이렇게 복잡하고 어 려운 궁중 생활에서 공혜왕후는 마음을 졸이며 살다가 요절했다.

『순릉지』에 따르면 공혜왕후는 입궁한 후 "비록 나이가 어렸으나 의젓하고 엄숙하기가 노성한 사람 같았으며, 세조와 정희왕후를 늘 좌우에서 모시되 공경하고 삼가기를 더욱 지극히 하였다. 이에 대전大殿의 대우가 날로 융성해졌다. 성종이 왕위에 오르자 왕비 에 책봉되어 더더욱 스스로 공경하고 두려워하며 정희대왕대비, 인수왕대비, 장순대비 를 극진한 효로 받들었다. 매번 신기한 것을 구하고 좋은 음식을 갖추어 진상하되 오래 도록 게을리 하지 않았으며, 후궁에게도 너그럽고도 번거롭지 않게 대하였다"고 했다.

폐비 윤씨 출생년도는 알려져 있지 않다. 다만 윤씨가 성종의 후궁으로 입궁했을 때 같이 입궁한 정현왕후가 12세였으므로 그 어간의 나이였으리라 짐작한다. 본관은 함안이고, 아버지 는 윤기견尹起畎, 어머니는 신씨다.

윤씨는 성종 4년(1473) 3월 19일에 성종의 후궁으로 입궁했다. 다음해에 공혜왕후가

부록 / 조선 왕비 일람

세상을 떠나자 뒤를 이어 왕비에 책봉되었다. 그러나 윤씨는 연산군을 출산한 후 남편 성종은 물론 시어머니 인수대비와의 관계가 악화되어 성종 10년 3월에 폐비되었다가 3년 후인 성종 13년 8월 16일에 사약을 받고 죽었다. 그런데 윤씨가 죽을 때 흘린 피가 묻은 적삼이 훗날 연산군에게 전달되어 사화가 일어났다.

윤씨는 연산군이 즉위한 후 제헌왕후齊獻王后로 복위되었다가 중종반정으로 연산군이 쫓겨나면서 다시 폐위되고 말았다. 윤씨의 무덤은 회묘懷墓이고, 경기도 고양시 덕양구 원당동에 있다.

정현왕후
貞顯王后

세조 6년(1462) 6월에 충청도 신창에서 출생했다. 본관은 파평이고, 아버지는 윤호尹壕, 어머니는 연안 전씨로서 전좌명田佐命의 딸이다.

윤씨는 성종 4년(1473) 6월 14일, 12세 때 폐비 윤씨와 더불어 성종의 후궁으로 선발되어 입궁했다. 그후 성종 10년 3월에 폐비 윤씨가 왕비에서 쫓겨나자 다음해 11월에 왕비가 되었는데, 당시 19세였다. 자녀는 진성대군과 신숙공주를 두었다. 진성대군은 훗날의 중종이다. 성종 25년에 연산군이 즉위하면서 자순대비慈順大妃가 되었다. 연산군 12년(1506)에 중종반정이 일어나자 대비로서 연산군을 폐위하고 진성대군을 왕으로 임명했다. 중종 25년(1530) 8월, 69세에 세상을 떠났다. 시호는 정현이고, 무덤은 선릉宣陵이다. 능은 서울시 강남구 삼성동에 있다.

11. 폐위왕 연산군(1476~1506) 왕비

폐비 신씨

성종 5년(1474)에 출생했다. 본관은 거창이고, 아버지는 신승선愼承善, 어머니는 전주 이씨로서 임영대군의 딸이다.

신씨는 성종 18년에 세자빈에 간택되었다. 당시 14세로 연산군보다 2년 연상이었다. 연산군 즉위년(1494)에 왕비가 되었다. 연산군 12년에 중종반정으로 연산군이 왕위에서 쫓겨날 때 신씨도 폐위되었다. 자녀는 2남 1녀를 두었는데, 큰아들이 폐세자 황이다. 두 아들은 중종반정 이후 모두 사사되었다. 신씨는 정청궁貞淸宮에서 홀로 살다가 33세에 쓸쓸히 세상을 떠났다. 신씨는 황음무도한 연산군을 바로잡으려 여러 차례 바른말로 간하다가 능욕을 당했다고 한다. 이와 관련하여 『연려실기술』에 다음과 같은 기록이 남아 있다.

"연산군의 황음무도함이 날로 심해지자 왕비 신씨가 매번 바른말로 간하다가 여러 번 부당한 능욕을 당하였다. 이때 숙의淑儀의 종이라고 칭하는 자가 사방에 흩어져 있는 물건을 독점하여 이익을 구하고, 평민들의 토지와 노비를 빼앗아 차지하였으나 공사 간에 아무도 감히 말하지 못하였다. 왕비 신씨는 매양 탄식하며 말하기를 '여러 궁인들이 나라의 정치를 어지럽게 하니, 나는 그 나쁜 것을 알면서 본받을 수 없다' 하였다. 일찍이 내수사에 간절히 경계하여 말하기를 '만약 본궁本宮의 종들 가운데 횡포한 자가

있다고 들리면 반드시 먼저 매를 쳐서 죽이리라' 하였다. 이로 말미암아 본궁의 종들은
감히 그러지 못하였다."

12. 중종(1488~1544) 왕비

단경왕후
端敬王后

성종 18년(1487) 1월에 출생했다. 본관은 거창이고, 아버지는 신수근愼守勤, 어머니는
청주 한씨로서 한충인韓忠仁의 딸이다. 신수근은 연산군의 장인인 신승선의 아들이다.
신씨는 연산군 5년(1499), 13세 때 12세의 진성대군과 혼인했다. 그런데 진성대군은
연산군과 이복형제였으므로 시댁에서 신씨는 연산군의 왕비 신씨와 동서 간이 되었다.
그후 연산군 12년(1506) 9월 4일, 반정으로 연산군이 쫓겨나고 진성대군이 왕위에 오
르자 신씨도 왕비가 되었다. 하지만 친정아버지 신수근이 연산군의 처남이라는 이유로
반정 주역들에게 죽임을 당할 때 신씨도 강제로 폐위, 출궁되었다. 신씨는 왕비가 된 지
7일 만에 궁궐에서 쫓겨나고 말았는데, 당시 20세였다. 이후 인왕산 아래에서 홀로 살
다가 71세에 세상을 떠났다. 중종과의 사이에 자녀는 없었다.
그후 신씨의 억울한 사정이 참작되어 중종 당시부터 복위시켜야 한다는 논의가 있었으
나 진척되지 못하고 사후 180여 년이 지난 영조 15년(1739)에야 복위되었다. 그때 단
경이라는 시호가 올려졌고, 무덤도 온릉溫陵으로 승격되었다. 능은 경기도 양주군 장
흥면 일영리에 있다.

장경왕후
章敬王后

성종 22년(1491) 7월에 한양에서 출생했다. 본관은 파평이고, 아버지는 윤여필尹汝弼,
어머니는 순천 박씨로서 박중선朴仲善의 딸이다. 8세 때 어머니를 여의고 이모인 월산
대군의 부인에게서 자랐다.
윤씨는 중종 1년(1506), 중종반정 이후 16세 때 후궁으로 입궁하여 숙의가 되었다. 그
때 중종의 부인 신씨가 강제로 이혼당해 출궁된 상태였으므로 대신들이 중종에게 혼인
할 것을 요청했다. 이에 중종은 즉위 2년 8월에 윤씨를 왕비로 삼았다.
윤씨는 중종 10년 2월에 원자를 출산했지만 산후병으로 6일 만인 3월 2일에 경복궁에
서 세상을 떠나고 말았다. 자녀는 1남 1녀를 두었다. 아들은 훗날의 인종이고, 딸은 효
혜공주다. 시호는 장경이고, 무덤은 희릉禧陵이다. 능은 경기도 고양시 덕양구 원당동
서삼릉 안에 있다.

문정왕후
文定王后

연산군 7년(1501)에 출생했다. 본관은 파평이고, 아버지는 윤지임尹之任, 어머니는 전
의 이씨로서 이덕숭李德崇의 딸이다.
윤씨는 중종 10년(1515) 3월에 장경왕후가 세상을 떠나자 3년상 이후 중종 12년에 왕
비로 간택되었다. 당시 윤씨는 17세, 중종은 30세였다. 인종이 즉위하면서 대비가 되었
고, 이어서 1545년에 명종이 12세의 어린 나이로 왕위에 오르자 대비로서 8년간 수렴

청정했다. 이때 친정 동생 윤원형이 정권을 잡고 윤임 일파를 제거하기 위한 을사사화를 일으켰다. 윤씨는 불교를 독실하게 믿으면서 보우 스님을 신임해 정희왕후 이후 불교가 크게 부흥했다. 자녀는 경원대군과 의혜공주·효순공주·경현공주·인순공주를 두었다. 경원대군이 훗날의 명종이다. 명종 20년(1565)에 세상을 떠났는데, 65세였다. 시호는 문정이고, 무덤은 태릉泰陵이다. 능은 서울시 노원구 공릉동에 있다.

13. 인종(1515~1545) 왕비

인성왕후
仁聖王后

중종 9년(1514) 10월에 출생했다. 본관은 나주이고, 아버지는 박용朴墉, 어머니는 의성 김씨로서 김익겸金益謙의 딸이다.

박씨는 중종 19년 3월, 11세 때 세자빈에 간택되었다. 당시 세자는 10세였다. 중종 39년 11월에 인종이 즉위하자 왕비가 되었다가 다음해 7월에 인종이 세상을 떠나면서 공의대비恭懿大妃가 되었다. 당시 겨우 32세였다. 하지만 대비는 허울일 뿐, 실권은 시어머니인 문정왕후가 잡고 있었으므로 인성왕후는 아무 힘도 없이 여생을 보내야 했다. 인종과의 사이에 자녀도 없어서 적적한 노후를 보내다가 선조 10년(1577) 11월에 64세로 세상을 떠났다. 시호는 인성이고, 무덤은 효릉孝陵이다. 능은 경기도 고양시 덕양구 원당동 서삼릉 안에 있다.

14. 명종(1534~1567) 왕비

인순왕후
仁順王后

중종 27년(1532) 5월에 출생했다. 본관은 청송이고, 아버지는 심강沈鋼, 어머니는 전주 이씨로서 이대李嶺의 딸이다.

심씨는 문정왕후의 아들 경원대군과 혼인해 대군부인이 되었다가 명종 즉위년(1545) 7월에 왕비가 되었다. 당시 심씨는 14세, 명종은 12세였다. 아들 하나를 두었는데 훗날의 순회세자다. 그러나 세자는 14세의 어린 나이로 죽고 말았다. 인순왕후가 왕비로 있을 당시에는 시어머니인 문정왕후가 실권을 잡고 있었다. 그러다가 명종 20년에 문정왕후가 세상을 떠나고, 이어서 2년 후에 명종까지 세상을 떠나면서 심씨는 하루아침에 대비가 되어 최고 실세가 되었다.

명종이 승하했을 때 순회세자가 죽고 달리 다른 아들이 없었으므로, 심씨는 후계자로 하성군을 결정했다. 그가 훗날의 선조다. 16세의 하성군을 대신해 2년간 수렴청정하다가 선조 8년(1575) 1월에 44세로 세상을 떠났다. 시호는 인순이고, 무덤은 강릉康陵이다. 능은 서울시 노원구 공릉동에 있다.

15. 선조(1552~1608) 왕비

의인왕후
懿仁王后

명종 10년(1555) 4월에 출생했다. 본관은 나주이고, 아버지는 박응순朴應順, 어머니는
전주 이씨로서 이수갑李壽甲의 딸이다.

박씨는 선조 2년(1569) 12월에, 15세에 왕비로 간택되었다. 당시 선조는 18세였다. 선조
33년 6월에 46세로 세상을 떠났다. 선조와의 사이에 자녀는 없었다. 시호는 의인이고,
무덤은 목릉穆陵이다. 능은 경기도 구리시 인창동 동구릉 안에 있다.

인목왕후
仁穆王后

선조 17년(1584) 11월에 출생했다. 본관은 연안이고, 아버지는 김제남金悌男, 어머니
는 광주 노씨로서 노계盧垍의 딸이다.

김씨는 의인왕후가 세상을 떠난 후 선조 35년 7월에 선조의 두 번째 왕비로 간택되었
다. 당시 김씨는 19세, 선조는 51세였다. 자녀는 영창대군과 정명공주를 두었다. 광해
군이 즉위하면서 대비가 되었지만, 광해군과의 갈등으로 서궁에 유폐되는 수난을 당했
다. 하지만 인조반정으로 광해군이 쫓겨나면서 다시 대비에 복위했다. 인조 10년
(1632)에 세상을 떠났다. 시호는 인목이고, 무덤은 목릉이다. 능은 경기도 구리시 인창
동 동구릉 안에 있다.

16. 폐위왕 광해군(1575~1641) 왕비

폐비 유씨

선조 6년(1573)에 출생했다. 본관은 문화이고, 아버지는 유자신柳自新, 어머니는 동래
정씨로서 정유길鄭惟吉의 딸이다.

유씨는 처음 광해군과 혼인해 군부인이 되었다가 선조 25년에 광해군이 세자에 책봉
되면서 세자빈이 되었다. 유씨는 광해군보다 2년 연상이었는데, 임진왜란 중 친정 식구
들과 함께 광해군을 도와 큰 업적을 남기도록 내조했다. 선조 41년에 광해군이 왕위에
오르자 왕비가 되었다. 자녀는 3남을 두었는데 두 명은 요절했고, 한 명은 세자가 되었
다. 그러나 세자도 광해군이 왕위에서 쫓겨난 후 사사되었다.

유씨는 왕비로 있으면서 광해군과 함께 인목대비를 핍박해 서인들의 미움을 샀다. 그
결과 인조반정 직후 유씨는 왕비에서 쫓겨나 출궁되었다. 인조반정으로 강화도에 유배
되었던 세자와 세자빈이 탈출을 시도하다가 발각되어 사사되었는데, 그때 유씨도 목을
매어 자결했다. 당시 51세였다.

17. 추존왕 원종元宗(1580~1619) 왕비

인헌왕후
仁獻王后

선조 11년(1578) 4월에 출생했다. 본관은 능성이고, 아버지는 구사맹具思孟, 어머니는 평산 신씨로서 신화국申華國의 딸이다.

구씨는 선조 23년, 정원군과 혼인해 군부인이 되었다. 당시 구씨는 13세, 정원군은 11세였다. 자녀는 능양군·능원군·능창군 3남을 두었다. 능양군이 훗날의 인조다. 능양군이 인조반정을 일으켜 왕이 된 후 아버지 정원군을 추숭해 정원대원군으로 삼았다. 이로써 구씨도 군부인에서 부부인으로 높아졌다. 아울러 거처하는 곳은 계운궁이라 하였다. 구씨는 인조 4년(1626)에 세상을 떠났다. 인조 10년에 정원대원군이 원종으로 추숭될 때 구씨도 왕비로 추숭되었다. 시호는 인헌이고, 무덤은 장릉章陵이다. 능은 경기도 김포시 풍무동에 있다.

18. 인조(1595~1649) 왕비

인열왕후
仁烈王后

선조 27년(1594) 7월에 출생했다. 본관은 청주이고, 아버지는 한준겸韓浚謙, 어머니는 창원 황씨로서 황성黃珹의 딸이다.

한씨는 선조 39년에 능양군과 혼인을 하기로 약속했으나, 선조가 승하함으로써 국상이 끝난 광해군 2년(1610) 9월에 혼례를 올리고 군부인이 되었다. 당시 한씨는 17세, 능양군은 16세였다. 1623년 인조반정에서 광해군이 쫓겨나고 인조가 왕위에 오르자 한씨도 군부인에서 왕비가 되었다. 자녀는 소현세자·봉림대군·인평대군·용성대군 4남을 두었다. 봉림대군은 훗날의 효종이다. 인조 13년(1635) 겨울에 용성대군을 낳았지만 그가 요절하자 크게 상심해 병석에 누웠다가 그해 12월 9일, 42세에 창경궁에서 세상을 떠났다. 시호는 인열이고, 무덤은 장릉長陵이다. 능은 경기도 파주시 탄현면 갈현리에 있다.

장렬왕후
莊烈王后

인조 2년(1624) 11월에 충청도 직산에서 출생했다. 본관은 양주이고, 아버지는 조창원趙昌遠, 어머니는 전주 최씨로서 최철견崔鐵堅의 딸이다.

조씨는 인열왕후가 세상을 떠난 후 인조 16년 가을에 왕비로 간택되었다. 당시 조씨는 15세, 인조는 44세였다. 1649년 인조가 세상을 떠난 후 자의대비慈懿大妃가 되었고, 1659년에 효종이 세상을 떠난 후에는 대왕대비가 되었다. 인조와 효종이 세상을 떠났을 때 조씨가 어떤 상복을 입어야 하는지를 놓고 서인과 남인 사이에 치열한 당쟁, 즉 예송禮訟이 일어나기도 했다. 인조와의 사이에 자녀는 없었다. 숙종 14년(1688) 8월, 65세에 창경궁에서 세상을 떠났다. 시호는 장렬이고, 무덤은 휘릉徽陵이다. 능은 경기도 구리시 인창동 동구릉 안에 있다.

19. 효종(1619~1659) 왕비

인선왕후
仁宣王后

광해군 10년(1618) 12월에 경기도 안산에서 출생했다. 본관은 덕수이고, 아버지는 장유張維, 어머니는 안동 김씨로서 김상용金尙容의 딸이다.

장씨는 인조 9년(1631) 가을에 봉림대군과 가례를 치르고 풍안부부인이 되었다. 당시 장씨는 15세, 봉림대군은 14세였다. 인조 23년에 소현세자가 의문의 죽임을 당한 후 봉림대군이 세자가 되자 장씨는 세자빈이 되었으며, 1649년에 봉림대군이 왕위에 오른 후 왕비가 되었다. 효종이 세상을 떠난 후에는 효숙왕대비孝肅王大妃가 되었다. 자녀는 훗날 현종이 되는 아들과 숙안공주·숙명공주·숙휘공주·숙정공주·숙경공주를 두었다. 현종 15년(1674) 2월, 57세에 창경궁에서 세상을 떠났다. 시호는 인선이고, 무덤은 영릉寧陵이다. 능은 경기도 여주군 능서면 왕대리에 있다.

20. 현종(1641~1674) 왕비

명성왕후
明聖王后

인조 20년(1642) 5월에 한양 장통방에서 출생했다. 본관은 청풍이고, 아버지는 김우명金佑明, 어머니는 은진 송씨로서 송국택宋國澤의 딸이다.

김씨는 효종 2년(1651) 12월에 세자빈으로 간택되었다. 당시 김씨는 10세, 세자는 11세였다. 1659년에 세자가 왕위에 오르면서 김씨는 왕비가 되었으며, 1674년에 현종이 세상을 떠나고 숙종이 왕위에 오른 후에는 대비가 되었다.

숙종 초반 김씨는 대비로서 궁중의 실세였으며, 친정 식구들과 함께 당쟁에 적극 개입했다. 자녀는 1남 3녀를 두었다. 아들은 훗날 숙종이 되었고, 딸은 명선공주·명혜공주·명안공주다. 숙종 9년(1683) 12월, 42세에 창경궁에서 세상을 떠났다. 시호는 명성이고, 무덤은 숭릉崇陵이다. 능은 경기도 구리시 인창동 동구릉 안에 있다.

21. 숙종(1661~1720) 왕비

인경왕후
仁敬王后

현종 2년(1661) 9월에 한양 회현방에서 출생했다. 본관은 광산이고, 아버지는 김만기金萬基, 어머니는 청주 한씨로서 한유량韓有良의 딸이다.

김씨는 현종 11년에 세자빈으로 간택되었다. 당시 김씨와 세자는 둘 다 10세로 동갑이었다. 1674년 세자가 왕위에 오르면서 왕비가 되었다. 딸 둘을 낳았지만 모두 요절했다. 숙종 6년(1680) 10월에 천연두에 걸렸다가 병세가 악화되어 10월 26일 경희궁에서 세상을 떠났는데, 당시 20세였다. 시호는 인경이고, 무덤은 익릉翼陵이다. 능은 경기도 고양시 용두동 서오릉 안에 있다.

인현왕후
仁顯王后

현종 8년(1667) 4월에 한양 반송방에서 출생했다. 본관은 여흥이고, 아버지는 민유중閔維重, 어머니는 은진 송씨로서 송준길宋浚吉의 딸이다.

민씨는 인경왕후가 세상을 떠난 후 숙종 7년(1681) 5월에 왕비로 간택되어 입궁했다. 당시 민씨는 16세, 숙종은 21세였다. 그런데 민씨가 오래도록 아들을 낳지 못하는 사이, 후궁으로 들어온 장희빈이 숙종 14년 10월에 아들을 낳았다. 이듬해에 숙종은 장희빈의 아들을 원자로 책봉하려 했다. 그러자 송시열을 비롯한 서인들은 인현왕후가 아직 20대 초반이라는 점을 들어 원자 책봉에 반대했다. 이에 숙종은 송시열 등 서인들을 불충한 신하로 몰아 처벌하고, 나아가 민씨까지 폐출해버렸다. 그 대신 남인들을 대거 등용하고 장희빈을 왕비로 책봉했다. 이른바 기사환국이었다. 폐출된 민씨는 궁에서 쫓겨나 6년간 안국동의 감고당에서 세상과 인연을 끊고 살았다.

그러나 숙종 20년에 숙종은 남인들을 다시 내쫓고 서인들을 등용했다. 동시에 장희빈을 폐위하고 민씨를 복위시켰다. 이른바 갑술환국이었다. 그러나 민씨는 입궁한 지 7년 만인 숙종 27년 8월에 갑작스런 질병으로 세상을 떠났는데, 당시 35세였다. 숙종과의 사이에 자녀는 없었다. 이처럼 민씨는 장희빈과 함께 왕비 자리를 놓고 폐위와 복위를 거듭한 극적인 삶을 살았다. 그래서 민씨와 장희빈은 궁중문학 작품에서 소재로 즐겨 사용되곤 한다. 시호는 인현이고, 무덤은 명릉明陵이다. 능은 경기도 고양시 용두동 서오릉 안에 있다.

폐비 장씨

효종 10년(1659) 8월에 출생했다. 본관은 인동이고, 아버지는 장형張炯, 어머니는 윤씨다. 장씨는 아버지가 역관이고, 어머니 윤씨가 여종이었으므로 신분으로 본다면 노비 출신이었다. 이런 장씨가 입궁할 수 있었던 배후에는 장렬왕후 조씨, 즉 자의대비가 있었다. 장씨의 어머니 윤씨는 조사석 집안의 여종이었는데, 조사석은 장렬왕후와 사촌 간이었다. 이런 인연으로 장씨는 처음 장렬왕후의 궁녀로 입궁했다.

숙종은 증조할머니 장렬왕후에게 문안 인사를 드리러 다니던 중에 장씨를 알게 되었다. 장씨는 숙종보다 2년 연상으로서, 어린 나이에도 이미 몸이 성숙하고 머리도 비상했다. 숙종은 왕위에 오르기 전에 벌써 장씨에게 정이 들었으며, 왕위에 오른 후에는 정이 깊어졌다. 이를 우려한 장렬왕후는 숙종 5년(1679)에 장씨를 출궁시켰다. 하지만 숙종 6년에 인경왕후가 세상을 떠난 후 장씨는 다시 입궁하여 숙종의 총애를 차지하고 희빈까지 되었다. 결국 숙종 14년 10월 28일에 아들을 낳았는데, 이 아들이 훗날의 경종이다.

장씨의 아들을 원자로 책봉하는 과정에서 기사환국이 일어나 인현왕후가 쫓겨나고 장씨가 왕비 자리에 올랐다. 그러나 6년 후 갑술환국이 일어나 다시 상황이 반전되어 인현왕후가 복위되고 장씨는 왕비에서 쫓겨났다. 왕비에서 쫓겨난 장씨는 창덕궁의 취선당에 연금되다시피 했는데, 그곳에서 인현왕후를 저주했다는 혐의를 받고 숙종 27년 10월에 사사되었다. 당시 43세였다. 그후 아들 경종이 왕위에 오름으로써 대빈大嬪이 되었다.

인원왕후
仁元王后

숙종 13년(1687) 9월에 한양의 순화방에서 출생했다. 본관은 경주이고, 아버지는 김주신金柱臣, 어머니는 임천 조씨로서 조경창趙景昌의 딸이다.

김씨는 인현왕후가 세상을 떠난 후 숙종 28년에 왕비로 간택되었다. 당시 김씨는 16세, 숙종은 42세였다. 숙종이 세상을 떠난 후 경종이 왕위에 오르자 왕대비가 되었다. 그때 영조의 즉위에 큰 역할을 했다. 숙종과의 사이에 자녀는 없었다. 영조 33년(1757) 6월에 세상을 떠났는데, 71세였다. 시호는 인원이고, 무덤은 명릉明陵이다. 능은 경기도 고양시 신도읍 용두리 서오릉 안에 있다.

22. 경종(1688~1724) 왕비

단의왕후
端懿王后

숙종 12년(1686) 5월에 한양 회현동에서 출생했다. 본관은 청송이고, 아버지는 심호沈浩, 어머니는 고령 박씨로서 박빈朴鑌의 딸이다.

심씨는 숙종 22년(1696) 5월에 세자빈으로 간택되었다. 당시 심씨는 11세, 세자는 9세였다. 그러나 심씨는 세자가 왕위에 오르기 전인 숙종 44년 2월에 창덕궁에서 세상을 떠났는데, 33세였다. 경종과의 사이에 자녀는 없었다. 1720년에 경종이 왕위에 즉위한 후 단의왕후로 추봉되었다. 시호는 단의이고, 무덤은 혜릉惠陵이다. 능은 경기도 구리시 인창동 동구릉 안에 있다.

선의왕후
宣懿王后

숙종 31년(1705) 10월에 한양 숭교방에서 출생했다. 본관은 함종이고, 아버지는 어유구魚有龜, 어머니는 전주 이씨로서 이하번李夏蕃의 딸이다.

어씨는 단의왕후가 세상을 떠난 후 숙종 44년 9월에 세자빈으로 간택되었다. 당시 어씨는 14세, 세자는 31세였다. 1720년 경종이 왕위에 오르자 어씨도 세자빈에서 왕비가 되었다. 경종과의 사이에 자녀는 없다. 경종의 후계자를 노리는 시동생 연잉군, 즉 훗날의 영조를 꺼려 양자를 들이려고 하다가 시동생과 마찰을 빚기도 했다. 1724년에 경종이 세상을 떠난 후 경순왕대비敬純王大妃가 되었다. 어씨는 영조 6년(1730) 6월 창덕궁에서 세상을 떠났는데, 26세였다. 시호는 선의이고, 무덤은 의릉懿陵이다. 능은 서울시 성북구 석관동에 있다.

23. 영조(1694~1776) 왕비

정성왕후
貞聖王后

숙종 18년(1692) 12월에 한양 가회방에서 출생했다. 본관은 달성이고, 아버지는 서종제徐宗悌, 어머니는 우봉 이씨로서 이사창李師昌의 딸이다.

서씨는 숙종 30년에 연잉군과 혼인하여 달성군부인이 되었다. 당시 서씨는 13세, 연잉군은 11세였다. 1721년에 연잉군이 세제世弟가 되면서 서씨도 세제빈이 되었고, 1724

년에 연잉군이 왕위에 오르자 왕비로 책봉되었다. 영조와의 사이에 자녀는 없었다. 영조 33년(1757) 2월 창덕궁 관리각에서 세상을 떠났는데, 66세였다. 시호는 정성이고, 무덤은 홍릉弘陵이다. 능은 경기도 고양시 용두동 서오릉 안에 있다.

정순왕후
貞純王后

영조 21년(1745) 11월에 경기도 여주에서 출생했다. 본관은 경주이고, 아버지는 김한구金漢耉, 어머니는 원주 원씨로서 원명직元命稷의 딸이다.

김씨는 정성왕후가 세상을 떠난 후 영조 35년 6월에 왕비로 간택되었다. 당시 김씨는 15세였고, 영조는 그보다 51세나 많은 66세였다. 김씨는 입궁 후 사도세자 및 혜경궁 홍씨와 갈등을 빚으며 사도세자의 죽음에 일조했다. 그 결과 1776년 정조가 즉위한 후에는 대비였음에도 큰 영향력을 행사하지 못했다. 하지만 1800년에 순조가 11세의 어린 나이로 즉위하자 대왕대비로서 수렴청정하면서 막강한 권력을 휘두르며 천주교와 남인들을 탄압했다. 영조와의 사이에 자녀는 없었다. 순조 5년(1805) 1월, 창덕궁 경복전에서 세상을 떠났는데, 61세였다. 시호는 정순이고, 무덤은 원릉元陵이다. 능은 경기도 구리시 인창동 동구릉 안에 있다.

24. 추존왕 진종眞宗(효장세자, 1719~1728) 왕비

효순왕후
孝純王后

숙종 41년(1715) 12월에 한양 숭교방에서 출생했다. 본관은 풍양이고, 아버지는 조문명趙文命, 어머니는 전주 이씨로서 이상백李相佰의 딸이다.

조씨는 영조 3년(1727)에 세자빈으로 간택되었다. 당시 조씨는 13세, 효장세자는 9세였다. 혼인 후 1년 만인 영조 4년 11월에 세자가 요절해 일찍 청상이 되었다. 효장세자와의 사이에 자녀는 없었다. 조씨는 시아버지 영조의 총애를 받았는데, 그 결과 영조 11년에 현빈賢嬪이라는 칭호를 받았다. 영조 27년 11월, 창덕궁 의춘헌에서 세상을 떠났는데, 37세였다. 영조 40년에 사도세자의 아들, 즉 훗날의 정조가 조씨의 양자로 결정된 후 승통세자빈承統世子嬪이라는 칭호를 받았으며, 정조 즉위 후 효장세자가 진종으로 추존되면서 왕비가 되었다. 시호는 효순이고, 무덤은 영릉永陵이다. 능은 경기도 파주시 조리읍 봉일천리에 있다.

25. 추존왕 장조莊祖(사도세자, 1735~1762) 왕비

헌경왕후
獻敬王后
(혜경궁)

영조 11년(1735) 6월에 한양에서 출생했다. 본관은 풍산이고, 아버지는 홍봉한洪鳳漢, 어머니는 한산 이씨로서 이집李潗의 딸이다.

홍씨는 영조 20년에 세자빈으로 간택되었다. 당시 홍씨와 세자는 10세로, 동갑이었다. 영조 38년에 사도세자가 죽은 후 혜빈惠嬪이 되었으며, 1776년에 정조가 즉위한 후 혜

경궁惠慶宮이 되었다. 홍씨는 다른 이름보다는 '혜경궁 홍씨'로 널리 알려져 있다. 정조의 생모라는 의미가 강하다. 홍씨는 『한중록』의 작자로도 유명하다. 자녀는 의소세손과 정조, 청연군주·청선군주다. 홍씨는 광무 3년(1899)에 사도세자가 왕으로 추숭되면서 왕비가 되었으며, 사도세자가 황제로 추숭되자 다시 의황후懿皇后가 되었다. 시호는 헌경이고, 무덤은 융릉隆陵이다. 능은 경기도 화성시 태안읍 안녕리에 있다.

26. 정조(1752~1800) 왕비

효의왕후
孝懿王后

영조 29년(1753) 12월에 한양 가회방에서 출생했다. 본관은 청풍이고, 아버지는 김시묵金時黙, 어머니는 남양 홍씨로서 홍상언洪尙彦의 딸이다.

김씨는 영조 37년에 세손빈으로 간택되었다. 당시 김씨는 9세, 세손은 10세였다. 1776년에 정조가 왕위에 오르자 세손빈에서 왕비가 되었다. 정조와의 사이에 자녀는 없었다. 1800년 순조가 왕위에 오른 뒤에는 대비가 되었다. 김씨는 입궁 후 시어머니 혜경궁 홍씨를 지성으로 모셨으며, 시누이인 청연군주·청선군주와도 돈독한 관계를 유지했다고 한다. 순조 21년(1821) 3월, 창경궁 자경전에서 세상을 떠났는데, 69세였다. 시호는 효의이고, 무덤은 건릉健陵이다. 능은 경기도 화성시 태안읍 안녕리에 있다.

27. 순조(1790~1834) 왕비

순원왕후
純元王后

정조 13년(1789) 5월에 한양 양생방에서 출생했다. 본관은 안동이고, 아버지는 김조순金祖淳, 어머니는 청송 심씨로서 심건沈健의 딸이다.

김씨는 정조 24년 봄에 재간택에까지 선발되었으나 삼간택을 앞두고 6월에 정조가 갑자기 세상을 떠나는 바람에 최종 간택이 연기되었다. 그후 최종 간택을 놓고 노론벽파인 정순왕후 친정의 반대가 있었지만, 결국 순조 2년(1802) 10월에 삼간택에 선발되어 왕비가 되었다. 당시 김씨는 14세, 순조는 13세였다. 자녀는 2남 3녀를 두었다. 큰아들은 익종(문조)이고, 둘째 아들은 요절했으며, 딸은 명온공주·복온공주·덕온공주다. 김씨는 1834년에 순조가 세상을 떠나고 헌종이 7세에 왕위에 오르자 대왕대비로서 수렴청정을 시행해 안동 김씨 외척 세도의 길을 열었다. 이후 1849년에 철종이 즉위했을 때도 수렴청정을 시행함으로써 안동 김씨 외척 세도의 전성기를 이루었다. 철종 8년(1857) 8월, 창덕궁 양심합에서 세상을 떠났는데, 69세였다. 시호는 순원이고, 무덤은 인릉仁陵이다. 능은 서울 서초구 내곡동에 있다.

28. 추존왕 익종翼宗(문조, 효명세자, 1809~1830) 왕비

신정왕후
神貞王后

순조 8년(1808) 12월에 한양 두포에서 출생했다. 본관은 풍양이고, 아버지는 조만영趙萬永, 어머니는 은진 송씨로서 송시연宋時淵의 딸이다.

조씨는 순조 19년 10월에 세자빈으로 선발되었다. 당시 조씨는 12세, 효명세자는 11세였다. 순조 30년에 효명세자가 대리청정하던 중 의문사하는 바람에 23세의 젊은 나이로 청상이 되고 말았다. 자녀는 1남을 두었는데, 훗날의 헌종이다. 1834년에 헌종이 왕위에 오른 후 효명세자를 왕으로 추존함으로써 조씨는 대비가 되었다. 하지만 헌종 즉위와 동시에 시어머니 순원왕후가 수렴청정함으로써 큰 권력을 행사하지는 못했다. 기회를 엿보던 조씨는 1863년 12월에 철종이 세상을 떠나자 흥선대원군과 결탁하여 고종을 왕위에 앉혔다. 아울러 고종을 양자로 삼아 고종 3년(1866) 2월까지 수렴청정을 시행해 정치적 영향력을 행사하기도 했다.

고종 27년 4월, 경복궁 흥복전에서 세상을 떠났는데, 83세였다. 시호는 신정이고, 무덤은 수릉綏陵이다. 능은 경기도 구리시 인창동 동구릉 안에 있다.

29. 헌종(1827~1849) 왕비

효현왕후
孝顯王后

순조 28년(1828) 3월에 한양 안국동에서 출생했다. 본관은 안동이고, 아버지는 김조근金祖根, 어머니는 한산 이씨로서 이희선李羲先의 딸이다.

김씨는 헌종 3년(1837)에 왕비로 간택되었다. 당시 김씨는 10세, 헌종은 11세였다. 헌종 9년(1843) 8월, 창덕궁 대조전에서 세상을 떠났는데, 당시 16세였다. 헌종과의 사이에 자녀는 없었다. 시호는 효현이고, 무덤은 경릉景陵이다. 능은 경기도 구리시 인창동 동구릉 안에 있다.

효정왕후
孝定王后

순조 31년(1831) 1월에 출생했다. 본관은 남양이고, 아버지는 홍재룡洪在龍, 어머니는 죽산 안씨로서 안광직安光直의 딸이다.

홍씨는 효현왕후가 세상을 떠난 후 헌종 10년(1844)에 왕비로 간택되었다. 당시 홍씨는 14세, 헌종은 18세였다. 헌종과의 사이에 자녀는 없다. 1849년에 헌종이 세상을 떠나고 철종이 왕위에 오르면서 19세에 대비가 되었다. 광무 7년(1903) 11월에 73세로 세상을 떠났다. 시호는 효정이고, 무덤은 경릉景陵이다. 능은 경기도 구리시 인창동 동구릉 안에 있다.

30. 철종(1831~1863) 왕비

철인왕후
哲仁王后

헌종 3년(1837) 3월에 출생했다. 본관은 안동이고, 아버지는 김문근金汶根, 어머니는 여흥 민씨로서 민무현閔懋鉉의 딸이다.

김씨는 철종 2년(1851) 9월에 왕비로 책봉되었다. 당시 김씨는 15세, 철종은 21세였다. 철종과의 사이에서 태어난 3명의 자녀는 모두 요절했다. 1863년에 철종이 세상을 떠나고 고종이 즉위하면서 27세에 대비가 되었다. 고종 15년(1878)에 창경궁 양화당에서 세상을 떠났는데, 42세였다. 시호는 철인이고, 무덤은 예릉睿陵이다. 능은 경기도 고양시 덕양구 원당동 서삼릉 안에 있다.

31. 고종(1852~1919) 왕비

명성황후
明成皇后

철종 2년(1851) 9월에 경기도 여주에서 출생했다. 본관은 여흥이고, 아버지는 민치록閔致祿, 어머니는 한산 이씨로서 이규년李奎年의 딸이다.

민씨는 고종 3년(1866)에 왕비로 간택되었다. 당시 민씨는 16세, 고종은 15세였다. 자녀는 4남 1녀를 낳았지만, 순종을 제외하고는 모두 요절했다. 명성왕후는 왕비로 있으면서 고종의 신임을 장악하고 시아버지 흥선대원군과 대립해 수많은 갈등을 일으켰다. 고종 32년 10월, 경복궁 옥호루에서 일본인들에게 시해되었는데, 당시 45세였다. 당시 국상에서 민씨의 시호는 순경純敬으로 결정되었지만 아관파천 기간 중에 문성文成으로 바뀌었다가 다시 명성明成으로 변경되었다. 1897년 10월에 고종이 황제에 즉위하면서 황후로 추존되었다. 시호는 명성이고, 무덤은 홍릉洪陵이다. 능은 경기도 남양주시 금곡동에 있다.

32. 순종(1874~1926) 왕비

순명황후
純明皇后

고종 9년(1872) 10월에 한양 양덕방에서 출생했다. 본관은 여흥이고, 아버지는 민태호閔台鎬, 어머니는 은진 송씨로서 송재화宋在華의 딸이다.

민씨는 고종 19년 2월에 세자빈으로 간택되었다. 당시 민씨는 11세, 세자는 9세였다. 순종과의 사이에 자녀는 없었다. 1897년에 고종이 황제에 오르면서 황태자비가 되었다. 1904년 9월, 경운궁 강태실에서 세상을 떠났는데, 33세였다. 순종이 황제에 오른 후에 황후로 추존되었다. 시호는 순명이고, 무덤은 유릉裕陵이다. 능은 경기도 남양주시 금곡동에 있다.

순정황후
純貞皇后

고종 31년(1894) 8월에 출생했다. 본관은 해평이고, 아버지는 윤택영尹澤榮이다. 윤씨는 순명황후가 세상을 떠난 후 1906년 12월에 황태자비로 간택되었다. 당시 윤씨는 13세, 태자는 33세였다. 1907년에 순종이 고종의 양위를 받아 황제에 오르면서 황후가 되었다. 1910년 대한제국이 멸망하고 순종이 창덕궁 이왕李王으로 격하되면서 순정황후도 왕비로 격하되었다. 1966년 1월에 창덕궁 낙선재에서 세상을 떠났는데, 73세였다. 시호는 순정이고, 무덤은 유릉裕陵이다. 능은 경기도 남양주시 금곡동에 있다.

『참고문헌』

『개벽開闢』

『경국대전經國大典』

『경릉지敬陵誌』

『계축일기癸丑日記』

『고려사高麗史』

『고려사절요高麗史節要』

『고종실록高宗實錄』

『곡산강씨파보谷山康氏派譜』

『교하노씨세보交河盧氏世譜』

『권람신도비명權擥神道碑銘』, 신숙주

『김래묘갈金球墓碣』, 신흠

『김천석묘지金天錫墓誌』, 조희일

『난중일기亂中日記』, 이순신

『남양홍씨세보南陽洪氏世譜』

『내훈內訓』, 인수대비 한씨

『대전회통大典會通』

『돈녕보첩敦寧譜牒』

『동광東光』

『동국여지승람東國輿地勝覽』

『동문선同文選』, 서거정 등

『매천야록梅泉野錄』, 황현

『명성황후 추모사업 베베르 보고서』,
　　　　　　한국전통문화복식사업회, 2001

『민제묘지명閔霽墓誌銘』, 변계량

『별건곤別乾坤』

『보한재집保閑齋集』, 신숙주

『비변사등록備邊司謄錄』

『삼봉집三峯集』, 정도전

『삼천리三千里』

『선원보감璿源寶鑑』, 선원보감편찬위원회, 계명사, 1989

『송와잡설松窩雜說』, 이기

『송자대전宋子大典』, 송시열

『순종실록純宗實錄』

『순천박씨세보順天朴氏世譜』

『승정원일기承政院日記』

『식우집拭疣集』, 김수온

『신흠신도비申欽神道碑』, 이정구

『안동권씨성화보安東權氏成化譜』

『여산송씨가보礪山宋氏家譜』

『여유당전서與猶堂全書』, 정약용

『여흥민씨족보驪興閔氏族譜』

『역대병요歷代兵要』, 정인지 등

『연려실기술燃藜室記述』, 이긍익

『열성왕비세보列聖王妃譜』

『오산설림五山說林』, 차천로

『용비어천가龍飛御天歌』

『용재총화傭齋叢話』, 성현

『유자신신도비柳自身神道碑』, 유근

『유천차기柳川箚記』, 한준겸

『이자춘신도비李子春神道碑』, 이색

『일성록日省錄』

『임오일기壬午日記』, 이광현

『정릉지貞陵誌』

『조선왕조실록朝鮮王朝實錄』

『주한일본공사관기록駐韓日本公使館記錄』

『청백일기青白日記』, 신익성

『청주한씨세보清州韓氏世譜』

『춘정집春亭集』, 변계량

『태천집苔泉集』, 민인백

『파평윤씨세보坡平尹氏世譜』

『평양조씨세보平壤趙氏世譜』

『하동정씨족보河東鄭氏族譜』

『한중록閑中錄』, 혜경궁 홍씨

『현륭원지顯隆園誌』, 정조

『호정집浩亭集』, 하륜

KB119694